Learning
for
Vision
Systems

비전 시스템을
위한 딥러닝

신경망을 활용한 엔드투엔드 컴퓨터 비전
애플리케이션 구축하기

비전 시스템을 위한 딥러닝

신경망을 활용한 엔드투엔드 컴퓨터 비전 애플리케이션 구축하기

초판 1쇄 발행 2021년 12월 20일
초판 2쇄 발행 2022년 12월 19일

지은이 모하메드 엘겐디 / **옮긴이** 심효섭 / **펴낸이** 김태헌
펴낸곳 한빛미디어(주) / **주소** 서울시 서대문구 연희로2길 62 한빛미디어(주) IT출판2부
전화 02-325-5544 / **팩스** 02-336-7124
등록 1999년 6월 24일 제25100-2017-000058호 / **ISBN** 979-11-6224-497-5 93000

총괄 송경석 / **책임편집** 박민아 / **기획** 김지은 / **교정 · 전산편집** 김철수
디자인 표지 윤혜원 내지 박정화
영업 김형진, 장경환, 조유미, 김선아 / **마케팅** 박상용, 한종진, 이행은, 고광일, 성화정 / **제작** 박성우, 김정우

이 책에 대한 의견이나 오탈자 및 잘못된 내용에 대한 수정 정보는 한빛미디어(주)의 홈페이지나 아래 이메일로
알려주십시오. 잘못된 책은 구입하신 서점에서 교환해드립니다. 책값은 뒤표지에 표시되어 있습니다.

한빛미디어 홈페이지 www.hanbit.co.kr / 이메일 ask@hanbit.co.kr

지금 하지 않으면 할 수 없는 일이 있습니다.
책으로 펴내고 싶은 아이디어나 원고를 메일(writer@hanbit.co.kr)로 보내주세요.
한빛미디어(주)는 여러분의 소중한 경험과 지식을 기다리고 있습니다.

Deep Learning for Vision Systems

비전 시스템을 위한 딥러닝

신경망을 활용한 엔드투엔드 컴퓨터 비전
애플리케이션 구축하기

모하메드 엘겐디 지음
심효섭 옮김

MANNING   한빛미디어
Hanbit Media, Inc.

인내와 친절을 가르쳐주신 어머니,
참을성과 목표를 가르쳐주신 아버지,
더 나은 사람이 될 수 있도록 늘 지원을 아끼지 않은 사랑하는 아내 어맨다,
인공지능이 어린아이를 따라잡으려면 아직 멀었다는 것을
매일 깨닫게 해준 두 살짜리 딸 에밀리에게
이 책을 바친다.

이 책의 표지 그림은 광학 이론에 큰 공헌을 한 '현대 광학의 아버지'라고 불리는 이븐 알하이삼Ibn al-Haytham의 초상화다. 그는 아랍인 학자로 천문학, 수학, 물리학 등 여러 분야에 걸쳐 수많은 업적을 남겼다. 이 그림은 요하네스 헤벨리우스Johannes Hevelius의 『Selenographia, sive Lunae descriptio』(1647)에서 가져왔다.

이븐 알하이삼의 저서인 『광학의 서』에서 물체에 반사된 빛을 통해 우리가 사물을 볼 수 있고 이 과정은 눈이 아닌 뇌에서 이루어진다는 시각의 연구를 최초로 제시했다. 이 책의 1장에서 인간의 시각과 컴퓨터 비전의 밀접한 관계를 살펴본다.

이븐 알하이삼은 컴퓨터 비전 분야에 종사하는 필자에게 많은 영감을 준 인물이다. 다른 실무자나 연구원들도 수천 년간 살아 숨 쉬는 연구의 영감을 얻길 바라는 마음으로 이븐 알하이삼을 책 표지로 선정했다.

지은이 · 옮긴이 소개

지은이 **모하메드 엘겐디** Mohamed Elgendy

라쿠텐에서 엔지니어링 부사장을 맡아 AI 플랫폼 및 프로덕트 개발을 이끌고 있다. 또한 시냅스 테크놀로지에서 엔지니어링 부서장을 맡아 전 세계에 제공되는 상업용 컴퓨터 비전 보안 애플리케이션을 개발했으며 아마존에서는 AWS와 아마존 고$^{Amazon\ Go}$ 팀에 자문을 제공하는 딥러닝 싱크탱크 팀을 꾸리고 이끌었다. 아마존 머신러닝 대학교에서 컴퓨터 비전을 위한 딥러닝 과목의 커리큘럼을 구성하기도 했다. 아마존의 데브콘, 오라일리의 AI 콘퍼런스, 구글의 I/O에서도 여러 차례 발표했다.

옮긴이 **심효섭** flourscent@gmail.com

연세대학교 문헌정보학과를 졸업하고 모교 중앙도서관과의 인연으로 도서관 솔루션 업체에서 일하면서 개발을 시작했다. 네이버에서 웹 서비스 개발 업무를 맡았으며, 웹 서비스 외에 머신러닝 공부도 꾸준히 하고 있다. 최근 관심사는 회사에 속하지 않고 지속 가능한 삶이다. 옮긴 책으로는『파이썬으로 시작하는 컴퓨터 과학 입문』(인사이트, 2017),『도메인 주도 설계 철저 입문』(위키북스, 2020),『처음 시작하는 딥러닝』(한빛미디어, 2020) 등이 있다.

컴퓨터 비전은 '생물의 시각을 모사한다'는 목표를 지향하는 기술 분야로, 딥러닝이 가장 가시적인 성과를 거둔 분야다. 이 세상에 존재하지 않는 사람의 얼굴을 마치 진짜 사진처럼 만들어 주는 웹 사이트를 본 적이 있을 것이다. 이는 딥러닝이 컴퓨터 비전 분야에서 이뤄낸 성과다. 이제는 딥페이크와 같은 기술의 부작용을 우려해야 할 단계에 이르렀다. 이 책은 컴퓨터 비전에 딥러닝을 응용하는 기본 원리부터 뉴스에서 접했던 최신 연구까지 모두 다룬다. 이 책 한 권만으로 초보자가 연구의 최전선까지 다다를 수는 없겠지만 최전선에 도달하기 위한 출발점이 될 수는 있다.

이 책은 크게 세 부분으로 구성되었다. 1부는 초보자를 위해 신경망과 딥러닝의 기초를 소개한다. 2부는 딥러닝이 처음으로 유명해진 사물 분류 및 사물 탐지 과업에서 사용된 응용 기법을 소개한다. 3부는 비교적 최신 연구 성과인 이미지 생성과 시각 임베딩을 다룬다.

딥러닝이 거둔 가장 가시적인 성과를 이해하고 싶다면 이 책이 가장 좋은 선택지라고 생각한다. 비록 쉬운 길은 아니겠지만 연구 논문을 길잡이 삼아 나아가는 것보다 훨씬 적은 시행착오를 겪으며 여러분이 원하는 목표에 도달할 수 있을 것이다.

심효섭

2년 전 필자는 컴퓨터 비전을 직관적인^{intuitive} 관점에서 설명한 딥러닝 책을 써야겠다고 생각했다. 필자의 목표는 머신러닝 기초까지 학습한 독자들이 어려운 컴퓨터 비전 문제를 해결할 수 있도록 고급 딥러닝 알고리즘을 익힐 수 있는 완전한 교재를 만드는 것이었다.

한마디로 지금까지 컴퓨터 비전을 위한 딥러닝을 직관적으로 가르치는 책은 없었다. 주니어 머신러닝 엔지니어였던 시절 필자는 배우고 싶은 모든 것이 담긴 책을 원했다. 이후 컴퓨터 비전 애플리케이션을 전문적으로 제작할 계획을 세웠을 때도 당시 갖고 있던 두 가지 목표를 이룰 수 있는 책 한 권이 있었으면 했다. 첫 번째 목표는 완전한 컴퓨터 비전 애플리케이션을 만드는 것이었고, 두 번째 목표는 최신 논문을 이해하고 구현할 수 있는 것이었다.

결국 다양한 온라인 교육, 블로그, 논문, 유튜브 동영상을 전전하며 필자만의 완전한 커리큘럼을 직접 만드는 수밖에 없었다. 하지만 고급 딥러닝을 기본 수준에 머무르지 않고 개념과 이론이 수학적으로 들어맞는지 더 깊은 차원에서 이해하는 것은 어려운 일이었다. 특히 컴퓨터 비전 애플리케이션 개발에 필요한 주요 주제를 모두 다루는 동시에 그 안에 담긴 수학적 원리를 충분히 설명한 자료는 아예 찾아볼 수조차 없었다.

결국 필자는 이러한 요구에 맞는 자료를 어디서도 찾을 수 없어서 광범위한 주제를 충분한 깊이로 다루는 책을 쓰기로 결심했다. 이 책의 목표는 주니어 시절 배우고 싶었던 내용은 물론 스스로 실력을 키워갈 수 있는 내용까지 담는 것이었다.

광범위한 주제
컴퓨터 비전 애플리케이션 개발에 필요한 대부분의 주제를 실무에 적용 가능한 수준으로 다룬다. 신경망과 그 원리, 다양한 신경망 구조, 학습 방법, 평가 방법, 튜닝 방법까지 설명한다.

충분한 깊이
단순한 예제 코드와 설명만으로 구성하지 않는다. 코드가 작동하는 수학적 원리를 이해함으로써 앞으로 관련 논문을 쉽게 이해하고 자신만의 테크닉을 고안할 수 있을 것이다.

필자가 아는 한 집필 시점에서는 컴퓨터 비전을 위한 딥러닝을 이와 같은 방법으로 설명하는 책은 없었다. 이 책은 컴퓨터 비전 엔지니어를 지망하거나 컴퓨터 비전에 응용되는 고급 신경망 알고리즘을 익히고 싶거나 프로덕트 또는 스타트업을 시작하려는 독자에게 도움이 될 것이다.
즐거운 학습이 되길 바란다.

모하메드 엘겐디

대상 독자

머신러닝 프레임워크의 기본을 이해하고 있으며 파이썬 코드를 작성할 수 있고 고급 머신러닝 모델 학습 기법과 함께 실무 수준의 신경망 구조를 이용해 복잡한 컴퓨터 비전 문제를 해결하길 원한다면 제대로 된 책을 선택한 것이다. 머신러닝에 대한 기본 이해와 파이썬 코드에 어느 정도 경험이 있는 사람이라면 이 책을 통해 누구든지 딥러닝 모델을 학습하고 모델을 활용해 어려운 컴퓨터 비전 문제를 해결할 수 있다.

이 책의 집필을 시작했을 때 필자의 최우선 목표는 '단순히 독자에게 지식을 전달하는 것이 아닌 능력을 배양하는 것'이었다. 이 목표를 달성하기 위해 필자는 다음 두 가지 원칙을 세웠다.

1. **지식이 아닌 학습 방법을 가르치자.**
   그저 기술적 지식만 나열하는 책은 지양한다. 기술적 지식은 인터넷에서 검색만 하면 비용 없이 얼마든지 얻을 수 있다. 책을 끝까지 읽은 독자에게 다음 단계로 나아갈 수 있는 능력을 줄 수 있어야 한다. 책에서 제시한 해결책을 통해 자신만의 해결책을 도출하는 방법을 익힐 수 있어야 한다.

2. **깊이 있게 설명하자.**
   필자가 첫 번째 원칙을 잘 지켜냈다면 두 번째 원칙은 어렵지 않게 지킬 수 있다. 새로운 개념을 익히는 방법을 배우고 나면 더 어려운 내용이 나와도 이해하지 못해 진도를 나가지 못하는 일이 발생하지 않는다. 이 책은 복잡한 수식을 회피하지 않는다. 이 수식을 이해해야 인공지능 세상에서 가장 뛰어난 능력을 갖춰서 논문을 읽고, 여러 아이디어를 비교하고, 당면한 문제를 새로운 개념으로 구현할 수 있기 때문이다. 하지만 무턱대고 수식을 들이대지는 않을 것이다. 수식 부분 없이도 학습의 흐름을 방해하지 않도록 구성했다.

이 책의 구성

이 책은 크게 3부로 구성되었다. 1부는 나머지 부분에서 다룰 주제의 밑바탕이 되는 딥러닝을 자세히 다룬다. 신경망의 구성 요소와 정의, 신경망의 원리를 이해하는 데 필요한 여러 표기법을 다루므로 반드시 읽어보고 넘어가야 한다. 1부를 다 읽었다면 2부와 3부에서는 원하는 주제만 골라 읽어도 좋다. 2부는 사물 분류object classification 및 사물 탐지object detection 문제를 풀 수 있는 딥러닝 기법을 소개한다. 3부는 이미지 생성과 시각 임베딩visual embedding을 다룬다. 몇몇 장은 본문에서 다룬 주제를 구현한 실용적인 프로젝트를 소개한다.

이 책의 모든 예제 코드는 무료로 내려받을 수 있는 오픈 소스 프레임워크를 사용한다. 그중에서도 파이썬, 텐서플로, 케라스, OpenCV를 사용한다. 부록 A에서는 실습 환경을 준비하는 과정을 소개한다. 6~10장에서는 일반적인 CPU만으로는 학습 시간이 오래 걸리는 복잡한 딥러닝 프로젝트를 다루므로 GPU를 확보해두길 추천한다. 구글 콜랩$^{Google\ Colab}$과 같은 클라우드 환경을 무료 혹은 유료로 사용하는 것도 좋은 선택이다.

지면 공간에 맞추기 위해 소스 코드의 여러 곳을 재배열했으며 책 폭에 맞추기 위해 줄바꿈 및 들여쓰기를 조정했다. 소스 코드는 고정폭 글꼴로 표기되므로 본문과 구분할 수 있다. 본문에 소스 코드에 대한 설명이 있는 경우 지면의 소스 코드에서는 주석을 제거했다. 그러나 중요한 개념을 포함한 코드에는 이를 상기하기 위한 주석을 추가했다.

다음 주소에서 예제 코드를 내려받을 수 있다.

- **매닝 사이트**
  www.manning.com/books/deep-learning-for-vision-systems

- **저자의 깃허브**
  github.com/moelgendy/deep_learning_for_vision_systems

감사의 글

이 책을 쓰는 데 많은 도움을 주신 분들께 감사의 말을 전하고 싶다.

먼저 이 책을 출간해준 매닝 출판사 대표 Marjan Bace에게 감사드리며, Jennifer Stout, Tiffany Taylor, Lori Weidert, Katie Tennant를 비롯한 편집부와 제작부의 모든 분께 감사드린다. Alain Couniot, Al Krinker, Albert Choy, Alessandro Campeis, Bojan Djurkovic, Burhan ul haq, David Fombella Pombal, Ishan Khurana, Ita Cirovic Donev, Jason Coleman, Juan Gabriel Bono, Juan José Durillo Barrionuevo, Michele Adduci, Millad Dagdoni, Peter Hraber, Richard Vaughan, Rohit Agarwal, Tony Holdroyd, Tymoteusz Wolodzko, Will Fuger와 포럼 이용자께서 기술적인 내용에 대한 소중한 평가를 해주었다. 오타, 예제 코드와 기술적 오류 수정은 물론 주제에 대한 제안 등을 통해 이 책이 더 나아질 수 있었다.

마지막으로 멋진 도구를 만들어준 시냅스테크놀로지 팀에 감사드린다. 필자의 문의에 답해주고 이 책을 위한 아이디어를 떠올리는 데 도움을 준 여러분께도 감사드린다.

CONTENTS

Part 1 딥러닝 기초

CHAPTER 1 컴퓨터 비전 입문

CONTENTS

CHAPTER 2 **딥러닝과 신경망**

CHAPTER **3 합성곱 신경망**

CONTENTS

CHAPTER 4 딥러닝 프로젝트 시동 걸기와 하이퍼파라미터 튜닝

CONTENTS

Part 2 이미지 분류와 탐지

CHAPTER 5 고급 합성곱 신경망 구조

CHAPTER **6** **전이학습**

CONTENTS

CHAPTER 7 R-CNN, SSD, YOLO를 이용한 사물 탐지

CONTENTS

CHAPTER 10 시각 임베딩

CONTENTS

APPENDIX A 실습 환경 설정하기

딥러닝 기초

컴퓨터 비전은 최근 인공지능 및 딥러닝의 눈부신 발전과 함께 빠르게 진보하는 분야다. 신경망 덕분에 자율주행차는 도로상의 다른 차량이나 보행자 등 장애물을 피해 운행할 수 있게 되었으며, 특정 상품과 유사한 상품을 추천해주는 추천 시스템은 점점 똑똑해질 수 있었다. 안면 인식 기술 또한 전보다 발전하여 스마트폰이나 도어락의 잠금 해제까지 활용되고 있다. 이처럼 컴퓨터 비전을 응용한 제품이나 서비스는 우리 일상생활에 더욱 밀접해지고 있다. 물체를 단순히 인식하는 것을 넘어 딥러닝을 통해 컴퓨터는 새로운 것을 창조하는 능력, 세상에 실제로 존재하지 않는 사람의 얼굴이나 대상을 만들어내는 능력을 얻었다. 1부에서는 이러한 딥러닝의 기초를 다룬다. 다양한 신경망 구조와 함께 프로젝트를 수행하며 하이퍼파라미터 튜닝 등의 심화된 주제도 설명한다.

Part I

딥러닝 기초

## CHAPTER 1

컴퓨터 비전 입문

이 장의 내용

- 비전 시스템 구성 요소
- 컴퓨터 비전 응용 분야
- 컴퓨터 비전 처리 과정 이해
- 이미지 전처리와 특징 추출
- 분류기 학습 알고리즘 사용

먼저 이 책을 선택해줘서 감사하다. 컴퓨터 비전computer vision, CV과 딥러닝deep learning, DL을 배우기로 결정한 것은 아주 훌륭한 선택이다. 컴퓨터 비전은 최근 인공지능과 딥러닝이 급속도로 발전하면서 함께 빠르게 발전 중인 분야다. 자율주행차는 운전자의 개입 없이 신경망 기술로 자동차 스스로 다른 차량이나 보행자를 피해 운행한다. 컴퓨터 비전 애플리케이션은 보안 카메라부터 도어락까지 다양한 스마트 기기를 통해 나날이 우리 일상 속에 깊숙이 스며들고 있다. 컴퓨터 비전 기술을 통해 스마트폰의 잠금 해제 기능에 이용된 안면 인식 시스템의 성능도 크게 향상되었다. 텔레비전이나 소파가 사용자를 인식하고 사용자의 취향을 분석해서 사용자 맞춤형 서비스를 제공하는 날도 머지않았다. 컴퓨터 비전과 딥러닝이 사물 인식만 가능한 것은 아니다. 딥러닝을 이용하면 새로운 것을 창조하는 능력을 컴퓨터에 부여할 수 있다. 예를 들어 존재하지 않는 사람의 얼굴 사진도 실존하는 것처럼 만들 수 있다.

인공지능의 빠른 발전으로 불과 얼마 전에는 불가능했던 일들이 가능해져서 딥러닝을 이용한 컴퓨터 비전에 관심을 갖고 연구를 시작하게 되었다. 이런 컴퓨터 비전의 무한한 가능성을 믿고 집필하기로 결심했다. 이 책에서 배운 컴퓨터 비전과 딥러닝을 이용하면 새로운 애플리케이션이나 상품을 개발할 수 있다. 컴퓨터 비전 연구에 종사하지 않더라도 책에서 배운 여러 가지 개념을 알고리즘이나 구조에 활용할 수 있다. 이것이 가능한 이유는 이 책은 비록 컴퓨터 비전 애플리케이션에 초점을 두고 있지만 인공 신경망artificial neural network, ANN, 합성곱 신경망convolutional network, CNN, 생성적 적대 신경망generative adversarial network, GAN, 전이학습transfer learning 등 주요 딥러닝 구조도 다루고 이들을 자연어 처리나 음성 인터페이스 등 다른 분야에서 활용할 수 있기 때문이다.

이 장의 구성은 다음과 같다.

- **컴퓨터 비전 직관적으로 이해하기**: 시각 자료와 직관적인 설명으로 사람의 시각과 컴퓨터 비전 시스템을 비교하며 양자 간의 유사점을 이해한다. 컴퓨터 비전 시스템의 주요 구성 요소인 감지 장치sensing device와 해석 장치interpreting device를 설명한다.
- **컴퓨터 비전 응용 분야**: 컴퓨터 비전의 여러 응용 분야에서 어떤 딥러닝 알고리즘이 사용되는지 간략하게 정리한다. 그리고 다양한 동물의 시각 시스템을 설명한다.
- **컴퓨터 비전 파이프라인**: 컴퓨터 비전 시스템의 두 번째 구성 요소인 해석 장치를 집중적으로 살펴본다. 이미지 데이터를 이해하고 처리하는 과정을 한 단계씩 살펴보며 어떤 일이 일어나는지 알아본다. 이 과정을 **컴퓨터 비전 파이프라인**computer vision pipeline이라고 한다. 컴퓨터 비전 파이프라인은 크게 이미지 입력, 이미지 전처리, 특징 추출, 이미지를 해석하는 머신러닝 모델 이렇게 네 단계로 구성된다. 그리고 이미지 형성과 컴퓨터가 이미지를 보는 방법도 설명한다. 또한 이미지 전처리 및 특징 추출 기법을 간단히 정리한다.

자, 그럼 시작해보자.

1.1 컴퓨터 비전

모든 인공지능 시스템의 핵심 개념은 자신이 처한 환경을 인식하고, 그 인식을 기반으로 조치를 취할 수 있다는 것이다. 그중에서도 **컴퓨터 비전**computer vision은 시각적 인지 부분을 다루는 분야로, 인공지능 시스템 세계의 물리적 모델을 이미지와 영상을 이용해 구축한 세계를 인식하고 이해하는 방법을 연구하는 학문이다. 시각은 사람의 인지 기능 중 하나다. 시각을 통해 우리가 처한 세계를 인식하기도 하지만 시각 외에도 소리, 냄새 등을 인지하는 다른 감각이 있다. 인공지능 시스템도 마찬가지다. 시각은 세계를 이해하기 위한 한 가지 수단이다. 그러므로 구축 중인 애플리케이션에 따라 시스템이 처한 세계를 가장 잘 이해할 수 있는 감지 장치를 선택하면 된다.

1.1.1 시각적 인지

시각적 인지^{visual perception}란 기본적으로 시야나 시각적 입력으로 패턴을 관찰하는 행위를 말한다. 예를 들어 자율주행차의 시각적 인지는 보행자 또는 차량이 주행 중인 차선, 신호등의 상태와 신호의 의미 등 주변에 위치한 사물과 그 상태를 이해하는 것이다. 이 용어에 인지^{perception}라는 단어가 들어가는 이유다. 주변 환경을 스캔하는 것만으로는 인지라고 말할 수 없다. 시각적 입력을 통해 주변을 실질적으로 인식하는 시스템을 시각적 인지를 갖췄다고 한다.

1.1.2 비전 시스템

지난 수십 년 동안 전통적 이미지 처리 기법만 컴퓨터 비전 시스템의 전부라고 생각했다. 하지만 전혀 그렇지 않다. 이미지를 통해 어떤 일이 일어났는지 이해하는 것은 간단한 일이 아니다. 이것이 가능한 컴퓨터는 이미지를 처리하는 컴퓨터와는 전혀 다른 존재다. 이미지 처리는 이미지에 담긴 내용을 해석하기 위한 더 복잡한 시스템의 한 구성 요소에 지나지 않는다.

사람의 시각 시스템

추상적으로 보면 사람, 동물, 곤충에 이르기까지 생물 대부분의 시각 시스템은 크게 다르지 않다. 시각 시스템은 이미지를 받아들이는 시각 센서인 눈과 이미지를 해석하는 뇌로 구성된다. 시스템의 출력은 이미지에서 얻은 데이터를 기반으로 한 이미지 요소에 대한 예측 결과다(그림 1-1).

그림 1-1 사람의 시각 시스템은 이미지를 감지하는 눈과 이미지를 해석하는 뇌로 구성된다.

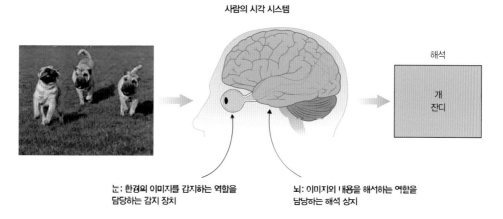

사람의 시각 시스템이 동작하는 과정을 살펴보자. [그림 1-1]에서 개의 사진을 해석하고 싶다고 하자. 이 사진을 보자마자 개가 세 마리 있다는 사실을 바로 알 수 있다. 자연스럽게 이 사진에서 사물을 발견하고 이 사물을 개로 인식한다. 우리는 개를 인식할 수 있도록 오랫동안 훈련되었기 때문이다.

그런데 누군가가 우리에게 개의 사진을 처음으로 보여주었다고 가정해보자. 우리는 사진에 찍힌 사물이 무엇인지 전혀 모르는 상태다. 사진을 보여준 사람은 우리에게 이 사물이 개라고 알려준다. 그다음에는 말이 찍힌 사진을 보여준다. 이 사진을 볼 때 우리 뇌는 이 사물의 특징을 분석하기 시작한다. 다리 4개, 긴 얼굴, 긴 귀를 가지고 있으니 이 사물도 개일까? '아니, 이건 말이야'라고 누군가 알려준다. 이로써 우리 뇌는 알고리즘의 몇 가지 파라미터를 조정하고 개와 말의 차이점을 학습한다. 축하한다. 방금 개와 말을 구별할 수 있도록 뇌를 학습시켰다. 고양이, 호랑이, 치타 등과 같은 다른 동물도 이런 방식으로 학습시킬 수 있을까? 물론 가능하다. 우리 뇌는 학습을 통해 무엇이든 구별할 수 있다. 컴퓨터도 마찬가지다. 컴퓨터도 학습하면 사물을 인식하고 구별할 수 있다. 하지만 사람은 컴퓨터보다 훨씬 자연스럽게 사물을 인식하고 구별한다. 사진 몇 장만 보면 사물 대부분을 구별할 수 있다. 하지만 컴퓨터는 적어도 수천 장, (복잡한 경우에는) 수백만 장의 사진을 봐야 그 사물을 구별할 수 있다.

> ## 머신러닝 관점
>
> 조금 전의 예제를 머신러닝 관점에서 다시 한번 살펴보자.
>
> - '개'라는 레이블이 있는 이미지를 몇 장 보고 난 다음 개를 구별할 수 있게 되었다. 이런 방법을 지도 학습 supervised learning 이라고 한다.
> - 레이블이 있는 데이터는 이미 답을 알고 있는 데이터를 말한다. 개 사진을 보여주고 그 사진에 있는 대상이 개라는 것을 함께 알려주었다. 뇌는 사진에서 본 특징을 이 레이블(개)과 연관시킨다.
> - 그다음에 말 사진을 보여주고 해당 사물이 무엇인지 맞춰보라고 했다. 뇌는 아직까지 말을 본 적이 없어서 말의 특징을 개의 특징으로 착각하고 이것이 개라고 생각한다. 예측 결과가 틀렸다는 대답을 들으면 뇌는 파라미터를 조정해서 말의 특징을 학습한다. '말과 개는 모두 다리가 4개지만 말의 다리가 더 길다. 다리가 더 기니까 말이다.' 이런 과정을 모든 사진의 정답을 맞힐 때까지 반복한다. 이를 시행착오를 통한 학습 training by trial and error 이라고 한다.

인공지능의 비전 시스템

인공지능 비전 시스템 연구는 인간의 시각 시스템에 착안해서 시작됐다. 최근 몇 년 동안 시각 능력을 머신으로 복제하는 놀라운 일을 해냈다. 사람의 시각 시스템을 흉내 낼 수 있도록 인공 지능 비전 시스템 역시 눈의 역할을 하는 감지 장치와 뇌의 기능을 맡아 이미지 해석과 분류를 맡는 알고리즘 이렇게 두 가지 요소로 구성된다(그림 1-2).

그림 1-2 컴퓨터의 비전 시스템은 감지 장치와 해석 장치로 구성된다.

1.1.3 감지 장치

시각 시스템은 특정한 과업을 수행할 수 있도록 설계되었다. 설계에서는 시스템이 처한 주변 환경을 가장 잘 파악할 수 있는 감지 장치를 선택하는 것이 중요하다. 카메라, 레이다radar, 엑스레이, CT 스캔, 라이다lidar 또는 이들의 조합으로 주변 환경의 완전한 정보를 얻어야 이 과업을 제대로 수행할 수 있다.

자율주행차의 예를 다시 한번 들어보자. 자율주행차의 시각 시스템 목표는 차량이 주변 환경을 인식하고 지점 A에서 B까지 안전하고 빠르게 운행하는 것이다. 이 목표를 달성하려면 차량에 장착된 카메라와 센서가 축구장 3개 정도의 거리 안에서 주변 360도의 활동(보행자, 자전거, 자동차, 도로 공사, 그 외 모든 사물)을 감지할 수 있어야 한다.

자율주행차는 주변을 인식하기 위해 다음 감지 장치를 사용한다.

- 라이다: 사람 눈에 보이지 않는 파장의 빛을 사용해서 레이다와 같은 원리로 주변에 대한 고해상도 3D 지도를 만든다.
- 카메라: 교통 표지판이나 도로의 표시를 인식할 수 있지만 거리는 잴 수 없다.
- 레이다: 사물의 거리와 현재 속도를 알 수 있지만 사물이 무엇인지 자세히 알 수 없다.

의학 진단 영역에서는 엑스레이나 방사선 단층 촬영을 감지 장치로 사용한다. 농업용 시각 시스템이라면 또 다른 유형의 레이다를 사용할 수도 있다. 시각 시스템은 각자의 목적에 맞춰 다양하게 설계된다. 그러므로 시각 시스템 설계는 그 시스템의 목적을 파악하는 것부터 시작한다. 독립된 시각 시스템을 설계할 때는 이 점을 염두에 두어야 한다.

이미지 인식

동물이나 곤충, 사람의 시각 시스템은 눈을 감지 장치로 사용한다. 하지만 같은 눈이라도 구조나 출력하는 이미지의 품질, 해상도는 제각각이다. 이들 눈은 해당 생물의 필요에 맞춰 만들어졌다. 예를 들어 벌과 같은 곤충은 여러 개의 렌즈로 구성된 겹눈을 가졌다(겹눈 하나당 3만 개 정도). 겹눈으로 보면 이미지의 해상도가 낮아서 먼 거리에 있는 물체를 식별하기 어렵다. 하지만 고속으로 날아다니는 동안 사물의 움직임에 매우 민감하게 반응할 수 있다. 빠르게 비행하는 동안 작은 움직임을 놓치지 않고 보는 능력이 중요한 시각 시스템에는 고해상도 이미지가 필요하지 않다.

그림 1-3 겹눈은 이미지의 해상도는 낮지만 움직임에 민감하다.

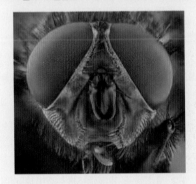 

겹눈 　　　　　　　　　　　벌의 눈으로 본 꽃의 이미지

1.1.4 해석 장치

보통 컴퓨터 비전 알고리즘이 해석 장치의 역할을 담당한다. 해석 장치는 감지 장치에서 출력한 이미지를 전달받아 사물을 인식할 수 있는 특징과 패턴을 학습하는 마치 시각 시스템의 뇌와 같은 역할을 한다. 간단히 말해 우리는 뇌를 만들어야 한다. 과학자들은 우리 뇌로부터 영감을 받아 뇌의 동작을 분석하는 방법으로 인공 뇌를 만들려고 시도했다. 그 결과가 바로 **인공 신경망**artificial neural network, ANN이다(그림 1-4).

그림 1-4 생물학적 뉴런과 인공 뉴런의 유사성

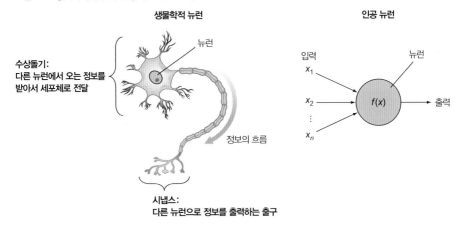

[그림 1-4]를 보면 인공 신경망과 실제 생물학적 뉴런이 얼마나 비슷한지 알 수 있다. 두 가지 모두 뉴런^{neuron}이 주 처리 단위 역할을 하며 입력 신호(x_1, x_2, …, x_n)를 받고 출력을 내보낸다.

생물학적 뉴런의 학습 능력을 모방해서 과학자들은 뉴런을 서로 연결한 네트워크를 만들었다. 사람의 뇌에서 일어나는 정보 처리 과정을 그대로 모방한 인공 뉴런은 입력된 신호가 일정 이상 활성화되면 자신과 연결된 모든 뉴런에 신호를 일으킨다. 각각의 뉴런(2장 참조)은 매우 단순한 구조를 가졌지만 뉴런 수백만 개를 모아 서로 연결하고 층을 구성하면 학습 능력을 보이게 된다. 여러 층을 가진 신경망을 만드는 기법이 딥러닝^{deep learning}이다(그림 1-5).

그림 1-5 딥러닝은 여러 층으로 구성된 신경망을 사용하는 기법이다.

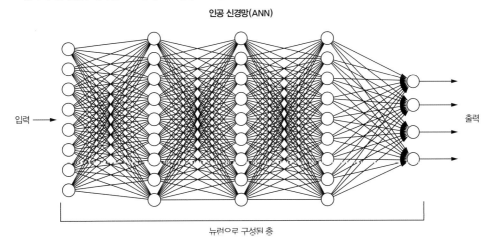

인공 신경망(ANN)

딥러닝 기법은 뉴런으로 구성된 층에 데이터를 통과시켜 데이터를 여러 번 변환하는 방법으로 표현representation을 학습한다. 이 책에서는 인공 신경망, 합성곱 신경망 등 여러 가지 딥러닝 구조를 배우고 이들 구조가 컴퓨터 비전에 어떻게 활용되는지 살펴볼 것이다.

머신러닝의 성능이 사람을 능가할 수 있을까

이와 같은 질문을 10년 전에 들었다면 필자는 '그렇지 않다'라고 답했을 것이다. 다음 두 가지 시나리오를 생각해보자.

- 견종별로 분류된 1만 장의 개 사진이 있는 책을 받았다고 가정해보자. 견종의 특징을 익히라는 지시를 받았다. 사람이 1만 장의 사진으로 130종의 특징을 익히려면 시간이 얼마나 걸릴까? 100장의 사진에 나온 개의 견종을 맞추는 시험을 본다면 몇 개나 맞출 수 있을까? 신경망은 한두 시간 만에 학습을 마치고 95%의 정확도를 달성할 것이다.
- 새로운 것을 창조하는 방향을 예로 들어보자. 신경망은 그림에서 붓질이나 색, 명암 등의 패턴을 학습할 수 있다. 이 분석 결과를 활용하여 같은 스타일로 새로운 그림을 몇 초 만에 완성할 수 있다.

인공지능과 딥러닝의 최근 연구 성과를 통해 컴퓨터가 이미지 분류나 사물 인식 영역에서 사람의 시각적 능력을 능가한다는 것을 증명했다. 또한 다른 영역으로도 이와 같은 현상이 빠르게 확장되고 있다. 하지만 필자의 말을 너무 심각하게 받아들일 필요는 없다. 다음 절에서 딥러닝을 적용한 컴퓨터 비전의 주요 응용 분야를 살펴볼 것이다.

1.2 컴퓨터 비전 응용 분야

컴퓨터로 사람의 얼굴을 인식하는 기술은 이미 수십 년 전에 개발되었다. 지금은 사진이나 동영상에 나오는 사물을 인식하는 수준이다. 빠르게 향상된 컴퓨터의 계산 능력과 대량의 데이터 덕분에 인공지능과 딥러닝 기술은 이미지 검색, 이미지 캡셔닝,[1] 이미지 및 동영상 분류, 사물 인식 등 다양한 종류의 복잡한 시각 인지 과업에서 사람을 능가하는 성능을 갖추게 되었다. 더구나 딥러닝은 컴퓨터 비전 분야에서만 활용되는 것도 아니다. 자연어 처리나 음성 인터페이스 등의 분야에서도 가시적인 성과를 내고 있다. 이 책에서는 컴퓨터 비전 분야의 응용 사례에 초점을 맞춘다.

---

1 옮긴이_ 컴퓨터가 이미지를 보고 이미지에 적절한 설명을 자동으로 만들어내는 기술

딥러닝은 다양한 컴퓨터 비전 분야에서 사물과 그들의 행동을 인식하는 목적으로 사용된다. 여기서 모든 사례를 언급할 수는 없지만 가장 유명한 딥러닝 알고리즘과 이들을 활용한 여러 분야를 간략히 소개하겠다. 자율주행차, 드론, 로봇, 보안 카메라, 암을 초기에 발견하는 의료 진단 스캐너 등이 이들 분야 중 하나다.

1.2.1 이미지 분류

이미지 분류image classification는 미리 정의한 유한한 수의 레이블을 이미지에 부여하는 과업을 말한다. 여러 분야에 걸쳐 이미지 처리 및 분류에서 가장 크게 활약하는 것이 바로 **합성곱 신경망** convolutional neural network, CNN이다.

- **폐암 진단**: 폐암은 중기 이후에 진단할 수 있어서 사망률이 매우 높은 질병이다. 폐암 진단은 단층 촬영 이미지에서 의사가 직접 육안으로 관찰해서 작은 병변을 찾아내는 방식으로 이뤄진다. 초기 단계에선 이 병변이 너무 작아 발견하기 어렵다. 몇몇 컴퓨터 비전 기술 기업이 딥러닝 기술을 활용해서 이 문제를 해결하기 위해 노력하고 있다.

  거의 모든 폐암은 아주 작은 병변부터 시작한다. 이런 병변은 진료 경험이 풍부한 의사만 식별할 수 있을 정도로 형태도 다양하다. 의사는 6~10mm 이상의 병변은 잘 찾아내지만 4mm 이하의 작은 병변은 발견하지 못하는 경우가 있다. 합성곱 신경망은 엑스레이나 단층 촬영 이미지에서 이런 병변의 특징을 학습해서 초기에 발견할 수 있다(그림 1-6).

그림 1-6 비전 시스템은 종양을 식별하기 위해 엑스레이 이미지의 패턴을 학습할 수 있는 초기 개발 단계에 있다.

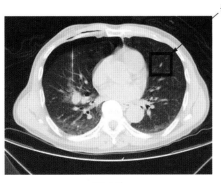
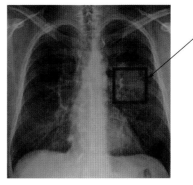

CT 스캔   엑스레이

- **교통 표지판 인식**: 기존에는 전통적 컴퓨터 비전 기법을 활용해서 교통 표지판을 탐지하고 그 내용을 인식하는 방식을 사용했다. 그러나 이 방법은 이미지의 특징을 사람이 직접 작성해야 하므로 작업 시간이 너무 많이 걸렸다. 신호등 인식에 딥러닝을 적용하면 표지판 인식에 필요한 적절한 특징을 스스로 발견할 수 있다(그림 1-7).

그림 1-7 비전 시스템은 높은 성능으로 교통 표지판을 탐지할 수 있다.

NOTE_ CNN은 많은 이미지 분류 문제를 해결하고 있다. 빠른 처리와 높은 정확도 덕분에 (기존 과업과 새로운 과업을 포함해) 컴퓨터 비전에서 CNN을 많이 활용한다. 폐암 진단과 교통 표지판 인식 예제처럼 수십에서 수백, 수천 장에 이르는 이미지에 원하는 개수의 레이블을 부여해 신경망에 입력할 수 있다. 사람이나 사물, 동물(고양이, 개, 말 구별하기), 서로 다른 품종, 농경에 적합한 토질 등을 구분하는 작업도 마찬가지다. 즉, 사전 정의된 레이블이 부여된 이미지만 있으면 CNN을 활용해서 이런 이미지들을 각 이미지가 속하는 클래스로 분류할 수 있다.

1.2.2 사물 탐지와 위치 인식

이미지 분류는 CNN을 활용하는 가장 기본적인 분야다. 이미지 분류는 사물 1개가 찍힌 이미지를 분류하는 과업이다. 사람과 비슷한 수준의 능력을 갖추려면 이미지 안에서 여러 개의 사물을 인식하고 그 위치도 파악할 수 있어야 한다. YOLO$^{\text{you only look once}}$나 SSD$^{\text{single-shot detector}}$,

Faster R-CNN(7장 참조) 같은 사물 인식 시스템은 실제로 이미지 안에서 여러 사물을 인식하고 위치까지 파악할 수 있다. 이들 시스템은 입력받은 이미지를 여러 조각으로 나눈 다음 각 조각을 대상으로 인식된 사물에 대한 레이블을 부여하는 방법으로 사물 인식과 위치 파악을 동시에 수행한다(그림 1-8). 자율주행차 같은 응용 분야라면 이 정도의 기술은 기본으로 갖추어야 한다.

그림 1-8 딥러닝 시스템은 이미지에서 사물과 위치를 인식할 수 있다.

1.2.3 화풍 모방하기

신경망을 이용한 화풍 모방neural style transfer 역시 흥미로운 컴퓨터 비전 응용 분야 중 하나다. 화풍 모방의 예를 들어보자. [그림 1-9]는 도시의 풍경 사진을 하나 입력한 다음 빈센트 반 고흐의 「별이 빛나는 밤」 화풍을 적용한 예다.

이는 컴퓨터 비전 기술을 깔끔하게 응용한 멋진 사례다. 화가가 기존 그림의 화풍으로 새로운 그림을 작업한다면 짧게는 며칠에서 길게는 몇 수까지 설리는데, 컴퓨터 비전을 활용하면 이 일을 몇 초 만에 끝낼 수 있다.

그림 1-9 「별이 빛나는 밤」 화풍을 다른 사진에 적용해서 원래 그림과 비슷한 새로운 그림을 만드는 화풍 모방

원본 이미지　　　　　　　　　화풍　　　　　　　　화풍이 적용된 새로운 이미지

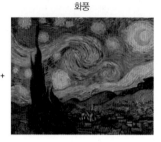 

1.2.4 새로운 이미지 창조하기

앞서 살펴본 화풍 모방도 컴퓨터 비전을 응용한 흥미로운 사례지만 이번 사례는 그야말로 마법과도 같다. 머신러닝 분야 연구원인 이안 굿펠로가 2014년에 생성적 적대 신경망generative adversarial network, GAN이라는 새로운 딥러닝 모델을 고안했다. 이름만 들으면 매우 어렵게 느껴지지만 그렇지 않다. GAN은 CNN을 발전시킨 모델로 딥러닝의 주요한 성취 중 하나다. 따라서 CNN을 이해하면 GAN도 훨씬 쉽게 이해할 수 있다.

GAN은 놀라울 정도로 진짜 같은 사물, 사람, 장소의 이미지를 만들어낼 수 있는 복잡한 딥러닝 모델이다. GAN에 일련의 이미지를 입력하면 기존에 없던 새로운 것이지만 원래 있던 것 같은 이미지를 만들어낸다. 예를 들어 StackGAN은 텍스트로 된 설명과 부합하는 고해상도 이미지를 만들어내는 GAN의 변종이다. 다음 사진은 데이터베이스에서 이미지 검색을 한 결과가 아니다. 이 사진은 실제 사물을 찍은 것이 아닌 완전 새롭게 창조된 것이다(그림 1-10).

그림 1-10 GAN으로 기존 이미지를 완전히 새로운 이미지로 창조

짧고 뾰족한 부리와
갈색 날개깃을 가진
파랗고 작은 새

전신이 빨갛고 뾰족한
부리를 가진 새

GAN은 머신러닝 학계에서 최근 가장 주목받는 성과 중 하나다. 오래되지 않은 연구임에도 압도적으로 큰 성과를 거두고 있다. GAN을 응용한 분야는 아직까지 이미지로 한정됐지만 컴퓨터가 새로운 이미지를 창조해낼 수 있다면 이미지 외의 다른 것을 창조하는 것도 불가능하지는 않을 것이다. 머지않은 미래에 컴퓨터가 만들어낸 영화, 음악, 책을 즐길 수 있을지도 모른다. 어떤 형태의 데이터(텍스트)를 다른 형태(이미지)로 만들어낼 수 있다면 모든 엔터테인먼트 산업에서 자세한 텍스트 설명만으로 작품을 만들어낼 수 있을지도 모른다.

예술 작품을 만들어내는 GAN

2018년 10월에 인공지능 화가 모비어스가 그린 「에드몽드 드 벨라미Edmond de Belamy」가 43만 2,500달러에 판매되었다. 이 작품은 에드몽드 드 벨라미라는 가공의 인물을 그린 초상화로, 프록코트나 흰색 컬러로 미루어보아 교회 관련 인물이거나 프랑스인이라 짐작된다.

그림 1-11 모비어스가 그린 에드몽드 드 벨라미라는 가공의 인물 초상화가 43만 2,500달러에 판매되었다.

이 그림은 25세 프랑스 학생 세 명이 GAN을 이용해서 생성한 것이다. 그들이 만든 신경망은 14세기부터 20세기 사이에 그려진 1만 5천 장의 초상화를 수집한 데이터셋을 학습했고 그 결과 새로운 그림을 생성했다. 연구팀은 이 그림을 인쇄해서 액자에 넣고 GAN 알고리즘의 일부로 서명했다.

1.2.5 안면 인식

안면 인식face recognition, FR은 사람의 이미지를 정확하게 식별하거나 태그를 지정하는 기술이다. 웹에서 유명인의 사진을 찾거나 친구 또는 가족과 함께 찍은 사진에 자동 태깅을 하는 데 활용할 수 있다. 안면 인식은 아주 많은 수의 레이블이 정의된 이미지 분류라고 할 수 있다.

안면 인식 분야에서 유명한 책인 『Handbook of Face Recognition, 2nd ed』(Springer, 2011)은 안면 인식 시스템을 다음과 같이 크게 두 부류로 분류했다.

- **안면 식별**face identification : 질의로 입력한 안면 이미지를 데이터베이스와 비교해서 이미지와 일치하는 후보를 식별하는 일대다 매칭 과정을 말한다. 용의자 목록과 질의 얼굴이 일치하는지 비교하는 당국의 요주의 인물 확인 등에 사용된다.
- **안면 대조**face verification : 질의로 입력한 안면 이미지와 하나의 후보를 비교해서 신원 일치를 확인하는 일대일 매칭 과정이다(그림 1-12).

그림 1-12 안면 대조(왼쪽)와 안면 식별(오른쪽)의 예

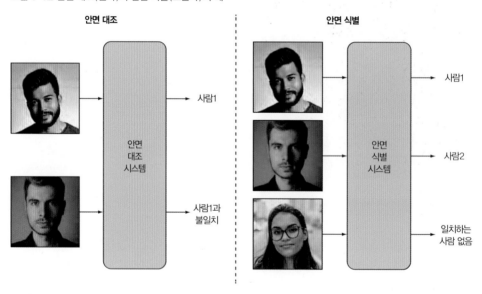

1.2.6 이미지 추천 시스템

이미지 추천 시스템은 질의 이미지와 유사한 이미지를 제공하는 시스템이다. 전자 상거래 사이트에서 이전에 선택한 상품과 비슷한 상품을 (이미지를 기준으로) 추천하는 서비스가 이에 해

당한다. [그림 1-13]은 의류 상품 검색과 관련된 이미지 추천 시스템의 예를 보여준다.

그림 1-13 의류 상품 검색의 예. 각 행의 왼쪽 끝 이미지가 질의 이미지(전에 선택한 상품)이며, 나머지 이미지는 시스템이 추천하는 유사한 상품의 이미지다(출처: Liu 외, 2016).

1.3 컴퓨터 비전 파이프라인 전체 처리 과정

이제 조금 관심이 생겼는가? 지금부터는 컴퓨터 비전 시스템의 내부로 한 걸음 더 들어가보자. 앞서 비전 시스템이 감지 장치와 해석 장치로 구성된다고 설명했다(그림 1-14). 이 절에서는 해석 장치에서 이미지를 이해하기 위한 처리 과정을 간략하게 살펴보자.

그림 1-14 감지 장치와 해석 장치로 구성된 컴퓨터 비전 시스템

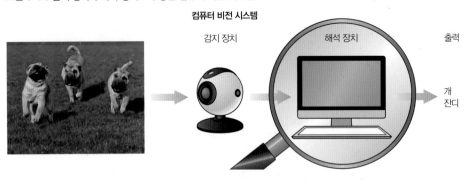

컴퓨터 비전은 여러 분야에 응용되지만 비전 시스템은 일련의 서로 구분되는 단계를 거쳐 이미지를 분석하고 처리한다. 이 단계를 **컴퓨터 비전 파이프라인**computer vision pipeline이라고 한다. 대부분의 비전 시스템은 이미지와 데이터를 획득하고, 데이터를 처리한 다음 분석 및 인식 과정을 거쳐 추출된 정보를 기반으로 예측한다(그림 1-15).

그림 1-15 컴퓨터 비전 파이프라인. 데이터를 입력받고, 처리하고, 정보를 추출한 다음 머신러닝 모델에 전달해 학습시킨다.

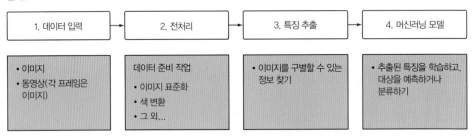

이미지 분류 예제에 [그림 1-15]에서 설명한 파이프라인을 적용해보자. 모터사이클이 찍힌 사진 이미지가 있고, 이 사진에 담긴 사물이 모터사이클, 자동차, 개 중 어느 것에 해당하는지 확률을 예측한다(그림 1-16).

> DEFINITION_ **이미지 분류기**image classifier는 이미지를 입력받아 이미지가 속한 클래스 또는 클래스를 나타내는 레이블을 출력하는 알고리즘을 가리킨다. 머신러닝에서 **클래스**class(또는 **카테고리**category)는 입력한 데이터가 속하는 부류를 의미한다.

그림 1-16 머신러닝 모델을 사용해서 사진에 실린 사물이 모터사이클, 자동차, 개 클래스 중 어느 것에 해당하는지 확률 예측하기

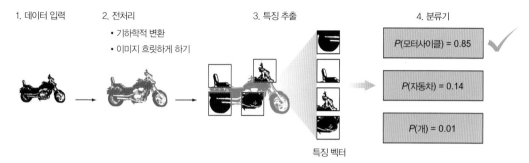

입력된 이미지는 다음과 같은 과정을 거쳐 분류 파이프라인을 통과한다.

1 컴퓨터는 카메라 같은 장비를 통해 이미지를 입력받는다. 이 입력은 일반적으로 이미지 혹은 동영상을 구성하는 일련의 이미지다.

2 이미지는 입력을 표준화하는 전처리 과정을 거친다. 일반적으로 전처리 과정은 이미지 크기 조정, 흐릿하게 하기, 회전, 모양 변경, 색상 조정(예: 컬러에서 회색조로 변환) 등을 포함한다. 먼저 이미지를 표준화(이를테면 크기를 똑같이 조정)해야 이미지끼리 비교를 통해 분석을 진행할 수 있다.

3 이미지로부터 특징을 추출한다. **특징**feature은 사물을 식별할 수 있는 정보로 사물의 모양이나 색 등을 포함한다. 예를 들어 모터사이클을 구별할 수 있게 해주는 특징은 바퀴, 헤드라이트, 흙받기 등의 모양이다. 이 단계의 출력은 이미지에 찍힌 사물의 모양을 나타내는 **특징 벡터**feature vector다.

4 추출된 특징을 **분류 모델**classification model에 입력한다. 입력된 특징 벡터를 보고 이미지가 속한 클래스(카테고리)를 예측한다. 나 자신이 분류 모델이 되었다고 생각하고 지금까지 설명한 분류 과정을 머릿속으로 그려본다. 특징 벡터에 담긴 특징을 하나씩 살펴보며 이 이미지에 찍힌 대상이 어떤 사물인지 짐작해보자.

  a 먼저 **바퀴** 특징을 살펴보자. 이 이미지에 찍힌 대상은 자동차일까, 모터사이클일까, 개일까? 개는 바퀴가 없으므로(적어도 정상적인 개는 그렇다) 일단 아니다. 그렇다면 이 이미지는 자동차 아니면 모터사이클일 것이다.

  b 그다음 **헤드라이트** 특징을 보자. 이제 자동차보다 모터사이클일 확률이 더 높아졌다.

  c 다음 특징은 **흙받기**다. 이 이미지에 찍힌 대상이 모터사이클일 확률이 더욱 높아졌다.

  d 이 이미지에 찍힌 대상은 바퀴가 2개다. 모터사이클에 가까워 보인다.

  e 이런 식으로 차체 모양, 페달 등 모든 특징을 순서대로 살펴보며 이미지 속 대상이 속할 가능성이 가장 높은 카테고리를 결정한다.

이 과정을 거치면 이미지 속 대상이 각 클래스에 속할 확률이 출력된다. 예제를 보면 알겠지만 개일 확률은 1%로 가장 낮고, 모터사이클일 확률은 85%나 된다. 모델이 가장 높은 확률로 모터사이클 클래스를 골랐지만 자동차 클래스에 속할 확률도 14%나 된다고 판단한 것으로 보아 자동차와 모터사이클을 구분하기 어려워한다는 것도 알 수 있다. 이미지에 찍힌 대상이 모터사이클이라는 것을 이미 알고 있으니 머신러닝 분류 알고리즘의 정확도를 85%로 평가할 수 있다. 이만하면 나쁘지 않다. 정확도를 개선하려면 1단계를 반복하거나(학습 이미지를 더 많이 입력), 2단계를 반복하거나(노이즈를 더 많이 제거), 3단계를 개선하거나(더 나은 특징을 추출), 4단계를 개선할 수도 있고(분류 알고리즘의 하이퍼파라미터를 튜닝), 학습을 더 길게 실행하는 방법도 있다. 모델의 정확도를 개선하는 모든 방법을 이 파이프라인 단계에 포함시킬 수 있다.

지금까지 컴퓨터 비전 파이프라인의 전체 처리 과정을 살펴봤다. 이제부터 파이프라인의 각 단계를 좀 더 자세히 살펴보자.

1.4 이미지 입력

컴퓨터 비전 애플리케이션은 이미지나 동영상 데이터를 다룬다. 지금은 동영상은 배제하고 컬러와 회색조(그레이스케일 grayscale) 이미지만 있다고 가정한다. 이미지로 구성된 연속 프레임을 동영상이라고 한다. 동영상 데이터는 나중에 더 자세히 다루겠다.

1.4.1 함수로 나타낸 이미지

이미지는 2차원 영역을 정의하는 두 변수 x와 y의 함수 형태로 나타낼 수 있다. 디지털 이미지는 격자를 채운 픽셀로 구성된다. 다시 말해 픽셀 pixel은 이미지를 구성하는 기본 요소다. 모든 이미지는 이미지 내 각 좌표의 빛의 강도 intensity를 나타내는 픽셀이 모여 만들어진다. 모터사이클에 픽셀 그리드를 적용한 후 다시 살펴보자(그림 1-17).

그림 1-17 픽셀이 모여 이미지를 만든다. 픽셀값은 이미지 내 각 좌표의 빛의 강도를 나타낸다.

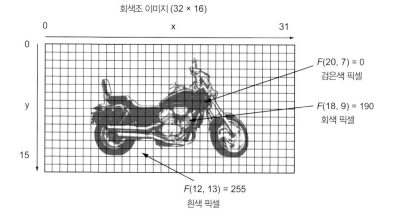

[그림 1-17]의 이미지 크기는 32×16이다. 즉, 가로 32픽셀, 세로 16픽셀이다. x축의 값은 0부터 31까지고, y축의 값은 0부터 15까지다. 회색조 이미지의 픽셀은 이미지 내 해당 위치의 빛의 강도를 나타내는 값을 갖는다. 또한 픽셀은 0부터 255 사이의 값이다. 픽셀값은 빛의 강도^{intensity of light}를 의미한다. 0은 어두움(검은색)을, 255는 매우 밝음(흰색)을 의미한다. 0과 255 사이의 값은 회색조로 빛의 강도를 나타낸다.

이미지의 좌표를 보고 데카르트 좌표계가 생각난 독자도 있을 것이다. 이미지가 2차원 평면 위에 놓이고 원점(0, 0)은 이미지의 좌측 상단에 해당한다. 특정한 픽셀을 가리키는 표기법은 다음과 같다. 예를 들어 F가 함수고, x와 y가 픽셀의 x좌표와 y좌표일 때 $x=12$, $y=13$에 위치한 픽셀은 흰색이다. 이를 함수 F를 이용해 $F(12, 13)=225$와 같이 나타낼 수 있다. 모터사이클 앞에 위치한 픽셀 $(20, 7)$은 검은색이므로 $F(20, 7)=0$이 된다.

    회색조 이미지 => 좌표 (x, y)에 위치한 픽셀의 빛의 강도는 F(x, y)다.

회색조 이미지는 위와 같이 정의한다. 그렇다면 컬러 이미지는 어떨까?

회색조 이미지의 픽셀이 숫자 하나로 표현된 것과 달리 컬러 이미지는 픽셀을 세 가지 색의 강도를 나타내는 3개의 숫자로 표현한다. RGB 색상 체계에서는 빨간색의 강도, 녹색의 강도, 파란색의 강도 이렇게 3개의 숫자를 이용해서 픽셀을 나타낸다. HSV나 Lab 같은 다른 색상 체계도 있지만 픽셀값을 표현하는 방법은 모두 동일하다. RGB 색상 체계를 따라 컬러 이미지를 나타내는 함수는 다음과 같이 표현할 수 있다.

RGB 색상 체계의 컬러 이미지 => F(x, y) = [red(x, y), green(x, y), blue(x, y)]

이미지를 함수로 나타내면 이미지 처리에 유용한 점이 많다. 이미지를 함수 $F(x, y)$로 생각할 수 있고 수학적 연산을 통해 새로운 이미지 $G(x, y)$로 변환할 수 있다. [표 1-1]에 이러한 이미지 변환의 예를 정리했다.

표 1-1 이미지 변환 함수의 예

변환 내용	함수
이미지 어둡게	G(x, y) = 0.5 * F(x, y)
이미지 밝게	G(x, y) = 2 * F(x, y)
사물의 위치를 150픽셀 아래로	G(x, y) = F(x, y + 150)
회색 픽셀을 흰색 또는 검은색으로 변환	G(x, y) = { 0 if F(x, y) < 130, 255 otherwise }

1.4.2 컴퓨터가 보는 이미지

우리는 이미지에서 사물, 풍경, 색 등을 볼 수 있다. 하지만 컴퓨터가 보는 이미지는 이와 좀 다르다. [그림 1-18]을 보면 우리 뇌는 이 이미지를 보는 즉시 모터사이클을 찍은 사진임을 알 수 있다. 하지만 컴퓨터는 이 이미지를 픽셀값이 담긴 2차원 행렬로 본다. 맥락이 전혀 없는 데이터 뭉치일 뿐이다.

그림 1-18 컴퓨터가 보는 이미지는 값이 담긴 2차원 행렬이다. 행렬의 요솟값은 색상 체계로 나타낸 빛의 강도를 의미한다. 예를 들어 회색조 이미지의 요솟값은 0(검정색)부터 255(흰색) 사이의 값이다.

우리가 보는 이미지　　　　　　　　　　컴퓨터가 보는 이미지

[그림 1-18]의 이미지 크기는 24 × 24다. 이 크기는 이미지의 가로세로 픽셀 수이므로 이 이미지는 가로 24픽셀과 세로 24픽셀, 총 576픽셀로 구성된다. 이 이미지의 크기가 700 × 500이라면 행렬의 크기도 (700, 500)이 되며 요솟값은 해당 픽셀의 밝기가 된다. 0은 검은색, 255는 흰색이다.

1.4.3 컬러 이미지

회색조 이미지의 픽셀값은 한 가지 색의 강도를 나타낸다. 하지만 표준 RGB 색상 체계를 사용하는 컬러 이미지에는 채널이 3개(빨간색, 녹색, 파란색) 있다. 다시 말해 컬러 이미지를 나타내려면 빨간색의 강도를 나타내는 행렬, 녹색의 강도를 나타내는 행렬, 파란색의 강도를 나타내는 행렬 등 총 3개의 행렬이 필요하다(그림 1-19).

그림 **1-19** 컬러 이미지는 빨간색, 녹색, 파란색 3개의 채널로 표현된다. 행렬 3개는 각 채널의 빛의 강도를 의미한다.

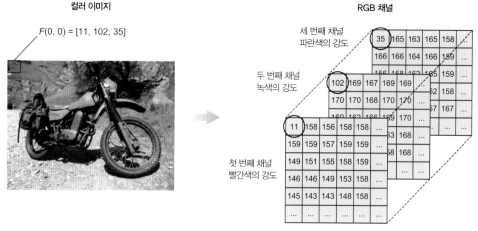

[그림 1-19]에서 볼 수 있듯이 컬러 이미지는 빨간색, 녹색, 파란색의 채널로 구성된다. 그렇다면 컴퓨터가 본 컬러 이미지는 어떤 것일까? 컬러 이미지 역시 행렬이다. 그러나 채널이 1개였던 회색조 이미지와는 달리 차곡차곡 포개져 있는 3개의 행렬이라는 점이 다르다. 따라서 컴퓨터가 본 컬러 이미지는 3차원 행렬이 된다. 700 × 700 크기의 컬러 이미지를 나타내는 행렬의 크기는 (700, 700, 3)이 된다. 첫 번째 행렬이 빨간색 채널이라면 이 매트릭스의 각 요솟값은 해당 픽셀의 빨간색 강도가 되며, 녹색 채널과 파란색 채널도 마찬가지다. 컬러 이미지의 각

픽셀에는 서로 연관된 (0부터 255 사이의) 세 숫자가 있다. 이 숫자는 각각 이 픽셀의 빨간색, 녹색, 파란색의 강도가 된다.

이미지의 좌측 상단에 위치한 픽셀 (0, 0)을 예로 들면 이 부분에 찍힌 사물은 잔디이므로 이 픽셀은 [그림 1-20]과 같을 것이다. [그림 1-21]의 색은 녹색의 여러 변종과 RGB 값을 보여 준다.

그림 1-20 잔디의 녹색은 서로 다른 강도의 색상 세 가지를 혼합한 것이다.

그림 1-21 세 가지 색상(빨간색, 녹색, 파란색)을 서로 다른 강도로 합쳐 다양한 녹색을 만들 수 있다.

포레스트 HEX #0B6623 RGB 11 102 35	포레스트 그린 코드: HEX #0B6623 RGB 11 102 35	민트 HEX #98FB98 RGB 152 251 152	민트 그린 코드: HEX #98FB98 RGB 152 251 152
올리브 HEX #708238 RGB 112 130 56	올리브 그린 코드: HEX #708238 RGB 112 130 56	라임 HEX #C7EA46 RGB 199 234 70	라임 그린 코드: HEX #C7EA46 RGB 199 234 70
정글 HEX #29AB87 RGB 41 171 135	정글 그린 코드: HEX #29AB87 RGB 41 171 135	제이드 HEX #00A86B RGB 0 168 107	제이드 그린 코드: HEX #00A86B RGB 0 168 107

컴퓨터는 색상을 어떻게 나타낼까?

컴퓨터는 이미지를 행렬 형태로 표현한다. 회색조 이미지는 채널이 하나(회색)이므로 각 요솟값이 픽셀의 빛의 강도를 나타내는 2차원 행렬 하나로 표현할 수 있다. 이때 0이 검은색이고 255가 흰색이다. 이와 달리 컬러 이미지는 빨간색, 녹색, 파란색 이렇게 3개의 채널을 갖는다. 따라서 컬러 이미지는 깊이가 3인 3차원 행렬로 표현한다.

앞서 공간의 함수로 이미지를 나타내는 방법도 배웠다. 이 개념을 이용하면 수학적 연산으로 이미지를 변경하거나 이미지로부터 정보를 추출할 수 있다. 이미지를 함수 형태로 보면 컬러 이미지를 회색조로 변환하거나 이미지를 확대 및 축소하는 등 여러 가지 이미지 처리 기법이 가능해진다. 다음은 함수에 대한 연산을 통해 이미지를 변화하는 예다.

- 회색조 이미지: $f(x, y)$는 좌표 (x, y)에 위치한 픽셀의 강도값
- 컬러 이미지: $f(x, y) = [\text{red}(x, y), \text{green}(x, y), \text{blue}(x, y)]$

1.5 이미지 전처리

머신러닝 프로젝트에는 보통 데이터 전처리나 데이터 클리닝 단계가 포함된다. 머신러닝 엔지니어는 모델 학습 전에 데이터 클리닝이나 전처리에 상당한 시간을 쏟는다. 이 단계의 목표는 머신러닝 모델이 데이터를 분석하고 처리하기 쉽도록 데이터를 준비하는 것이다. 이미지 데이터 역시 이러한 과정이 필요하다. 해결하려는 문제의 종류와 사용할 데이터셋이 무엇이냐에 따라 정도의 차이는 있을 수 있지만 머신러닝 모델에 이미지를 입력하기 전에 어느 정도의 데이터 전처리는 꼭 필요하다.

이미지 리사이징image resizing과 같은 단순한 처리도 이미지 전처리에 포함된다. 나중에 배우게 되겠지만 합성곱 신경망에 이미지 데이터를 입력하려면 모든 이미지의 크기를 똑같이 맞춰야 한다. 이 외에 기하학적 변형이나 색 변환(컬러를 회색조로) 등 다양한 전처리 기법이 있다. 앞으로 이 책에서 소개하는 프로젝트나 예제를 통해 전처리 기법을 배울 것이다.

최초 수집된 데이터는 보통 노이즈가 많고 여러 출처를 통해 수집된다. 이 데이터를 머신러닝 모델(또는 신경망)에 입력하려면 먼저 데이터 클리닝 및 표준화 과정을 거쳐야 한다. 전처리를 거치면 나중에 모델의 정확도를 개선하고 불필요한 복잡도를 제거할 수 있다. 알고리즘마다 어떤 전처리가 필요한지 일일이 언급할 수는 없지만 일단 수집된 이미지는 대다수의 알고리즘에 입력할 수 있는 일정한 형태로 변환해야 한다. 이 절에서는 이러한 데이터 전처리 기법을 다룬다.

1.5.1 컬러 이미지를 회색조 이미지로 변환하기

계산 복잡도를 낮추기 위해 불필요한 정보를 제거해야 하는 경우가 종종 있다. 예를 들어 컬러 이미지를 회색조로 변환하는 경우가 있다. 이미지에서 대상을 인식하는 게 목적이라면 회색조

이미지로도 충분하므로 색은 크게 필요하지 않다. 컬러 이미지는 회색조 이미지보다 많은 정보를 포함하는 만큼 메모리 용량을 더 차지하며 그만큼 계산 복잡도도 증가한다. 컬러 이미지는 채널 3개로 구성된다고 앞서 언급했다. 컬러 이미지를 회색조 이미지로 변환하면 그만큼 처리해야 할 픽셀 수를 줄일 수 있다(그림 1-22).

그림 1-22 컬러 이미지를 회색조 이미지로 변환하면 처리할 픽셀 수를 줄일 수 있다. 색상 정보에 의존하지 않는 문제를 해결하는 것이 목적이라면 회색조 이미지 변환이 도움이 된다.

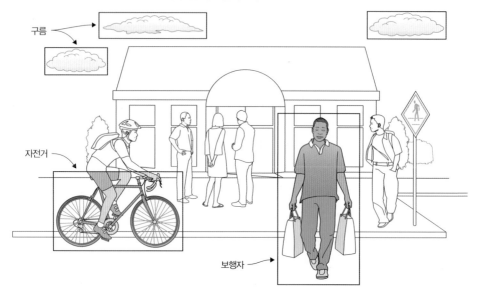

색이 중요한 경우

상황에 따라 이미지를 회색조 이미지로 변환하는 것이 좋지 않은 경우도 있다. 예를 들어 의료 이미지에서 붉은 발진을 확인해야 하는 진단 시스템에서는 색이 중요하다. 이 시스템은 이미지에 포함된 붉은색의 강도에 크게 의존하기 때문에 색 정보를 제거하면 문제를 해결하기 어렵다. 일반적으로 의료 분야에서는 이미지의 색 정보가 큰 역할을 한다.

이미지의 색이 중요한 또 다른 경우에는 자율주행차의 차선 감지 기능이 있다. 이 기능은 교통 법규상 서로 의미가 다른 흰색 차선과 황색 차선을 구분할 수 있어야 한다. 회색조 이미지는 이 두 가지 차선을 구분할 수 없다.

그림 1-23 회색조 이미지로 학습한 모델은 컬러 이미지에서 서로 다른 색의 차선을 구분할 수 없다.

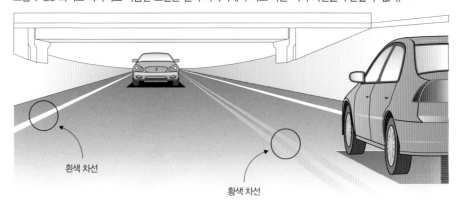

흰색 차선

황색 차선

응용 분야에서 이미지의 색이 중요한지 알아보는 방법은 이미지를 육안으로 확인하는 것이다. 회색조 이미지에서 대상이 되는 사물을 육안으로 확인할 수 있다면 회색조 이미지로 모델을 학습해도 무방하다. 그렇지 않다면 이 모델은 색상 정보를 함께 입력받아야 한다. 다른 전처리 기법 역시 같은 방법으로 처리 여부를 결정할 수 있다.

사물의 모양이나 특징은 대부분 밝기(빛의 강도)만으로도 알 수 있다. 그러나 피부암 탐지는 피부색(붉은 발진)을 주요 단서로 하는데, 이처럼 대상의 정의에 색이 중요한 역할을 하는 경우도 있다.

- 이미지 표준화 : 3장에서 배우지만 CNN 등 일부 머신러닝 알고리즘은 데이터셋의 이미지를 모두 같은 크기로 조정해야 한다는 제약이 따른다. 이런 알고리즘에 이미지를 입력하려면 배율을 조정해서 이미지의 크기를 같게 만들어야 한다.

- 데이터 강화 : 데이터 전처리의 또 다른 유형은 기존 데이터셋에 포함된 이미지를 조금씩 변형하는 방식으로 새로운 데이터를 추가하는 데이터 강화다. 이미지를 변형하는 방법은 배율 조정, 회전, 아핀 변환 등을 주로 사용한다. 이렇게 추가한 데이터로 학습한 모델은 더 다양한 형태와 모양을 가진 대상도 인식할 수 있다. [그림 1-24]는 나비 이미지를 대상으로 한 데이터 강화의 예다.

- 그 외 기법 : 그 외에도 다양한 전처리 기법이 있다. 이미지에 포함된 노이즈를 줄이기 위해 배경색을 제거하는 경우도 있고, 필요에 따라 이미지의 밝기를 조절할 수도 있다. 그 형태가 무엇이든 학습 대상이 될 데이터셋에 가하는 모든 형태의 조정을 통틀어 전처리라고 할 수 있다. 어떤 기법을 적용할지는 데이터셋과 해결하려는 문제가 무엇이냐에 따라 달라진다. 이 책에서는 다양한 이미지 처리 기법을 배운다. 실제 프로젝트 상황에 따라 필요한 기법을 선택하는 방법을 익히기 바란다.

그림 1-24 이미지 강화 기법은 기존 입력 이미지를 조금씩 변형한 새로운 이미지를 만들어 학습에 사용할 데이터 수를 늘리는 기법이다.

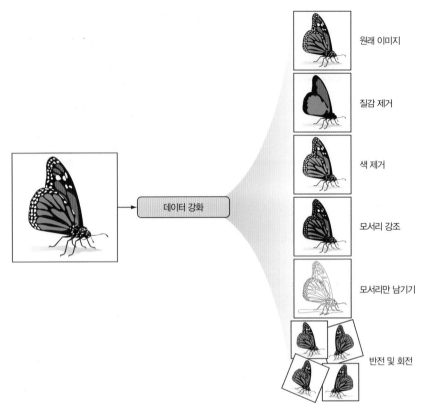

원래 이미지

질감 제거

색 제거

모서리 강조

모서리만 남기기

반전 및 회전

데이터 강화

공짜 점심은 없다

이 말은 데이비드 올퍼트David Wolpert와 윌리엄 맥크리디William Macready의 1997년 논문 「No Free Lunch Theorems for Optimization」(IEEE Transactions on Evolutionary Computation Vol. 1, issue 1, 67쪽)에서 소개되었다. 머신러닝 프로젝트를 수행하며 자주 듣게 되는 이 말의 의미는 모든 모델에 통용되는 기법은 없다는 뜻이다. 머신러닝 프로젝트를 진행하다보면 신경망 구조, 하이퍼파라미터 튜닝, 데이터 전처리 기법 등 다양한 선택을 하게 된다. 그중에는 물론 어떤 문제를 해결하기 위해 우선으로 검토할만한 것도 있지만 그렇다고 어떠한 상황에도 통용되는 만능 해결책은 없다. 문제와 손에 쥔 데이터셋에 대해 어떤 식으로든 가정을 내리지 않으면 안 된다. 회색조 이미지로 변환해야 유용하게 사용할 수 있는 데이터셋도 있지만 오히려 색 정보를 그대로 유지해야 유용한 데이터셋도 있다.

그나마 위안이 되는 것은 기존 머신러닝 기법에 비해 딥러닝 알고리즘은 훨씬 적은 전처리 과정이 필요하다는 점이다. 그 이유는 나중에도 설명하겠지만 신경망이 이미지를 처리하고 특징을 추출하는 힘든 과정을 대부분 대신 해주기 때문이다.

1.6 특징 추출

특징 추출feature extraction은 컴퓨터 비전 파이프라인의 핵심 요소다. 사실 딥러닝 모델 덕분에 이미지에서 유용한 특징을 직접 추출하는 방식으로 대상을 명시적으로 정의할 필요는 없다. 따라서 이 절에서는 특징과 특징 벡터의 정의와 함께 특징을 추출해야 하는 이유를 가볍게 다룬다.

DEFINITION_ 머신러닝에서 말하는 특징은 관찰된 현상에서 측정할 수 있는 속성property이나 특성characteristic을 말한다. 머신러닝 모델은 특징을 입력받아 예측 또는 분류 결과를 내놓는다. 예를 들어 주택 가격을 예측할 때 면적, 방의 수, 욕실 등과 같은 속성을 입력하면 모델은 특징값을 기반으로 예측한 주택 가격을 출력한다. 대상을 잘 드러내는 좋은 특징을 선택해야 머신러닝 알고리즘의 정확도를 높일 수 있다.

1.6.1 컴퓨터 비전에서 사용되는 특징

컴퓨터 비전에서 사용되는 특징feature이란 이미지에서 특정 대상에만 해당하며 측정 가능한 데이터라고 할 수 있다. 선, 모서리, 이미지 조각 등 특이한 모양도 특징일 수 있고, 다른 것과 구분되는 색상도 특징이 될 수 있다. 좋은 특징은 대상을 다른 대상과 쉽게 구분 짓게 해주는 속성이다. 예를 들어 필자가 여러분에게 바퀴라는 속성을 알려주고, 이 대상이 모터사이클과 개중 무엇일지 물어보았다면 여러분은 아마 모터사이클이라고 답할 것이다. 여기서 바퀴는 개와 모터사이클을 분명하게 구분 지어주는 강력한 특징이다. 그러나 같은 특징(바퀴)을 주고 이 대상이 모터사이클과 자전거 중에 무엇인지 묻는다면 선뜻 답하기 어려울 것이다. 확실하게 대답하려면 거울이나 번호판, 페달과 같은 특징이 더 필요하다. 머신러닝 모델은 원 데이터(이미지)를 변환해 얻은 특징 벡터를 입력받아 대상의 특성을 학습한다(그림 1-25).

그림 1-25 이미지를 특징 추출 알고리즘에 입력해 이미지에 포함된 패턴을 찾아 특징 벡터를 만든다.

먼저 모터사이클이 찍힌 원래 이미지를 특징 추출 알고리즘에 입력한다. 이 특징 추출 알고리즘은 속을 알 수 없는 블랙박스와 같다. 이 알고리즘에 대해서는 나중에 다시 설명한다. 지금은 이 알고리즘이 여러 특징값이 담긴 벡터를 출력한다는 것만 알면 된다. 특징 벡터는 대상의 본질을 잘 나타내는 1차원 배열이다.

일반화 가능한 특징

[그림 1-25]의 특징은 해당 이미지에서만 추출된 것이다. 특징의 가장 중요한 성질은 **반복성** repeatability이다. 특징은 모든 모터사이클을 찾아낼 수 있는 성질이어야 한다. 따라서 실제 문제에서는 입력 이미지의 일부를 그대로 복사한 것을 특징으로 사용할 수 없다.

그림 1-26 특징은 대상에 일반적으로 적용 가능해야 한다.

이미지 한 장을 보고
결정한 특징

이미지 수천 장을 보고
결정한 특징

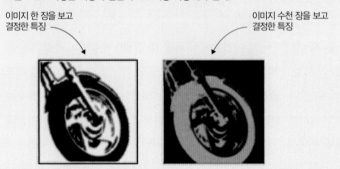

바퀴 특징을 예로 들면 이 특징은 어느 특정한 모터사이클의 바퀴와 완전히 같으면 안 된다. 이 특징은 데이터셋에 포함된 모든 이미지에서 공통되는 둥근 모양과 그 안에 나타나는 어떤 패턴이다. 모터사이클 이미지 수천 장을 학습하면 특징 추출기는 이미지 내 바퀴의 위치나 모터사이클의 종류와 상관없이 일반적인 바퀴를 정의할 수 있다.

1.6.2 좋은 특징이란 무엇인가

머신러닝 모델의 성능은 특징에 의해 결정된다. 다시 말해 좋은 특징을 선택하는 일은 머신러닝 모델을 구축하는 일보다 절대 중요도가 떨어지는 일이 아니다. 하지만 어떤 특징이 좋은 특징일까? 어떤 기준으로 좋은 특징을 알 수 있을까?

예를 들어보자. 그레이하운드와 래브라도 리트리버 이렇게 두 종류의 개를 구분하는 분류기를 만들려고 한다. 먼저 키와 눈 색깔 두 가지 특징을 선택해서 이들의 특징을 평가한다(그림 1-27).

그림 1-27 그레이하운드와 래브라도 리트리버

먼저 키부터 살펴보자. 키는 특징으로서 얼마나 유용할까? 보통 그레이하운드가 래브라도 리트리버보다 1~2인치 정도 크지만 항상 그렇지는 않다. 개들도 개체 간의 차이가 있다. 견종별로 키의 분포를 살펴보자. [그림 1-28]은 두 견종의 키에 대한 분포를 간략한 히스토그램으로 보여준다.

그림 1-28 래브라도 리트리버와 그레이하운드의 키 분포를 나타낸 히스토그램

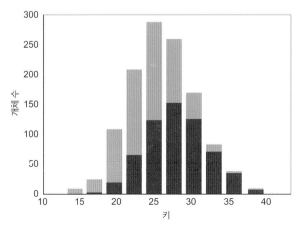

히스토그램을 보면 20인치 이하의 개는 80% 확률로 래브라도 리트리버다. 반면 30인치 이상의 개는 거의 모두 그레이하운드다. 그렇다면 중간 구간(20~30인치)은 어떨까? 이 구간에서는 두 견종의 확률이 거의 비슷하다. 지금까지의 과정을 정리하면 다음과 같다.

- 키가 20인치 이하라면 래브라도 리트리버일 가능성이 높다.
- 키가 30인치 이상이라면 그레이하운드일 가능성이 높다.
- 키가 20인치 초과, 30인치 미만이라면 다른 특징을 더 참고해야 한다.

이 예제에서는 두 견종을 구분하는 데 있어 키가 상당히 유용한 특징이었다. 키를 그대로 특징으로 이용해도 될 것 같다. 하지만 키만으로는 모든 경우에 래브라도 리트리버와 그레이하운드를 정확히 구별할 수는 없다. 실제 머신러닝 프로젝트에서도 모든 대상을 제대로 분류하는 단일 특징은 대부분 존재하지 않는다. 거의 모든 경우 서로 다른 정보를 얻을 수 있도록 2개 이상의 특징이 필요하다. 한 가지 특징만으로 완벽하게 분류할 수 있다면 어렵게 분류기를 학습할 필요 없이 단순히 if-else 문을 사용하면 된다.

> **TIP** 어떤 특징을 채택해야 하는지 결정할 때는 이 특징을 가지고 사고 실험을 해보면 도움이 된다. 여러분이 분류기가 되어 그레이하운드와 래브라도 리트리버를 구분해야 한다면 털 길이, 체구, 색 등 어떤 정보가 유용한지 생각해봐야 한다.

그리 유용하지 않은 특징의 예로 눈 색깔을 한번 살펴보자. 개의 눈 색깔이 파란색과 갈색 두 가지뿐이라고 가정하고, 다음과 같은 가상의 히스토그램을 얻었다(그림 1-29).

그림 1-29 개의 눈 색깔 분포를 나타낸 히스토그램

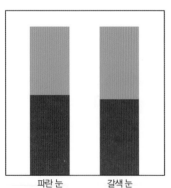

두 가지 눈 색깔에서 두 견종의 비율이 거의 비슷하게 나왔다. 이 특징을 통해 알 수 있는 정보는 실질적으로 없다고 해도 좋다. 눈 색깔은 견종과 관계가 없기 때문이다. 따라서 눈 색깔로는 그레이하운드와 래브라도 리트리버를 구별할 수 없다.

사물 인식에서 유용한 특징의 특성

좋은 특징은 대상이 어떤 상태에 있더라도 이 대상을 다른 대상과 구별되게 해준다. 좋은 특징의 특성은 다음과 같다.

- 다른 것과 구별된다.
- 추적과 비교가 쉽다.
- 배율, 밝기, 각도가 달라도 일관적이다.
- 노이즈가 많은 이미지 또는 대상의 일부만 찍힌 이미지에서도 관찰 가능하다.

1.6.3 특징 추출하기(자동 추출과 수동 추출)

머신러닝의 특징 추출은 별도의 책을 쓸 수 있을 만큼 큰 주제다. 특징 추출은 특징 엔지니어링을 설명할 때 함께 다루는 주제다. 이 책에서 다루는 특징 추출은 이미지만을 대상으로 한다. 그러므로 이 장에서는 특징 추출의 개념만 가볍게 다루고 이후 장에서 이미지를 중심으로 자세한 내용을 설명한다.

사람이 직접 추출한 특징을 사용하는 기존 머신러닝

기존 머신러닝 기법에서는 수동으로 특징을 선택하는 데 상당한 시간이 필요했다. 머신러닝 알고리즘이 제대로 성능을 낼 수 있는 특징을 선택하려면 대상 분야에 대한 도메인 지식(혹은 도메인 전문가와 협업)을 갖춰야 했다. 이렇게 사람이 선택한 특징을 서포트 벡터 머신support vector machine, SVM 또는 에이다부스트AdaBoost와 같은 분류기에 입력해서 예측 결과를 얻었다 (그림 1-30). 사람이 수동으로 선택한 특징은 다음과 같다.

- 기울기 방향성 히스토그램histogram of oriented gradients, HOG
- 하르 캐스케이드Haar Cascades
- 크기 불변 특징 변환scale-invariant feature transform, SIFT
- 고속 강인한 특징 추출speeded-up robust feature, SURF

그림 1-30 기존 머신러닝 기법은 사람이 직접 추출한 특징이 필요했다.

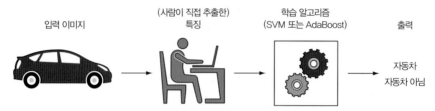

입력 이미지　　　　(사람이 직접 추출한)　　학습 알고리즘
　　　　　　　　　　　특징　　　　　(SVM 또는 AdaBoost)　　출력

자동차
자동차 아님

자동으로 추출된 특징을 사용하는 딥러닝

하지만 딥러닝에서는 사람이 직접 특징을 추출할 필요가 없다. 신경망이 자동으로 특징을 추출하고 뉴런 간의 연결에 부여된 가중치를 통해 출력에 미치는 각 특징의 중요도를 학습한다. 원래 이미지(미가공 이미지)를 신경망에 입력해서 각 층을 통과시키면 된다. 이미지에서 패턴을 식별하고 특징을 만드는 일은 신경망이 대신한다(그림 1-31). 신경망은 특징 추출기와 분류기의 기능을 합친 것으로 볼 수 있으며 특징 추출과 분류를 모두 학습할 수 있다. 이 점이 사람이 직접 추출한 특징을 필요로 하는 기존 머신러닝 모델과의 차이점이다.

그림 1-31 심층 신경망은 입력 이미지를 각 층에 통과시켜 자동으로 특징을 추출하고 분류까지 수행한다. 이 과정에서 사람이 직접 특징을 추출할 필요는 없다.

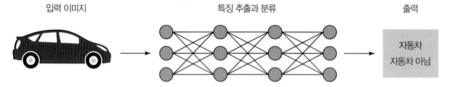

입력 이미지　　　　　　　　특징 추출과 분류　　　　　　　　출력

자동차
자동차 아님

신경망은 유용한 특징과 유용하지 않은 특징을 어떻게 구별할까

가장 유용한 특징만 골라서 사용하는 신경망이 신기하게 생각될 것이다. 하지만 꼭 그렇지만은 않다. 신경망은 가능한 한 모든 특징을 만들고 이들 모두에 무작위로 결정된 가중치를 부여한다. 학습 과정에서 이들 가중치를 해당 특징의 실제 중요도에 맞춰 조정한다. 자주 나타나는 패턴은 높은 가중치가 부여되어 유용한 특징으로 평가되고 가중치가 낮은 특징은 출력에 영향을 미치지 못한다. 신경망의 학습 과정은 다음 장에서 더 자세히 다룬다.

그림 1-32 사물을 식별하는 데 미치는 각 특징의 중요성을 가중치의 형태로 반영한다.

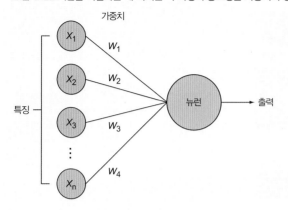

왜 특징을 사용할까

입력 이미지에는 분류와 무관한 정보가 너무 많다. 그러므로 전처리 후 가장 먼저 해야 할 일은 분류에 중요한 정보만 남겨 단순화시키고 불필요한 정보는 빼는 것이다. 복잡하고 많은 양의 데이터를 이미지의 중요한 일부분이나 색상을 추출하는 방법으로 소수의 특징으로 간략화할 수 있다. 이렇게 특징을 기반으로 이미지를 분류하는 것이 훨씬 쉽고 빠르다.

다음과 같은 예제를 살펴보자. 모터사이클이 찍힌 1만 장의 이미지를 포함하는 데이터셋이 있다. 각 이미지의 크기는 1,000 × 1,000 픽셀이다. 이미지 중에는 배경색이 단색인 것도 있지만, 불필요하게 복잡한 배경이 있는 이미지도 있다. 이 이미지를 특징 추출 알고리즘에 입력하면 이미지에 찍힌 사물이 모터사이클인지 확인하는 데 불필요한 정보는 모두 사라지고 사물 인식에 유용한 정보만 분류기에 바로 입력할 수 있게 모아놓은 상태가 된다(그림 1-33). 분류기에 원래 이미지를 1만 장이나 직접 입력하는 것보다는 이렇게 하는 방법이 훨씬 간편하다.

그림 1-33 1만 장의 이미지에서 특징을 추출한 다음 이를 모아 특징 벡터를 만들어 분류기에 입력한다.

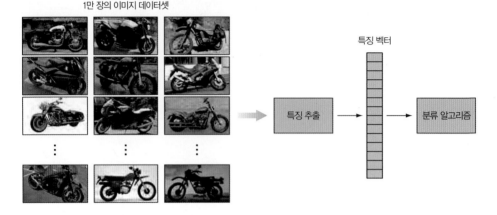

1.7 분류 학습 알고리즘

지금까지 분류 파이프라인을 설명하고 다음과 같은 내용을 다뤘다.

- **입력 이미지**: 이미지를 함수로 나타내는 방법과 컴퓨터가 본 회색조 이미지는 2차원 행렬, 컬러 이미지는 3차원 행렬 형태라는 것을 배웠다.

- **이미지 전처리**: 데이터셋의 데이터를 머신러닝 알고리즘에 입력할 수 있도록 준비하는 몇 가지 기법을 배웠다.

- **특징 추출**: 이미지를 변환해서 이미지에 찍힌 대상을 표현하는 특징 벡터로 만들었다.

이제 특징 벡터를 분류기에 입력해서 그 이미지가 속하는 레이블('모터사이클' 또는 '모터사이클이 아님')을 출력할 차례다.

앞서 설명했듯이 분류는 SVM과 같은 고전적 머신러닝 알고리즘이나 CNN 등의 딥러닝 알고리즘을 사용한다. 고전적 머신러닝 알고리즘으로도 꽤 괜찮은 결과를 얻을 수 있지만 이미지를 분류하고 처리하는 대부분의 복잡한 문제에서 제대로 된 성능을 내는 알고리즘은 CNN이다.

신경망과 그 원리에 대해서는 나중에 더 자세히 다룬다. 지금은 신경망이 특징을 자동으로 추출하며 동시에 예측한 레이블을 출력하는 분류기 역할까지 할 수 있다는 것만 기억하면 된다. 신경망은 입력한 이미지가 신경망의 층을 통과하는 과정을 통해 특징을 학습한다(그림 1-34). 신경망의 층수가 깊을(많을)수록 데이터셋에서 더 많은 특징을 학습할 수 있다. 딥러닝이라는 이름은 바로 여기서 유래한 것이다. 하지만 층수가 늘어나면서 생기는 단점도 있다. 단점은 2장과 3장에서 자세히 다룬다. 신경망의 마지막 층이 예측 결과 레이블을 출력하는 분류기 역할을 한다.

그림 1-34 이미지를 신경망의 각 층에 통과시키면 층마다 특징을 학습한다.

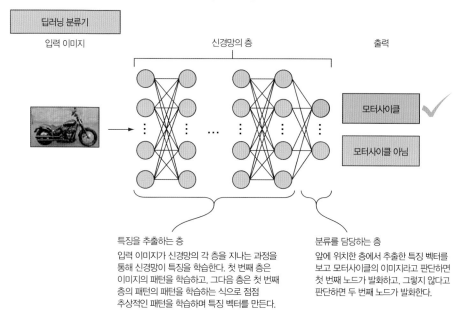

특징을 추출하는 층
입력 이미지가 신경망의 각 층을 지나는 과정을 통해 신경망이 특징을 학습한다. 첫 번째 층은 이미지의 패턴을 학습하고, 그다음 층은 첫 번째 층의 패턴의 패턴을 학습하는 식으로 점점 추상적인 패턴을 학습하며 특징 벡터를 만든다.

분류를 담당하는 층
앞에 위치한 층에서 추출한 특징 벡터를 보고 모터사이클의 이미지라고 판단하면 첫 번째 노드가 발화하고, 그렇지 않다고 판단하면 두 번째 노드가 발화한다.

1.8 마치며

- 사람의 시각 시스템과 컴퓨터의 비전 시스템은 모두 감지 장치와 해석 장치로 구성된다.

- 해석 과정은 데이터 입력, 데이터 전처리, 특징 추출, 모델 생성으로 구성된다.

- 이미지를 x와 y의 함수 형태로 나타낼 수 있다. 컴퓨터는 픽셀값의 행렬 형태로 이미지를 이해한다. 회색조 이미지는 채널 1개, 컬러 이미지는 채널 3개다.

- 이미지 처리 기법은 데이터셋과 해결하려는 문제의 종류에 따라 달라진다. 상황에 맞춰 컬러 이미지를 회색조로 변환하거나, 신경망 입력 크기에 맞게 이미지 크기를 조정하거나, 데이터를 강화하는 방법이 사용된다.

- 특징은 이미지에 실린 대상을 분류하기 위해 사용하는 속성이다. 고전적인 머신러닝 알고리즘에는 다양한 특징 추출 기법이 쓰인다.

딥러닝과 신경망

이 장의 내용

- 퍼셉트론과 다층 퍼셉트론 이해하기
- 여러 가지 활성화 함수 다루기
- 피드포워드, 오차 함수, 오차 최적화를 이용한 신경망 학습
- 역전파 계산 과정

1장에서는 컴퓨터 비전 파이프라인을 구성하는 각 단계를 살펴봤다. 컴퓨터 비전 파이프라인은 이미지 입력, 전처리, 특징 추출, 학습 알고리즘(분류기) 단계로 구성된다. 고전적인 머신러닝 알고리즘에서는 알고리즘에 입력할 특징 벡터의 추출 방법을 사람이 직접 정의해야 하지만 딥러닝을 사용할 때는 신경망이 특징 추출기와 분류기의 역할을 모두 수행하기 때문에 그럴 필요가 없다는 것도 배웠다. 신경망은 패턴을 자동으로 인식하고 특징을 추출해서 분류 결과인 레이블을 출력한다(그림 2-1).

그림 2-1 고전적인 머신러닝 알고리즘에서는 사람이 직접 특징 추출을 해야 한다. 반면 딥러닝에서는 이미지 입력만으로 특징 추출이 자동으로 수행된다.

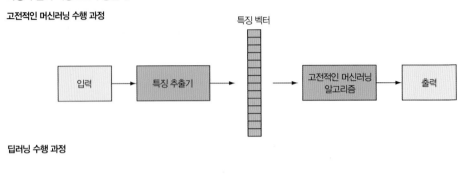

이 장에서는 1장에서 블랙박스로 취급했던 딥러닝 알고리즘을 자세히 살펴본다. 신경망이 자동으로 특징을 추출하고 분류까지 수행할 수 있는 원리를 살펴본 후 다음 장에서 다시 화제를 컴퓨터 비전으로 돌려 컴퓨터 비전에서 활용되는 대표적인 딥러닝 구조인 합성곱 신경망을 배운다.

이 장의 내용을 요약하면 다음과 같다.

- 먼저 신경망의 기본 형태인 퍼셉트론perceptron을 배운다. 퍼셉트론은 뉴런이 하나뿐인 신경망이다.
- 이보다 더 복잡한 문제를 풀 수 있는 복잡한 구조의 신경망을 살펴본다. 이 신경망을 다층 퍼셉트론multilayer perceptron, MLP이라고 하며 수백 개 이하의 뉴런과 은닉층hidden layer(중간층이라고도 한다)을 갖는다. 또한 신경망 구조의 주요 구성 요소인 입력층, 은닉층, 가중치, 출력층을 소개한다.
- 신경망의 학습은 다음 세 단계를 거친다.
  1 피드포워드 연산
  2 오차 계산
  3 오차 최적화 : 역전파 알고리즘과 경사 하강법을 이용해서 오차 함숫값이 최소가 되게 하는 최적의 파라미터를 찾는다.

각 단계를 자세히 보면 신경망 모델을 만들기 전에 먼저 신경망 설계에 필요한 여러 가지 사항(최적화 알고리즘, 오차 함수, 활성화 함수, 신경망의 층수와 각 층의 뉴런 수 등)을 결정해야 한다는 것을 알 수 있다. 그럼 시작해보자.

2.1 퍼셉트론

1장에서 보았던 신경망을 나타낸 다이어그램을 다시 한번 살펴보자(그림 2-2). 신경망은 많은 수의 뉴런으로 이뤄져 있으며 이들 뉴런은 층 모양으로 배열되어 출력을 예측하기 위한 계산을 수행한다. 이러한 구조를 다층 퍼셉트론multilayer perceptron이라고 부른다. 이 명칭은 퍼셉트론이 여러 층으로 된 구조를 이루고 있다는 점에서 보다 직관적인 명칭이라고 할 수 있다. 신경망 구조를 설명할 때 신경망과 다층 퍼셉트론은 같은 의미로 쓰인다.

그림 2-2 뉴런이 모인 층이 다시 서로 연결되는 방식으로 구성된 신경망

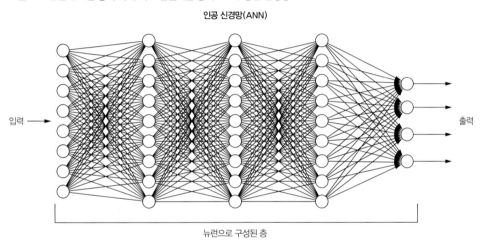

[그림 2-2]에 실린 다층 퍼셉트론의 그래프 구조에서 각 노드를 뉴런neuron이라고 한다. 다층 퍼셉트론의 동작 원리는 나중에 설명할 것이니 지금은 퍼셉트론 하나에만 집중한다. 퍼셉트론 하나의 동작을 이해하고 나면 여러 개의 퍼셉트론이 데이터 특징을 학습할 수 있는 원리도 더 쉽게 이해할 수 있다.

2.1.1 퍼셉트론이란

퍼셉트론은 뉴런이 하나뿐인 가장 간단한 형태의 신경망이다. 개념적으로 퍼셉트론은 생물학적 뉴런과 비슷하게 작용한다(그림 2-3). 생물학적 뉴런은 여러 개의 수상돌기dendrite로부터 서로 다른 세기의 전기적인 신호를 받고 이 신호 세기의 합이 정해진 임곗값을 넘으면 시냅스synapse를 통해 출력 신호를 보낸다. 이 출력은 또 다른 뉴런으로 연결되어 같은 과정을 반복한다.

그림 2-3 생물학적 뉴런과 인공 뉴런의 유사성. 뉴런은 시냅스로 연결되어 정보를 전달한다.

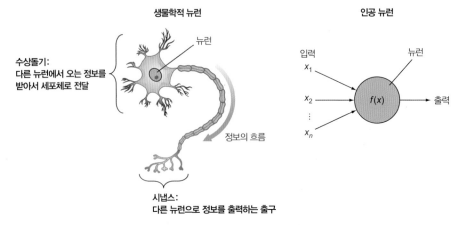

인공 뉴런은 두 가지 함수를 이용해서 생물학적 뉴런에서 일어나는 현상을 모형화한다. 하나는 전체 입력 신호 세기의 합을 구하는 **가중합**weighted sum이고, 다른 하나는 입력 신호 세기의 합이 임곗값을 초과할 때만 출력 신호를 내보내는 **스텝 함수**step function다.

1장에서도 설명했듯이 입력 특징이 모두 유용한 것은 아니다. 이를 반영하기 위해 각 노드에는 해당 특징의 중요도가 부여된다. 이 값을 **결합 가중치**라고 한다.

결합 가중치

특징 중에는 유용한 것도 있고 그렇지 않은 것도 있다. 입력 특징(x_1)은 해당 특징이 출력에 미치는 중요도를 나타내는 가중치(w_1)를 각각 부여받는다. 가중치가 큰 입력은 그만큼 출력에 큰 영향을 미친다. 큰 가중치는 해당 입력 신호를 증폭하고, 작은 가중치는 입력 신호를 약하게 하는 효과가 있다. 신경망을 나타낸 다이어그램에서는 가중치를 입력 노드와 퍼셉트론을 잇는 선의 형태로 나타낸다.

예를 들어 면적, 지역, 방 수 이렇게 세 가지 특징(x_1, x_2, x_3)으로 주택 가격을 예측한다고 가정하자. 3개의 입력은 모두 서로 다른 가중치를 통해 최종 출력에 대한 영향력을 가진다. 면적이 주택 가격에 미치는 영향이 지역이 주택 가격에 미치는 영향의 두 배고, 지역이 주택 가격에 미치는 영향이 방 수가 주택 가격에 미치는 영향의 두 배라면 이들의 가중치는 8, 4, 2가 된다.

결합 가중치를 어떻게 부여하느냐와 어떻게 학습이 이루어지느냐가 신경망 학습의 핵심이다. 2장의 나머지 부분에서는 이런 내용을 다룬다.

[그림 2-4]의 퍼셉트론 다이어그램을 보면 다음과 같은 내용을 알 수 있다.

- 입력 벡터: 뉴런에 입력된 특징 벡터. 보통 대문자 X로 나타내며, 그 요소는 $(x_1, x_2, x_3, \cdots, x_n)$과 같이 나타 낸다.
- 가중치 벡터: 각각의 입력 x_1에는 가중치 w_1이 부여된다. 이 가중치는 출력에 대한 해당 입력의 중요도를 나타낸다.
- 뉴런 함수: 입력 신호를 변환하는 계산을 수행하기 위해 가중합 함수와 스텝 활성화 함수가 쓰인다.
- 출력: 출력은 신경망 설계 시 선택한 활성화 함수에 의해 결정된다. 이 장에서 여러 가지 활성화 함수를 배운 다. 스텝 함수의 출력은 0 또는 1이다. 그 외 활성화 함수는 확률 또는 실수를 출력한다. 출력 노드는 퍼셉트론 의 예측 결과를 나타낸다.

그림 2-4 신경망에 입력되는 입력 벡터의 각 요소에는 해당 요소의 중요도를 의미하는 가중치가 부여된다. 뉴런 내부에 서는 가중합과 활성화 함수를 이용한 계산이 수행된다.

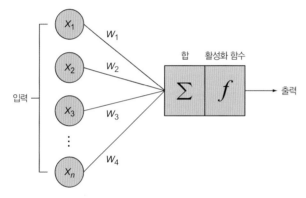

뉴런 내부에서 수행되는 가중합과 활성화 함수 계산에 대해 자세히 알아보자.

가중합 함수

가중합은 **선형 결합**linear combination이라고도 하며, 각 가중치를 곱한 입력값의 합에 편향을 더한 값으로 정의된다. 이 함수는 다음 식이 정의하는 직선을 이룬다(b는 편향).

$$z = \sum x_i \cdot w_i + b$$

$$z = x_1 \cdot w_1 + x_2 \cdot w_2 + x_3 \cdot w_3 + \cdots + x_n \cdot w_n + b$$

파이썬에서는 가중합을 다음과 같이 계산한다.

```
z = np.dot(w.T, X) + b
```
⟵ X(대문자)는 입력 벡터,
w는 가중치 벡터,
b는 y 절편이다.

퍼셉트론에서 편향은 무엇이며 왜 필요한가

퍼셉트론 내부에서 일어나는 계산을 이해하려면 학교에서 배운 선형대수에 대한 기억을 되살려야 한다. 다음과 같은 직선을 정의하는 함수가 있다고 가정하자.

그림 2-5 직선을 정의하는 식

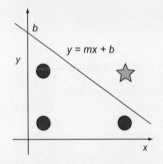

직선을 정의하는 함수는 $y = mx + b$와 같이 나타낼 수 있다. 여기서 b는 y 절편이다. 직선을 정의하려면 두 가지 정보가 필요하다. 하나는 직선의 기울기이고, 다른 하나는 직선이 지나는 점이다. 편향은 직선이 지나는 y축 위의 점을 의미한다. 편향을 조정해서 데이터에 대한 예측이 더욱 정확하도록 직선의 위치를 위아래로 조절할 수 있다. 편향이 없다면 직선은 항상 원점$(0, 0)$을 지날 것이므로 그만큼 부정확한 예측 결과를 얻게 된다. 위 그래프에서 원점을 지나는 직선을 이용해서 동그라미와 별 표시를 나눌 수 있는지 생각해보면 편향의 중요성을 알 수 있다.

입력층에 항상 값이 1인 입력 노드를 하나 추가하면 편향을 추가한 것과 같은 효과를 얻을 수 있다. 신경망의 학습 과정에서 편향은 가중치가 하나 추가된 것과 같이 취급하며 가중치와 마찬가지로 비용 함숫값이 최소가 되도록 최적화된다. 이 장의 나머지 부분에서 이런 내용을 다룬다.

그림 2-6 항상 값이 1인 입력 노드를 추가하는 방법으로 입력층에도 편향을 도입할 수 있다.

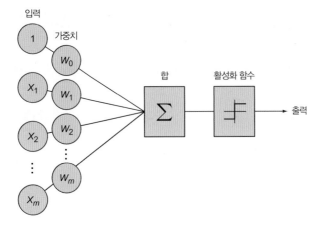

스텝 활성화 함수

신경 세포의 뉴런과 신경망의 뉴런 모두 입력받은 신호의 합을 그대로 출력하는 대신 활성화 함수를 거친다. 활성화 함수는 뇌에서 결정을 내리는 역할을 한다. 신경망의 활성화 함수는 입력 신호의 가중합($z = \Sigma x_i \cdot w_i + b$)을 입력받아 이 가중합이 미리 정해진 임곗값보다 크면 뉴런을 활성화시킨다. 이 활성화를 실제로 수행하는 것이 활성화 함수다. 이 장의 나머지 부분에서 여러 가지 활성화 함수와 그 용도를 좀 더 넓은 관점에서 설명할 것이다. 퍼셉트론 알고리즘에서 사용된 스텝 함수는 가장 간단한 형태의 활성화 함수로, 0 또는 1의 두 가지 값만 출력한다(그림 2-7). 스텝 함수를 간단하게 설명하면 입력이 0 이상이면 발화하고(1을 출력) 그렇지 않으면 발화하지 않는다(0을 출력).

파이썬에서는 스텝 함수를 다음과 같이 구현한다.

```python
def step_function(z):        ← z는 가중합 Σx_i · w_i + b
    if z <= 0:
        return 0
    else:
        return 1
```

그림 2-7 스텝 함수는 0 또는 1을 출력하는 이진 함수다. 입력의 합이 0보다 크면 1을 출력하고(발화함), 0보다 작으면 0을 출력한다(발화하지 않음).

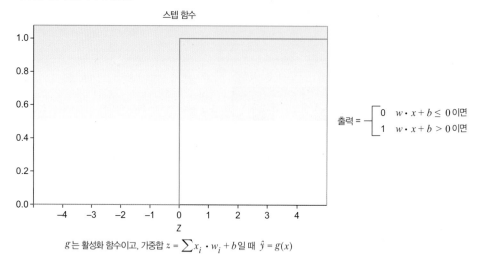

$$\text{출력} = \begin{cases} 0 & w \cdot x + b \leq 0\,\text{이면} \\ 1 & w \cdot x + b > 0\,\text{이면} \end{cases}$$

g는 활성화 함수이고, 가중합 $z = \sum x_i \cdot w_i + b$일 때 $\hat{y} = g(x)$

2.1.2 퍼셉트론은 어떻게 학습을 할까

퍼셉트론은 실수를 통해 배우는 시행착오 전략으로 학습한다. 이때 가중치를 볼륨 손잡이처럼 조절하며 손실 함숫값을 최소가 되게 한다(그림 2-8).

그림 2-8 손실 함숫값이 최소가 되도록 가중치를 조절한다.

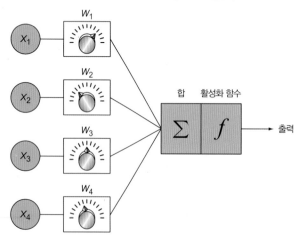

퍼셉트론의 학습 원리는 다음과 같다.

1 뉴런이 입력의 가중합을 계산한 뒤 활성화 함수에 입력해서 예측값 $\hat{y}$을 결정한다. 이 과정을 순방향 계산이라고 한다.

$$\hat{y} = \text{activation}\left(\sum x_i \cdot w_i + b\right)$$

2 예측값과 실제 레이블값을 비교해서 오차를 계산한다.

$$\text{오차} = y - \hat{y}$$

3 오차에 따라 가중치를 조정한다. 예측값이 너무 높으면 예측값이 낮아지도록 가중치를 조정하고, 예측값이 너무 낮으면 예측값이 높아지도록 가중치를 조정한다.

4 이 과정을 반복한다.

이 과정을 여러 번 반복하면 2단계에서 계산되는 오차가 아주 작아지도록(0에 가깝도록) 가중치가 조정된다. 다시 말해 뉴런의 예측값이 실젯값과 매우 가까워진다. 이 시점에서 학습을 멈추고 이때의 가중치를 저장해두었다가 정답을 알 수 없는 미래의 입력에 적용한다.

2.1.3 하나의 뉴런만으로도 복잡한 문제를 해결할 수 있을까

결론부터 말하자면 불가능하다. 지금부터 그 이유를 알아보겠다. 퍼셉트론은 선형 함수다. 이 말은 학습된 뉴런이 데이터를 나누는 경계가 직선이라는 뜻이다.

예를 들어 어떤 선수가 대학 팀에 들어갈 수 있을지 예측하는 퍼셉트론을 학습하려 한다고 하자. 작년에 있었던 드래프트의 모든 데이터를 모아 선수의 키^{height}와 나이^{age}로 그 선수가 대학 팀에 입단할 수 있을지 예측하는 퍼셉트론을 학습했다. 이 퍼셉트론은 입단에 성공한 선수와 그렇지 않은 선수를 최대한 잘 분리(최적합)하는 직선^{straight line}을 정의하는 가장 좋은 가중치와 편향값을 갖게 된다. 이 직선은 다음과 같은 식으로 정의된다.

$$z = \text{키} \cdot w_1 + \text{나이} \cdot w_2 + b$$

학습을 마치고 학습된 퍼셉트론을 사용해서 새로운 선수의 입단 가능성을 예측할 수 있다. 예를 들어 키가 150cm이고 나이가 12살인 선수를 그래프에 나타내면 직선 아래쪽에 위치하는 것을 알 수 있다(그림 2-9). 이 점이 직선 위에 위치하면 입단 가능, 직선 아래에 위치하면 입단 불가능하다고 예측한 것이다.

그림 2-9 직선으로 분리할 수 있는 선형 분리 가능 데이터

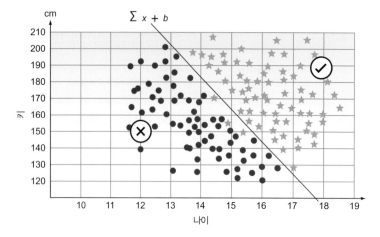

[그림 2-9]를 보면 퍼셉트론 하나로도 분류가 잘된 것 같다. 이 데이터는 **선형 분리 가능**^{linearly} ^{separable}한 데이터이기 때문이다. 선형 분리 가능이란 직선을 경계로 학습 데이터를 잘 분류할 수 있다는 뜻이다. 하지만 인생이 항상 그렇게 간단한 것은 아니다. 직선을 경계로 잘 분류할 수 없는 복잡한 데이터셋(**비선형 데이터셋**^{nonlinear dataset})은 어떻게 될까?

[그림 2-10]의 데이터는 직선을 경계로 잘 분류할 수 없는 데이터다. 이런 경우 데이터에 **적합**^{fit} 하지 않다고 한다. 이렇게 복잡한 데이터를 다루려면 더 복잡한 신경망이 필요하다. 2개의 퍼셉트론을 갖는 신경망이라면 어떨까? 퍼셉트론이 2개 있다면 직선도 2개가 될 것이다. 이를 이용하면 데이터를 더 잘 분류할 수 있을까?

그림 2-10 직선으로는 비선형 데이터를 정확하게 분리할 수 없다. 퍼셉트론 2개로 구성된 신경망은 직선 2개를 이용해서 데이터를 분리한다.

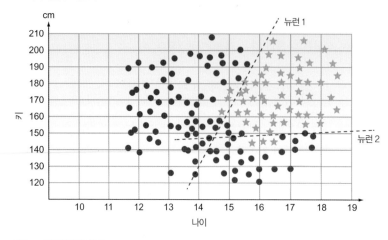

직선 하나보다는 훨씬 나은 결과를 얻었다. 하지만 아직도 제대로 분류되지 않은 데이터 점이 보인다. 뉴런을 더 많이 추가하면 데이터에 더 적합한 경계를 얻을 수 있을 것 같다. 이론적으로는 뉴런 수가 많아질수록 실제 데이터에 더 부합하는 신경망의 분류 경계를 만들 수 있다. 그러나 뉴런 수를 너무 많이 늘리면 신경망이 학습 데이터에만 최적화되는 과적합 overfit을 일으킨다(좋지 않은 현상이다). 과적합에 대해서는 나중에 더 자세히 설명하겠다. 일반적으로는 복잡한 신경망일수록 데이터의 특징을 더 잘 학습할 수 있다.

2.2 다층 퍼셉트론

직선으로 분류할 수 있는 간단한 데이터는 하나의 퍼셉트론으로도 잘 분류할 수 있었다. 하지만 실제 세상은 그리 녹록하지 않다. 여기서 신경망의 잠재력이 제대로 발휘된다.

선형과 비선형 문제

- 선형 데이터셋 linear dataset : 하나의 직선으로 데이터를 분류할 수 있다.
- 비선형 데이터셋 nonlinear dataset : 하나의 직선으로는 데이터를 분류할 수 없다. 데이터를 제대로 분류하려면 2개 이상의 직선이 필요하다.

다음 2차원 데이터를 보자. 선형 문제는 별과 점을 하나의 직선으로 분류할 수 있다. 비선형 문제는 별과 점을 하나의 직선으로 분류할 수 없다.

그림 2-11 선형 데이터와 비선형 데이터의 예

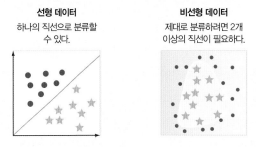

비선형 데이터셋을 제대로 분류하려면 2개 이상의 직선이 필요하다. 다시 말해 수십 수백 개의 뉴런으로 구성된 신경망 설계가 필요하다. [그림 2-12]를 살펴보자. 앞서 퍼셉트론은 직선 하나를 정의하는 선형 함수라고 설명했다. 따라서 이 데이터에 부합하려면 삼각형 모양의 경계가 필요하고, 이러한 경계를 만들려면 3개의 직선이 필요하다.

그림 2-12 퍼셉트론은 하나의 직선을 정의할 수 있는 선형 함수다. 위와 같은 데이터에 부합해 검은색 점을 모두 분류하려면 삼각형 모양의 경계를 만들기 위해 3개의 퍼셉트론이 필요하다.

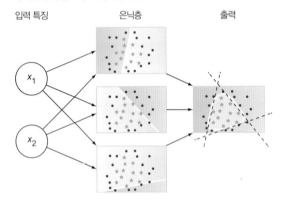

[그림 2-12]는 비선형 데이터를 모델링한 작은 신경망의 예다. 이 신경망은 은닉층 하나를 구성하는 3개의 뉴런을 모아 만든 것이다. 은닉층이라는 이름은 학습 과정에서 이 층의 출력이 직접적으로 노출되지 않기 때문에 붙은 이름이다.

2.2.1 다층 퍼셉트론의 구조

앞서 2개 이상의 뉴런으로 신경망을 구성하는 방법을 살펴봤다. 좀 더 복잡한 데이터셋에 이 방법을 적용해보자. [그림 2-13]의 다이어그램은 텐서플로 체험용 웹사이트[1]에서 발췌한 것이다. 우리는 나선형으로 늘어선 두 클래스의 데이터를 분류하려고 한다. 이 데이터셋에 부합하는 모델을 학습하려면 수십 개의 뉴런을 갖춘 신경망이 필요하다. 가장 흔한 신경망 구조는 은닉층이라는 이름의 층 구조를 이루도록 뉴런을 쌓은 것이다. 각 층은 뉴런 n개로 이루어져 있다. 또한 층끼리는 가중치 결합을 통해 서로 연결된다. 이를 한데 모은 구조가 그림에 실린 다층 퍼셉트론multilayer perceptron, MLP이다.

---

1 https://playground.tensorflow.org

그림 2-13 텐서플로 체험 웹사이트의 예제에 나온 신경망의 예

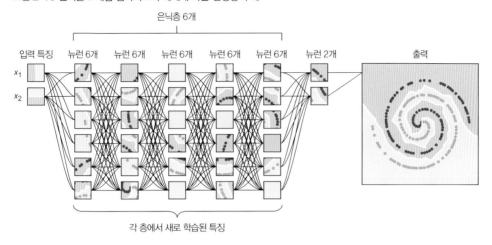

신경망을 구성하는 주요 구성 요소는 다음과 같다.

- 입력층: 이 층에 특징 벡터가 담긴다.
- 은닉층: 층 모양으로 쌓은 뉴런으로 구성된다. 입력층과 출력층 사이에 위치하며 학습 과정에서 이 층의 입력을 제어하거나 출력을 볼 수 없기 때문에 은닉층이라는 이름이 붙었다.
- 결합 가중치: 노드 간의 연결에는 출력에 해당하는 입력의 영향력을 나타내는 가중치가 부여된다. 다이어그램에서 노드 node를 연결하는 그래프의 에지 edge에 해당한다.
- 출력층: 모델의 예측 결과가 출력되는 층이다. 신경망의 설계에 따라 출력값은 실숫값이 되거나(회귀 문제), 일련의 확률이 될 수 있다(분류 문제). 출력값의 종류는 뉴런에서 사용하는 활성화 함수의 종류에 따라 결정된다. 다음 절에서 활성화 함수의 종류를 알아본다.

지금까지 입력층, 가중치, 출력층에 대해 알아보았다. 이제 은닉층을 살펴보자.

2.2.2 은닉층이란

은닉층은 특징이 실제로 학습되는 곳이다. [그림 2-13]의 은닉층 노드를 보면 앞쪽 층의 노드는 비교적 간단한 구상적인 특징(직선)을 학습한 데 비해 뒤로 갈수록 도형 같은 복잡한 패턴의 패턴의 패턴으로 점점 복잡한 특징을 학습한다. 이러한 개념은 나중에 배우게 될 합성곱 신경망에서 유용하게 쓰인다. 하지만 지금은 복잡한 데이터에 부합하는 모델을 학습하기 위해 뉴런을 쌓아 만든 은닉층을 둔다고만 이해하면 된다. 따라서 신경망 모델이 데이터에 제대로 부합하지 못한다면 은닉층을 늘리는 방법으로 문제를 해결할 수 있다.

2.2.3 층수와 층을 이루는 노드 수

머신러닝 엔지니어가 되면 신경망을 직접 설계하고 하이퍼파라미터를 튜닝해야 한다. 신경망 설계와 하이퍼파라미터 튜닝에는 왕도가 없다. 이 책에서도 직관대로 하이퍼파라미터를 조정하며 몇 가지 출발점이 될 만한 방법을 제시할 뿐이다. 신경망을 설계할 때 중요한 결정 사항으로 층수와 층을 이루는 노드 수가 있다.

신경망은 하나 이상의 은닉층을 갖는다(은닉층 수는 원하는 만큼 가능하다). 각 층은 다시 하나 이상의 뉴런으로 구성된다(뉴런 수 역시 여러분 마음대로다). 머신러닝 엔지니어로서 우리가 할 일은 이 층을 설계하는 것이다. 일반적으로 은닉층이 2개 이상인 신경망을 **심층 신경망** deep neural network 이라고 부른다. 신경망의 층수가 많을수록 복잡한 학습 데이터에 부합할 수 있다는 것이 일반적인 원칙이다. 하지만 층수를 무작정 늘리는 것이 능사는 아니다. 모델이 학습 데이터에 지나치게 부합해버리면 새로운 데이터에 대한 예측이 부정확해지기 때문이다(과적합). 또한 계산 비용이 많이 든다는 단점이 있다. 그러므로 신경망 설계는 학습 데이터에 비해 너무 단순해도(뉴런 1개) 안 되고 너무 복잡해도 안 된다. 너무 난순한 신경망이 어느 정도인지 감을 익히려면 다른 사람이 구현에 성공한 신경망 설계를 참고하는 것이 좋다. 그 설계를 출발점으로 참고하여 세 층 내지 다섯 층(CPU를 이용해 학습하는 경우)으로 설계한 다음 신경망의 성능을 보며 가감하면 된다. 성능이 너무 낮다면(데이터에 부합하지 못함) 층수를 늘리고, 과적합의 징조(이 내용은 뒤에 설명하겠다)가 나타난다면 층수를 줄인다. 층수를 늘렸을 때 신경망이 어떻게 달라지는지 알고 싶다면 텐서플로 체험 웹사이트[2]에서 여러 가지 시도를 해보기 바란다.

전결합층

고전적인 다층 퍼셉트론에서 특히 중요시되는 것이 전결합층 fully connected layer, FC 이다. [그림 2-14]를 보면 이전 층의 모든 노드가 각기 다음 층의 모든 노드와 연결된 것을 볼 수 있다. 이렇게 구성된 신경망을 전결합 신경망 fully connected network 이라고 한다. 노드와 노드를 연결하는 에지는 해당 노드의 출력에 대한 중요도를 나타내는 가중치다.

이 외의 신경망 구조(합성곱 신경망, 순환 신경망 등)는 이후 장에서 다루기로 하자. 지금은 전결합 신경망이 가장 기본적인 신경망 구조이며 ANN, MLP, 전결합 신경망, 피드포워드 신경망 중 하나로 언급될 수 있다는 것만 이해하면 된다.

---

2 https://playground.tensorflow.org

그림 2-14 전결합 신경망

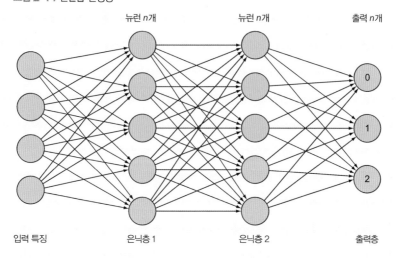

전결합 신경망이 갖는 노드 간의 결합이 몇 개나 존재하는지 간단히 확인해보자. 이 신경망은 은 닉층이 2개고, 각 층은 5개의 뉴런으로 구성된다고 가정한다.

- Weights_0_1: (입력층의 노드 4개) × (은닉층 1의 노드 5개) × 편향 5개 = 25개의 결합
- Weights_1_2: 5 × 5의 노드 + 편향 5개 = 30개의 결합
- Weights_2_output: 5 × 3의 노드 + 편향 3개 = 18개의 결합
- 결합 가중치의 총 수 = 73

이렇게 간단한 신경망에도 73개나 되는 가중치가 있다. 이들 가중치는 무작위 값으로 초기화된 다음 피드포워드 계산과 역전파 계산을 반복하며 학습 데이터와 가장 부합하는 최적의 값을 학 습한다.

이 신경망의 가중치 수를 확인하기 위해 케라스 라이브러리를 사용해서 간단히 신경망을 정의한다.

```
model = Sequential([
    Dense(5, input_dim=4),
    Dense(5),
    Dense(3)
])
```

그리고 다음과 같이 모델의 요약 정보를 확인한다.

```
model.summary()
```

그러면 다음과 같은 내용이 출력된다.

그림 2-15 모델의 개요 출력

```
Layer (type)                Output Shape              Param #
=================================================================
dense (Dense)               (None, 5)                 25

dense_1 (Dense)             (None, 5)                 30

dense_2 (Dense)             (None, 3)                 18
=================================================================
Total params: 73
Trainable params: 73
Non-trainable params: 0
```

2.2.4 내용 정리

이 절의 내용을 정리해보자.

- 생물학적 뉴런과 신경망 뉴런의 공통점은 입력이 있고 내부적으로 입력에 대한 연산을 통해 출력을 만들어낸다는 점이다.
- 신경망 뉴런의 계산 과정에는 가중합과 활성화 함수 이렇게 두 가지가 사용된다.
- 노드 간의 가중치는 무작위 값으로 초기화된다. 이 가중치는 해당 특징의 출력에 대한 중요도를 나타낸다.
- 단일 뉴런으로 구성된 신경망인 퍼셉트론을 살펴보았다. 퍼셉트론은 직선을 경계로 데이터를 분리하는 선형 함수다. 이보다 복잡한 비선형 데이터를 분리하려면 여러 개의 뉴런을 묶어 다층 퍼셉트론을 구성해야 한다.
- 다층 퍼셉트론 구조는 입력 특징, 결합 가중치, 은닉층, 출력층으로 구성된다.
- 퍼셉트론의 학습 과정을 추상적으로 살펴보았다. 퍼셉트론의 학습 과정은 순방향 계산(가중합과 활성화 함수), 오차 계산, 오차 역전파 및 가중치 수정의 세 단계를 반복하는 형태다.

또한 신경망의 하이퍼파라미터에 대한 몇 가지 중요한 사항을 염두에 두어야 한다.

- 은닉층 수: 은닉층 수와 은닉층 뉴런 수는 마음대로 늘릴 수 있다. 일반적으로 뉴런 수가 많을수록 학습 데이터를 더 잘 학습할 수 있다. 그러나 뉴런이 너무 많으면 학습 데이터에는 높은 성능을 보이지만 새로운 데이터에는 정확도가 떨어지는 과적합overfitting이 발생한다. 적절한 층수를 결정하려면 작은 규모의 신경망으로 시작해서 성능을 관찰하며 차츰 층을 늘려가는 방법이 좋다.

- 활성화 함수: 다양한 종류가 있지만 그중에서도 ReLU와 소프트맥스 함수가 가장 널리 쓰인다. 은닉층에는 ReLU를 사용하고, 출력층에는 소프트맥스를 사용하는 것이 좋다(구현 방법은 나중에 설명하겠다).

- 오차 함수: 신경망의 예측 결과가 실제 레이블값과 얼마나 다른지 측정하는 함수다. 회귀 문제에는 평균제곱오차가 많이 쓰이고, 분류 문제에는 교차 엔트로피가 많이 쓰인다.

- 최적화 기법: 최적화 알고리즘은 오차가 최소가 되게 하는 가중치를 찾는 역할을 한다. 여러 종류가 있으나 이 장에서는 배치 경사 하강법, 확률적 경사 하강법, 미니배치 경사 하강법을 다룬다. Adam과 RMSprop도 널리 사용되지만 이 책에서는 다루지 않는다.

- 배치 크기: 파라미터를 한 번 업데이트할 때마다 신경망에 입력되는 학습 데이터 수를 말한다. 배치 크기가 클수록 학습 시간은 빨라지지만 메모리 용량이 많이 필요해진다. 기본값 32로 시작해서 64, 128, 256으로 늘려가는 것을 추천한다.

- 에포크 수: 학습 중 전체 학습 데이터가 신경망에 입력되는 횟수를 의미한다. 테스트 데이터에 대한 정확도가 하락하기 시작할 때(과적합의 징조임)까지 에포크 수를 차츰 늘려가는 것이 좋다.

- 학습률: 최적화 알고리즘의 파라미터. 이론적으로는 학습률이 충분히 작아야 최적 파라미터에 도달할 수 있지만(무한 학습이 가능하다면) 학습률이 클수록 학습 속도가 빨라지며 최적 파라미터에 도달하지 못할 가능성이 높아진다. 대부분의 딥러닝 라이브러리에 지정된 기본값부터 출발하는 것이 적당하다. 이 기본값에서 자릿수를 하나씩 올리거나 내리는 식으로 조절한다. 4장에서 더 자세히 설명하겠다.

하이퍼파라미터

앞서 다루지 않은 하이퍼파라미터 중에는 드롭아웃dropout과 규제화regularization가 있다. 하이퍼파라미터는 3장에서 합성곱 신경망을 설명한 후 4장에서 더 자세히 설명하겠다.

일반적으로 하이퍼파라미터는 시행착오를 통해 적절한 값을 찾는다. 기존 신경망 구조를 참고할 수도 있고 진행 중인 프로젝트에서 직접 최적의 값을 찾다 보면 좋은 초깃값을 떠올릴 수 있는 직관을 기르게 된다.

신경망의 성능을 파악하고 증상에 따라 적절한 하이퍼파라미터를 조절해야 한다. 이 책에서 다루는 내용이 바로 이것이다. 각 장마다 예제 프로젝트의 신경망 성능을 관찰하고 그 밑에 깔린 하이퍼파라미터의 의미와 작용을 고려하면 원하는 효과를 얻기 위해 어떤 하이퍼파라미터를 조정해야 하는지에 대한 감각을 기를 수 있다. 예를 들어 오차 함숫값이 감소하지 않고 진동 중이라면(왔다 갔다 하면) 학습률을 줄여볼 필요가 있다. 또한 학습 데이터에 대한 오차 함숫값이 감소하지 않는다면 은닉층 수를 늘리거나 뉴런 수를 늘려 모델의 복잡도를 좀 더 늘릴 필요가 있다.

2.3 활성화 함수

신경망 구조 설계에는 뉴런의 활성화 함수를 결정하는 것도 포함된다. 활성화 함수는 전이 함수 transfer function 또는 비선형성nonlinearity이라고도 하는데, 그 이유는 활성화 함수가 가중합의 선형 결합을 비선형 모델로 만들기 때문이다. 활성화 함수는 각 퍼셉트론 내 계산의 마지막 단계에 배치되어 뉴런의 발화 여부를 결정한다.

그냥 가중합을 계산해서 그대로 출력해도 되는데 굳이 활성화 함수를 사용하는 이유는 무엇일까? 그 이유는 활성화 함수가 있어야 신경망에 비선형성을 도입할 수 있기 때문이다. 이 비선형성 없이는 아무리 층수가 많은 다층 퍼셉트론도 단일 퍼셉트론과 다를 바 없다. 또한 활성화 함수는 출력값을 특정 구간 안으로 제약하는 효과도 있다. 앞서 본 선수의 대학 팀 입단 여부를 예측하는 모델을 다시 한번 살펴보자(그림 2-16).

그림 2-16 선수의 대학 팀 입단 여부 예측 모델

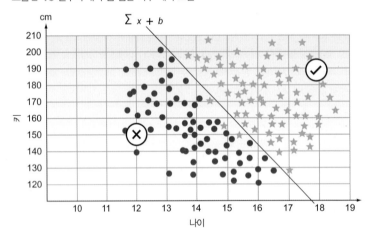

먼저 입력의 가중합을 계산하는 선형 함수 z를 만든다.

$$z = 키 \cdot w_1 + 나이 \cdot w_2 + b$$

이 함수의 출력값에는 상한과 하한이 없다. 말 그대로 z는 아무 값이라도 취할 수 있다. 활성화 함수를 사용하면 이 예측값을 유한한 구간 안에 들어오도록 할 수 있다. 여기서는 스텝 함수를 사용해 $z > 0$이면 1(입단), $z < 0$이면 0(입단 불가)으로 예측 결과를 계산했다. 따라서 활성

화 함수가 없으면 모델은 그냥 숫자값을 출력할 뿐인 선형 함수가 되어버린다. 이 퍼셉트론의 발화 여부를 결정하는 것이 바로 활성화 함수다.

이미 여러 가지 활성화 함수가 있고 최근 들어 성능 기록을 갱신하는 새로운 활성화 함수가 속속 제안되고 있지만 몇 가지 활성화 함수로 대부분의 경우를 처리할 수 있다. 그중 가장 널리 쓰이는 것들을 알아보자.

2.3.1 선형 전달 함수

항등 함수identity function라고도 하는 선형 전달 함수linear transfer function는 입력을 그대로 출력하는 함수로, 실질적으로 활성화 함수가 없는 효과를 낸다. 아무리 신경망의 층수가 많아도 선형 활성화 함수 아니면 기껏해야 가중 평균의 배율을 조정하는 효과뿐 입력에 비선형성을 도입하지 못한다.

$$activation(z) = z = wx + b$$

2개의 선형 함수를 합성해도 그 결과는 여전히 선형 함수다. 따라서 신경망에 비선형 활성화 함수를 도입하지 않으면 신경망의 층수를 아무리 늘려도 의미 있는 계산이 되지 못한다. 학습이 안 된다는 뜻이다.

이해를 위해 $w = 4$이고 $b = 0$일 때 활성화 함수 $z(x) = w \cdot x + b$의 도함수를 구해보겠다. 도함수를 그래프로 나타내면 [그림 2-17]과 같아진다. 그리고 $z(x) = 4x$의 도함수는 $z'(x) = 4$가 된다(그림 2-18).

선형 함수의 도함수는 상수이기 때문에 입력 x와 아무 상관이 없다. 이 때문에 역전파 계산을 할 때 기울기도 항상 동일한 값이 된다. 기울기가 항상 동일한 것이 문제가 되는 이유는 오차를 줄일 수 없기 때문이다. 잠시 후 역전파 계산 과정을 설명할 때 더 분명하게 이해할 수 있을 것이다.

그림 2-17 활성화 함수 $f(x) = 4x$의 그래프

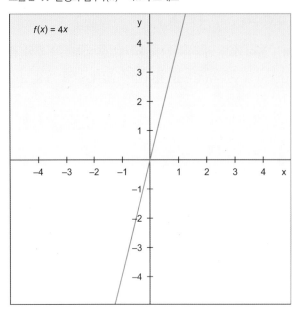

그림 2-18 $z(x) = 4x$의 도함수인 $z'(x) = 4$의 그래프

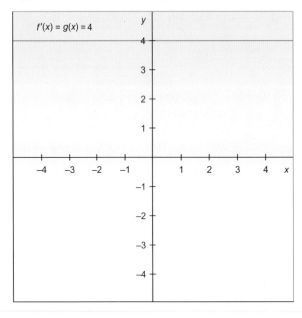

2.3.2 헤비사이드 스텝 함수(이진 분류)

스텝 함수step function는 0과 1 두 가지 값만 출력한다. 입력이 $x > 0$이면 발화하고(1 출력), 그렇지 않으면 발화하지 않는다(0 출력). 이 활성화 함수는 참 또는 거짓, 스팸 메일 또는 스팸 메일 아님, 합격 또는 불합격 등의 결과를 예측하는 이진 분류 문제에 주로 사용된다(그림 2-19).

그림 2-19 함수의 출력이 0 또는 1이므로 이진 분류 문제에 스텝 함수를 주로 사용한다.

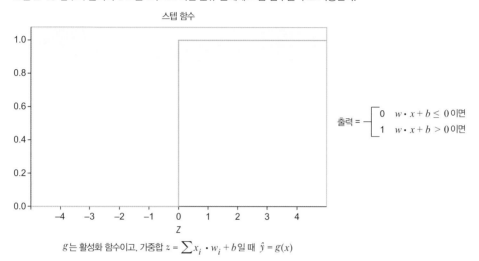

g는 활성화 함수이고, 가중합 $z = \sum x_i \cdot w_i + b$일 때 $\hat{y} = g(x)$

2.3.3 시그모이드/로지스틱 함수

시그모이드 함수 역시 매우 널리 사용되는 활성화 함수다. 이 함수는 이진 분류에서 두 클래스의 확률probability을 구할 때 자주 사용한다. 시그모이드 함수는 모든 입력값을 0부터 1 사이의 구간으로 바꿔주므로 극단적인 값이나 예욋값을 제거하지 않고도 처리할 수 있다. 시그모이드 함수는 범위가 무한($-\infty \sim +\infty$)인 연속 변수를 0부터 1 사이의 확률로 변환해준다. 함수의 그래프가 매끄러운 S자 모양 곡선을 그리기 때문에 S-형 커브S-shape curve라고도 부른다. 스텝 함수가 이산적 예측 결과(합격 또는 불합격)를 얻는 데 많이 사용한다면 시그모이드 함수는 합격 확률 또는 불합격 확률을 구하는 데 사용한다(그림 2-20).

$$\sigma(z) = \frac{1}{1 + e^{-z}}$$

그림 2-20 스텝 함수는 이산적 예측 결과(합격 또는 불합격)에, 시그모이드 함수는 이산적 예측 결과의 확률(합격 확률 또는 불합격 확률)을 예측하는 데 많이 사용한다.

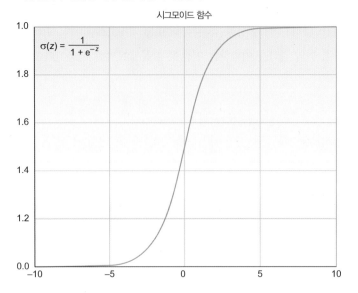

시그모이드 함수

$$\sigma(z) = \frac{1}{1 + e^{-z}}$$

파이썬에서는 시그모이드 함수를 다음과 같이 구현할 수 있다.

```python
import numpy as np    ◁── 넘파이 임포트

def sigmoid(x):
    return 1 / (1 + np.exp(-x))    ◁── 시그모이드 함수 정의
```

선형대수

시그모이드 함수가 어떻게 문제 해결에 도움이 되는지 그리고 이 함수가 어떻게 고안되었는지 그 과정을 좀 더 자세히 살펴보자. 예를 들어 나이라는 특징 한 가지만으로 이 사람이 당뇨병이 있는지 예측하려고 한다. 우리가 가진 당뇨 환자에 대한 데이터를 그래프로 나타내면 다음과 같은 선형 모델을 얻는다.

$$z = \beta_0 + \beta_1 \cdot \text{나이}$$

그림 2-21 환자 데이터의 그래프를 그려 얻은 선형 모델

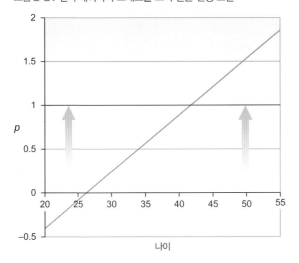

이 그래프를 보면 그래프의 값이 확률의 범위를 넘어서는 것을 볼 수 있다. 환자가 25세 이하면 예측된 확률이 음수가 되고, 43세 이상이면 확률이 1(100%)을 초과한다. 이 예제는 선형 함수가 제대로 작동하지 않는 문제의 전형적인 예다. 그렇다면 함수가 0과 1 사이의 범위를 넘어서지 않게 하려면 어떻게 해야 할까?

먼저 음수가 되는 부분을 제거해야 한다. 모든 수의 제곱은 양수이므로 지수 함수는 음수를 제거하기 좋은 방법이다. 선형 모델에 지수 함수를 적용하여 확률(p)을 계산해보자.

$$p = \exp(z) = \exp(\beta_0 + \beta_1 \cdot \text{나이})$$

이 식은 항상 0보다 큰 확률을 보장한다. 그렇다면 1을 초과하는 값은 어떻게 제거해야 할까? 자신보다 큰 수로 나눈 값은 항상 1보다 작다. 함수에 이를 적용해보자. 함수의 식을 그보다 좀 더 큰 값(1 또는 작은 값을 더해)으로 나누는 것이다. 이때 더한 값을 ε이라고 하자.

$$p = \frac{\exp(z)}{\exp(z) + \varepsilon}$$

이 식을 다시 $\exp(z)$로 나누면 다음 식을 얻을 수 있다.

$$p = \frac{1}{1 + \exp(-z)}$$

이 함수로 계산된 확률을 그래프로 그려보면 S자 모양의 (시그모이드) 그래프를 얻을 수 있다. 또한 확률은 0 미만으로 내려가거나 1을 초과하지 않는다. 사실 환자의 나이가 올라갈수록 당뇨가 발병할 확률은 점점 1에 가까워진다. 그리고 나이가 낮아질수록 0에 가까워지지만 $0 < p < 1$ 의 범위를 벗어나지는 않는다. [그림 2-22]가 시그모이드 함수의 그래프다.

그림 2-22 환자의 나이가 많아질수록 당뇨가 발병할 확률은 1에 가까워진다. 이 그래프가 시그모이드 함수의 그래프다.

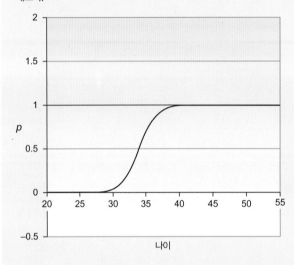

2.3.4 소프트맥스 함수

소프트맥스 함수는 시그모이드 함수의 일반형이다. 소프트맥스 함수는 3개 이상의 클래스를 대상으로 한 분류에서 각 클래스의 확률을 구할 때 사용한다. 소프트맥스 함수 출력은 0에서 1 사이이며 총합은 항상 1이다. 가장 흔히 사용하는 예는 3개 이상의 클래스 중 한 가지를 예측하는 문제다.

소프트맥스의 정의는 다음과 같다.

$$\sigma(x_j) = \frac{e^{x_j}}{\sum_i e^{x_i}}$$

[그림 2-23]은 소프트맥스 함수의 사용 예다.

그림 2-23 소프트맥스 함수는 입력값을 0과 1 사이의 값으로 변환한다.

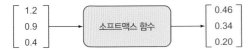

$$\begin{bmatrix} 1.2 \\ 0.9 \\ 0.4 \end{bmatrix} \rightarrow \boxed{\text{소프트맥스 함수}} \rightarrow \begin{bmatrix} 0.46 \\ 0.34 \\ 0.20 \end{bmatrix}$$

TIP 소프트맥스 함수는 3개 이상의 클래스를 대상으로 한 분류 문제의 출력층에 단골로 사용되는 활성화 함수다. 클래스가 2개인 이진 분류에도 소프트맥스 함수가 유효하지만 이 경우 시그모이드 함수와 동일하게 동작한다. 이 절 마지막에 각 활성화 함수의 적합한 용도를 설명하겠다.

2.3.5 tanh 함수

tanh 함수(하이퍼볼릭 탄젠트 함수)는 시그모이드 함수를 이동시킨 버전이다. 시그모이드 함수가 0부터 1 사이의 값을 출력하는 데 비해 tanh 함수는 −1부터 1 사이의 값을 출력한다. tanh 함수는 시그모이드 함수에 비해 은닉층에서 더 좋은 성능을 낸다. 그 이유는 데이터의 평균이 시그모이드 함수에서는 0.5에 가까워지는 데 비해 tanh 함수는 0에 가까워지므로 데이터를 중앙에 모으는 효과가 있어 다음 층의 학습에 유리하기 때문이다.

$$\tanh(x) = \frac{\sinh(x)}{\cosh(x)} = \frac{e^x - e^{-x}}{e^x + e^{-x}}$$

이 두 함수의 단점은 z 값이 매우 크거나 작을 때 함수의 기울기가 매우 작아진다는 것이다(0에 가깝게). 결국 경사 하강법을 이용한 학습이 느려진다(그림 2-24). 이 문제는 ReLU 활성화 함수(2.3.6절 참조)를 사용하면 해결된다.

그림 2-24 z 값이 매우 크거나 작으면 함수의 기울기가 0에 가까워진다.

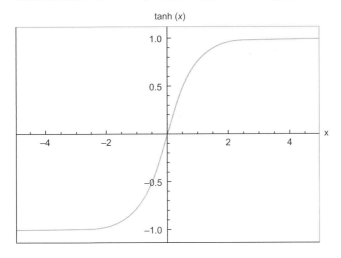

2.3.6 ReLU 함수

정류 선형 유닛rectified linear unit, ReLU 활성화 함수는 입력이 0보다 크면 노드를 발화한다. 입력이 0보다 작으면 발화하지 않는다. 하지만 0보다 큰 입력에 대해서는 출력값이 입력값에 비례해서 커진다. ReLU 함수는 다음과 같이 정의된다.

$$f(x) = \max(0, x)$$

현재 ReLU는 최고 성능의 활성화 함수로 평가받고 있다. 다양한 상황에서 잘 작동하며 은닉층에서 tanh 함수나 시그모이드 함수보다 더 높은 성능을 보이기 때문이다(그림 2-25).

그림 **2-25** ReLU 함수는 항등 함수의 음수 부분을 0으로 만들어 제거한 형태다.

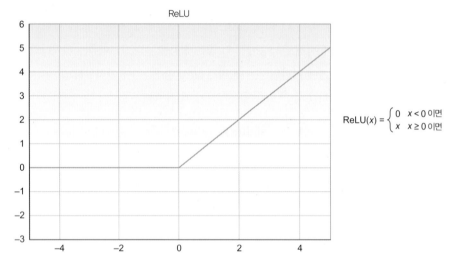

$$ReLU(x) = \begin{cases} 0 & x < 0 \text{이면} \\ x & x \geq 0 \text{이면} \end{cases}$$

파이썬에서는 ReLU 함수를 다음과 같이 구현할 수 있다.

```
def relu(x):          ⟵⎤ ReLU 활성화 함수
    if x < 0:
        return 0
    else:
    return x
```

2.3.7 누설 ReLU 함수

ReLU 함수의 한 가지 단점은 x가 음수일 때 기울기가 0이라는 점이다. 누설 ReLU 함수^{Leaky} $^{ReLU\ function}$는 이 문제를 해결하기 위한 ReLU 함수의 변종이다. $x < 0$인 구간에서 함숫값이 0이 되지 않도록 누설 ReLU 함수는 작은 기울기(약 0.01)로 함숫값을 음수로 만든다. 상당히 드물게 사용되지만 대부분의 경우 ReLU보다 높은 성능을 보인다. [그림 2-26]에 누설 ReLU 함수의 그래프를 실었다. 그래프에서 누설 부분이 보이는가?

$$f(x) = \max(0.01x,\ x)$$

그림 2-26 누설 ReLU 함수는 x < 0인 구간에서 기울기가 0이 되지 않도록 약간의 기울기(0.01)를 도입한다.

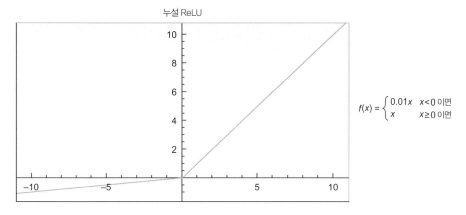

왜 0.01일까? 어떤 사람은 이 값을 하이퍼파라미터로 사용하지만 그렇게까지 할 필요는 없다. 그보다 더 큰 문제가 있기 때문이다. 값을 0.1, 0.01, 0.002 등으로 바꾸어가며 어떤 차이가 생기는지 살펴보기 바란다.

파이썬에서는 누설 ReLU 함수를 다음과 같이 구현할 수 있다.

```
def leaky_relu(x):        ◁──┐  기울기가 0.01인 ReLU 활성화 함수
    if x < 0:
        return x * 0.01
    else:
return x
```

[표 2-1]에 지금까지 설명한 활성화 함수의 특성을 정리했다.

표 2-1 자주 사용하는 활성화 함수의 특성

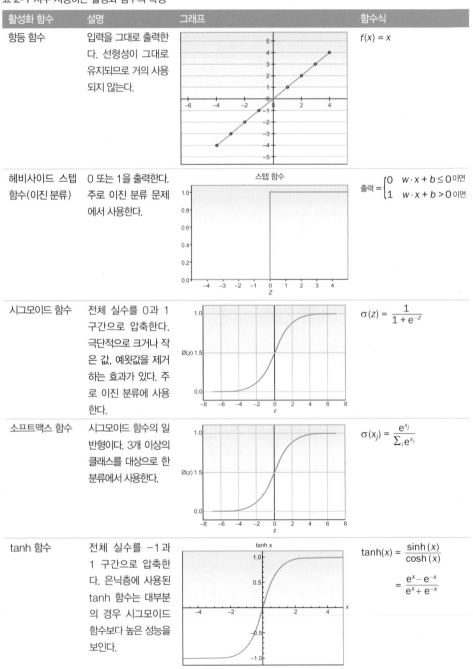

활성화 함수	설명	그래프	함수식
항등 함수	입력을 그대로 출력한다. 선형성이 그대로 유지되므로 거의 사용되지 않는다.		$f(x) = x$
헤비사이드 스텝 함수(이진 분류)	0 또는 1을 출력한다. 주로 이진 분류 문제에서 사용한다.		출력 $= \begin{cases} 0 & w \cdot x + b \leq 0 \text{이면} \\ 1 & w \cdot x + b > 0 \text{이면} \end{cases}$
시그모이드 함수	전체 실수를 0과 1 구간으로 압축한다. 극단적으로 크거나 작은 값, 예욋값을 제거하는 효과가 있다. 주로 이진 분류에 사용한다.		$\sigma(z) = \dfrac{1}{1 + e^{-z}}$
소프트맥스 함수	시그모이드 함수의 일반형이다. 3개 이상의 클래스를 대상으로 한 분류에서 사용한다.		$\sigma(x_j) = \dfrac{e^{x_j}}{\sum_i e^{x_i}}$
tanh 함수	전체 실수를 −1과 1 구간으로 압축한다. 은닉층에 사용된 tanh 함수는 대부분의 경우 시그모이드 함수보다 높은 성능을 보인다.		$\tanh(x) = \dfrac{\sinh(x)}{\cosh(x)}$ $= \dfrac{e^x - e^{-x}}{e^x + e^{-x}}$

활성화 함수	설명	그래프	함수식
ReLU 함수	입력이 0보다 클 때만 발화한다. tanh 함수보다 성능이 좋아서 은닉층에 추천되는 활성화 함수다.	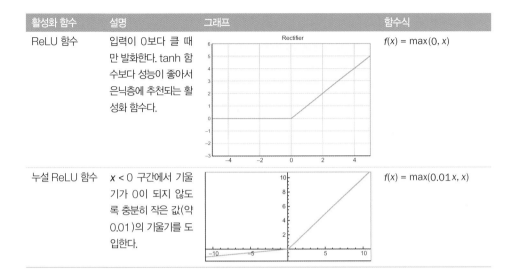	$f(x) = max(0, x)$
누설 ReLU 함수	$x < 0$ 구간에서 기울기가 0이 되지 않도록 충분히 작은 값(약 0.01)의 기울기를 도입한다.		$f(x) = max(0.01x, x)$

활성화 함수의 종류가 너무 많아서 어떤 것을 골라야 할지 어렵게 느껴질 수도 있다. 활성화 함수 선택이 물론 중요하기는 하지만 그렇게 어려운 일은 아니다. 일단 정해진 원칙대로 결정한 다음 모델을 튜닝하는 과정에서 필요에 따라 수정해나가면 된다. 그래도 무엇을 선택해야 할지 망설여지는 독자에게 필자의 기준을 참고삼아 제시한다.

- **은닉층**: 이 책에 등장하는 프로젝트를 보면 알 수 있겠지만 은닉층에는 대부분의 경우 ReLU 함수(또는 누설 ReLU 함수)를 사용하면 된다. ReLU 함수가 점점 널리 사용되는 이유는 다른 활성화 함수에 비해 계산적으로 유리하기 때문이다. 또한 큰 입력값에서 시그모이드 함수나 tanh 함수처럼 함숫값이 포화(기울기가 0에 가까워짐)되지 않기 때문에 기울기 소실 문제를 일으킬 가능성이 낮아진다는 것도 장점이다. 함수의 그래프가 평탄해지면 기울기가 작아져서 기울기 소실 문제를 일으킨다. 결국 그만큼 학습 과정에서 최소 오차를 따라 내려가기 어려워진다(기울기 소실 문제는 나중에 더 자세히 설명하겠다).

- **출력층**: 상호 배타적인 분류 문제라면 대개의 경우 소프트맥스 함수가 적합하다. 이진 분류의 경우 시그모이드 함수도 좋은 선택이다. 회귀 문제라면 활성화 함수를 사용하지 않아도 된다. 가중합을 그대로 출력하는 노드를 통해 우리가 원하는 연속값을 얻을 수 있기 때문이다. 예를 들어 같은 동네의 다른 집 가격을 통해 주택 가격을 예측하려는 경우가 이러한 예다.

2.4 순방향 계산

퍼셉트론을 쌓아 층을 구성하는 방법도 알았고, 층을 결합 가중치로 서로 연결해서 가중합을 구하고 활성화 함수를 거치게 하는 방법도 배웠다. 이를 바탕으로 예측 결과를 구하는 순방향 계산을 구현해보자. 특징의 선형 결합을 활성화 함수에 통과시키는 이 계산 과정을 순방향 계산 feedforward process이라고 한다. 순방향 계산 과정은 앞서 간략히 설명한 바 있다. 이번에는 이 과정을 조금 더 자세히 들여다보자.

순방향 계산이라는 용어는 입력층에서 출력층 방향으로 정보가 흘러가기 때문에 붙은 이름이다. 이 과정은 가중합과 활성화 함수를 연이어 계산하는 과정을 반복하는 형태로, 신경망의 각 층을 지나 예측에 이르는 과정이다.

[그림 2-27]의 간단한 세 층짜리 신경망을 예로 들어 신경망의 구성 요소를 살펴보자.

그림 2-27 3개의 층을 가진 간단한 구조의 신경망

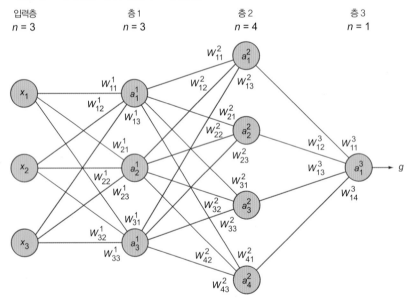

- 층: 이 신경망은 3개의 입력 특징을 입력받은 입력층과 각 뉴런 수가 3, 4, 1개인 3개의 은닉층을 갖는다.
- 가중치와 편향 w, b: 노드를 연결하는 각 에지는 무작위로 초기화된 가중치 $W_{ab}^{(n)}$를 부여받는다. 여기서 n은 층 번호고, ab는 n번째 층의 a번째 뉴런과 $n-1$번째 층의 b번째 뉴런을 잇는 연결이라는 뜻이다. 예를 들어 $W_{21}^{(2)}$은 두 번째 층의 두 번째 노드와 첫 번째 층의 세 번째 노드(a_2^2와 a_3^1)를 연결하는 결합 가중치를 의미

한다(다른 문헌에서는 σ(x)를 다른 표기법으로 나타내기도 하지만 어느 한 가지를 일관적으로 사용하기만 한다면 무엇을 사용해도 무방하다).

편향은 가중치와 마찬가지로 무작위 값으로 초기화되어 학습 과정에서 조정되므로 가중치와 비슷하게 다룬다. 편의상 앞으로는 가중치와 같은 표기법으로 편향을 나타낼 것이다. 딥러닝 문헌에서는 대부분 모든 가중치와 편향을 뭉뚱그려 w로 칭한다.

- 활성화 함수 $\sigma(x)$: 이번 예제에서는 시그모이드 함수를 활성화 함수로 사용한다.
- 노드값 a: 노드에서 계산된 가중합이 활성화 함수를 거친 값을 노드값 a_m^n이라고 한다. 여기서 n은 층 번호고, m은 해당 층의 노드 인덱스다. 예를 들어 a_2^3는 세 번째 층의 두 번째 노드값이다.

2.4.1 순방향 계산 과정

이제 순방향 계산을 할 준비가 모두 끝났다.

$$a_1^{(1)} = \sigma(w_{11}^{(1)} x_1 + w_{21}^{(1)} x_2 + w_{31}^{(1)} x_3)$$

$$a_2^{(1)} = \sigma(w_{12}^{(1)} x_1 + w_{22}^{(1)} x_2 + w_{32}^{(1)} x_3)$$

$$a_3^{(1)} = \sigma(w_{13}^{(1)} x_1 + w_{23}^{(1)} x_2 + w_{33}^{(1)} x_3)$$

그다음 두 번째 층에서 $a_1^{(2)}, a_2^{(2)}, a_3^{(2)}, a_4^{(2)}$를 같은 식으로 계산하고,

마지막으로 세 번째 층에서 예측 결과 $\hat{y}$을 다음과 같이 계산한다.

$$\hat{y} = a_1^{(3)} = \sigma\ (w_{11}^{(3)} a_1^{(2)} + w_{12}^{(3)} a_2^{(2)} + w_{13}^{(3)} a_3^{(2)} + w_{14}^{(3)} a_4^{(2)}\ )$$

자 끝났다! 방금 두 층짜리 신경망의 순방향 계산을 마쳤다. 잠시 계산 과정을 되돌아보자. 이렇게 작은 신경망의 계산에도 이 정도로 복잡하고 많은 수식이 필요한데 입력층의 노드가 수백 개에 이르고 은닉층의 노드도 수백 개가 넘는 복잡한 문제의 계산 과정은 얼마나 복잡할까? 행렬을 이용하면 여러 개의 입력을 한번에 계산할 수 있다. 이런 방법으로 큰 규모의 계산을 빠르게 수행할 수 있으며 특히 넘파이 같은 도구를 사용하면 코드 한 줄로도 가능하다.

행렬을 이용한 계산을 한번 살펴보자(그림 2-28). 달라진 것은 입력과 가중치를 쌓아올려 행렬로 만든 후 행렬곱으로 계산한 것뿐이다. 이 수식은 오른쪽부터 왼쪽으로 읽는 것이 자연스럽다. 오른쪽 끝부터 설명과 함께 수식을 읽어보겠다.

- 먼저 입력을 쌓아 (행, 열) 크기의 벡터를 구성한다. 이 벡터의 크기는 (3, 1)이다.
- 그다음 입력 벡터를 첫 번째 층의 가중치 행렬($W^{(1)}$)과 곱한 후 시그모이드 함수를 거치게 한다.
- 위 결과를 다시 두 번째 층($\sigma \cdot W^{(2)}$)과 세 번째 층($\sigma \cdot W^{(3)}$)에서 반복한다.
- 네 번째 이후 층이 있다면 계속 반복하고 출력 $\hat{y}$을 계산한다.

위 과정을 다음 식에 요약했다.

$$\hat{y} = \sigma \cdot W^{(3)} \cdot \sigma \cdot W^{(2)} \cdot \sigma \cdot W^{(1)} \cdot (x)$$

그림 2-28 그림을 오른쪽부터 보면 입력을 쌓아 벡터를 만들고, 입력 벡터를 첫 번째 층의 가중치 행렬과 곱해 시그모이드 함수를 적용하고, 그 결과를 다시 곱하는 과정이다.

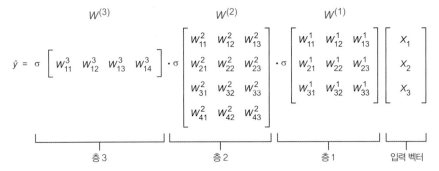

2.4.2 특징 학습

은닉층의 노드(a_i)는 각 층에서 학습된 새로운 특징이다. 예를 들어 [그림 2-27]에는 입력 특징이 3개(x_1, x_2, x_3) 있었다. 첫 번째 층의 순방향 계산이 끝나면 신경망이 패턴을 학습한다. 그리고 이들 특징은 3개의 새로운 특징($a_1^{(1)}, a_2^{(1)}, a_3^{(1)}$)으로 변환된다. 그다음 층에서는 패턴의 패턴을 학습해 또 다른 특징을 만든다($a_1^{(2)}, a_2^{(2)}, a_3^{(2)}, \cdots$). 각 층에서 새로 만들어진 특징은 볼 수도 없고 제어할 수도 없고 이해할 수도 없는 것으로, 신경망이 부리는 마술의 일부다. 이 때문에 이들을 은닉층이라고 부른다. 우리가 할 일은 최종 출력된 예측 결과를 보고 만족스러운 정확도가 나올 때까지 파라미터를 조정하는 것이다.

좀 더 간단한 예제로 다시 한번 살펴보자. [그림 2-29]를 보면 방 수, 면적, 지역 이렇게 세 가지 특징으로 주택 가격을 예측하는 조그만 신경망이 있다. 최초 입력 특징의 값이 각각 3, 2000, 1 이었고 첫 번째 층의 순방향 계산 후 새로운 특징($a_1^{(2)}, a_2^{(2)}, a_3^{(2)}, a_4^{(2)}$)으로 변환된다. 이 특징은 다시 예측 결과 $\hat{y}$으로 변환된다. 신경망의 학습은 이 예측 결과를 실제 주택의 가격과 비교해 그 오차가 최소한으로 작아질 때까지 이 과정을 반복하는 것이다.

그림 2-29 방 수, 면적, 지역의 세 가지 특징으로 주택 가격을 예측하는 작은 신경망의 예

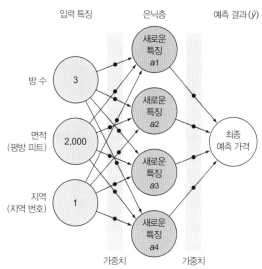

특징이 학습되는 과정의 이해를 돕기 위해 [그림 2-30]을 보자. 첫 번째 층에서는 선이나 모서리 같은 기본적인 특징이 학습되었고, 두 번째 층에서는 꼭짓점 같은 조금 더 복잡한 특징이 학습되었다. 이런 식으로 마지막 층이 되면 원이나 나선 같은 데이터셋과 부합하는 도형이 학습된다.

그림 2-30 여러 은닉층에서 학습된 특징

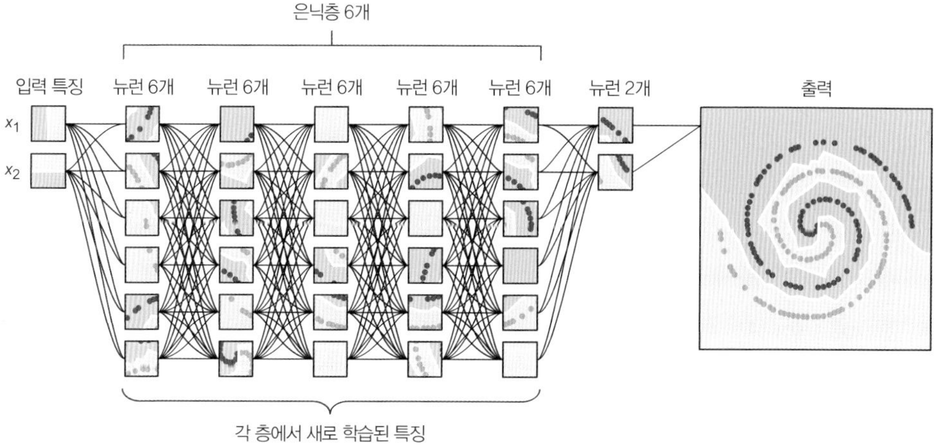

신경망은 은닉층을 통해 새로운 특징을 학습한다. 먼저 데이터에 포함된 패턴을 인식하고 다시 패턴의 패턴, 패턴의 패턴의 패턴과 같은 식으로 추상화된 패턴을 인식한다. 신경망의 층수가 많을수록 데이터에서 더 많은 것을 학습할 수 있다.

벡터와 행렬

앞에서 설명한 순방향 계산을 이해하는 데 아무 문제가 없었다면 이 내용은 건너뛰어도 좋다. 이해되지 않는 부분이 있다면 이 내용을 잘 읽기 바란다.

순방향 계산은 여러 번의 행렬 계산으로 이루어져 있다. 코드 한 줄로 행렬 계산을 대신할 수 있는 좋은 라이브러리들이 많이 나와 있으니 손으로 계산을 할 필요는 없지만 나중에 신경망의 디버깅을 하려면 안에서 연산이 어떻게 실행되는지 이해할 필요가 있다. 더욱이 행렬 계산은 아주 재미있고 쉽다. 행렬 계산을 간단히 설명하겠다.

행렬의 차원에 대한 정의를 먼저 살펴보자.

- 스칼라scalar는 하나의 숫자다.
- 벡터vector는 숫자의 배열이다.
- 행렬matrix은 2차원 배열이다.
- 텐서tensor는 n차원 배열이다($n > 2$).

그림 2-31 행렬의 차원: 스칼라는 하나의 숫자, 벡터는 숫자의 배열, 행렬은 2차원 배열, 텐서는 n차원 배열을 의미한다.

스칼라	벡터	행렬	텐서
1	$\begin{bmatrix}1\\2\end{bmatrix}$	$\begin{bmatrix}1 & 2\\3 & 4\end{bmatrix}$	$\begin{bmatrix}[1\ 2] & [3\ 2]\\ [1\ 7] & [5\ 4]\end{bmatrix}$

앞으로의 설명에서는 대부분의 수학 문헌에서 사용하는 표기법을 그대로 따를 것이다.

- 스칼라는 이탤릭 소문자(예: n)로 나타낸다.
- 벡터는 이탤릭 소문자 볼드체(예: $\boldsymbol{x}$)로 나타낸다.
- 행렬은 이탤릭 대문자 볼드체(예: $\boldsymbol{X}$)로 나타낸다.
- 행렬의 크기는 (행 × 열)로 나타낸다.

스칼라곱과 행렬곱에 대해 알아보자.

- 스칼라곱scalar multiplication : 행렬의 모든 요소에 스칼라값을 곱한다. 스칼라곱은 행렬 크기에 영향을 미치지 않는다.

그림 2-32 스칼라곱

$$2 \cdot \begin{bmatrix} 10 & 6 \\ 4 & 3 \end{bmatrix} = \begin{bmatrix} 2 \cdot 10 & 2 \cdot 6 \\ 2 \cdot 4 & 2 \cdot 3 \end{bmatrix}$$

- 행렬곱matrix multiplication : (행$_1$ × 열$_1$) × (행$_2$ × 열$_2$)와 같이 두 행렬을 곱하려면 열$_1$과 행$_2$의 수가 일치해야 한다. 그리고 그 곱의 크기는 (행$_1$ × 열$_2$)가 된다. 예를 들어 다음 [그림 2-33]의 행렬곱에서 $x = 3 \cdot 13 + 4 \cdot 8 + 2 \cdot 6 = 83$이 되고, 같은 방법으로 $y = 63$, $z = 37$이 된다.

그림 2-33 행렬곱

$$\begin{bmatrix} 3 & 4 & 2 \end{bmatrix} \cdot \begin{bmatrix} 13 & 9 & 7 \\ 8 & 7 & 4 \\ 6 & 4 & 0 \end{bmatrix} = \begin{bmatrix} x & y & z \end{bmatrix}$$

같아야 함

$1 \times 3 \qquad 3 \times 3 \qquad\qquad 1 \times 3$

곱의 크기가 됨

이제 행렬곱의 규칙을 알았으니 종이 한 장을 꺼내 위 신경망 예제에 나온 행렬의 크기를 적어보자. 필요하다면 다음 그림을 참조하기 바란다.

그림 2-34 본문에 나온 행렬곱. 행렬의 크기를 참조하라.

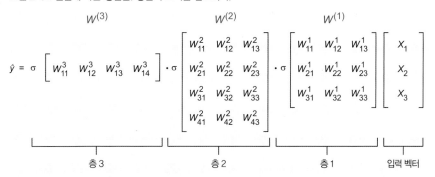

마지막으로 전치transposition에 대해 설명하겠다. 열벡터에 전치를 적용하면 행벡터가 되고, 행벡터에 전치를 적용하면 열벡터가 된다. 쉽게 설명하면 크기가 $(m \times n)$인 행렬을 전치하면 $(n \times m)$이 된다. 전치된 행렬, 즉 전치 행렬은 A^T와 같이 대문자 T를 위첨자로 붙여 나타낸다.

그림 2-35 전치

$$A = \begin{bmatrix} 2 \\ 8 \end{bmatrix} \qquad \Rightarrow A^T = [2 \quad 8]$$

$$A = \begin{bmatrix} 1 & 2 & 3 \\ 4 & 5 & 6 \\ 7 & 8 & 9 \end{bmatrix} \Rightarrow A^T = \begin{bmatrix} 1 & 4 & 7 \\ 2 & 5 & 8 \\ 3 & 6 & 9 \end{bmatrix}$$

$$A = \begin{bmatrix} 0 & 1 \\ 2 & 4 \\ 1 & -1 \end{bmatrix} \Rightarrow A^T = \begin{bmatrix} 0 & 2 & 1 \\ 1 & 4 & -1 \end{bmatrix}$$

2.5 오차 함수

지금까지 신경망의 순방향 계산 과정을 살펴보았다. 가중합과 활성화 함수 연산으로 순방향 계산을 수행하고 이를 통해 신경망의 예측 결과를 계산했다. 그렇다면 신경망의 예측 결과를 어떻게 평가할까? 또 이 예측 결과가 정답과 얼마나 가까운지 어떻게 알 수 있을까? 방법은 오차를 측정하는 것이다. 오차 함수를 선택하는 것도 신경망 설계의 중요한 요소 중 하나다. 오차 함수는 **비용 함수**cost function 또는 **손실 함수**loss function라고도 부르는데, 딥러닝 관련 문헌에서는 이들 용어를 같은 의미로 사용한다.

2.5.1 오차 함수란

오차 함수error function는 신경망의 예측 결과가 바람직한 출력과 비교해서 얼마나 '동떨어졌는지' 측정하는 수단이다. 예를 들어 손실값이 크면 모델의 정확도가 낮다는 뜻이다. 반대로 손실값이 작으면 모델의 정확도가 높다는 뜻이다. 손실이 클수록 정확도를 개선하기 위해 모델을 더 많이 학습시켜야 한다.

2.5.2 오차 함수가 왜 필요한가

오차 계산은 모든 머신러닝 엔지니어(또는 수학자)가 좋아하는 최적화 문제와 관계가 깊다.

최적화 문제는 오차 함수를 정의하고 파라미터를 조정해서 오차 함수가 계산하는 오차를 최소가 되도록 하는 문제다(최적화에 대해서는 다음 절에서 더 자세히 설명하겠다). 지금은 우선 문제에 대한 오차 함수를 잘 정의하면 최적화 알고리즘을 실행하는 것만으로 오차 함숫값을 최소화할 수 있다고 가정하자.

최적화 문제의 최종 목표는 오차 함숫값이 최소가 되게 하는 최적의 파라미터(가중치)를 찾는 것이다. 만약 현재 목표로부터의 거리가 얼마나 되는지 알 수 없다면 다음 반복 때 무엇을 바꿔야 할지 알 수 없을 것이다. 이렇게 오차를 최소로 만드는 과정을 **오차 함수 최적화**error function optimization라고 한다. 다음 절에서 몇 가지 최적화 기법을 배우게 될 것이므로 지금은 예측 결과가 얼마나 정답과 동떨어졌는지, 원하는 성능보다 얼마나 부족한지 알기 위해 사용하는 것이 오차 함수라고 이해하면 된다.

2.5.3 오차의 값은 언제나 양수다

이런 시나리오를 한번 생각해보자. 신경망으로 예측하려는 2개의 데이터 점이 있다. 첫 번째 점에 대한 예측의 오차가 10이었고, 두 번째 점에 대한 예측의 오차가 −10이었다면 평균 오차는 0이 될 것이다. 하지만 오차가 0이면 신경망이 완벽하게 정답을 맞혔다는 의미인데, 실상은 그렇지 않다. 우리가 원하는 오차는 이런 것이 아니다. 모든 예측의 오차는 참이어야 평균을 계산할 때 오차끼리 서로 상쇄되는 일이 발생하지 않는다. 어떤 궁수가 표적을 겨냥했는데 1인치 차이로 빗나갔다고 가정해보자. 이때 빗나간 방향은 중요하지 않다. 우리가 알아야 할 것은 목표물에서 얼마나 떨어져 있느냐이다.

[그림 2-36]에 두 모델의 시간에 따른 손실 함숫값을 그래프로 나타냈다. 두 번째 모델의 오차가 에포크 6부터 정체 상태에 들어간 데 비해 첫 번째 모델의 오차는 꾸준히 감소했다.

그림 2-36 두 모델의 시간에 따른 손실 함숫값의 변화

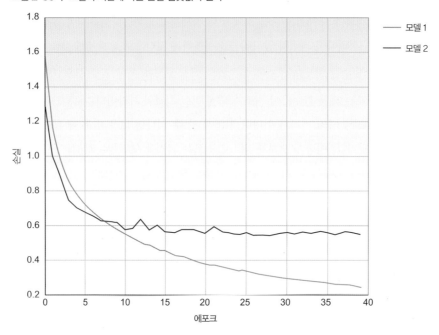

같은 예측 결과라 하더라도 오차 함수에 따라 오찻값이 달라지며 그만큼 모델의 성능에도 영향을 준다. 손실 함수를 모두 다루는 것은 이 책의 주제를 벗어나므로 여기서는 주요 손실 함수인 평균제곱오차와 교차 엔트로피cross-entropy만 다룬다. 평균제곱오차는 주로 회귀 문제에 사용하고 교차 엔트로피는 주로 분류 문제에 사용한다.

2.5.4 평균제곱오차

평균제곱오차mean squared error, MSE는 출력값이 실수인 회귀 문제(주택 가격 예측과 같은)에서 널리 사용하는 오차 함수다. 단순히 레이블값을 비교($\hat{y}_i - y_i$)하는 대신 다음 식처럼 각 데이터 점의 오차를 제곱해서 평균을 구한다.

$$E(W, b) = \frac{1}{N}\sum_{i=1}^{N}(\hat{y}_i - y_i)^2$$

MSE의 장점은 다음과 같다. 먼저 오차를 제곱하기 때문에 오차가 항상 양의 값이며 오찻값이 그대로 결과에 대한 평가가 되므로 계산이 간편해진다. 식에 쓰인 기호에 대한 설명은 [표 2-2]를 참조하기 바란다.

표 2-2 회귀 문제에 사용된 표기법의 의미

표기법	의미
$E(W, b)$	오차 함수. $J(W, b)$로 나타내는 문헌도 있다.
W	가중치 행렬. 가중치를 θ로 표기하는 문헌도 있다.
b	편향 벡터
N	학습 데이터 수
$\hat{y}_i$	출력된 예측 결과. $h_{w, b}(X)$로 표기하는 딥러닝 관련 문헌도 있다.
y_i	실제 정답(레이블값)
$(\hat{y}_i - y_i)$	일반적으로 오차 또는 잔차라고 부른다.

MSE는 오차를 제곱하기 때문에 예욋값에 민감하다. 문제의 종류에 따라 이것이 단점이 될 수도 있다. 하지만 예욋값에 대한 민감성이 도움이 될 때도 있다. 예를 들어 주가를 예측하는 모델에서 예욋값을 논리적으로 설명하려 할 때는 예욋값에 대한 민감성이 도움이 된다. 또 다른 경우로는 주택 가격 예측 모델처럼 예욋값으로 인해 모델의 대칭성이 깨지면 안 되는 시나리오도 있다. 이런 경우에는 평균보다는 중윗값을 중시한다. MSE의 변종 중 이런 목적에 적합한 것이 절대제곱오차mean absolute error, MAE다. 절대제곱오차는 오차의 절댓값의 평균이다.

$$E(W, b) = \frac{1}{N}\sum_{i=1}^{N} |\hat{y}_i - y_i|$$

2.5.5 교차 엔트로피

교차 엔트로피cross-entropy는 두 확률 분포 간의 차이를 측정할 수 있다는 특성 덕분에 주로 분류 문제에서 많이 사용한다. 예를 들어 학습 이미지 중 개가 찍힌 이미지 한 장을 세 가지 클래스(개, 고양이, 물고기) 중 하나로 분류하려고 한다. 이 이미지의 실제 확률 분포는 다음과 같을 것이다.

```
Probability(고양이)    P(개)       P(물고기)
      0.0             1.0          0.0
```

이 실제 확률 분포를 해석하면 이 이미지가 클래스 A에 속할 확률은 0%, B에 속할 확률은 100%, C에 속할 확률은 0%가 된다. 그리고 머신러닝 모델의 예측 결과로 얻은 확률 분포가 다음과 같았다고 가정하자.

```
Probability(고양이)    P(개)    P(물고기)
        0.2           0.3        0.5
```

실제 확률 분포와 예측 확률 분포는 얼마나 가까울까? 교차 엔트로피는 바로 이 거리를 평가할 수 있다. y가 대상 확률 분포, p가 예측 확률 분포, m이 클래스 수일 때 교차 엔트로피는 다음과 같이 정의된다.

$$E(W, b) = -\sum_{i=1}^{m} \hat{y}_i \log(p_i)$$

위 예제의 손실은 교차 엔트로피로 다음과 같이 계산할 수 있다.

```
E = - (0.0 * log(0.2) + 1.0 * log(0.3) + 0.0 * log(0.5)) = 1.2
```

이런 식으로 예측한 확률 분포가 실제 확률 분포와 얼마나 동떨어졌는지 평가할 수 있다.

신경망의 예측이 조금 더 정확해지면 교차 엔트로피가 어떻게 변화하는지 살펴보자. 조금 전의 예제에선 신경망에 개가 찍힌 이미지를 입력했더니 이 이미지가 개 클래스에 속할 확률이 30%로 나왔는데, 몇 번의 반복 끝에 신경망이 패턴을 학습하고 다시 예측해보니 50%로 확률이 올랐다.

```
Probability(고양이)    P(개)    P(물고기)
        0.3           0.5        0.2
```

다시 손실값을 계산해보자.

```
E = - (0.0 * log(0.3) + 1.0 * log(0.5) + 0.0 * log(0.2)) = 0.69
```

(개의 확률이 30%에서 50%로 올라서) 신경망의 예측이 조금 더 정확해지니 손실값이 1.2에서 0.69로 감소했다. 이상적인 결과로 신경망의 예측 결과가 개일 확률이 100%로 나왔다면 손실값은 0이 된다(따로 계산해보아도 좋다).

다음 식을 사용해서 모든 학습 샘플 n에 대해 교차 엔트로피를 계산할 수 있다.

$$E(W, b) = -\sum_{i=1}^{n}\sum_{i=1}^{m} \hat{y}_{ij} \log(p_{ij})$$

2.5.6 오차와 가중치의 관계

앞서 설명했듯이 신경망이 학습을 하려면 오차 함수의 함숫값을 가능한 한 최소가 되게 해야 한다(0이 이상적이다). 오차가 작을수록 모델이 출력한 예측값의 정확도가 높은 것이다. 그렇다면 오차가 최소가 되게 하려면 어떻게 해야 할까?

입력이 하나인 다음 퍼셉트론을 통해 가중치와 오차의 관계를 알아보자.

그림 2-37 입력이 하나인 퍼셉트론

입력 $x = 0.3$, 레이블(정답) $y = 0.8$이라고 가정하자. 이 퍼셉트론의 예측 결과 $\hat{y}$은 다음과 같이 계산된다.

$$\hat{y}_i = w \cdot x = w \cdot 0.3$$

그리고 오차error를 계산한다. 가장 간단한 방법은 예측 결과 $\hat{y}$과 레이블 y를 비교하는 것이다.

$$오차 = |\hat{y} - y|$$
$$= |(w \cdot x) - y|$$
$$= |w \cdot 0.3 - 0.8|$$

식을 잘 보면 입력 x와 정답 y는 고정된 값임을 알 수 있다. 데이터 점이 특정되어 있는 한 이들 값은 변하지 않는다. 이 시에서 변화할 수 있는 값은 오차와 가중치뿐이다. 이제 오찻값을 최소가 되게 하려면 어떤 변수를 조작해야 할까? 물론 가중치다. 가중치는 오차를 줄이기 위해 조절하는 신경망의 손잡이 같은 역할을 한다. 신경망은 가중치를 조정하는 방식으로 학습한다. 가중치의 변화에 대한 오차 함숫값의 변화를 그래프로 나타내면 [그림 2-38]과 같은 결과를 얻을 수 있다.

그림 2-38 신경망은 가중치를 조정하며 학습한다. 가중치의 변화에 대해 오차 함숫값의 변화를 그래프로 나타내면 다음과 같다.

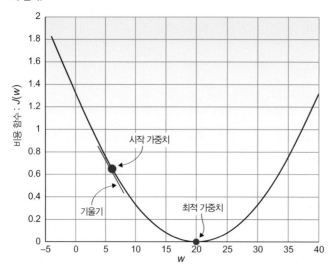

앞서 설명했듯이 가중치는 무작위 값으로 초기화된다. 현재 가중치는 이 그래프의 곡선 위 어딘가에 위치하며, 우리가 할 일은 곡선의 하강^{descend}을 따라 내려가 오차가 최소가 되는 목표 지점에 도달하는 것이다. 이 목표 지점을 찾아가는 과정은 **최적화 알고리즘**^{optimization algorithm}을 이용해서 반복적으로 가중치를 수정해나가는 과정이다.

2.6 최적화 알고리즘

신경망의 학습 과정은 여러 개의 표본(학습 데이터셋)을 신경망에 입력해 순방향 계산을 통해 예측 결과를 계산한 다음 그 표본의 정답과 비교해서 오차를 계산하고 마지막으로 오찻값이 최소(이때 정확도는 최고가 된다)가 될 때까지 신경망의 **가중치를 조정**(모든 에지에 대해)하는 것이다. 이제 남은 일은 최적의 가중치를 찾아줄 알고리즘을 만드는 것이다.

2.6.1 최적화란

최적화는 필자를 비롯한 모든 머신러닝 엔지니어(수학자 역시)의 가슴을 뛰게 하는 단어다. 최적화는 어떤 값을 최소화하거나 최대화하는 것으로 문제를 바라보는 관점이다. 오차 함수의 가장 큰 이점은 신경망의 학습을 **오차를 최소화**하는 최적화 문제로 바꿀 수 있다는 것이다.

출근길의 경로를 최적화하는 경우를 생각해보자. 먼저 최적화 대상이 될 기준(오차 함수)을 선정해야 한다. 통근 비용이나 시간 혹은 거리를 기준으로 삼을 수 있다. 기준을 정했다면 이 오차 함수를 바탕으로 어떤 파라미터를 수정하여 오차 함수의 함숫값이 최소가 되게 한다. 어떤 값이 최소(혹은 최대)가 되도록 파라미터를 수정하는 것을 최적화optimization라고 한다. 앞에서 오차 함수로 비용을 선택했다면 비용이 최소가 되도록 다섯 시간을 걸어 출퇴근할 수도 있다. 반대로 시간을 오차 함수로 선택했다면 택시비로 5만 원을 내고 통근 시간을 20분으로 줄이는 것도 가능하다. 어떤 오차 함수를 정의하느냐에 따라 파라미터를 조정하고 그에 따른 결과를 얻게 된다.

TIP 신경망에서 오차 함숫값을 최적화하려면 가중치와 편향을 수정해가며 최적 가중치optimal weight를 찾아야 한다.

최적화 공간을 다시 한번 살펴보자.

그림 2-39 입력이 하나인 퍼셉트론

가장 단순한 형태의 신경망은 입력이 하나뿐인 퍼셉트론이다. 가중치도 물론 하나다. 이 가중치의 변화에 대한 오차의 변화를 어렵지 않게 2차원 그래프로 나타낼 수 있다(그림 2-40).

그림 2-40 단일 퍼셉트론의 가중치에 대한 오차 함수의 변화를 나타낸 2차원 그래프

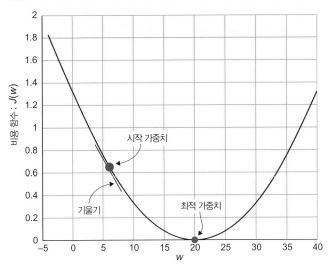

그런데 가중치가 2개라면 어떻게 될까? 두 가중치의 가능한 값을 모두 그래프로 나타내면 오차의 3차원 평면 그래프를 얻는다(그림 2-41).

그림 2-41 2개의 가중치에 대한 오차 함수의 변화를 나타낸 3차원 그래프

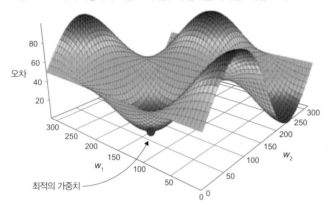

여기서 가중치가 더 늘어난다면 신경망의 가중치는 적게는 수백에서 많게는 수천에 이르게 된다 (가중치는 신경망의 에지 수만큼 있다).

사람의 감각으로는 3차원 이상의 공간을 이해할 수 없으므로 가중치가 10개나 되는 오차 함수의 그래프를 시각화하는 것은 불가능하다. 가중치가 100개 아니라 1,000개에 달한다면 말할 필요도 없다. 그러므로 지금부터는 2차원 또는 3차원으로 표현된 오차 평면을 이용해서 설명하겠다. 모델을 최적화하려면 이 공간 속에서 오차가 가능한 한 작아지는 최적의 지점을 찾아야 한다.

최적화 알고리즘은 왜 꼭 필요할까? 가중치의 모든 가능한 값을 시도해보며 오차의 최소 지점을 찾으면 되지 않을까?

많은 수의 가중치(예를 들면 1,000개)에 대해 가능한 모든 값을 시도해보며 오차가 최소가 되는 지점을 찾는다고 생각해보자. 이게 가능할까? 이론적으로는 가능하지만 현실적으로는 뉴런이 한두 개에 불과한 작은 신경망이 아니고서는 무리다. 신경망의 규모가 커지면 이러한 방법이 얼마나 현실성이 떨어지는지 간단히 설명하겠다. 다음과 같은 간단한 신경망이 있다고 하자 (그림 2-42). 이 신경망은 4개의 특징(입력)을 입력받으며 5개의 뉴런으로 구성된 은닉층을 가졌다.

그림 2-42 4개의 특징(입력)을 입력받으며 뉴런이 5개인 은닉층을 가진 신경망에는 입력층과 은닉층 사이에 20개의 에지(가중치)가 있고, 다시 출력층과 이어지는 5개의 에지가 있다.

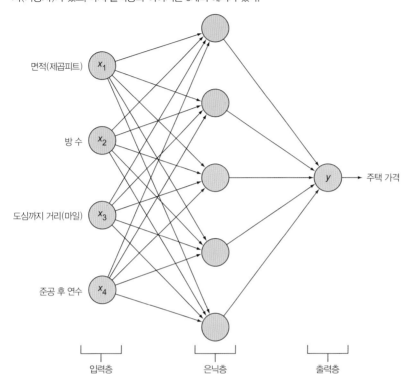

위 그림을 보면 입력층과 출력층 사이에 20개의 에지(가중치)가 있으며 여기에 더해 은닉층과 출력층 사이에 다시 5개의 가중치가 더 있으므로 모두 합해 25개의 가중치를 최적화해야 한다. 이 정도로 간단한 신경망을 가능한 모든 값(예를 들면 1,000가지 값)을 시도해보는 방식으로 최적화하려면 10^{75}가지 조합을 계산해보지 않으면 안 된다.

$$1{,}000 \times 1{,}000 \times \cdots \times 1{,}000 = 1{,}000^{25} = 10^{75}\,\text{가지 조합}$$

이 계산에 현재 세계에서 가장 강력한 슈퍼컴퓨터인 썬웨이 타이후라이트$^{\text{Sunway TaihuLight}}$(93 페타플롭스, 1초에 93×10^{15}번의 부동소수점 연산이 가능한 성능이다)를 동원한다면 이상적인 상황에서 다음 정도의 시간이 걸릴 것이다.

$$\frac{10^{75}}{93 \times 10^{15}} = 1.08 \times 10^{58}\,\text{초} = 3.42 \times 10^{50}\,\text{년}$$

우주가 존재했던 시간보다 더 긴 시간이다. 신경망 하나를 학습하는 데 이만한 세월을 기다릴 수 있는 사람은 없다. 더욱이 이 신경망은 최적화 알고리즘으로 몇 분이면 최적화할 수 있는 간단한 신경망이다. 실제 문제에서는 수천 개의 특징을 입력받고 수십 개의 은닉층을 갖춘 훨씬 복잡한 신경망을 짧게는 수 시간, 길게 잡아도 수 주 안에 학습을 마쳐야 한다. 따라서 모든 값을 시도해보는 방식은 현실적으로 사용하기 어렵다.

이제 신경망에서 가장 널리 사용되는 최적화 알고리즘인 경사 하강법을 알아보자. 경사 하강법에는 배치 경사 하강법batch gradient descent, BGD, 확률적 경사 하강법stochastic gradient descent, SGD, 미니배치 경사 하강법mini-batch gradient descent, MB-GD 등 몇 가지 변종이 있다.

2.6.2 배치 경사 하강법

경사gradient (미분derivative이라고도 한다)의 일반적인 정의는 주어진 지점에서 곡선에 대한 접선이 갖는 변화율 또는 기울기를 알려주는 함수다. 이는 곡선의 기울기나 가파름에 대한 화려한 말일 뿐이다(그림 2-43).

그림 2-43 경사는 곡선의 특정한 지점에서 곡선에 대한 접선이 갖는 변화율 또는 기울기를 나타내는 함수를 의미한다.

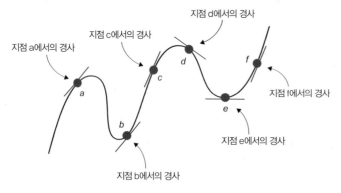

경사 하강gradient descent은 간단히 설명하면 가중치를 반복적으로 수정하며 오차 함수의 최저점에 도달할 때까지 오차 함수의 언덕을 내려가는 과정이다. 가중치에 대한 오차 함수의 그래프를 보자. 가중치의 초깃값에 대해 미분을 구해 오차 함수의 기울기를 계산하고 이 방향으로 가중치를 수정한다. 오차의 최소점에 도달할 때까지 이 과정을 반복한다(그림 2-44).

그림 2-44 경사 하강법을 통해 가중치를 조금씩 수정하며 오차 함수의 그래프를 내려간다.

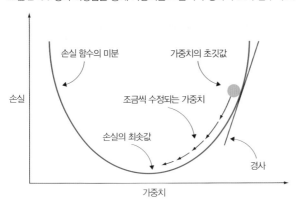

경사 하강법의 원리

경사 하강법의 원리를 시각적으로 나타내보자. 오차 함수의 그래프를 3차원 그래프로 그린 다음(그림 2-45) 경사 하강법 알고리즘을 한 단계씩 직접 수행해보겠다. 가중치의 초깃값은 무작위로 결정한 A이고, 우리 목표는 오차 함수 그래프의 언덕을 내려가 오차 함숫값이 최소가 되는 가중치 w_1과 w_2에 도달하는 것이다. 오차 함수 그래프의 언덕을 내려가려면 한 걸음마다 다음 두 가지를 알아내야 한다.

- 걸음의 방향(경사)
- 보폭(학습률)

그림 2-45 A는 무작위로 결정한 가중치의 초깃값이다. A에서부터 오차 함수 그래프의 언덕을 내려가 오차 함숫값이 최소가 되는 가중치 w_1과 w_2에 도달해야 한다.

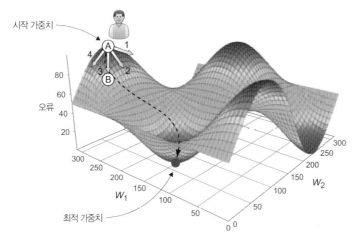

걸음의 방향(경사)

우리가 지금 오차 함수의 언덕꼭대기인 지점 A에 서 있다고 상상해보자. 언덕 아래로 내려가려면 먼저 경사가 가장 가파른 방향으로 걸음을 내딛어야 한다. 그리고 좀 전에 설명했듯이 이 경사는 오차 함수의 미분이다. 그렇다면 언덕꼭대기에서 사방을 내려다본 후 어느 방향이 가장 경사가 가파른지(이를테면 1, 2, 3, 4 중) 판단해야 한다. 그럼 방향 3을 선택했다고 가정해보자. 방향 3으로 나아가면 지점 B에 다다른다. 그리고 언덕을 충분히 내려갈 때까지 (순방향 계산 및 오차 계산 후 가장 가파른 방향을 찾아 이동하는) 과정을 반복한다.

이 과정을 **경사 하강법**^{gradient descent}이라고 한다. 가중치($\frac{dE}{dw}$)에 대한 오차의 미분을 계산해서 가중치를 수정하는 방향으로 삼는다. 이제 방향을 정했으니 보폭만 결정하면 된다. 보폭 30cm로 이동할 수도 있고, 30m씩 점프로 이동할 수도 있다.

보폭(학습률 α)

학습률^{learning rate}은 경사 하강법 수행 중 가중치를 수정할 때 이동할 보폭에 해당하며, 대부분의 경우 그리스 문자 알파(α)로 나타낸다. 학습률은 신경망을 학습할 때 가장 중요한 하이퍼파라미터 중 하나다(자세한 내용은 뒤에 설명한다). 학습률의 값이 크면 신경망의 학습이 빠르게 진행되고(오차 함수의 언덕을 큰 보폭으로 내려가므로), 값이 작으면 학습 속도가 느려진다. 그렇다면 학습률을 크게 설정하고 몇 분 만에 신경망의 학습을 마칠 수도 있을 것 같다. 하지만 세상 일이 그렇게 쉬울 리 없다. 학습률을 지나치게 크게 설정하면 어떻게 되는지 설명하겠다.

[그림 2-46]을 보면 지점 A에서 시작한다. 큰 보폭으로 화살표 방향으로 이동하면 언덕을 내려가는 대신 건너편 꼭대기인 지점 B에 도달한다. 다시 한번 이동하면 이번에는 지점 C에 도달한다. 오찻값이 **진동**^{oscillating}하기만 할 뿐 감소하지 않는다. 학습 중 오차가 진동할 때 학습률을 어떻게 조정해야 하는지는 나중에 설명하겠다. 지금은 학습률이 아주 작으면 오차의 최소점에 도달할 수 있지만 학습 시간이 오래 걸리며, 학습률이 너무 크면 오차가 진동하며 학습이 잘 진행되지 않는다고 알고 있으면 된다. 학습률은 0.1 또는 0.01을 초깃값으로 설정한 다음 학습이 진행되는 양상을 관찰하며 추후 조정하는 경우가 많다.

그림 2-46 학습률을 너무 크게 설정하면 오차가 진동할 뿐 감소하지 않는다.

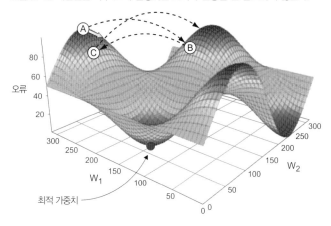

방향과 보폭 합치기

방향(경사)과 보폭(학습률)을 곱하면 각 단계의 가중치 변화량을 계산할 수 있다.

$$\Delta w_i = -\alpha \frac{dE}{dw_i}$$

기호가 마이너스인 이유는 경사는 항상 올라가는 방향이기 때문이다. 우리는 경사를 따라 내려가야 하므로 경사의 반대 방향으로 이동해야 한다.

$$w_{\text{next-step}} = w_{\text{current}} + \Delta w$$

미적분학 복습: 편미분 계산하기

미분은 변화를 연구하는 학문이다. 미분을 통해 곡선의 특정 지점에서 기울기를 계산할 수 있다.

그림 2-47 특정 가중치의 지점에서 곡선의 경사 계산

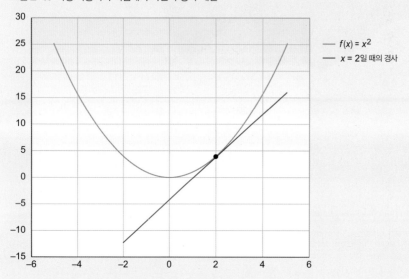

$f(x) = x^2$

$x = 2$일 때의 경사

우리가 필요한 것은 오차 그래프에서 특정 지점의 기울기인데, 미분을 이용하면 될 것 같다.

미분은 기울기나 변화율이라고 나타낼 수도 있다. 오차 함수를 $E(x)$라고 할 때 **가중치에 대한 오차** 함수의 미분은 다음과 같이 나타낼 수 있다.

$$\frac{d}{dw}E(x) \quad \text{또는} \quad \frac{dE(x)}{dw}$$

이 수식을 통해 가중치를 변화시켰을 때 오차가 얼마나 변화하는지 알 수 있다.

다행히 미분에 대한 여러 가지 규칙이 이미 알려져 있다. 이 책은 수학책이 아니므로 규칙을 증명하는 대신 이들 규칙을 이용해서 경사를 계산해볼 것이다.

상수의 미분 : $\frac{d}{dx}(c) = 0$	차의 미분 : $\frac{d}{dx}[f(x) - g(x)] - f'(x) - g'(x)$
상수배의 미분 : $\frac{d}{dx}[cf(x)] = cf'(x)$	곱의 미분 : $\frac{d}{dx}[f(x)g(x)] = f(x)g'(x) + g(x)f'(x)$
멱의 미분 : $\frac{d}{dx}(x^n) = x^{n-1}$	몫의 미분 : $\frac{d}{dx}\left[\frac{f(x)}{g(x)}\right] = \frac{g(x)f'(x) - f(x)g'(x)}{[g(x)]^2}$
합의 미분 : $\frac{d}{dx}[f(x) - g(x)] = f'(x) - g'(x)$	연쇄 법칙 : $\frac{d}{dx}f(g(x)) = f'(g(x))g'(x)$

다음 함수를 예로 미분을 계산한다.

$$f(x) = 10x^5 + 4x^7 + 12x$$

멱의 미분, 상수의 미분, 합의 미분을 적용해서 $\dfrac{df}{dx}$($f'(x)$로도 표시할 수 있다)를 계산하면 다음과 같은 결과를 얻는다.

$$f'(x) = 50x^4 + 28x^6 + 12$$

직관적인 이해를 위해 $f(x)$를 그래프로 그려보겠다.

그림 2-48 예제를 이용한 미분의 규칙. 우리가 원하는 어느 지점에서든 $f'(x)$를 계산해서 해당 지점에서의 함수의 기울기를 알 수 있다.

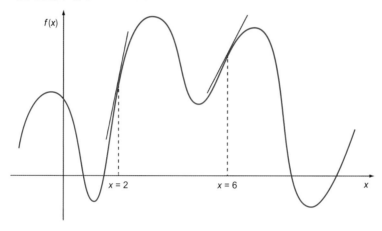

그래프의 어느 지점에서든 $f'(x)$를 계산하면 해당 지점의 함수의 기울기를 알 수 있다. $f'(2)$는 왼쪽 접선의 기울기를 나타내며, $f'(6)$은 오른쪽 접선의 기울기를 나타낸다.

마지막으로 멱의 미분을 이용해서 시그모이드 함수의 미분을 계산해보겠다.

$$\frac{d}{dx}\sigma(x) = \frac{d}{dx}\left[\frac{1}{1+e^{-x}}\right]$$

$$= \frac{d}{dx}(1+e^{-x}) \quad \longleftarrow \text{멱의 미분}$$

$$= -(1+e^{-x})^{-2}(-e^{-x})$$

$$= \frac{e^{-x}}{(1+e^{-x})^2}$$

$$= \frac{1}{1+e^{-x}} \cdot \frac{e^{-x}}{1+e^{-x}}$$

$$= \sigma(x) \cdot (1-\sigma(x))$$

시그모이드 함수의 미분을 코드로 옮기면 다음과 같다.

```python
def sigmoid(x):
    return 1/(1+np.exp(-x))

def sigmoid_derivative(x):
    return sigmoid(x) * (1 - sigmoid(x))
```

앞서 설명한 미분의 규칙이나 특정 함수의 미분을 암기할 필요는 없다. 딥러닝 커뮤니티에서 만든 멋진 라이브러리 덕분에 코드 한 줄이면 이들 함숫값을 계산할 수 있다. 그렇더라도 지금 하는 일이 무엇인지 이해할 필요는 있다.

배치 경사 하강법의 문제점

경사 하강법은 오차의 최소점에 도달할 수 있는 매우 강력한 알고리즘이지만 그 이면에는 두 가지 문제점이 숨어 있다.

첫 번째는 손실 함수 중에는 우리가 본 그래프처럼 사발 모양이 아닌 함수도 있다는 것이다. 손실 함수의 그래프에는 구멍이나 벼랑 등 우리가 최소점에 접근하는 것을 어렵게 하는 특이한 지형들이 있다. [그림 2-49]의 오차 함수에는 오르막과 내리막이 복잡하게 배치되어 있다.

그림 **2-49** 복잡한 오차 함수를 그래프로 나타내보면 여러 개의 지역 최소점을 가진 경우가 있다. 우리 목표는 지역 최솟값 대신 전역 최소점에 도달하는 것이다.

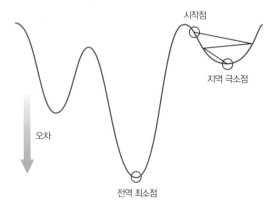

가중치를 초기화할 때 무작위 값으로 초기화했던 것을 기억하는가? 경사 하강법의 시작점이 이 그림과 같았다면 어떻게 될까? 오차는 오른쪽 봉우리를 따라 감소하다가 극소점에 이른다. 하지만 이 극소점은 그래프 전체의 극소점이 아닌 **지역 극소점**local minima이다. 우리 목표는 그래프 전체의 최솟값에 해당하는 **전역 최소점**global minima이다.

배치 경사 하강법의 두 번째 문제점은 경사를 계산하기 위해 매번 훈련 데이터 전체를 사용한다는 점이다. 손실 함수의 정의는 다음과 같았다.

$$L(W,\,b) = \frac{1}{N}\sum_{i=1}^{N}(\hat{y}_i - y_i)^2$$

이 정의대로라면 훈련 데이터 수(N)가 1억 개라면 가중치를 한 번 수정하기 위해 1억 개의 손실값을 합해야 한다. 이대로는 계산 비용이 너무 크고 속도도 느려진다. 이 알고리즘을 **배치 경사 하강법**batch gradient descent이라고 부르는 이유가 여기에 있다. 훈련 데이터 전체를 하나의 배치로 사용하기 때문이다.

지금 설명한 두 가지 문제를 해결하기 위해 고안된 것이 확률적 경사 하강법이다.

2.6.3 확률적 경사 하강법

확률적 경사 하강법stochastic gradient descent, SGD은 무작위로 데이터 점을 골라 데이터 점 하나를 이용해 가중치를 수정한다(그림 2-50). 이 방법은 가중치에 다양한 시작점을 만들 수 있고 여러 지역 극소점을 발견할 수 있다. 이렇게 찾은 여러 지역 극소점 중 가장 작은 값을 전역 최소점으로 삼는다. 한눈에 보기에도 아주 직관적이다.

그림 2-50 확률적 경사 하강법은 데이터 점을 무작위로 선택해서 여러 지역 극소점을 찾는다.

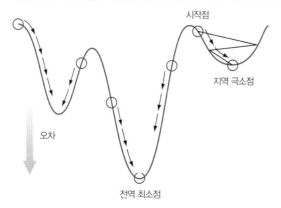

확률적stochastic은 **무작위**random로 선택했다는 의미다. 확률적 경사 하강법은 머신러닝 전반에서 가장 널리 쓰이는 최적화 알고리즘이며 딥러닝에서는 특히 더 많이 쓴다. 경사 하강법이 전체 훈련 데이터에 대해 손실과 경사를 계산하는 데 비해 확률적 경사 하강법은 훈련 데이터 중 **하나를 무작위로 선택**하여 이 데이터에 대한 경사를 계산한다. 경사 하강법과 확률적 경사 하강법의 의사 코드를 읽어 보고 두 알고리즘의 차이를 이해해보자.

경사 하강법	확률적 경사 하강법
1 훈련 데이터 전체를 입력한다.	1 훈련 데이터를 무작위로 섞는다.
2 경사를 계산한다.	2 데이터를 하나 선택해서 입력한다.
3 가중치를 수정한다.	3 경사를 계산한다.

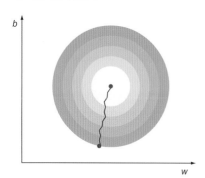

    4 *n*번의 에포크 동안 반복한다.

오차 함수를 따라 하강하는 경로가 매끄럽다.

4 가중치를 수정한다.

5 또 다른 데이터를 하나 선택해서 입력한다.

6 *n*번의 에포크 동안 반복한다.

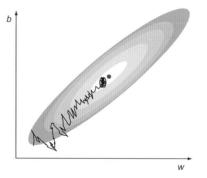

오차 함수를 따라 하강하는 경로가 진동하는 패턴을 보인다.

배치 경사 하강법에서는 경사를 계산하기 위해 훈련 데이터 전체를 입력하므로 오차 함수를 따라 내려가는 경로가 매끄럽거나 직선인 경우가 많다. 반면 확률적(무작위) 경사 하강법에서는 전역 최소점으로 내려가는 경로가 똑바르지 않고 지그재그 모양으로 나아가는 것을 볼 수 있다. 확률적 경사 하강법에서는 훈련 데이터 하나를 대상으로 가중치를 수정하므로 계산 속도는 빠르지만 각각의 가중치 수정이 정확하게 전역 최소점을 향하지 않기 때문이다. 전역 최소점에 다가가더라도 그 언저리를 맴돌 뿐 정확하게 전역 최소점에 다다르지 못한다. 보통 전역 최소점에 다가가는 정도로 충분하므로 이 점은 실제로 문제가 되지는 않는다. 거의 대부분 확률적 경사 하강법이 배치 경사 하강법보다 빠르고 높은 성능을 보인다.

2.6.4 미니배치 경사 하강법

미니배치 경사 하강법mini-batch gradient descent, MB-GD은 배치 경사 하강법BGD과 확률적 경사 하강법SGD의 절충안이다. 경사를 계산할 때 모든 훈련 데이터BGD나 하나의 훈련 데이터SGD만 사용하는 대신 훈련 데이터를 몇 개의 **미니배치**mini-batch(미니배치의 크기는 k = 256이 흔하다)로 분할한 다음 이 미니배치로부터 경사를 계산한다. MB-GD는 BGD에 비해 가중치 수정 횟수가 더 많은 만큼 더 적은 반복 횟수에서 가중치가 수렴하며, 벡터 연산을 사용할 수 있으므로 SGD에 비해서도 계산 효율이 좋다.

2.6.5 경사 하강법에서 기억해야 할 점

지금까지 다양한 내용을 배웠다. 잠시 배운 내용을 정리해보자. 지금까지 경사 하강법에 대해 배운 내용을 요약하면 다음과 같다.

- 배치, 확률적, 미니배치 경사 하강법 이렇게 세 가지 변종이 있다.
- 세 가지 모두 기본 원리는 같다
  - 오차 함수 그래프의 경사가 가장 가파른 방향을 찾는다. 가중치에 대한 오차 함수의 미분 $\frac{dE}{dw_i}$를 구한다.
  - 학습률을 설정한다. 기울기는 알고리즘을 이용해서 계산할 수 있지만 학습률은 시행착오를 통해 조정해야 한다.
  - 학습률은 0.01부터 시작해서 0.001, 0.0001, 0.00001과 같이 점차 줄여 나간다. 학습률이 작을수록 오차 함수의 최소점에 도달할 가능성이 높아진다(무한히 학습을 진행한다는 가정 하에). 하지만 무한히 학습을 진행할 수는 없으므로 0.01부터 시작해서 점차 낮춰가는 것이 좋다.
- BGD는 모든 훈련 데이터를 입력해서 경사를 계산한다. 훈련 데이터의 규모가 크면 계산 비용이 커지므로 대규모 데이터에는 적합지 않다.
- SGD는 훈련 데이터를 하나 입력해서 경사를 계산한다. BGD보다 속도가 빠르고 전역 최소점에 가까이 다다를 수 있다.
- MB-GD는 BGD와 SGD의 절충안이다. 훈련 데이터를 몇 개의 미니배치로 나누고 하나의 미니배치를 입력해서 경사를 계산하며 모든 훈련 데이터가 입력될 때까지 반복한다. 대부분의 경우 처음에는 MB-GD를 채용하는 것이 좋다.
  - 배치 크기는 추후 조정이 필요한 하이퍼파라미터다. 4장에서 하이퍼파라미터 조정에 대해 다루면서 다시 한번 설명할 것이다. 대부분의 경우 배치 크기는 32, 64, 128, 256 정도로 설정한다.
  - 배치 크기와 에포크를 혼동하지 않도록 주의한다. 에포크는 학습 과정에서 전체 훈련 데이터가 한 번씩 입력되는 동안을 의미한다. 배치 크기는 경사를 한 번 계산하기 위해 입력되는 훈련 데이터 수다. 예를 들어 훈련 데이터 수가 1,000이고 배치 크기가 256이면 한 에포크는 크기가 256인 배치 3개와 232인 배치 1개로 구성된다.

경사 하강법은 변종이 매우 많으며, 지금도 활발히 연구되는 분야다. 잘 알려진 변종으로는 다음과 같은 것이 있다.

- 네스테로프 가속 경사
- RMSprop
- Adam
- Adagrad

이들 최적화 알고리즘에 대해서는 아직 몰라도 된다. 4장에서 최적화 알고리즘의 성능을 개선하는 여러 방법을 자세히 배우게 될 것이다.

이 장에서 많은 내용을 배웠지만 꼭 기억해야 할 핵심은 다음과 같다.

- 경사 하강법의 원리(기울기와 보폭)
- BGD, SGD, MB-GD의 차이점
- 경사 하강법에 필요한 하이퍼파라미터: 학습률과 배치 크기

이 내용을 이해했다면 다음 절로 넘어가도 좋다. 하이퍼파라미터 조정은 아직 걱정하지 않아도 된다. 이후 장에서 다양한 프로젝트 예제와 함께 신경망 튜닝에 대해 자세히 배우게 된다.

2.7 역전파 알고리즘

역전파는 신경망 학습의 핵심이다. 지금까지 배운 신경망 학습은 다음 세 단계를 반복하는 과정이었다.

- 순방향 계산: 선형 결합(가중합)을 계산하고, 선형 결합을 활성화 함수에 입력해서 출력값($\hat{y}$)을 계산한다.

$$\hat{y} = \sigma \cdot W^{(3)} \cdot \sigma \cdot W^{(2)} \cdot \sigma \cdot W^{(1)} \cdot (x)$$

- 출력값과 정답을 비교해서 오차 함수 또는 손실 함수를 계산한다.

$$E(W, b) = \frac{1}{N} \sum_{i=1}^{N} |\hat{y}_i - y_i|$$

- 경사 하강법 알고리즘을 사용해서 Δw를 계산하고 오차 함숫값을 최적화한다.

$$\Delta w_i = -\alpha \frac{dE}{dw_i}$$

Δw를 신경망 전체에 반대 방향으로 전파(역전파)하며 가중치를 수정한다.

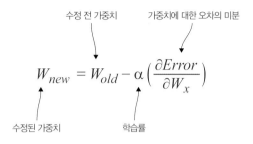

여기에서는 이 과정의 마지막 단계에 해당하는 역전파 알고리즘을 설명하겠다.

2.7.1 역전파란

역전파backpropagation 또는 **역방향 계산**backward pass은 가중치 수정을 위해 가중치에 대한 오차의 미분 $\frac{dE}{dw_i}$를 출력층부터 첫 번째 층까지 전달하는 것을 말한다. 역전파 계산을 통해 Δw가 출력 노드($\hat{y}$)로부터 모든 은닉층을 거슬러 입력층까지 전달되고 이렇게 전달된 Δw를 이용해서 다음과 같이 가중치가 수정된다.

$$(w_{\text{next-step}} = w_{\text{current}} + \Delta w)$$

이러한 과정을 통해 오차 함수의 언덕을 내려오는 길을 한 걸음 내딛게 된다. 그리고 1번부터 3번 과정을 반복한 다음 다시 역전파를 통해 가중치를 수정하는 과정을 반복하며 오차 함수의 최소점에 다다르게 된다.

가중치가 하나뿐일 때는 간단히 역전파 계산을 할 수 있다. 수정 전 가중치에 단지 Δw를 더하기만 하면 된다.

$$w_{\text{new}} = w - \alpha \, \frac{dE}{dw_i}$$

그러나 다층 퍼셉트론처럼 가중치 수가 늘어나면 상황이 복잡해진다. [그림 2-51]에 이러한 상황을 정리했다.

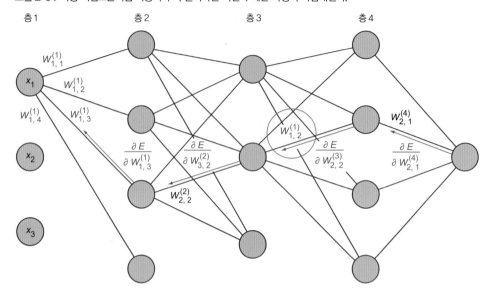

그림 2-51 다층 퍼셉트론처럼 가중치 수가 늘어나면 역전파 계산 과정이 복잡해진다.

가중치 w_{13}의 변화에 대한 오차의 변화 $\dfrac{dE}{dw_{13}}$를 어떻게 해야 계산할 수 있을까? 앞서 설명했듯이 $\dfrac{dE}{dw_{13}}$의 의미는 '파라미터 w_{13}을 수정했을 때 총 오차가 얼마나 변화하는가'다.

앞서 오차 함수에 미분 규칙을 적용해 $\dfrac{dE}{dw_{21}}$를 계산했는데, w_{21}은 오차 함수에 바로 연결되어 있었기 때문에 계산이 간단했다. 하지만 오차 함수와 바로 연결되지 않은 나머지 가중치에 대한 총 오차의 변화를 계산하려면 **연쇄 법칙**^{chain rule}이라는 미분의 규칙을 사용해야 한다.

미분의 연쇄 법칙

미적분을 잠시 복습해보겠다. 미분의 법칙에서 가장 중요한 것은 연쇄 법칙이다. 역전파에서는 이 연쇄 법칙이 어떻게 구현되었는지 자세히 살펴보자.

연쇄 법칙: $\dfrac{d}{dx}f(g(x)) = f'(g(x))g'(x)$

연쇄 법칙은 합성 함수의 미분을 계산하기 위한 공식이다. 다음과 같이 기억하면 쉽다.

$$\frac{d}{dx}f(g(x)) = \frac{d}{dx}\text{바깥쪽 함수} \times \frac{d}{dx}\text{안쪽 함수}$$

$$= \frac{d}{dx}f(g(x)) \times \frac{d}{dx}g(x)$$

연쇄 법칙을 풀어서 설명하면 '합성 함수를 구성하는 각 함수의 도함수를 그대로 곱하라'는 뜻이 된다. 이는 역전파를 구현할 때 매우 유용하다. 순방향 계산은 여러 함수의 합성 함수 형태가 되는데, 이에 대한 역전파를 합성 함수를 구성하는 각 함수의 도함수를 계산해서 그대로 곱하면 되기 때문이다.

역전파 계산을 위해 연쇄 법칙을 구현하려면 입력에 이르는 각 함수의 도함수를 계산한 다음 곱하면 된다. 작동 방식은 [그림 2-52]와 같다. 하지만 우리 목표는 오차를 입력층까지 전파하는 것임을 기억하기 바란다. 따라서 다음 예제에서는 오차에 미치는 입력(x)의 영향인 $\frac{dE}{dx}$를 계산해보겠다.

그림 2-52 역전파 계산 과정

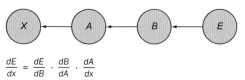

$$\frac{dE}{dx} = \frac{dE}{dB} \cdot \frac{dB}{dA} \cdot \frac{dA}{dx}$$

원하는 가중치에 이를 때까지 경사를 곱해 올라가면 된다.

[그림 2-53]은 연쇄 법칙을 이용해서 경사를 신경망 전체에 역방향으로 전달하는 역전파 계산 과정을 나타낸 것이다. 연쇄 법칙을 적용해서 첫 번째 입력의 세 번째 가중치 $w_{1,3}^{(1)}$에 대한 오차의 경사를 계산해보자. (1)은 층 1, $w_{1,3}$은 첫 번째 노드의 세 번째 가중치임을 나타낸다.

$$\frac{dE}{dw_{1,3}^{(1)}} = \frac{dE}{dw_{2,1}^{(4)}} \times \frac{dw_{2,1}^{(4)}}{dw_{2,2}^{(3)}} \times \frac{dw_{2,2}^{(3)}}{dw_{3,2}^{(2)}} \times \frac{dw_{3,2}^{(2)}}{dw_{1,3}^{(1)}}$$

그림 2-53 역전파 계산은 연쇄 법칙을 이용해서 경사를 신경망 전체에 전달한다.

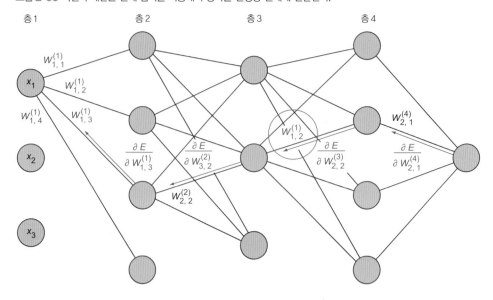

언뜻 보면 수식이 복잡해보이지만 차근차근 읽어보면 각 에지의 편미분을 입력 방향으로 거슬러 올라가며 곱하는 것에 지나지 않는다. 노테이션이 조금 까다롭지만 $w_{1,3}^{(1)}$이 무엇인지 이해하고 나면 위 식을 다음과 같이 풀어 쓸 수 있다.

에지 $w_{1,3}^{(1)}$에 전달되는 오차 = 오차가 에지 4에 미치는 영향 × 에지 3에 미치는 영향 ×
에지 2에 미치는 영향 × 목표 에지에 미치는 영향

이것이 바로 신경망이 우리 문제에 최적화되도록 가중치를 수정하는 역전파 기술이다.

2.7.2 역전파 알고리즘에서 기억해야 할 점

- 역전파는 뉴런의 학습이 일어나는 과정이다.
- 역전파 과정 중 신경망에 포함된 뉴런 간의 연결(가중치)이 손실 함수(신경망의 예측과 정답의 차이)가 최소가 되도록 조정된다.
- 가중치가 조정된 결과로 은닉층에서 입력층보다 중요한 특징이 나타나게 된다.
- 각 층은 자신의 입력 벡터로부터 바람직한 출력 벡터 또는 그와 유사한 벡터를 생성할 수 있는 가중치를 갖는 것을 목표로 한다. 출력된 값과 원하는 출력값의 차이를 오차 함수라고 한다.

- 역방향 계산(역전파, 그림 2-54)은 신경망의 끝부분에서 시작해서 오차를 역방향으로 전달하고, 연쇄 법칙을 이용해서 지나는 길에 있는 모든 경사를 계산해 마침내 각 가중치를 수정한다.
- 다시 강조하지만 일반적인 신경망 문제의 목표는 데이터와 가장 잘 부합하는 모델을 발견하는 것이다. 이는 결국 손실 함숫값이 최소가 되게 하는 최선의 가중치를 선택하는 것과 같다.

그림 2-54 순방향 계산에서는 예측값이 출력되며(왼쪽 그림), 역방향 계산에서는 오차의 미분을 역방향으로 전달하며 가중치를 수정한다(오른쪽 그림).

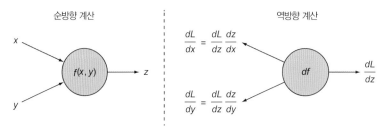

2.8 마치며

- 퍼셉트론은 직선(선형 연산)으로 분리 가능한 데이터셋에는 잘 동작한다.
- 직선으로 모델링할 수 없는 비선형 데이터셋에는 뉴런이 더 많이 포함된 신경망이 필요하다. 뉴런으로 구성된 층을 모아 다층 퍼셉트론을 만들 수 있다.
- 신경망은 순방향 계산, 오차 계산, 가중치 최적화의 과정을 반복하며 학습한다.
- 파라미터는 가중치나 편이 등 학습 과정에서 신경망에 의해 수정되는 변수를 말한다. 파라미터에 대한 수정은 학습을 통해 자동으로 이루어진다.
- 하이퍼파라미터는 신경망의 층수, 활성화 함수, 손실 함수, 최적화 알고리즘, 조기 종료 여부, 학습률 등 사람이 직접 조정해야 하는 변수다. 이들은 학습을 시작하기 전에 조정을 마쳐야 한다.

## CHAPTER 3

합성곱 신경망

> **이 장의 내용**
>
> - 다층 퍼셉트론을 이용해서 이미지 분류하기
> - 합성곱 신경망 구조를 이용해서 이미지 분류하기
> - 컬러 이미지에 대한 합성곱 이해하기

앞 장에서는 신경망과 다층 퍼셉트론^{MLP}을 배웠다. 신경망과 MLP는 각각 학습이 가능한 가중치와 편향을 가진 뉴런이 층 모양으로 모여 이루는 구조다. 각각의 뉴런은 입력을 받으며 이 입력에 가중치를 곱한 뒤 활성화 함수를 이용해서 비선형성을 도입한다. 이 장에서는 합성곱 신경망convolutional neural network, CNN을 배운다. CNN은 이미지를 다루는 데 특화해서 진화된 MLP 구조다.

이 장의 구성은 다음과 같다.

1 **다층 퍼셉트론을 이용한 이미지 분류**: MLP를 이용해서 이미지를 분류하는 간단한 프로젝트를 진행하며 일반적인 신경망이 어떻게 이미지를 다루는지 알아본다. MLP로 이미지를 다루면 어떤 단점이 있는지 직접 체험하며 새로운 신경망 구조가 필요하게 된 이유를 설명한다.

2 **합성곱 신경망**: CNN의 구조를 살펴보며 CNN이 이미지에서 어떻게 특징을 추출하고 이미지에 실린 대상을 분류하는지 그 원리를 살펴본다. CNN의 세 가지 주요 구성 요소인 합성곱층, 풀링층, 전결합층도 설명한다. 그리고 CNN을 이용해서 이미지를 분류하는 간단한 프로젝트를 진행하며 배운 내용을 적용한다.

3 **컬러 이미지**: 컴퓨터가 회색조 이미지와 컬러 이미지를 어떤 방식으로 다루는지 살펴본다. 컬러 이미지를 다루는 합성곱 연산이 어떻게 구현되는지도 설명한다.

4 **이미지 분류 프로젝트**: 이 장에서 배운 모든 내용을 활용해서 컬러 이미지를 분류하는 프로젝트를 구현한다.

신경망이 학습하고 파라미터를 최적화하는 기본 원리는 CNN과 MLP 모두 같다.

- **신경망 구조**: MLP와 CNN은 뉴런층이 겹겹이 쌓인 구조로 구성된다. CNN의 구조는 조금 차이(합성곱층과 전결합층의 차이)가 있다. 자세한 내용은 다음 절에서 설명한다.
- **가중치와 편향**: MLP와 CNN의 예측은 동일한 방식으로 작동한다. 두 가지 모두 무작위 값으로 초기화되는 가중치와 편향을 갖는데, 신경망의 학습 과정에서 이들 값이 학습된다. MLP의 가중치와 CNN의 가중치의 가장 큰 차이점은 전자가 벡터 형태인데 비해 후자는 합성곱 필터 또는 커널 형태라는 점이다.
- **하이퍼파라미터**: MLP와 마찬가지로 CNN을 설계할 때도 오차 함수, 활성화 함수, 최적화 알고리즘 등을 결정해야 한다. 앞 장에서 설명했던 하이퍼파라미터가 CNN에서도 그대로 사용되며, CNN에서만 사용되는 하이퍼파라미터를 추가로 설명한다.
- **학습**: MLP와 CNN은 학습 방식에 큰 차이가 없다. 먼저 순방향 계산을 하고, 예측 결과와 실제 레이블값을 통해 손실 함수($y - \hat{y}$)를 계산하고 마지막으로 경사 하강법을 이용해서 파라미터를 최적화한다. 이 과정에서 오차가 각각의 가중치까지 역전파되며 손실 함숫값이 작아지는 방향으로 파라미터가 수정된다.

준비가 되었다면 시작해보자.

3.1 다층 퍼셉트론을 이용한 이미지 분류

2장에서 본 다층 퍼셉트론^{MLP}의 구조를 떠올려보자. 뉴런이 층 모양으로 모여 있고, 인접한 층과 층 사이의 모든 뉴런이 가중치가 있는 연결을 갖는다. MLP 구조는 하나의 입력층과 하나 또는 그 이상의 은닉층, 하나의 출력층으로 구성된다(그림 3-1).

그림 3-1 다층 퍼셉트론은 뉴런층으로 구성되며 인접한 층끼리 서로 가중치가 있는 연결을 갖는 구조다.

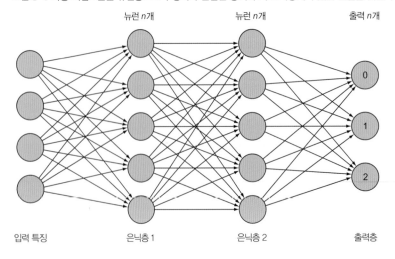

이 절에서는 2장에서 배운 MLP를 이용해서 MNIST 데이터셋을 대상으로 이미지 분류 문제를 풀어볼 것이다. 이 절에서 만들 분류기의 목표는 손글씨 이미지를 0부터 9까지의 숫자(10개 클래스)로 분류하는 것이다. 먼저 MLP 구조의 세 가지 주요 구성 요소인 입력층, 은닉층, 출력층을 살펴보자.

3.1.1 입력층

신경망으로 2차원 이미지를 다루려면 이미지를 제공하기 전에 신경망이 이해할 수 있는 형태로 변환해야 한다. 먼저 컴퓨터는 이미지를 어떻게 인식하는지부터 살펴보자. [그림 3-2]를 보면 28×28 크기의 이미지가 있다. 이 이미지를 컴퓨터가 보면 28×28 크기의 행렬이 된다. 그리고 이 행렬의 요솟값은 0부터 255의 범위를 가진다(0은 검은색, 255는 흰색, 그 사이의 값은 회색조다).

그림 3-2 컴퓨터가 본 이 이미지는 요솟값의 범위가 0부터 255인 28×28 크기의 행렬이다.

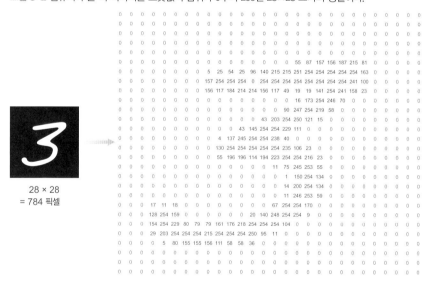

28 × 28
= 784 픽셀

MLP는 모양이 $(1, n)$인 1차원 벡터만 입력받으므로 모양이 (x, y)인 2차원 이미지 행렬은 입력할 수 없다. 행렬을 입력층에 입력하려면 행렬을 모양이 $(1, n)$인 벡터로 변환해야 한다. 이 과정을 이미지 벡터 변환image flattening이라고 한다. 앞의 이미지를 예로 들면 픽셀의 총 수(n)는 $28 \times 28 = 784$이므로 이 이미지를 신경망에 입력하려면 모양이 (28×28)인 행렬을 모양이 (1×784)인 벡터로 변환해야 한다. 입력 벡터는 다음과 같은 모양이 된다.

$$\mathbf{x} = \lceil row1, \ row2, \ row3, \cdots, \ row28 \rceil$$

다시 말해 우리가 사용할 신경망의 입력층이 가지게 될 노드는 784개(x_1, x_2, $\cdots$, x_{784})가 된다.

입력 벡터 시각화하기

행렬을 변환해서 만든 입력 벡터를 시각화해보자. (4, 4) 크기의 작은 행렬을 예로 들어보겠다.

그림 3-3 2차원 행렬

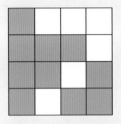

입력(x)은 모양이 (1, 16)이 되도록 변환된 벡터다.

그림 3-4 변환된 1차원 벡터

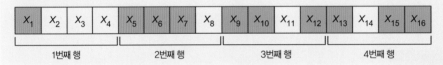

픽셀값 0이 검정색, 255가 흰색이라고 하면 이 입력 벡터는 다음과 같다.

    Input = [0, 255, 255, 255, 0, 0, 0, 255, 0, 0, 255, 0, 0, 255, 0, 0]

케라스 라이브러리를 사용하면 다음과 같은 코드로 이미지 행렬을 벡터로 변환할 수 있다.

```
from keras.models import Sequential        ◁── 케라스 라이브러리 임포트
from keras.layers import Flatten

                                            이미지 행렬을 벡터로 변환하는
                                            Flatten 층 임포트

model = Sequential()
model.add( Flatten(input_shape = (28, 28) ))  ◁

                                            Flatten 층을 입력층으로
모델 정의                                      모델에 추가한다.
```

케라스에서 제공하는 Flatten 층이 바로 이 역할을 한다. 이 클래스는 2차원 이미지 행렬을 입력받아 1차원 벡터로 변환한다. 주의할 점은 Flatten 층을 만들 때 입력 이미지의 크기를 반드시 파라미터로 지정해야 한다는 것이다. 이제 이미지를 신경망에 입력할 준비가 끝났다. 다음은 은닉층을 준비할 차례다.

3.1.2 은닉층

앞 장에서 설명한 신경망은 하나 이상의 은닉층을 가질 수 있다(이론적으로는 원하는 만큼 가질 수 있다). 각 층은 하나 이상의 뉴런으로 구성된다(뉴런 수는 원하는 만큼 가능하다). 우리가 할 일은 이런 층을 설계하는 것이다. 예제에서는 일단 노드 512개를 가진 은닉층을 두 층 만든다. 이때 각 층마다 ReLU 활성화 함수를 추가한다.

활성화 함수 선택하기

2장에서 다양한 활성화 함수를 자세히 설명했다. 딥러닝 엔지니어는 신경망을 설계할 때 해결하려는 문제에 적합한 활성화 함수를 골라서 사용해야 한다. 모든 문제에 적합한 만병통치약은 아쉽게도 없지만 은닉층에 한해서는 대부분의 경우 ReLU 함수가 가장 성능이 좋다. 그리고 분류 문제이고 클래스가 중복되지 않는 경우라면 출력층에 소프트맥스를 사용하는 것이 가장 좋다. 소프트맥스 함숫값은 입력된 이미지가 해당 클래스에 속할 확률로 해석할 수 있다.

2장에서와 마찬가지로 2개의 전결합층(밀집층dense layer이라고도 한다)을 모델에 추가한다.

```
from keras.layers import Dense    ◁─┤ Dense 층 임포트

model.add(Dense(512, activation = 'relu'))    │ 2개의 Dense 층을
model.add(Dense(512, activation = 'relu'))    │ 모델에 추가
```

3.1.3 출력층

출력층은 조금 더 쉽다. 분류 문제의 출력층 노드 수는 분류 대상 클래스 수와 같다. 이 문제에서는 0부터 9까지의 숫자 10개가 분류 대상이므로 노드 10개를 갖는 Dense 층을 추가하면 된다.

```
model.add(Dense(10, activation = 'softmax'))
```

3.1.4 모델 완성하기

추가한 층을 모두 합쳐 [그림 3-5]와 같은 신경망을 완성한다.

그림 3-5 입력층, 은닉층, 출력층을 갖춘 완성된 신경망 모델의 구조

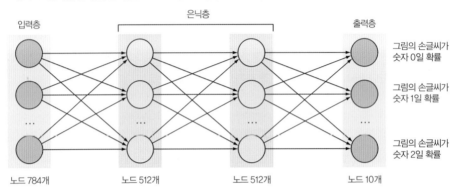

케라스로 구현한 모델의 전체 코드는 다음과 같다.

```
from keras.models import Sequential      ◁─┤ 케라스 라이브러리 임포트
from keras.layers import Flatten, Dense  ◁─┐ 이미지 행렬을 벡터로 변환하는
                                           └ Flatten 클래스 임포트

model = Sequential()   ◁─┤ 신경망 구조 정의

model.add( Flatten(input_shape = (28, 28) ))   ◁─┤ Flatten 층을 모델에 추가

model.add(Dense(512, activation = 'relu'))    각 노드가 512개인 2개의 은닉층을 모델에 추가.
model.add(Dense(512, activation = 'relu'))    은닉층의 활성화 함수는 ReLU를 사용하는 것이 좋다.

model.add(Dense(10, activation = 'softmax'))  ◁─┤ 노드 10개를 가진 Dense 층을
model.summary()  ◁─┐                             출력층으로 모델에 추가. 다중 분류
               │                                 문제의 출력층은 소프트맥스 함수를
               └ 모델 구조를 간략하게 출력          활성화 함수로 사용하는 것이 좋다.
```

이 코드를 실행하면 [그림 3-6]과 같이 모델 구조를 간략하게 정리해서 출력한다.

그림 3-6 모델 구조를 출력한 결과

```
Layer (type)                Output Shape            Param #
=================================================================
Flatten_1 (Flatten)         (None, 784)             0

dense_1 (Dense)             (None, 512)             401920

dense_2 (Dense)             (None, 512)             262656

dense_3 (Dense)             (None, 10)              5130
=================================================================
Total params: 669,706
Trainable params: 669,706
Non-trainable params: 0
```

Flatten 층의 출력을 보면 요소 수가 784인 벡터임을 알 수 있다. 이미지의 크기가 28×28 픽셀이기 때문이다. 우리가 계획한 대로 2개 은닉층의 노드 수도 512개다. 마지막으로 출력층(dense_3)은 노드 10개를 갖는다.

출력된 내용 중 Param # 필드는 해당 층의 파라미터(가중치) 수를 의미한다. 학습은 이들 가중치가 조정되는 과정이며, 가중치 수는 다음과 같이 계산된다.

1 Flatten 층과 그다음 층을 잇는 파라미터 수는 0이다. Flatten 층은 이미지를 나타내는 행렬을 벡터로 변환하는 역할만 하기 때문이다.

2 dense_1 층과 dense_2 층을 잇는 파라미터 수는 $(784 \times 512) + 512 = 401,920$개다. 784는 입력층의 노드 수, 512는 dense_1 층의 노드 수, 그다음 512는 편향 수다.

3 dense_2 층과 dense_3 층을 잇는 파라미터 수는 $(512 \times 512) + 512 = 262,656$개다. 512는 dense_2 층의 노드 수, 그다음 512는 dense_3 층의 노드 수, 세 번째 512는 편향 수다.

4 dense_3 층과 출력층을 잇는 파라미터 수는 $(512 \times 10) + 10 = 5,130$개다.

5 신경망 전체의 파라미터 수는 $401,920 + 262,656 + 5,130 = 669,706$개다.

이처럼 그리 크지 않은 신경망도 무려 669,706개나 되는 파라미터(가중치와 편향)를 손실 함숫값이 최소가 되노록 학습해야 한다. 신성망의 크기를 감안하면 놀라우리만치 많은 수다. 이제 층의 노드 수나 층수를 증가시키거나, 이미지의 크기를 키우면 이 파라미터가 얼마나 늘어나는지 상상할 수 있을 것이다. 이 점이 바로 MLP의 두 가지 주요 단점 중 하나다.

예제에 나온 대로 MNIST 데이터셋에 대해 MLP를 학습하면 상당히 높은 성능을 확인할 수 있다(MLP는 96%, CNN은 99%의 정확도). 하지만 이렇게 MLP가 CNN과 비교할 만한 성능을 내는 경우는 상당히 드물다. MNIST 데이터셋이 매우 깔끔하고 완벽하게 전처리된 상태이기 때문이다. 예를 들어 모든 이미지의 크기가 같고 28×28 픽셀의 가운뎃부분에 손글씨 숫자가 위치하도록 조정되었으며 모든 이미지는 회색조다. 만약 손글씨 숫자가 한쪽으로 치우쳐 있거나 컬러 이미지였다면 훨씬 어려운 문제가 되었을 것이다.

CIFAR-10 같은 좀 더 복잡한 데이터셋을 대상으로 MLP를 시험해보면 성능이 이보다 매우 떨어지는 것을 알 수 있다(정확도 기준 약 30~40%, 3.7절 참조). 더 복잡한 데이터를 대상으로 하면 성능은 더 떨어지고 CNN과 MLP의 성능차가 극명하게 나타난다.

3.1.5 MLP로 이미지를 다룰 때의 단점

이제 이 장의 핵심 주제인 CNN을 설명할 차례가 되었다. 하지만 먼저 MLP로 이미지를 다룰 때 나타나는 심각한 두 가지 단점을 살펴보겠다. CNN은 이 두 가지 단점을 개선하기 위해 고안된 구조다.

공간적 특징의 손실

2차원 이미지를 1차원 벡터로 변형하면 이미지 내 공간적 특징이 손실된다. 앞서 살펴본 MLP 구조를 보면 은닉층에 입력되기 전에 이미지를 1차원 벡터로 변형했다. 바꿔 말하면 이미지에 포함된 2차원 정보를 모두 폐기한 것과 같다. 입력을 특별한 구조가 없는 단순한 숫자의 나열인 벡터로 다뤄도 1차원 신호라면 문제가 없다. 하지만 2차원 이미지를 이렇게 다루면 신경망이 서로 가까이 위치한 픽셀 간의 관계를 알 수 없기 때문에 정보의 손실이 생긴다. MLP 입장에서는 입력받은 픽셀값이 원래 격자상으로 배치돼 서로 연결되어 있었다는 것을 알 수 없다. 하지만 CNN은 입력을 위해 이미지를 1차원 벡터로 변환할 필요가 없다. CNN에는 2차원 이미지를 그대로 입력할 수 있고, 멀리 떨어진 픽셀보다는 서로 가까운 픽셀끼리 관계가 깊다는 것을 이해할 수 있다.

간단한 예를 들어 이미지에 포함된 공간적 특징의 중요성을 알아보자. 정사각형을 인식할 수

있는 신경망을 학습하려고 한다. 픽셀값이 1이면 흰색이고, 0이면 검은색이다. [그림 3-7]은
검은 바탕에 흰색으로 정사각형을 그린 이미지의 예다.

그림 3-7 픽셀값이 1이면 흰색이고 0이면 검은색이라고 할 때 정사각형이 그려진 이미지의 행렬은 이와 같을 것이다.

1	1	0	0
1	1	0	0
0	0	0	0
0	0	0	0

MLP는 이러한 행렬을 1차원으로 변환해서 다음과 같은 벡터를 입력받을 것이다.

입력 벡터 = [1, 1, 0, 0, 1, 1, 0, 0, 0, 0, 0, 0, 0, 0, 0, 0]

학습이 끝나면 이 신경망은 입력 노드 x_1, x_2, x_5, x_6이 발화된 경우에만 정사각형을 인식할 것
이다. 하지만 [그림 3-8]과 같이 정사각형의 이미지가 달라지면 어떻게 될까?

그림 3-8 이미지 내 다양한 자리에 위치한 정사각형의 예

0	0	0	0
0	1	0	0
1		1	0
0	1	0	0

0	0	0	0
0	0	0	0
0	0	1	1
0	0	1	1

MLP는 이런 이미지에 정사각형이 포함되었는지 알지 못한다. 그도 그럴 것이 이 신경망은 정사
각형 모양을 특징으로 학습하지 않았다. 이 신경망이 학습한 것은 특정 노드가 발화되었을 때 그
상태가 정사각형일 수 있다는 것뿐이다. 이 신경망이 정사각형을 학습하려면 이미지 내 모든 자
리에 위치한 정사각형의 이미지가 필요하다. 이런 식의 복잡한 문제에 대해서는 신경망을 확장
할 수 없다.

특징 학습의 또 다른 예를 들면 고양이를 인식하는 신경망을 학습하려면 이 신경망이 고양이의
특징을 나타내는 모든 형태(귀, 코, 눈 등)를 이미지 내 위치와 상관없이 학습해야 한다. 이런
학습은 신경망이 이미지를 구성하는 픽셀 간의 관계를 알 수 있어야 가능하다.

CNN이 학습하는 원리는 이 장에서 자세히 설명한다. [그림 3-9]에 신경망의 층을 단계적으로 거치며 특징이 학습되는 과정을 나타냈다.

그림 3-9 CNN은 층을 단계적으로 거치며 이미지의 특징을 학습한다.

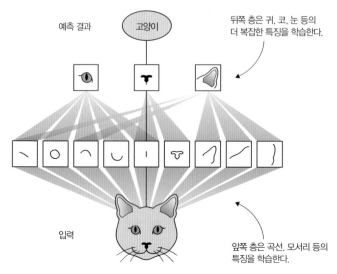

전결합층

MLP는 전결합층으로 구성된다. **전결합**fully-connected이란 이전 층의 모든 노드가 다음 층의 모든 노드와 연결된다는 뜻이다. 이런 구조에서 어떤 뉴런이 갖는 파라미터(가중치) 수는 앞 층의 뉴런 수와 같다. MNIST 데이터셋에서는 이미지의 크기(28×28)가 작았기 때문에 이것이 그리 큰 문제가 되지 않았다. 그러나 이보다 크기가 큰 이미지를 다룬다면 어떻게 될까? 만약 $1,000 \times 1,000$ 크기의 이미지를 다룬다면 첫 번째 은닉층의 각 노드마다 백만 개의 파라미터를 갖게 될 것이다. 단 1개의 층만으로도 10억 개의 파라미터를 가진 신경망의 학습 계산이 얼마나 복잡할지 상상이 되는가? 층수가 수십 개에서 수백 개로 늘어나면 우리가 통제할 수 있는 범위를 초과하는 수가 된다.

그러나 CNN은 [그림 3-10]에서 볼 수 있듯이 **지역적으로 연결된**locally connected 구조의 층을 갖는다. 구체적으로 설명하면 합성곱 신경망의 노드는 이전 층의 노드 중 일부하고만 연결된다. 지역적 연결을 가진 층은 전결합층에 비해 파라미터 수가 훨씬 적다.

그림 3-10 (왼쪽) 모든 뉴런이 전체 픽셀과 연결된 전결합 신경망. (오른쪽) 지역적으로 연결된 신경망. 각 뉴런은 서로 인접한 일부 픽셀과 연결된다. 이 인접한 일부 픽셀의 범위를 슬라이딩 윈도우라고 부른다.

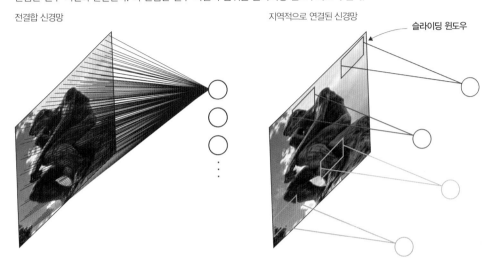

전결합 신경망   지역적으로 연결된 신경망   슬라이딩 윈도우

합성곱 신경망 구조의 의의

2차원 행렬인 이미지를 1차원 벡터로 변환하면서 손실되는 정보와 전결합층의 계산 복잡도를 고려하며 이미지 입력을 다루려면 전혀 새로운 형태의 신경망이 필요하다는 결론에 이르게 된다. 이 새로운 신경망은 2차원 구조의 정보를 잃어버려서는 안 된다. CNN은 바로 이러한 필요로부터 등장했다. CNN은 2차원 이미지 행렬을 그대로 입력으로 받을 수 있으므로 픽셀값에 숨어 있는 패턴을 이해할 수 있다.

3.2 합성곱 신경망 구조

일반 신경망이 여러 층을 차례대로 거치며 점점 복잡한 특징을 학습하듯이 CNN의 학습도 이와 크게 다르지 않다. 첫 번째 층에서는 기본적인 특징(모서리, 직선)을 학습하고 그다음 층에서는 이보다 좀 더 복잡한 패턴(원, 정사각형 등)을, 이어지는 층에서는 훨씬 복잡한 패턴(얼굴의 일부, 자동차 바퀴, 개의 수염 등)을 학습한다. 이 장에서 이러한 학습 과정을 직접 볼 수 있다. 지금은 합성곱 신경망 역시 일반적인 신경망의 학습과 크게 다르지 않다는 것만 이해하면 된다. 뉴런으로 은닉층을 구성하고 이 층을 쌓아 신경망을 만든다. 가중치는 무작위 값으로 초기화되며 활성화 함수를 사용한다. 오차($y - \hat{y}$)를 계산해 이 오차를 역전파하며 가중치를 수정해 가는 학습 과정은 동일하다. 차이점은 합성곱 신경망은 전결합층 대신 합성곱층을 사용해서 특징을 학습한다는 것뿐이다.

3.2.1 전체 학습 과정

합성곱 신경망의 구조를 자세히 살펴보기 전에 1장에서 배웠던 전체 학습 과정(그림 3-11)을 다시 한번 상기해보자.

그림 3-11 이미지 분류 파이프라인은 데이터 입력, 데이터 전처리, 특징 추출, 머신러닝 알고리즘 이렇게 네 단계로 나뉜다.

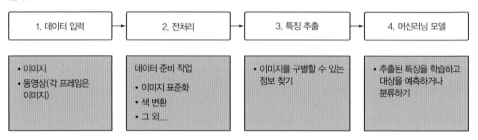

딥러닝 이전에는 특징 추출을 사람이 직접 수행하고 추출된 특징 벡터를 분류기(SVM 등의 일반적인 머신러닝 알고리즘)에 입력했다. 특징 학습과 분류를 동시에(3단계와 4단계) 할 수 있는 신경망(MLP와 CNN)의 마법 같은 힘 덕분에 [그림 3-11]의 세 번째 단계를 사람이 직접 할 필요가 없어졌다.

앞서 손글씨 이미지 분류 프로젝트에서 MLP를 사용해서 특징을 학습하고 이미지를 분류하는 과정을 보았다(3단계와 4단계를 함께 수행). 전결합층의 문제는 분류보다는 특징 학습 단계에서 일어난다. 여기서 약간의 창의성을 발휘해보자. 문제가 없는 부분은 그대로 두고 문제가 있는 부분만 고치면 된다. 전결합층이 특징 추출(3단계)에서 제역할을 다하지 못하고 있다면 이 역할을 지역적 연결을 가진 층(합성곱층)에 맡기면 될 것이다. 반대로 전결합층은 일단 추출된 특징은 잘 분류(4단계)한다. 이 역할은 그대로 전결합층에 맡긴다.

CNN의 추상적인 구조는 [그림 3-12]와 같다.

- 입력층
- 특징 추출을 담당하는 합성곱층
- 분류를 담당하는 전결합층
- 예측 결과 출력

그림 3-12 CNN은 입력층, 합성곱층, 전결합층, 출력층의 구조를 갖는다.

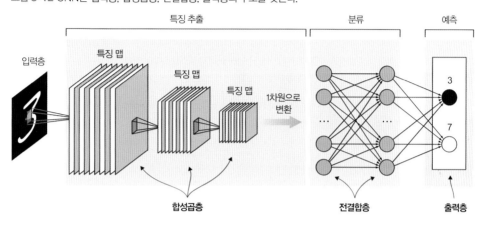

아직 전체 과정을 이야기하고 있다는 것을 기억하라. 이들 구성 요소에 대해서는 차차 설명하겠다. [그림 3-12]는 이미지를 숫자 3과 7 등 2개의 클래스로 분류하는 CNN을 나타낸 것이다. 단계를 순서대로 살펴보자.

1 이미지를 합성곱층에 입력한다.
2 이미지가 합성곱층을 지나며 발견된 패턴이 특징 맵feature map으로 추출된다. 합성곱층의 출력은 1차원 특징 벡터로 변환된다. 이때 특징 추출이 끝날 때까지 이미지의 크기가 각 층을 지날 때마다 줄어들고, 특징 맵 수 (층의 깊이)는 늘어나는 것을 볼 수 있다. 이 부분은 원래 이미지를 잘 나타내는 추상적인 특징을 학습하는 별도의 신경망이라고 볼 수 있다.
3 1차원으로 변환된 특징 벡터는 이어지는 전결합층에 입력되어 이미지를 분류한다.
4 예측 결과에 해당하는 출력층의 노드가 발화한다. 여기서는 두 가지 클래스 중 하나를 선택하므로(3과 7) 출력층의 노드가 2개뿐이다.

DEFINITION_ 신경망의 기본적인 발상은 뉴런이 입력으로부터 특징을 학습한다는 것이다. CNN의 특징 맵은 이전 층에서 적용된 필터의 출력이다. 특징 맵이라는 이름이 붙은 이유는 해당 특징이 이미지의 어느 부분에서 발견되었는지 나타내기 때문이다. CNN은 이미지에서 직선, 모서리 더 나아가 특정 물체를 탐지한다. 이미지에서 이러한 특징을 발견하면 그 결과를 특징 맵에 포함시킨다. 각 특징 맵은 직선이나 곡선 등 이미지에서 서로 다른 특징을 탐지한 결과다.

3.2.2 특징 추출 과정 들여다보기

특징 추출 단계는 쉽게 설명하면 큰 이미지를 여러 개의 작은 특징 맵으로 나눈 뒤 이를 쌓아 벡터로 만드는 과정이다. 예를 들어 숫자 3이 쓰인 이미지가 입력되었다면(깊이 = 1) 이 이미지는 숫자 3을 나타내는 다양한 특징의 위치가 담긴 여러 개의 이미지로 조각조각 나눠진다(그림 3-13). 특징의 가짓수를 네 가지라고 한다면 깊이는 4가 된다. 이미지가 합성곱층을 차례대로 통과하면 이미지의 크기는 작아지고 특징의 가짓수가 늘어나므로 깊이도 점점 깊어진다.

그림 3-13 이미지는 서로 다른 종류의 특징의 위치가 담긴 여러 이미지 조각으로 나눠진다.

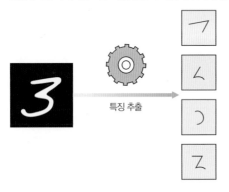

이 설명은 특징 추출 과정의 이해를 돕기 위한 일종의 비유다. CNN에서는 실제로 이미지를 여러 조각으로 분할하지 않는다. 실제로는 다른 사물이 찍힌 이미지와 구분되는 의미 있는 특징을 추출extract meaningful feature해서 다른 특징과 함께 쌓아둔다.

3.2.3 분류 과정 들여다보기

특징 추출이 끝난 뒤에는 전결합층(일반적인 MLP)을 추가해서 특징 벡터를 입력받도록 한다. 이 전결합층은 '첫 번째 특징을 보면 모서리 같은 부분이 있어서 3, 7 또는 2일 것이다. 두 번째 특징을 보면 곡선이 있는 것으로 보아하니 7은 확실히 아니다'와 같은 식으로 결국 숫자 3이라는 결론에 이르게 된다.

합성곱 신경망은 어떻게 패턴을 학습하는가

CNN에서는 한 층만에 바로 특징이 추출되는 것은 아니다. 이 장을 읽어나가며 알게 되겠지만 이미지에서 특징을 제대로 추출하려면 수십 또는 수백 층을 거쳐야 한다. 특징이 학습되는 과정은 은닉층 하나하나를 거치며 점진적으로 진행된다. 첫 번째 은닉층은 대개 직선이나 모서리 같은 아주 간단한 특징을 학습한다. 두 번째 은닉층은 이들 특징을 조합해서 도형, 꼭짓점, 원 등의 특징을 인식한다. 이렇게 은닉층이 이어지면서 사람의 이목구비와 같은 복잡한 형태를 학습할 수 있다. [그림 3-14]는 CNN이 사람의 얼굴을 학습하는 과정을 간단하게 요약한 것이다.

그림 3-14 CNN이 사람의 얼굴을 학습하는 과정

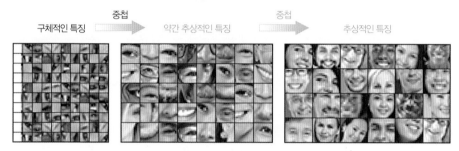

첫 번째 그림을 보면 초기 층에서 모서리 같은 구체적인 특징을 이미지에서 탐지하는 것을 볼 수 있다. 두 번째 그림에서 패턴의 패턴을 조합해서 얼굴의 일부에 해당하는 특징을 학습했다. 세 번째 그림에서는 패턴의 패턴의 패턴을 학습했다.

입력 이미지

　+ 은닉층 1 ⇒ 패턴

　+ 은닉층 2 ⇒ 패턴의 패턴

　+ 은닉층 3 ⇒ 패턴의 패턴의 패턴

　... 기타 등등

이 개념은 이후 장에서 고급 CNN 구조를 이해하는 데 매우 편리하다. 지금은 은닉층을 여러 개 쌓아 점점 추상적인 패턴을 학습하며 이미지에서 의미 있는 특징을 추출해낸다고 이해하면 된다.

3.3 합성곱 신경망의 기본 요소

이번에는 합성곱 신경망의 주요 구성 요소를 살펴보겠다. 대부분의 합성곱 신경망에는 다음 세 가지 유형의 층이 있다(그림 3-15).

1 합성곱층 convolutional layer, CONV

2 풀링층 pooling layer, POOL

3 전결합층 fully connected layer, FC

그림 3-15 합성곱 신경망의 기본 구성 요소는 합성곱층과 전결합층이다. 합성곱층은 특징 추출, 전결합층은 분류를 수행한다.

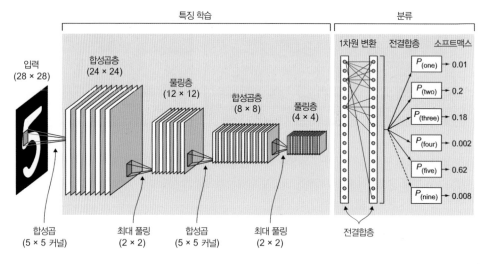

텍스트로 표현한 합성곱 신경망의 구조

[그림 3-15]에 나온 CNN의 구조를 글로 나타내면 다음과 같다.

입력 ⇒ CONV ⇒ RELU ⇒ POOL ⇒ CONV ⇒ RELU ⇒ POOL ⇒ FC ⇒ SOFTMAX

ReLU와 소프트맥스는 이전 층에서 사용된 활성화 함수이지 독립적인 층이 아니다. 여기서 활성화 함수가 이렇게 표현된 이유는 ReLU는 합성곱층, 소프트맥스는 전결합층에서 사용된다는 것을 보이기 위해서다. 따라서 위 표현은 합성곱층 2개와 전결합층 1개를 가진 CNN의 구조다. 합성곱층과 전결합층은 원하는 수만큼 둘 수 있다. 합성곱층은 특징을 학습하거나 추출하는 역할을 하고, 전결합층은 추출된 특징을 기반으로 분류를 수행한다.

이것으로 합성곱 신경망의 전체 구조를 모두 살펴봤다. 지금부터는 각 층을 종류별로 더 자세히 살펴보며 동작 원리를 설명하겠다. 그리고 다시 전체 구조로 돌아와 이 절을 마무리한다.

3.3.1 합성곱층

합성곱층은 합성곱 신경망의 핵심 구성 요소다. 이미지 위를 픽셀 단위로 오가며 특징을 찾는 확대경과 같은 역할을 하며 이미지에 찍힌 사물을 구분 짓는 특징을 추출해낸다.

합성곱이란

수학에서 말하는 합성곱은 두 함수를 인수로 새로운 함수를 만들어내는 연산이다. 합성곱 신경망에서 말하는 합성곱은 첫 번째 인수는 입력 이미지고, 두 번째 인수는 합성곱 필터에 해당한다. 이를 대상으로 수학적 연산을 통해 새로운 이미지를 만들어낸다.

첫 번째 합성곱층을 통해 합성곱층이 이미지를 처리하는 과정을 살펴보자(그림 3-16). 합성곱 필터를 입력 이미지 위로 이동시키며 합성곱 필터가 위치한 부분에 해당하는 작은 이미지 조각을 처리한 결과를 모아서 새로운 이미지인 특징 맵을 만든다.

그림 3-16 3×3 크기의 합성곱 필터가 이미지 위를 이동한다.

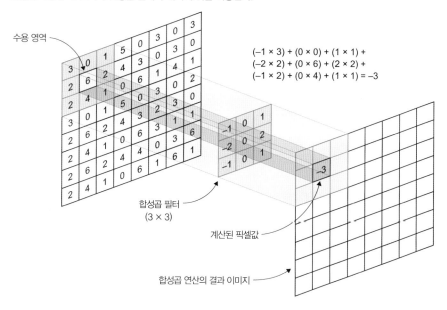

앞의 다이어그램을 염두에 두고 합성곱 필터에 대한 다음 설명을 읽어보기 바란다.

- 가운데에 위치한 3×3 크기의 행렬이 합성곱 필터다. 커널^{kernel}이라고도 부른다.
- 커널은 입력 이미지 위를 픽셀 단위로 움직이며 연산을 수행하며 픽셀값을 계산한다. 그리고 각 위치에서 연산된 픽셀값을 모아 '합성곱 연산을 거친' 새로운 이미지를 만들어 다음 층으로 전달한다. 필터가 위치한 입력 이미지상의 범위를 **수용 영역**^{receptive field}이라고 한다(그림 3-17).

그림 3-17 커널은 입력 이미지 위를 픽셀 단위로 움직이며 연산을 수행하고, 합성곱 연산을 거친 새로운 이미지를 만들어 다음 층으로 전달한다. 이때 합성곱 연산이 한 번 수행되는 입력 이미지 상의 범위를 수용 영역이라고 한다.

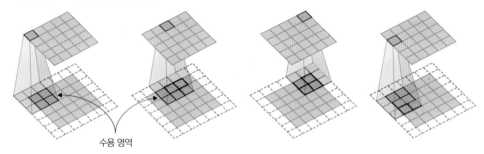

수용 영역

커널값은 무엇을 가리키는 것일까? 합성곱 신경망에서는 합성곱 행렬이 바로 가중치다. 다시 말해 합성곱 행렬은 **무작위 값으로 초기화**^{randomly initialized}되며 신경망에 의해 **학습**되는 값이다(그러므로 합성곱 행렬의 값을 어떻게 정해야 할지 걱정할 필요는 없다).

합성곱 연산

다음 식은 다층 퍼셉트론을 설명할 때 이미 보았으므로 친숙할 것이다. 가중합을 계산하기 위해 입력에 가중치를 곱하고 그 결과를 합했던 것을 기억하는가?

$$가중합 = x_1 \cdot w_1 + x_2 \cdot w_2 + x_3 \cdot w_3 + \cdots + x_n \cdot w_n + b$$

CNN에서도 같은 계산이 쓰인다. 다만 뉴런과 가중치가 행렬처럼 배열되어 있는 점이 다르다. 따라서 수용 영역에 들어온 각 픽셀값을 자신과 겹쳐진 합성곱 필터의 픽셀값과 곱하고 그 결과를 합해 새로운 이미지의 픽셀값 하나를 결정한다(그림 3-18). 이 과정은 2장에서 살펴본 행렬의 점곱과 같다.

$(93 \times -1) + (139 \times 0) + (101 \times 1) + (26 \times -2) + (252 \times 0) + (196 \times 2) +$
$(135 \times -1) + (240 \times 0) + (48 \times 1) = 243$

그림 3-18 수용 영역과 합성곱 필터의 겹치는 픽셀값을 각각 곱하고 그 결과를 합해서 필터 중심에 해당하는 픽셀의 픽셀값을 계산해 새로운 이미지를 만든다.

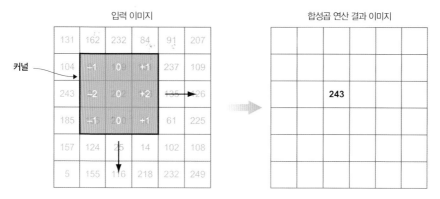

합성곱 필터(또는 커널)는 입력 이미지 위를 이동하며 입력 이미지 전체를 커버한다. 합성곱 필터가 한 번 움직일 때마다 위와 같은 픽셀 단위로 가중합이 계산되어 필터 중심에 해당하는 픽셀의 새로운 값이 결정된다. 이런 방법으로 만들어진 이미지를 **특징 맵** 또는 **활성화 맵**activation map 이라고 한다.

필터를 적용해서 특징을 학습하는 방법

다시 처음에 목표로 했던 이야기로 잠시 돌아가자. 합성곱 연산의 목적은 신경망이 이미지에서 특징을 추출하도록 하는 것이다. 그런데 필터를 적용해서 어떻게 특징을 추출한다는 것일까? 이미지 처리 기술에서는 이미지에서 불필요한 정보를 걸러내거나 원하는 정보를 강조하는 목적으로 필터를 적용해왔다. 필터는 숫자가 담긴 행렬이며 입력 이미지와 합성곱 연산을 거쳐 새로운 이미지를 만들 수 있다. 다음은 모서리를 탐지하는 필터다.

0	−1	0
−1	4	−1
0	−1	0

이 커널 K를 입력 이미지 $F(x, y)$와 합성곱 연산을 수행하면 모서리가 강조된 새로운 이미지(특징 맵)가 만들어진다.

그림 3-19 입력 이미지에 모서리 탐지 커널 적용

입력 이미지

최적화된 가중치를
가진 합성곱 커널

0	−1	0
−1	4	−1
0	−1	0

합성곱 연산 결과 이미지(특징 맵)

합성곱을 이해하기 위해 이 이미지의 아주 작은 일부를 살펴보자.

그림 3-20 입력 이미지에 모서리 탐지 커널 적용 연산

입력 이미지

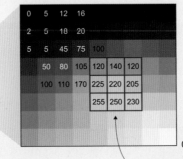

모서리 탐지 커널

0	−1	0
−1	4	−1
0	−1	0

합성곱 계산

0 × 120 + −1 × 140 + 0 × 120 +
−1 × 225 + 4 × 220 + −1 × 205 +
0 × 225 + −1 × 250 + 0 × 230 = 60

합성곱 연산 결과 이미지에서 가운데 픽셀의
새 픽셀값은 60이다. 픽셀값이 0보다 큰
것으로 보아 모서리가 탐지되었다.

이 그림은 수용 영역을 대상으로 합성곱 연산을 수행해서 한 픽셀의 값을 계산하는 과정을 나타낸 것이다. 커널을 이미지 위에서 픽셀 단위로 이동시키며 이 연산을 반복한다.

커널은 입력 이미지의 커널과 겹치는 픽셀이 출력 이미지에 얼마나 영향을 미치는지 결정하므로 가중치라고 부르기도 한다. 이런 관점에서 보면 출력에 미치는 특징의 중요도를 가리키는 MLP의 가중치와 비슷한 점이 많다. 이미지의 입력 특징은 바로 픽셀값이기 때문이다.

다른 필터를 적용하면 그에 맞는 특징을 탐지할 수 있다. 예를 들어 필터 중에는 수평 모서리나 수직 모서리를 탐지할 수 있는 것도 있고, 꼭짓점 같은 보다 복잡한 도형을 탐지할 수 있는 필터도 있다. 중요한 것은 이들 필터를 합성곱층에 적용하면 앞서 설명한 '특징을 학습하는' 결과를

얻을 수 있다는 점이다. 모서리나 직선 같은 간단한 특징에서 나중 층으로 가면 갈수록 복잡한 특징을 학습한다.

이제 필터의 개념을 어느 정도 이해했을 것이다. 그리 특별한 내용은 없었다.

이번에는 합성곱층 전체 구조를 살펴보자. 합성곱층에는 하나 또는 그 이상의 합성곱 필터가 있다. 이전 합성곱층의 합성곱 필터 수만큼 특징 맵(합성곱 연산으로 생성된 이미지)이 출력되기 때문에 이 필터 수가 다음 층의 깊이를 결정한다. 케라스로 구현한 합성곱층의 코드와 동작 과정을 살펴보자.

```
from keras.layers import Conv2D

model.add(Conv2D(filters=16, kernel_size=2, strides='1', padding='same',
          activation='relu'))
```

이 짧은 코드로 합성곱층 구현이 끝난다. 전체 코드는 이 장 뒷부분에서 볼 수 있다. 지금은 합성곱층 코드에만 집중하자. 코드에서 알 수 있듯이 합성곱층에는 5개의 인수가 있다. 이미 2장에서 설명했지만 은닉층의 활성화 함수는 ReLU를 사용하는 것이 좋다. 인수 하나는 설명이 끝났다. 출력의 크기와 깊이를 결정하는 나머지 네 가지 하이퍼파라미터는 다음과 같다.

- filters: 합성곱 필터 수. 출력의 깊이를 결정한다.
- kernel_size: 합성곱 필터 행렬(커널)의 크기. 2×2, 3×3, 5×5 이렇게 세 가지가 있다.
- strides: 스트라이드
- padding: 패딩

스트라이드와 패딩은 다음 절에서 설명한다.

> NOTE_ 2장에서 딥러닝을 설명할 때 하이퍼파라미터는 신경망의 성능을 향상시키기 위해 조절하는(증가시키거나 감소시키는) 조절 손잡이 같은 것이라고 했다.

합성곱 필터 수

합성곱층에는 하나 이상의 합성곱 필터가 있다. 이를 이해하기 위해 2장에서 설명한 MLP를 떠올려보자. 신경망의 은닉층은 뉴런 n개(은닉층 유닛)로 구성된다. 기억을 떠올리기 위해 [그림 3-21]에 2장에서 보았던 MLP의 다이어그램을 다시 실었다.

그림 3-21 신경망의 은닉층은 뉴런 n개(은닉층 유닛)로 구성된다.

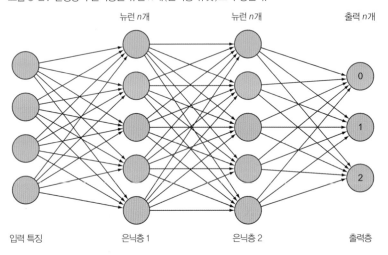

마찬가지로 합성곱층은 CNN의 은닉층이라 할 수 있다. 그리고 은닉층의 뉴런 수를 조절하듯이 합성곱층의 필터 수를 조절한다. 커널의 유닛 하나가 뉴런과 같다고 보면 된다. 예를 들어 합성곱층에 3×3 크기의 커널이 하나 있다면 이 합성곱층의 유닛은 9개다. 이 층에 3×3 크기의 커널을 하나 추가하면 유닛 수는 18개가 되고, 또 다시 커널을 하나 추가하면 유닛 수는 27개가 된다. 합성곱 필터 수를 늘리는 만큼 유닛 수가 증가하므로 더욱 복잡한 패턴을 탐지할 수 있게 된다. 이 점은 MLP의 은닉층에 뉴런(유닛)을 추가할 때도 마찬가지다. [그림 3-22]는 커널 수를 함께 나타낸 CNN의 구조다.

그림 3-22 커널 수를 함께 나타낸 CNN의 구조

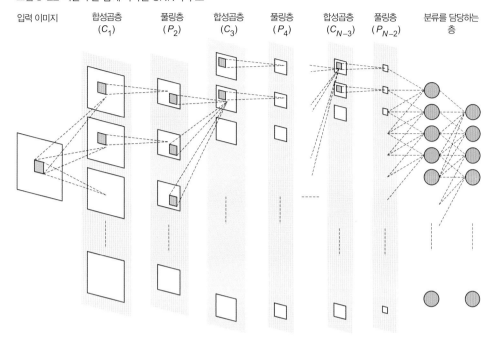

커널 크기

합성곱 필터를 커널이라고도 한다. 커널은 가중치가 담긴 행렬로, 입력 이미지 위를 이동하며 특징을 추출하는 역할을 한다. 커널 크기는 합성곱 필터 크기(너비×높이)를 의미한다(그림 3-23).

그림 3-23 커널 크기는 합성곱 필터 크기(너비×높이)를 의미한다.

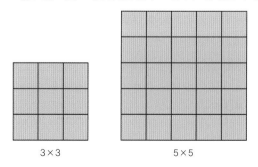

커널 크기(kernel_size)는 합성곱층을 만들기 위해 필요한 하이퍼파라미터 중 하나다. 신경망의 모든 하이퍼파라미터가 그러하듯이 커널 크기 역시 모든 경우에 유효한 값은 없다. 직관적으로 생각하면 필터 크기가 작을수록 이미지의 매우 세세한 부분까지 잡아낼 수 있을 것이고, 반대로 필터 크기가 클수록 놓치는 이미지의 세세한 부분이 많을 것이다.

합성곱 필터에는 신경망의 학습 대상이 되는 가중치가 들어 있다. 그래서 이론적으로는 커널 크기가 클수록 신경망이 복잡한 패턴을 학습할 수 있다. 그러나 그만큼 계산 복잡도가 상승하며 과적합을 일으키기도 쉬워진다.

커널은 거의 대부분 정사각형이며 최소 2×2, 최대 5×5 크기의 필터가 사용된다. 이보다 큰 필터를 사용할 수도 있지만 이미지의 세부 사항을 놓칠 수 있어서 바람직하지 않다.

튜닝

하이퍼파라미터 튜닝에 대해 미리 겁부터 먹지 말기 바란다. 딥러닝은 과학에 기반을 두었지만 그만큼 경험적으로 익히는 부분도 많다. 이러한 경험은 아무리 강조해도 지나치지 않다. 딥러닝 엔지니어가 실제 하는 일의 대부분은 신경망의 설정, 실험, 하이퍼파라미터 조정 등이지 알고리즘 개발이 아니다. 오늘날 CNN 연구의 상당 부분은 특정 유형의 문제에 대한 최적의 CNN 구조와 그 파라미터를 찾는 것이다. 다행스럽게도 하이퍼파라미터 조정은 보기보다 그리 어렵지 않다. 필자는 이 책에서 가능한 한 하이퍼파라미터 탐색의 출발점과 적당한 조정에 대한 감을 익히는 방법을 제시할 것이다.

스트라이드와 패딩

스트라이드와 패딩은 함께 다루는 경우가 많다. 이 두 하이퍼파라미터는 합성곱층의 출력 모양을 결정하기 때문이다. 그 이유를 알아보자.

* **스트라이드**stride : 필터가 입력 이미지 위를 한 번에 이동하는 픽셀 수를 의미한다. 예를 들어 합성곱 필터가 입력 이미지 위를 한 번에 한 픽셀씩 이동한다면 스트라이드 값은 1이다. 한 번에 두 픽셀씩 이동한다면 스트라이드 값은 2가 된다. 3 이상의 스트라이드 값은 잘 사용하지 않는다. 여러 픽셀을 건너뛰면 출력의 크기가 작아지기 때문이다.

  스트라이드 값을 1로 설정하면 입력 이미지와 거의 같은 크기의 출력 이미지를 얻을 수 있다. 2로 설정하면 출력 이미지는 입력 이미지의 거의 절반 크기가 된다. 여기서 거의라고 한 이유는 패딩 설정에 따라 출력 이미지의 크기가 달라질 수 있기 때문이다.

- **패딩** padding: 흔히 말하는 **제로패딩** zero-padding은 이미지 둘레에 픽셀값이 0인 추가 픽셀을 덧붙이는 것을 말한다(그림 3-24). 패딩의 주된 목적은 합성곱 연산을 거친 출력 이미지의 크기를 입력 이미지의 크기와 같게 유지하는 것이다. 이런 방법으로 이미지의 크기를 유지하며 합성곱층을 여러 개 사용할 수 있다. 층수가 많은 신경망을 구성할 때 패딩은 특히 중요하다.

그림 3-24 제로패딩을 적용하면 이미지 둘레에 픽셀값이 0인 추가 픽셀을 덧붙인다. 패딩값이 2이면 이미지 둘레에 두 픽셀만큼의 패딩을 덧붙인다.

패딩값 = 2 덧붙임

0	0	0	0	0	0	0	0
0	0	0	0	0	0	0	0
0	0	123	94	2	4	0	0
0	0	11	3	22	192	0	0
0	0	12	4	23	34	0	0
0	0	194	83	12	94	0	0
0	0	0	0	0	0	0	0
0	0	0	0	0	0	0	0

덧붙임

NOTE_ 스트라이드와 패딩을 사용하는 목적은 다음 두 가지다. 하나는 이미지에서 중요한 세부 사항을 놓치지 않고 다음 층으로 전달하는 것이고(스트라이드는 1, 패딩으로 이미지 크기를 같게 유지한 경우), 다른 하나는 이미지의 공간적 정보를 계산하는 부하를 적절히 감소시키는 것이다. 다음에 설명할 풀링층은 이미지 크기를 줄여서 추출된 특징에 집중한다. 지금은 스트라이드와 패딩의 목적은 합성곱층의 동작과 출력 이미지의 크기를 조절하는 것이라고 이해하면 된다. 이미지의 모든 세부 사항을 다음 층으로 전달하거나 적절한 수준에서 무시하는 용도다.

3.3.2 풀링층과 서브샘플링

합성곱층 수를 늘리면 출력층의 깊이가 깊어지는 만큼 최적화(학습)해야 할 파라미터 수가 늘어난다. 합성곱층을 여러 개 늘리면(대개는 수십 층 내지 수백 층) 파라미터(가중치) 수가 매우 많아진다. 이런 식으로 신경망의 규모가 커지면 학습에 필요한 계산 복잡도가 상승하고 그만큼 학습 시간도 오래 걸린다. 이런 단점을 해결해주는 것이 풀링층이다. **풀링** pooling(또는 **서브샘플링** subsampling)은 다음 층으로 전달되는 파라미터 수를 감소시키는 방법으로 신경망의 크기를 줄인다. 풀링 연산은 최대 또는 평균 같은 통계 함수로 입력 크기를 축소해 다음 층으로 전달되는 파라미터 수를 감소시킨다.

풀링층의 목적은 합성곱층에서 만든 특징 맵을 다운샘플링해서 파라미터 수를 줄여 계산 복잡도를 낮추는 것이다. CNN 구조는 일반적으로 합성곱층 사이에 풀링층을 끼워 넣는 경우가 많다(그림 3-25).

그림 3-25 풀링층은 대개 합성곱층마다 하나씩 합성곱층 뒤에 배치한다. 하나 걸러 배치하는 경우도 있다.

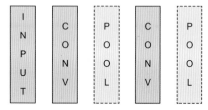

입력층 ⇒ 합성곱층 ⇒ 풀링층 ⇒ 합성곱층 ⇒ 풀링층

최대 풀링과 평균 풀링

풀링층의 풀링 연산은 최대 풀링과 평균 풀링이 주로 쓰인다. 먼저 최대 풀링에 대해 알아보자.

합성곱 커널과 비슷하게 최대 풀링 커널에도 윈도우 크기와 스트라이드가 있다. 다만 최대 풀링은 행렬에 별도의 가중치가 없다는 점이 다르다. 최대 풀링층은 자기 앞의 합성곱층에서 출력한 특징 맵을 입력받아 커널을 입력 이미지 위로 이동시키면서 윈도우 내 픽셀값의 최댓값을 찾아 이를 출력 이미지의 픽셀값으로 삼는다. [그림 3-26]은 스트라이드가 2로 설정된 2×2 크기의 풀링 필터를 나타낸 것이다. 이 풀링층은 4×4 크기의 특징 맵을 2×2로 축소시켰다.

그림 3-26 스트라이드가 2인 2×2 크기의 풀링 필터는 4×4 크기의 특징 맵을 2×2로 축소시킨다.

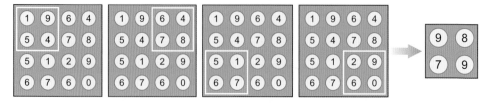

합성곱층이 출력한 모든 특징 맵에 풀링을 적용하면 특징 맵의 크기는 작아지지만 개수는 유지된다. [그림 3-27]을 보면 특징 맵의 크기는 작아지고, 개수는 그대로 3개인 것을 볼 수 있다.

그림 3-27 합성곱층의 특징 맵이 3개라면 이어지는 풀링층도 마찬가지로 (크기는 더 작은) 3개의 특징 맵을 출력한다.

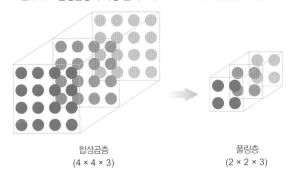

합성곱층
(4 × 4 × 3)

풀링층
(2 × 2 × 3)

전역 평균 풀링global average pooling은 특징 맵 크기를 극단적으로 줄이는 방식이다. 윈도우 크기와 스트라이드를 설정하지 않고 전체 특징 맵 픽셀값의 평균을 구한다(그림 3-28). [그림 3-29]를 보면 3차원 배열을 입력받아 벡터를 출력하는 전역 평균 풀링의 계산 결과를 볼 수 있다.

그림 3-28 전역 평균 풀링은 특징 맵 전체 픽셀값의 평균을 출력값으로 삼는다.

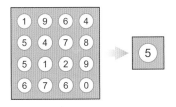

그림 3-29 전역 평균 풀링을 이용하면 3차원 배열을 1차원 벡터로 변환할 수 있다.

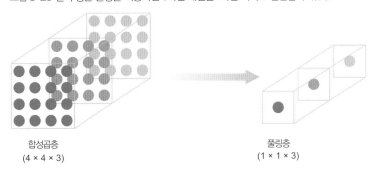

합성곱층
(4 × 4 × 3)

풀링층
(1 × 1 × 3)

풀링층을 사용하는 이유

앞선 예제에서 보았듯이 풀링층은 합성곱층의 규모를 줄여주는 효과가 있다. 합성곱층의 규모를 줄이는 것이 중요한 이유는 복잡한 프로젝트에 사용되는 CNN은 많은 수의 합성곱층을 포함하며 각각에 수십에서 수백 개에 이르는 합성곱 필터가 쓰이기 때문이다. 따라서 신경망 전체의 파라미터 수가 어마어마하게 늘어날 수도 있다. 이때 풀링층을 사용하면 중요한 특징을 잃지 않으면서 이미지 크기를 줄여 다음 층에 전달한다. 일종의 이미지 압축 프로그램이라고 생각하면 이해하기 쉽다. 중요한 특징은 유지하면서 이미지의 해상도를 떨어뜨리는 것이다(그림 3-30).

그림 3-30 풀링층은 이미지의 중요한 특징을 유지하면서 해상도를 떨어뜨리는 효과를 갖는다.

원래 이미지

다운샘플링된 이미지

풀링, 스트라이드, 패딩 비교

풀링과 스트라이드를 사용하는 주 목적은 신경망의 파라미터 수를 줄이는 것이다. 파라미터가 많을수록 학습에 들어가는 계산 비용이 높아진다. 합성곱층의 스트라이드와 패딩을 잘 조절하면 풀링이 불필요하다는 의견도 많다. 예를 들어 논문 「Starving for Simplicity: The All convolutional Net」[1]에서는 풀링층을 완전히 배제하고 합성곱층만을 사용해서 합성곱 신경망을 구성하는 방법을 제안한다. 이 논문의 저자는 표현의 크기를 줄일 수 있도록 중간 중간 스트라이드를 크게 설정한 합성곱층을 배치하면 된다고 설명했다. 최근 주목받고 있는 생성적 적대 신경망(10장 참조)과 같은 생성 모델을 학습할 때는 풀링층을 배제하는 방법이 효과적이긴 하다. 따라서 앞으로는 구조(아키텍처)에서 적은 수의 풀링층만을 사용하거나 아예 사용하지 않을 가능성이 높다. 그러나 현재는 합성곱층 사이에 이미지 다운샘플링을 위한 풀링층을 배치하는 것이 일반적이다.

1 Jost Tobias Springenberg, Alexey Dosovitskiy, Thomas Brox, Martin Riedmiller, 「Striving for Simplicity: The All Convolutional Net」, https://arxiv.org/abs/1412.6806

합성곱층과 풀링층 다시 보기

지금까지 배운 내용을 정리해보자. 학습 데이터셋의 이미지에서 의미 있는 특징을 추출하기 위해 일련의 합성곱층과 풀링층을 번갈아가며 배치한 구조를 사용했다. 과정은 다음과 같았다.

1 원래 이미지가 합성곱층에 입력된다. 합성곱층은 여러 개의 커널 필터를 가지고 있으며 각 커널 필터가 입력 이미지 위를 이동하며 특징을 추출한다.

2 합성곱층은 다음과 같이 설정한다.

```
from keras.layers import Conv2D

model.add(Conv2D(filters=16, kernel_size=2, strides='1',
    padding='same', activation='relu'))
```

- filter는 각 합성곱층의 필터 수다(은닉층의 뉴런 수에 해당).
- kernel_size는 합성곱 필터(커널)의 크기다. 주로 2×2, 3×3, 5×5를 설정한다.
- strides는 합성곱 필터가 이미지 위를 한 번에 이동하는 픽셀 수다. 처음에는 1 또는 2를 사용한다.
- padding은 다음 층에 전달될 이미지의 크기를 입력 이미지와 같게 유지하도록 출력 이미지 주변에 덧붙이는 픽셀 수다.
- 은닉층의 활성화 함수(activation)는 relu를 사용하는 것이 좋다.

3 풀링층은 다음과 같이 설정한다.

```
from keras.layers import MaxPooling2D

model.add(MaxPooling2D(pool_size=(2, 2), strides = 2))
```

신경망의 깊이를 원하는 만큼 유지할 수 있도록 합성곱층과 풀링층을 번갈아가며 배치한다.

합성곱층의 입력과 출력

입력 이미지가 합성곱층을 통과하면 (대부분의 경우) 크기는 그대로지만 이미지의 깊이는 늘어난다. 앞서 합성곱층을 설명할 때 '입력 이미지를 조각내서 특징을 찾는다'라고 설명한 것을 기억하는가? 이 설명은 합성곱층의 입력과 출력의 차이를 잘 보여준다.

예를 들어 크기가 28×28(MNIST 데이터셋과 같다)인 입력 이미지가 필터 수가 4고 스트라이드와 패딩이 1로 설정된 합성곱층 CONV_1를 통과하면 출력 이미지의 크기는 입력 이미지와 동일하지만 이미지의 깊이는 4(28×28×4)가 된다. 이 출력이 똑같은 하이퍼파라미터에 필터 수만 늘어난(12개) 합성곱층 CONV_2를 통과하면 28×28×12가 된다.

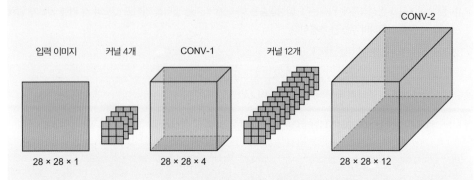

풀링층을 통과한 출력은 입력과 비교해 깊이는 그대로 유지되지만 가로세로 크기는 줄어든다.

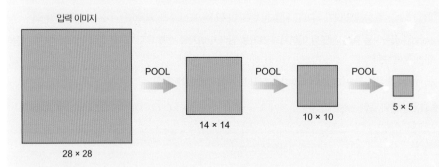

합성곱층과 풀링층을 번갈아 배치하면 출력은 다음과 같다.

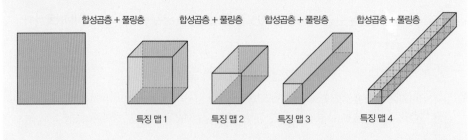

이러한 변화는 작은 이미지가 모든 특징이 늘어선 매우 깊게 이어진 대롱과 같은 모양이 될 때까지 계속된다.

합성곱층과 풀링층의 출력은 특징의 대롱(5×5×40) 형태가 되며 이쯤 되면 이 특징은 분류를 거칠 준비를 마친 상태. 여기서는 특징 맵 수를 40개라고 예를 들었다. 마지막으로 이 특징의 대롱을 1차원 벡터로 변환해서 전결합층에 입력한다. 대롱을 변환한 벡터의 길이는 5×5×40 = 1,000이 되므로 이 전결합층의 유닛 수도 1,000이다.

3.3.3 전결합층

합성곱층과 풀링층으로 구성된 특징 학습 과정을 거친 후 대롱과 같은 모양으로 추출된 특징을 얻었다. 이제 이렇게 추출된 특징을 사용해서 실제로 이미지를 분류해야 한다. 이미지 분류를 위해 2장에서 배웠던 일반적인 신경망 구조인 MLP를 사용한다.

전결합층을 사용하는 이유

MLP는 분류에 효과적이다. 이 장에서 합성곱층을 사용한 이유는 이미지를 2차원 그대로 다룰 수 있는 합성곱층과 달리 MLP로 이미지에서 특징을 추출하면 중요한 특징을 많이 잃어버리기 때문이었다(이미지를 1차원 벡터로 변환해야 하므로). 하지만 이미 특징을 추출했으므로 이 특징을 1차원으로 변환하면 MLP를 사용해서 이미지를 분류할 수 있다.

MLP의 구조는 2장에서 이미 자세히 설명했다(새로운 내용은 없다). 전결합층은 다음과 같다 (그림 3-31).

- 1차원 벡터 입력: [그림 3-31]처럼 대롱 형태로 추출된 특징 맵을 MLP에 입력하려면 (1, n) 모양의 1차원 벡터로 변환해야 한다. 예를 들어 대롱 형태로 추출된 특징 맵의 모양이 (5×5×40)이라면 변환된 벡터의 모양은 (1, 1000)이다.
- 은닉층: 하나 이상의 전결합층을 갖는다. 전결합층은 다시 하나 이상의 뉴런으로 구성된다(MLP를 구성할 때 와 같다).
- 출력층: 2장에서 분류 문제를 위한 출력층의 활성화 함수는 소프트맥스 함수를 사용하는 것이 좋다고 설명했다. 이번 문제는 0부터 9까지의 10가지 클래스를 다루는 분류 문제이므로 출력층의 유닛 수도 이에 맞춰 10개다.

그림 3-31 MLP의 전결합층

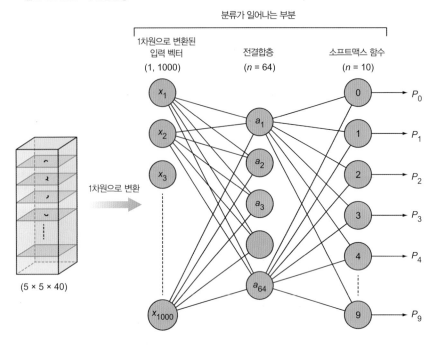

MLP와 전결합층

2장에서 다층 퍼셉트론MLP을 전결합층이라고도 한다고 설명했다. MLP 각 층의 모든 모드가 인접한 층의 모든 노드와 연결되기 때문이다.

그림 3-32 전결합 신경망

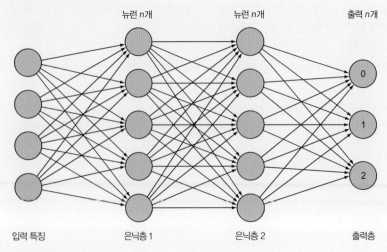

이런 연유로 전결합층을 밀집층dense layer이라 부르기도 한다. MLP, 전결합층, 밀집층, 피드포워드 신경망 등은 일반적인 신경망 구조를 나타내는 용어로 서로 바꿔 써도 무방하다.

3.4 CNN을 이용한 이미지 분류

이제 이미지를 분류하기 위해 여러분만의 CNN 모델을 만들 준비가 다 되었다. 간단한 프로젝트지만 이런 간단한 문제를 해결한 경험이 나중에 보게 될 더욱 복잡한 문제를 해결할 수 있는 실력의 기초가 된다. 이번에도 MNIST 데이터셋을 사용한다(MNIST는 딥러닝계의 'Hello World!'라고 할 수 있는 데이터셋이다).

> NOTE_ 어떤 딥러닝 라이브러리를 사용하더라도 개념은 거의 동일하다. 먼저 머릿속이나 종이 위에 층을 추가하며 구조를 설계하고 각 층의 파라미터를 설정한다. 케라스와 MXNet(텐서플로, 파이토치 등의 라이브러리와 함께)은 각기 장단점이 있지만(이후에 설명) 라이브러리의 개념은 거의 차이가 없다. 이 책에서는 다른 라이브러리를 소개하는 부분 외에는 대부분 케라스를 다룬다.

3.4.1 모델 구조 구성하기

먼저 CNN 모델의 구조를 정의하고 구성하는 부분이다. 이미지 전처리, 학습 모델 평가를 포함하는 전체 구현 코드를 보려면 깃허브 저장소[2]에서 이름이 mnist_cnn인 주피터 노트북을 참고하거나 이 책의 웹사이트[3]를 방문하기 바란다. 여기서는 모델을 정의하는 코드를 먼저 살펴보겠다. 이 장의 끝에서 이미지 분류기를 완성하고 다른 부분을 더 자세히 다룬다.

```
from keras.models import Sequential
from keras.layers import Conv2D, MaxPooling2D, Flatten, Dense, Dropout

model = Sequential()   ⟵ㅡ| 모델 객체 생성
```

---

2 github.com/moelgendy/deep_learning_for_vision_systems
3 www.computervisionbook.com

```
                                                              ReLU를 활성화 함수로 사용하며
                                                              커널 수가 32인 합성곱층을 모델에 추가

model.add(Conv2D(32, kernel_size=(3, 3), strides=1, padding='same',
        activation='relu', input_shape=(28,28,1)))
model.add(MaxPooling2D(pool_size=(2, 2)))  ◁───
                                        좋은 특징을 얻기 위해 이미지를 다운샘플링

model.add(Conv2D(64, (3, 3), strides=1, padding='same', activation='relu'))  ◁───
model.add(MaxPooling2D(pool_size=(2, 2)))  ◁───
                                        다시 한번 이미지를 다운샘플링

                                                              커널 수를 64로
                                                              증가시킨 합성곱층
model.add(Flatten())  ◁───
                                        분류를 위해 추출된 특징을
                                        1차원 벡터로 변환

model.add(Dense(64, activation='relu'))  ◁───
                                        변환된 특징 벡터를
model.add(Dense(10, activation='softmax'))  ◁───   입력받는 전결합층

model.summary()  ◁───   모델의 개요 출력
                                        소프트맥스 함수로 클래스 10개의 확률을
                                        출력하는 전결합층
```

위 코드를 실행하면 [그림 3-33]과 같은 결과를 출력한다.

그림 3-33 출력된 모델의 개요

```
Layer (type)                        Output Shape              Param #
=================================================================
conv2d_1 (Conv2D)                   (None, 28, 28, 32)        320

max_pooling2d_1 (MaxPooling2        (None, 14, 14, 32)        0

conv2d_2 (Conv2D)                   (None, 14, 14, 64)        18496

max_pooling2d_2    (MaxPooling2     (None, 7, 7, 64)          0

flatten_1 (Flatten)                 (None, 3136)              0

dense_1 (Dense)                     (None, 64)                200768

dense_2 (Dense)                     (None, 10)                650
=================================================================
Total params: 220,234
Trainable params: 220,234
Non-trainable params: 0
```

다음은 모델의 개요를 살펴보기 전에 코드에서 알 수 있는 내용이다.

* input_shape 인수는 첫 번째 합성곱층에만 지정한다. 그다음부터는 입력 모양을 지정해줄 필요가 없다. 이
  전 층의 출력 모양이 이미 결정되어 있기 때문이다.

- 모든 합성곱층과 풀링층의 출력은 모양이 (None, height, width, channels)인 3차원 텐서다. 먼저 height와 width는 출력 이미지의 가로세로 크기임을 쉽게 알 수 있다. channels는 출력 이미지의 깊이, 다시 말해 특징 맵 수를 의미한다. 튜플의 첫 번째 요소인 None은 이 층에서 처리된 이미지 수다. 따라서 이 값이 None이면 batch_size를 자유롭게 정할 수 있다.
- 출력된 모델의 개요에서 Output Shape 항목을 보면 앞서 설명한 내용처럼 신경망의 층이 거듭될수록 출력되는 이미지의 크기가 작아지는 것을 알 수 있다.
- 전체 신경망의 파라미터 수는 220,234개다. 먼저 구성했던 MLP 신경망의 파라미터 수가 669,706개였던 것에 비하면 거의 1/3로 크게 줄어들었다.

모델의 개요를 한 줄씩 살펴보자.

- CONV_1: 입력은 모양이 (28 × 28 × 1)이고 Conv2d의 출력은 모양이 (28×28×32)다. 스트라이드와 패딩을 모두 1로 설정했으므로 출력 이미지는 입력과 크기가 같아야 한다. 그런데 깊이가 32로 증가했다. 이 층의 합성곱 필터가 32개이기 때문이다. 필터마다 특징 맵을 하나씩 출력한다.
- POOL_1: 이 층의 입력은 이전 층의 출력과 모양이 같다(28 × 28 × 32). 풀링층을 거치고 나면 이미지의 크기가 줄어들지만 깊이는 그대로 유지된다. 이 층은 2 × 2 풀링을 적용하므로 출력의 모양은 (14 × 14 × 32)가 된다.
- CONV_2: 이 층 역시 합성곱층이므로 입력과 출력에서 이미지의 크기는 같으며 출력의 깊이만 늘어난다. 이 층의 필터는 64개이므로 출력의 모양은 (14 × 14 × 64)다.
- POOL_2: 이번에도 2 × 2 풀링을 적용한다. 출력의 모양은 (7 × 7 × 64)다.
- Flatten: 특징 맵 방향으로 긴 대롱 형태로 추출된 특징(7 × 7 × 64)을 모양이 (1, 3136)인 1차원 벡터로 변환한다.
- Dense_1: 뉴런이 64개인 전결합층. 출력도 64개다.
- Dense_2: 분류 대상 클래스가 10개이므로 뉴런도 10개인 출력층이다.

3.4.2 파라미터(가중치) 수

모델을 정의하고 출력된 모델의 개요를 한 줄 한 줄 읽어보며 각 층의 입력과 출력의 모양이 어떻게 변화하는지 살펴봤다. 아직 살펴보지 않은 한 가지 중요한 정보가 남아 있다. 모델 개요의 Param # 항목이다.

파라미터란

파라미터^{parameter}는 가중치를 가리키는 다른 이름이다. 신경망이 학습하는 대상이기도 하다. 2장에서 설명했듯이 신경망의 목표는 경사 하강법과 역전파 알고리즘을 통해 오차 함숫값이 최소가 되도록 가중치를 수정하는 것이다.

파라미터 수를 계산하는 방법

MLP는 각 층의 노드가 인접한 층의 모든 노드와 연결되어 있었으므로 인접한 층의 노드 수를 서로 곱하기만 하면 해당 층의 가중치 수를 계산할 수 있었다. CNN의 가중치 수를 구하는 방법은 이보다는 좀 더 복잡하다. 그래도 정해진 공식은 있다.

파라미터 수 = 필터 수 × 커널 크기 × 이전 층 출력의 깊이 + 필터 수(편향)

예제에 공식을 적용해보자. 조금 전에 구성한 신경망의 두 번째 층에 공식을 적용한다. CONV_2 층의 코드는 다음과 같았다.

```
model.add(Conv2D(64, (3, 3), strides=1, padding='same', activation='relu'))
```

이전 층 출력의 깊이는 32였으므로 파라미터 수는 다음과 같다.

파라미터 수 = 64 × 3 × 3 × 32 + 64 = 18,496

풀링층에는 파라미터가 없다는 데 주의하기 바란다. 따라서 풀링층에 해당하는 줄의 Param # 항목은 모두 0이다. Flatten 층도 마찬가지다(그림 3-34).

그림 3-34 풀링층과 Flatten 층에는 파라미터가 없다. 따라서 Param # 항목값도 0이다.

Layer (type)	Output Shape	Param #
max_pooling2d_1 (MaxPooling2	(None, 14, 14, 32)	0
conv2d_2 (Conv2D)	(None, 14, 14, 64)	18496
max_pooling2d_2 (MaxPooling2	(None, 7, 7, 64)	0
flatten_1 (Flatten)	(None, 3136)	0

모든 층의 Param # 항목값을 더해보면 신경망이 학습해야 할 전체 파라미터 수는 220,234 개다.

학습 가능한 파라미터와 불가능한 파라미터

출력된 모델 개요의 아랫부분을 보면 전체 파라미터 수와 함께 학습 가능한 파라미터^{trainable params}와 학습 불가능한 파라미터^{non-trainable params} 수를 볼 수 있다. 학습 가능한 파라미터는 학습 과정을 통해 신경망이 최적화해야 하는 파라미터다. 이번 예제는 모든 파라미터가 학습 가능한 파라미터다(그림 3-35).

그림 3-35 모든 파라미터가 학습 가능한 파라미터이므로 최적화 대상이다.

```
=======================================================
Total params: 220,234
Trainable params: 220,234
Non-trainable params: 0
_____
```

이후 장에서 빠르고 정확한 학습을 위해 사전 학습된 신경망과 새 층을 합쳐 새로운 신경망을 구성하는 방법을 배울 것이다. 이런 경우에는 사전 학습된 층의 파라미터를 고정(동결)시켜야 하므로 학습 대상이 아닌 파라미터가 생긴다. 학습 가능한 파라미터 수와 불가능한 파라미터 수를 알면 학습을 시작하기 전에 학습 과정의 계산 복잡도를 이해하는 데 도움이 된다. 그러나 이것은 나중 이야기고, 지금은 일단 모든 파라미터가 학습 가능하다.

3.5 과적합을 방지하기 위해 드롭아웃층 추가하기

지금까지 합성곱층, 풀링층, 전결합층까지 CNN을 구성하는 세 가지 주요 유형의 층을 배웠다. CNN이라면 대부분 이들 세 가지 층을 포함한다. 하지만 이 세 가지가 전부는 아니다. 과적합을 피하기 위해 추가하는 층이 또 있다.

3.5.1 과적합이란

머신러닝에서 모델의 성능이 잘 나오지 않는 이유는 보통 과적합이거나 과소적합이기 때문이다. 과소적합^{underfitting}은 이름 그대로 모델이 학습 데이터에 부합하지 못하는 현상을 말한다. 주로 모델이 데이터를 나타내기에 너무 단순한 경우에 발생한다. 대표적으로 퍼셉트론 하나로 비선형 데이터셋을 분류할 때 발생하는 경우가 있다.

반면 **과적합**overfitting은 모델이 학습 데이터에 지나치게 부합하는 현상이다. 예를 들어 표현력이 매우 좋은 신경망이 학습 데이터는 완전하게 부합(학습 시 오차가 매우 적음)하지만 처음 보는 데이터는 잘 예측하지 못해 일반화 성능이 떨어지는 경우가 이에 해당한다. 과적합이 발생하면 학습 데이터에는 뛰어난 성능을 보이지만 테스트 데이터에는 낮은 성능을 보인다(그림 3-36).

그림 3-36 과소적합(좌측): 모델이 데이터와 제대로 부합하지 못했다. 적당(가운데): 모델이 데이터와 매우 잘 부합한다. 과적합(우측): 모델이 데이터와 지나치게 부합하여 처음 보는 데이터에는 성능이 잘 나오지 않는다.

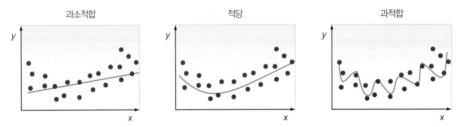

머신러닝에서는 모델의 복잡도를 적절히 조절해서 과적합이나 과소적합을 일으키지 않는 것이 중요하다. 모델의 복잡도를 조절하기 위해 필요한 드롭아웃층에 대해 알아보자.

3.5.2 드롭아웃층이란

드롭아웃층은 과적합을 방지하기 위한 수단 중 가장 널리 쓰인다. 드롭아웃을 적용하면 층을 구성하는 뉴런(노드)의 일정 비율을 비활성화한다(그림 3-37). 이 비율은 신경망의 하이퍼파라미터로 지정된다. 여기서 '비활성화'라는 말은 이들 뉴런이 순방향 또는 역전파 계산에 참여하지 않는다는 뜻이다. 신경망의 연결을 줄이는 데 모델의 성능에 도움이 된다니 직관과 어긋나는 것 같지만 드롭아웃은 특정 노드가 다른 노드를 지배해 큰 실수를 일으키는 일을 방지하고 모든 노드가 동등하게 성능에 기여하는 데 도움이 된다. 따라서 특정 노드가 실수를 하더라도 이 실수가 전체 신경망의 예측 결과까지 이어지지는 않는다. 한마디로 신경망의 유연성을 확보하는 기법이라고 보면 된다. 모든 노드가 함께 협력해서 동작하며 영향력이 지나치게 약하거나 강한 노드가 생기는 것을 막는 것이다.

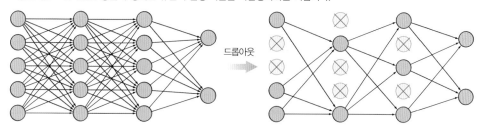

그림 3-37 드롭아웃은 층을 구성하는 뉴런의 일정 비율을 비활성화하는 기법이다.

3.5.3 드롭아웃층이 필요한 이유

뉴런은 학습 과정을 거치며 상호 의존 관계를 구축한다. 이 상호 의존 관계는 각 뉴런의 영향력을 결정하며 과적합으로 이어지는 원인이 된다. 드롭아웃이 효과적인 이유를 이해하기 위해 [그림 3-37]의 MLP를 보며 이 그림에 나온 노드가 나타내는 것이 무엇일지 생각해보자. 첫 번째 층(가장 왼쪽)은 입력 특징이 담긴 입력층이다. 두 번째 층은 이전 층의 패턴에 가중치가 곱해져 학습된 특징을 담는다. 그다음 층은 이전 층에 학습된 패턴의 패턴이 학습되는 식이다. 이때 각 뉴런은 특징 하나를 나타낸다. 그리고 이 특징은 가중치를 곱해 다른 특징으로 변환된다. 이 노드 중 일부를 무작위로 비활성화한다면 다른 노드는 비활성화된 노드가 가진 특징 없이 패턴을 학습해야 한다. 모든 특징이 이런 식으로 비활성화될 수 있으므로 가중치가 특징 간에 고르게 분산되는 효과가 발생하며 더 잘 학습된 뉴런으로 이어진다.

또한 드롭아웃은 뉴런 간에 발생하는 상호 의존 관계도 완화시킬 수 있다. 이런 관점에서 보면 드롭아웃을 일종의 앙상블 학습 기법으로 볼 수 있다. 앙상블 학습은 여러 개의 약분류기를 독립적으로 학습시킨 후 이들의 예측 결과를 통합해 전체 결과로 삼는 기법이다. 하나하나의 약분류기가 따로 학습되었기 때문에 데이터의 서로 다른 측면을 학습했고 일으키는 실수도 각각 다르다. 이들을 한데 묶으면 과적합을 적게 일으키는 더 강력한 분류기를 만들 수 있다.

직관

필자의 경우 근력 운동에 대한 비유가 드롭아웃을 이해하는 데 도움이 되었다. 우리가 바벨을 두 팔로 함께 들면 주로 쓰는 팔에 힘이 조금 더 들어가는 경향이 있다. 따라서 자주 쓰는 팔이 근력 운동을 더 하게 되고 그만큼 근육도 더 발달한다.

그림 3-38 드롭아웃 비유 1: 바벨을 두 팔로 들었을 때의 근력 운동

근력 운동을 덜한 만큼
이 팔의 근력이 약하다.

근력 운동을 더 해서
이 팔의 근력은 강하다.

드롭아웃은 양팔의 근력 운동에 균형을 맞추는 것과 같다. 오른팔은 묶어두고 왼팔로만 근력 운동을 하고, 왼팔은 묶어두고 오른팔로만 근력 운동을 한 다음 두 팔로 바벨을 드는 것과 같다. 이런 식으로 운동을 계속하면 양팔의 근육을 동등하게 늘릴 수 있다.

그림 3-39 드롭아웃 비유 2: 양팔의 근력 운동을 따로 한다.

신경망의 학습도 마찬가지다. 간혹 신경망의 특정 가중치가 매우 커져 학습 과정 전체를 장악하는 일이 발생한다. 이로 인해 신경망의 다른 부분은 학습이 제대로 되지 않는다. 드롭아웃은 이런 뉴런을 비활성화해서 다른 뉴런이 학습할 기회를 제공한다. 다음 에포크에는 또 다른 뉴런을 비활성화하며 학습을 계속하는 것이다.

3.5.4 CNN 구조 중 어디에 드롭아웃층을 끼워 넣어야 할까

앞서 배웠던 표준 CNN은 합성곱층과 풀링층을 엇갈려 배치한 다음 마지막에 전결합층을 두는 식으로 구성된다. 드롭아웃층은 추출된 특징의 1차원 벡터 변환이 끝난 다음부터 마지막 출력 층 사이에 배치하는 것이 일반적이다. 왜 그래야 할까? 드롭아웃은 경험적으로 합성곱 신경망의 전결합층에 적용하는 것이 효과가 좋다고 알려져 있다. 합성곱층 또는 풀링층에 적용한 드롭아 웃의 효과는 아직 연구된 바 없다.

CNN 구조: …CONV ⇒ POOL ⇒ 1차원 벡터 변환 ⇒ DO ⇒ FC ⇒ DO ⇒ FC

케라스를 사용해서 앞서 정의한 모델에 드롭아웃층을 추가해보자.

```
# 합성곱층과 풀링층을 엇갈려 배치
# ...
# ...
model.add(Flatten())          ← Flatten 층

model.add(Dropout(rate=0.3))    ← 30%의 노드를 비활성화하는 드롭아웃층

model.add(Dense(64, activation='relu'))   ← 데이터를 모두 입력받는 전결합층

model.add(Dropout(rate=0.5))    ← 50%의 노드를 비활성화하는
                                  드롭아웃층

model.add(Dense(10, activation='softmax'))  ← 10개 클래스의 확률을 출력하도록
                                              소프트맥스 함수를 활성화 함수로 사용
model.summary()   ← 모델의 개요 출력
```

코드를 보면 드롭아웃층을 정의할 때 rate를 인수로 받는다. rate는 비활성화할 노드의 비율 을 의미한다. 예를 들어 rate를 0.3으로 설정하면 각 에포크마다 이 층의 뉴런 중 무작위로 선 택된 30%가 비활성화된다. 이 층의 노드 수는 10개이므로 3개의 노드가 비활성화되는 셈이 다. 비활성화되는 노드는 새로운 에포크마다 바뀐다. 무작위로 선택되므로 특정 노드가 더 자 주 비활성화될 수 있지만 괜찮다. 여러 번 반복하다 보면 모든 뉴런이 거의 동등한 비율로 비활 성화된다. 이 비율은 CNN을 미세 조정하는 하이퍼파라미터이기도 하다.

3.6 컬러 이미지의 합성곱 연산(3D 이미지)

1장에서 컴퓨터는 회색조 이미지를 픽셀값의 2차원 행렬로 다룬다고 설명했다(그림 3-40). 컴퓨터에게 이미지는 픽셀값이 담긴 2차원 행렬이다. 각 픽셀값은 원색의 강도로 표현된다. 여기엔 문맥이 없고 데이터 덩어리에 지나지 않는다.

그림 3-40 컴퓨터에게 이미지는 픽셀값이 담긴 2차원 행렬이다.

```
08 02 22 97 38 15 00 40 00 75 04 05 07 78 52 12 50 77 91 08
49 49 99 40 17 81 18 57 60 87 17 40 98 43 69 46 04 56 62 00
81 49 31 73 55 79 14 29 93 71 40 67 53 99 30 03 49 13 36 65
52 90 95 23 04 60 11 42 69 24 68 56 01 32 54 71 37 02 34 91
22 31 14 71 51 67 43 59 41 92 34 54 22 40 40 28 44 33 13 80
24 47 32 60 99 03 45 02 44 75 33 53 78 36 64 20 35 09 12 80
32 98 81 28 64 23 67 10 26 38 40 67 59 54 70 66 18 38 64 70
47 24 20 68 02 62 12 20 95 63 94 39 63 04 49 91 44 49 94 21
24 55 58 05 66 73 99 26 97 17 78 78 94 83 14 88 34 89 63 72
21 36 23 09 75 00 74 44 20 45 35 14 00 61 33 97 34 31 33 95
78 17 53 28 22 75 31 67 15 94 03 80 04 42 16 14 09 53 56 92
16 39 05 42 96 35 31 47 55 58 88 24 00 17 54 24 34 29 85 57
84 56 00 48 35 71 89 07 05 44 44 37 44 60 21 58 51 54 17 58
19 80 81 68 05 94 47 49 28 73 92 13 86 52 17 77 04 89 55 40
04 52 08 83 97 35 99 16 07 97 57 32 16 26 26 79 33 27 98 66
88 36 68 87 57 62 20 72 03 46 33 67 46 55 12 32 63 93 53 69
04 42 16 73 38 25 39 11 24 94 72 18 08 46 29 32 40 62 76 36
20 69 36 41 72 30 23 88 34 62 99 69 82 67 59 85 74 04 36 16
20 73 35 29 78 31 90 01 74 31 49 71 48 86 81 16 23 57 05 54
01 70 54 71 83 51 54 49 16 92 33 48 61 43 52 01 89 19 67 48
```

컴퓨터가 본 컬러 이미지는 너비, 높이, 깊이를 가진 3차원 행렬의 형태다. RGB 이미지라면 깊이는 채널별로 하나씩 3이다. 예를 들어 28×28 크기의 컬러 이미지를 컴퓨터는 28×28×3 크기의 행렬로 다룬다. 이 행렬은 2차원 행렬 3개(각각 빨간색, 녹색, 파란색에 해당)가 세로로 쌓인 것으로 생각하면 이해하기 쉽다. 각 행렬의 요솟값은 해당 픽셀의 채널색의 강도를 의미한다. 그리고 이 세 행렬이 겹쳐져야 완전한 컬러 이미지가 된다(그림 3-41).

그림 3-41 컬러 이미지는 3개의 행렬로 표현된다. 각 행렬의 요솟값은 해당 픽셀에서의 채널색의 강도를 의미한다. 이 세 행렬을 쌓아야 완전한 컬러 이미지가 된다.

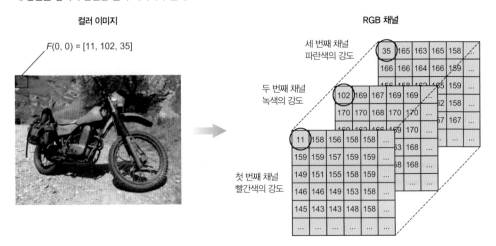

NOTE_ 일반화하기 쉽도록 이미지를 모양이 높이 × 너비 × 깊이인 3차원 배열로 다룬다. 회색조 이미지는 깊이가 1이며, 컬러 이미지는 깊이가 3이다.

3.6.1 컬러 이미지를 대상으로 합성곱 연산하기

컬러 이미지의 합성곱은 회색조 이미지와 마찬가지로 합성곱 커널을 입력 이미지 위로 이동시키며 특징 맵을 계산하면 된다. 그러나 이제 커널도 채널이 추가되어 3차원이 되었다(그림 3-42).

그림 **3-42** 컬러 이미지에 합성곱 커널을 이동시키며 특징 맵을 계산하려면 커널도 3차원이어야 한다.

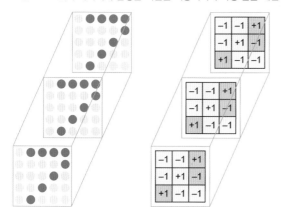

컬러 이미지의 합성곱 연산은 합해야 할 항 수가 세 배로 늘어난 것만 제외하면 회색조 이미지의 합성곱과 다를 바 없다(그림 3-43).

- 색상 채널별로 별도의 필터를 갖는다.
- 각 필터는 해당하는 채널 이미지 위를 이동한다. 겹쳐진 픽셀끼리 픽셀값을 곱하고 곱한 값을 모두 합해 전과 마찬가지로 픽셀값을 계산한다.
- 세 채널의 픽셀값을 모아 특징 맵의 픽셀값을 계산한다. 이때 편향값 1을 더하는 것을 잊으면 안 된다. 그다음 필터를 스트라이드 값만큼 이동시키고 특징 맵이 모든 픽셀값을 계산할 때까지 이 과정을 반복한다.

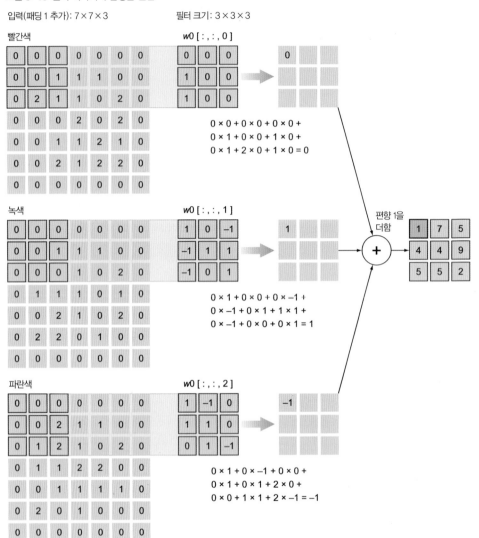

그림 3-43 컬러 이미지의 합성곱 연산

입력(패딩 1 추가): 7×7×3   필터 크기: 3×3×3

3.6.2 계산 복잡도의 변화

회색조 이미지에 3×3 크기의 필터를 적용하면 필터 하나마다 9개의 파라미터(가중치)가 생긴다. 컬러 이미지의 경우 필터 자체도 3차원 행렬이다. 따라서 파라미터 수도 3×3×3 = 27개가 된다. 파라미터 수가 증가한 만큼 계산 복잡도도 증가한다. 컬러 이미지는 공간 복잡도를 크게 증가시킨다.

컬러 이미지는 회색조 이미지보다 풍부한 정보를 가지고 있다. 이 정보는 계산 복잡도를 불필요하게 상승시키거나 메모리를 많이 차지할 수 있다. 그러나 특정 분류 문제에는 컬러 이미지가 유용하다. 따라서 색상이 큰 영향을 못 미치는 경우에는 컴퓨터 비전 엔지니어의 적절한 판단으로 학습 데이터를 회색조 이미지로 변환해야 한다. 대부분은 이미지를 해석하는 데 색상이 필요치 않으며 회색조 이미지만으로도 충분하다.

[그림 3-44]를 보면 빛의 밝기(강도)만으로 대상의 모양과 특징을 정의할 수 있다. 그러나 대상에 따라서는 색상이 중요한 경우도 있다. 예를 들어 피부암 탐지 문제는 피부색(붉은 발진)에 크게 의존한다. 차량, 사람, 피부암 탐지 등의 일반적인 컴퓨터 비전 문제는 자신의 시각을 기준으로 생각하면 색상 정보의 중요도를 판단할 수 있다. 사람이 색상 정보가 있어야 할 수 있는 일이라면 알고리즘 역시 색상 정보를 필요로 한다.

그림 3-44 회색조 이미지에 나타난 빛의 밝기(강도) 패턴만으로도 대상의 모양과 특징을 정의할 수 있다.

[그림 3-45]를 보면 (채널이 3개인) 필터 하나를 추가했다. 회색조 이미지와 마찬가지로 필터마다 하나씩 특징 맵을 생성한다. [그림 3-45]의 CNN에 모양이 $(7 \times 7 \times 3)$인 입력 이미지를 입력하고 모양이 (3×3)인 2개의 합성곱 필터를 추가하면 출력되는 특징 맵은 회색조 이미지와 마찬가지로 깊이가 2다(2개의 필터를 추가했으므로).

그림 3-45 입력 이미지는 모양이 (7×7×3)이고, 모양이 (3×3)인 2개의 합성곱 필터를 추가했다. 출력된 특징 맵의 깊이는 2가 된다.

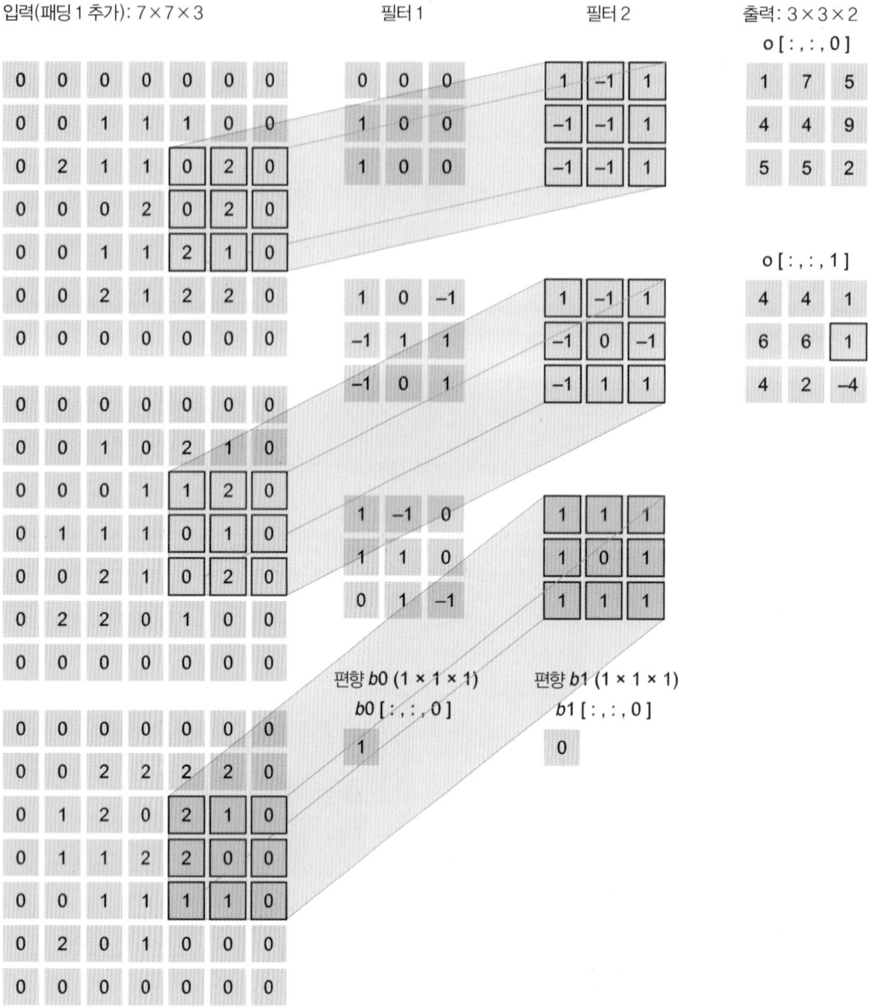

입력(패딩 1 추가): 7×7×3

필터 1

필터 2

출력: 3×3×2

o[:,:,0]

0	0	0	0	0	0	0
0	0	1	1	1	0	0
0	2	1	1	0	2	0
0	0	0	2	0	2	0
0	0	1	1	2	1	0
0	0	2	1	2	2	0
0	0	0	0	0	0	0

필터 1:
0	0	0
1	0	0
1	0	0

필터 2:
1	−1	1
−1	−1	1
−1	−1	1

출력 o[:,:,0]:
1	7	5
4	4	9
5	5	2

o[:,:,1]

0	0	0	0	0	0	0
0	0	1	0	2	1	0
0	0	0	1	1	2	0
0	1	1	1	0	1	0
0	0	2	1	0	2	0
0	2	2	0	1	0	0
0	0	0	0	0	0	0

필터 1:
1	0	−1
−1	1	1
−1	0	1

필터 2:
1	−1	1
−1	0	−1
−1	1	1

출력 o[:,:,1]:
4	4	1
6	6	1
4	2	−4

0	0	0	0	0	0	0
0	0	2	2	2	2	0
0	1	2	0	2	1	0
0	1	1	2	2	0	0
0	0	1	1	1	1	0
0	2	0	1	0	0	0
0	0	0	0	0	0	0

필터 1:
1	−1	0
1	1	0
0	1	−1

필터 2:
1	1	1
1	0	1
1	1	1

편향 b0 (1 × 1 × 1)
b0[:,:,0]
1

편향 b1 (1 × 1 × 1)
b1[:,:,0]
0

CNN 설계를 마무리하는 조언

기존의 신경망 설계를 많이 볼 것을 추천한다. 기존 설계는 이미 많은 사람의 시행착오를 거쳐 그중에서도 좋은 결과만을 모아둔 것이기 때문이다. 실제 새로운 신경망 설계를 주제로 연구 중이 아니라면 비슷한 문제를 풀었던 다른 사람들의 신경망 설계를 답습하는 것으로 일을 시작해야 한다. 우리가 가진 데이터에 맞춰 신경망을 튜닝하는 것은 그다음 문제다.

4장에서는 신경망의 성능을 측정하고 개선하는 전략을 배울 것이다. 5장에서는 가장 유명한 CNN 구조와 다른 연구자들이 이들 구조를 구현한 방법을 알아본다. 이를 위해 이 장에서 다음 내용을 숙지해야 한다. 첫 번째는 CNN 구성의 개념적인 이해고, 두 번째는 층수가 많을수록 뉴런 수도 늘어나며 더 복잡한 문제를 해결할 수 있다는 점이다. 그러나 모델의 복잡도는 계산 비용을 수반하므로 학습 데이터 양과 복잡도를 잘 고려해야 한다(간단한 문제라면 복잡한 신경망이 필요 없다).

3.7 프로젝트: 컬러 이미지 분류 문제

이미지 분류 전체를 구현하는 프로젝트를 진행하겠다. 이번 프로젝트는 CNN을 학습해서 CIFAR-10 데이터셋[4]의 이미지를 분류하는 것이다. CIFAR-10 데이터셋은 컴퓨터 비전 분야에서 널리 알려진 사물 인식 문제 데이터셋으로, 8천만 장으로 구성된 '80 Million Tiny Image' 데이터셋[5]에서 추린 32×32 크기의 컬러 이미지 6만 장으로 구성되었으며 클래스당 6천 장씩 10가지 클래스로 분류된다. 이제 주피터 노트북을 켜고 실습을 시작하자.

1단계: 데이터셋 읽어 들이기

가장 먼저 할 일은 데이터셋을 읽어 들여 학습 데이터와 테스트 데이터로 분할하는 것이다. 다행히 케라스 라이브러리에 CIFAR 데이터셋을 읽어 들일 수 있는 load_data( ) 메서드가 제공된다. 우리는 keras.datasets 패키지를 임포트한 다음 제공되는 메서드를 사용하기만 하면 된다.

```
import keras
from keras.datasets import cifar10
(x_train, y_train), (x_test, y_test) = cifar10.load_data()
```
→ 미리 무작위로 섞은 데이터를 학습 데이터와 테스트 데이터로 분할한다.

4 https://www.cs.toronto.edu/~kriz/cifar.html
5 Antonio Torralba, Rob Fergus, William T. Freeman, 「80 Million Tiny Images: A Large Data Set for Nonparametric Object and Scene Recognition」, IEEE Transactions on Pattern Analysis and Machine Intelligence (November 2008), https://doi.org/10.1109/TPAMI.2008.128

```
import numpy as np
import matplotlib.pyplot as plt
%matplotlib inline

fig = plt.figure(figsize=(20,5))
for i in range(36):
    ax = fig.add_subplot(3, 12, i + 1, xticks=[], yticks=[])
    ax.imshow(np.squeeze(x_train[i]))
```

2단계: 이미지 전처리

문제와 데이터에 따라 다르겠지만 일반적으로는 모델의 학습을 시작하기 전에 약간의 데이터 클린징과 전처리를 거친다. 손실 함수의 그래프는 동그란 사발 모양이지만 특징의 배율에 따라 타원형 사발 모양이 되기도 한다. [그림 3-46]에 특징 1과 특징 2의 배율이 같을 때의 경사 하강법 수행 과정(왼쪽)과 특징 1의 값이 특징 2보다 훨씬 작을 때의 경사 하강법 수행 과정(오른쪽)을 나타냈다.

TIP 경사 하강법을 사용할 때는 모든 특징의 배율을 비슷하게 맞추는 편이 좋다. 그렇지 않으면 학습 시간이 길어진다.

그림 3-46 모든 특징을 같은 배율로 정규화하면 둥근 사발 모양의 그래프가 만들어진다(왼쪽). 반면 정규화되지 않아 배율이 서로 다른 특징은 타원형 사발 모양의 그래프를 갖기 쉽다(오른쪽). 학습 데이터를 대상으로 경사 하강법을 수행했을 때 특징이 같은 배율로 정규화된 쪽의 학습이 훨씬 빨리 끝난다.

특징의 배율이 같을 때와 그렇지 않을 때의 경사 하강법 수행 과정

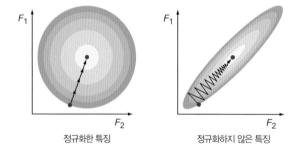

정규화한 특징   정규화하지 않은 특징

이미지의 픽셀값 정규화하기

다음 코드로 이미지의 픽셀값을 정규화할 수 있다.

```
x_train = x_train.astype('float32')/255
x_test = x_test.astype('float32')/255
```
⊲─┐ 픽셀값의 구간을 [0, 255]에서
  └ [0, 1]로 바꾸어 정규화한다.

레이블 준비하기(원-핫 인코딩)

이 책 전체에 걸쳐 입력 데이터는 픽셀값의 강도를 나타내는 값이 모여 구성되는 행렬의 형태를 갖는다. 그런데 레이블은 어떻게 나타낼까? 컴퓨터는 레이블을 어떤 식으로 이해할까? 데이터셋에 포함된 이미지는 그 이미지의 유형에 따라 레이블이 부여되어 있다. CIFAR-10을 예로 들면 ['airplane', 'automobile', 'bird', 'cat', 'deer', 'dog', 'frog', 'horse', 'ship', 'truck'] 등 10개 레이블이 부여되어 있다. 이 텍스트 레이블 역시 컴퓨터가 다룰 수 있는 숫자 형태로 변환해야 한다. 주로 원-핫 인코딩one-hot encoding이라는 방법을 사용한다. 원-핫 인코딩은 범주형 변수를 숫자로 변환하는 방법 중 하나다.

예를 들어 다음과 같은 데이터셋이 있다고 하자.

이미지	레이블
Image_1	dog
Image_2	automobile
Image_3	airplane
Image_4	truck
Image_5	bird

이 데이터에 원-핫 인코딩을 적용하면 다음과 같은 데이터가 된다.

	airplane	bird	cat	deer	dog	frog	horse	ship	truck	automobile
Image_1	0	0	0	0	1	0	0	0	0	0
Image_2	0	0	0	0	0	0	0	0	0	1
Image_3	1	0	0	0	0	0	0	0	0	0
Image_4	0	0	0	0	0	0	0	0	1	0
Image_5	0	1	0	0	0	0	0	0	0	0

다행히 케라스에서 데이터를 원-핫 인코딩 변환하는 메서드를 제공한다.

```
from keras.utils import np_utils

num_classes = len(np.unique(y_train))   ⊲─┐ 레이블에 원-핫 인코딩 적용
y_train = keras.utils.to_categorical(y_train, num_classes)
y_test = keras.utils.to_categorical(y_test, num_classes)
```

훈련 데이터와 테스트 데이터 분할하기

학습 데이터를 훈련train 데이터와 테스트test 데이터로 분할하고, 훈련 데이터를 다시 훈련 데이터와 검증validation 데이터로 분할하는 것이 표준적인 방식이다(그림 3-47). 왜 이렇게 학습 데이터를 분할하는 것일까? 각 분할마다 사용 목적이 따로 있기 때문이다.

- 훈련 데이터: 모델을 학습하는 데 사용하는 데이터
- 검증 데이터: 하이퍼파라미터를 튜닝할 때 훈련 데이터에 치우치지 않도록 하기 위한 별도의 데이터. 검증 데이터에서 학습한 내용이 모델 설정에 끼어들면 모델 평가가 편향된다.
- 테스트 데이터: 모델의 성능을 최종 판단하기 위해 사용하는 데이터

그림 3-47 훈련 데이터, 검증 데이터, 테스트 데이터의 분할

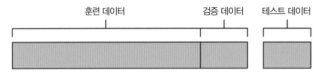

데이터 분할은 케라스로 다음과 같이 구현할 수 있다.

```
(x_train, x_valid) = x_train[5000:], x_train[:5000]    훈련 데이터셋을 분할해서 훈련 데이터셋과
(y_train, y_valid) = y_train[5000:], y_train[:5000]    검증 데이터셋으로 나눈다.

print('x_train shape:', x_train.shape)    ◁─┤ 훈련 데이터셋의 행렬 모양을 확인한다.

print('훈련 데이터 수: ', x_train.shape[0])
print('테스트 데이터 수: ', x_test.shape[0])    훈련 데이터, 검증 데이터,
print('검증 데이터 수: ', x_valid.shape[0])     테스트 데이터 수를 확인한다.
```

레이블 행렬

원-핫 인코딩을 적용해서 $(1, n)$ 모양의 레이블 벡터를 $(10, n)$ 모양의 레이블 행렬(n은 이미지 수)로 변환했다. 만약 1,000개 이미지를 포함하는 데이터셋이 있다면 레이블 벡터의 모양은 (1×1000)이었다가 원-핫 인코딩을 적용한 후에는 (1000×10) 모양의 레이블 행렬이 될 것이다. 좀 전에 신경망 구조에서 출력층의 노드를 10개로 설정한 이유가 바로 이것이다. 각 노드는 입력 이미지의 분류 결과가 자신에 해당하는 클래스일 확률을 출력한다.

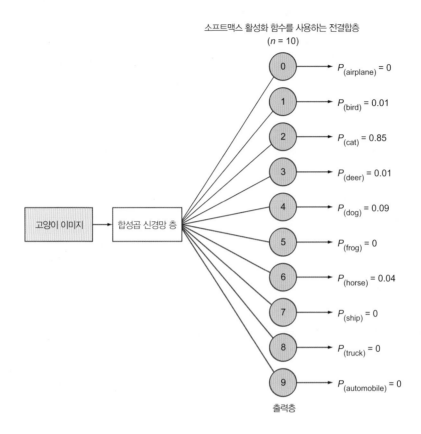

소프트맥스 활성화 함수를 사용하는 전결합층
($n = 10$)

0 → $P_{(airplane)} = 0$

1 → $P_{(bird)} = 0.01$

2 → $P_{(cat)} = 0.85$

3 → $P_{(deer)} = 0.01$

4 → $P_{(dog)} = 0.09$

5 → $P_{(frog)} = 0$

6 → $P_{(horse)} = 0.04$

7 → $P_{(ship)} = 0$

8 → $P_{(truck)} = 0$

9 → $P_{(automobile)} = 0$

고양이 이미지 → 합성곱 신경망 층

출력층

3단계: 모델 구조 정의하기

(일반적인 신경망을 포함해) CNN을 구성하는 주요 요소는 층이라는 것을 배웠다. 대부분의 딥러닝 프로젝트는 간단한 층을 쌓아올려 데이터 증류$^{\text{data distillation}}$를 구현하는 형태다. 앞서 배웠던 CNN의 주요 구성 요소는 합성곱층, 풀링층, 전결합층, 활성화 함수다.

신경망 구조를 설계하는 방법

합성곱층과 풀링층은 몇 개나 배치해야 할까? 필자는 유명한 신경망 구조(AlexNet, ResNet, Inception)의 문헌을 참고해서 설계와 관련된 결정을 내린 핵심 아이디어를 정리해보라고 권하고 싶다. 이들 최신 신경망 구조를 설계한 과정을 곱씹어 보고 구현을 모방해서 자신의 프로젝트에 적용하다 보면 당면한 문제에 어떤 구조가 가장 적합한지 알아보는 직관을 기를 수 있다.

대표적인 합성곱 신경망의 구조는 5장에서 설명한다. 그때까지는 다음 사항을 중점적으로 고려하면 된다.

- 층수가 많을수록 복잡한 문제를 학습할 수 있다(적어도 이론적으로는). 하지만 층수가 많으면 파라미터 수가 증가하고 그만큼 학습에 따르는 계산 복잡도가 증가한다. 학습 데이터에 과적합을 일으킬 가능성도 고려해야 한다.
- 입력 이미지가 신경망의 층을 거칠 때 이미지 크기는 줄어들고 깊이(채널)는 증가한다.
- 일반적으로 필터 크기가 3×3인 합성곱층 두세 층 뒤로 역시 필터 크기가 2×2인 풀링층을 하나 배치하는 정도로 설계를 시작한다. 이 정도면 작은 데이터셋을 다룰 수 있다. 그리고 이미지의 크기가 적절해질 때까지(4×4, 5×5 정도) 합성곱층과 풀링층을 추가한다. 마지막으로 분류를 담당할 전결합층을 끝에 두 층 추가한다.
- 몇 가지 하이퍼파라미터(필터 수, 커널 크기, 패딩 등)를 설정한다. 처음부터 시행착오를 되풀이하지 말고 관련 연구 문헌을 참고해서 어떤 값이 유효한지 알아본다. 다른 사람의 연구에서 성공적이었던 신경망 구조를 참고해 출발점으로 삼고, 상황에 맞게 하이퍼파라미터를 조정한다. 다음 장에서는 다른 연구에서 유효했던 신경망 구조를 참고하는 방법을 알아볼 것이다.

층 및 하이퍼파라미터 관련 작업 학습

처음 CNN을 설계하면서 하이퍼파라미터 설정에만 매달리는 것도 바람직하지 않다. 신경망을 구성하고 하이퍼파라미터를 설정하는 감을 잡으려면 다른 사람이 만들어놓은 결과물을 참고하는 것이 가장 좋다. 딥러닝 엔지니어로서 여러분이 할 일은 대부분 신경망 구조를 설계하고 파라미터를 조정하는 일이다. 이를 위해서는 다음 내용을 꼭 숙지하기 바란다.

- CNN을 구성하는 주요 층의 동작 원리(합성곱층, 풀링층, 전결합층, 드롭아웃층)와 필요한 이유
- 하이퍼파라미터의 의미(필터 수, 커널 크기, 스트라이드, 패딩 등)
- 원하는 신경망 구조를 케라스를 사용해서 구현하는 방법. 이 장의 내용을 그대로 코드로 모방할 수 있는 수준이면 된다.

5장에서는 최신 연구에서 제안한 몇 가지 신경망 구조를 살펴보며 그 성공 요인을 알아볼 것이다.

[그림 3-48]은 AlexNet의 구조다. AlexNet은 2011년 ImageNet 경진대회 우승 기록으로 널리 알려져 있다(자세한 사항은 5장 참조). AlexNet은 각각 5개의 합성곱층과 풀링층, 3개의 전결합층으로 구성되었다.

그림 3-48 AlexNet의 구조

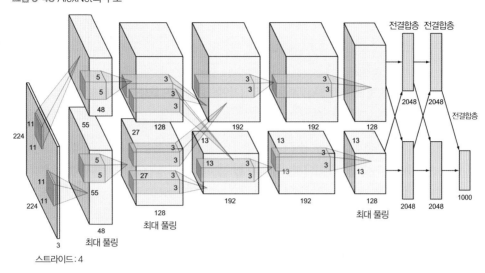

AlexNet의 간략 버전을 실제로 구현해서 CIFAR-10 데이터셋에서 성능이 얼마나 나오는지 확인해보자(그림 3-49). 성능에 따라 층을 추가해야 할 수도 있다. 합성곱층과 풀링층은 각각 3개씩, 전결합층은 2개로 간략화된 신경망을 구성한다.

CNN: INPUT $\Rightarrow$ CONV_1 $\Rightarrow$ POOL_1 $\Rightarrow$ CONV_2 $\Rightarrow$ POOL_2 $\Rightarrow$ CONV_3 $\Rightarrow$
POOL_3 $\Rightarrow$ DO $\Rightarrow$ FC $\Rightarrow$ DO $\Rightarrow$ FC (softmax)

그림 3-49 실제 구현해볼 AlexNet의 간략 버전

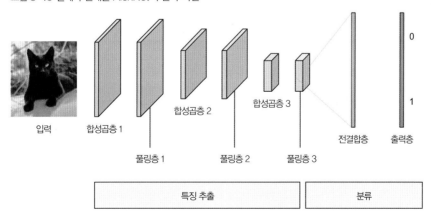

모든 은닉층의 활성화 함수는 ReLU를 사용한다. 마지막 전결합층은 노드 10개에 활성화 함수는 소프트맥스 함수를 사용해서 분류 대상 클래스의 확률(모든 노드의 출력값을 합하면 1이 된다)을 출력한다.

```python
from keras.models import Sequential
from keras.layers import Conv2D, MaxPooling2D, Flatten, Dense, Dropout

model = Sequential()
model.add(Conv2D(filters=16, kernel_size=2, padding='same',
    activation='relu', input_shape=(32, 32, 3)))
model.add(MaxPooling2D(pool_size=2))

model.add(Conv2D(filters=32, kernel_size=2, padding='same',
    activation='relu'))
model.add(MaxPooling2D(pool_size=2))

model.add(Conv2D(filters=64, kernel_size=2, padding='same',
    activation='relu'))
model.add(MaxPooling2D(pool_size=2))
model.add(Dropout(0.3))

model.add(Flatten())

model.add(Dense(500, activation='relu'))
model.add(Dropout(0.4))

model.add(Dense(10, activation='softmax'))

model.summary()
```

첫 번째 합성곱층과 풀링층. 입력 모양 (input_shape)은 첫 번째 합성곱층에만 지정한다.

두 번째 합성곱층과 풀링층. ReLU를 활성화 함수로 사용한다.

세 번째 합성곱층과 풀링층

과적합을 피하기 위한 드롭아웃층. 드롭아웃 비율을 30%로 설정했다.

특징 맵을 1차원 특징 벡터로 변환한다.

첫 번째 전결합층

드롭아웃 비율이 40%인 두 번째 드롭아웃층

출력층은 노드가 10개인 전결합층이며, 소프트맥스 함수를 활성화 함수로 사용하므로 각 클래스의 확률을 출력한다.

모델 구조의 개요를 출력한다.

위 코드를 실행하면 출력되는 모델 구조의 개요에서 층을 거칠 때마다 특징 맵의 크기가 달라지는 것을 확인할 수 있다(그림 3-50).

그림 3-50 출력된 모델 구조의 개요

```
Layer (type)                    Output Shape              Param #
=================================================================
conv2d_1 (Conv2D)               (None, 32, 32, 16)        208
_____
max_pooling2d_1 (MaxPooling 2   (None, 16, 16, 16)        0
_____
conv2d_2 (Conv2D)               (None, 16, 16, 32)        2080
_____
max_pooling2d_2 (MaxPooling 2   (None, 8, 8, 32)          0
_____
conv2d_3 (Conv2D)               (None, 8, 8, 64)          8256
_____
max_pooling2d_3 (MaxPooling 2   (None, 4, 4, 64)          0
_____
dropout_1 (Dropout)             (None, 4, 4, 64)          0
_____
flatten_1 (Flatten)             (None, 1024)              0
_____
dense_1 (Dense)                 (None, 500)               512500
_____
dropout_2 (Dropout)             (None, 500)               0
_____
dense_2 (Dense)                 (None, 10)                5010
=================================================================
Total params: 528,054
Trainable params: 528,054
Non-trainable params: 0
_____
```

모델 구조의 개요를 읽는 방법은 앞서 소개했다. 이 모델은 학습 대상 파라미터가 총 528,054
개(가중치 및 편향)다. 파라미터 수를 계산하는 방법도 앞서 설명한 대로 계산한 것이다.

4단계: 모델 컴파일하기

모델의 학습을 시작하기 전에 마지막으로 손실 함수, 최적화 알고리즘, 학습 과정 모니터링에
사용할 평가 지표 등 세 가지 하이퍼파라미터를 결정해야 한다.

- 손실 함수: 학습 데이터를 대상으로 신경망의 성능을 파악하는 측정 수단
- 최적화 알고리즘: 손실값이 최소가 되도록 파라미터(가중치와 편향)를 최적화하기 위해 사용할 알고리즘. 내
  개의 경우 확률적 경사 하강법의 한 종류를 사용한다(2장 참조).
- 평가 지표: 학습 및 테스트 과정에서 사용할 모델의 평가 지표. 여기서는 정확도를 의미하는 metrics=
  ['accuracy']를 사용한다.

손실 함수 및 최적화 알고리즘의 종류와 특성을 확인하고 싶다면 2장으로 돌아가서 다시 한번 해당 내용을 읽어보기 바란다.

다음 코드로 정의가 끝난 모델을 컴파일할 수 있다.

```
model.compile(loss='categorical_crossentropy', optimizer='rmsprop',
    metrics=['accuracy'])
```

5단계: 모델 학습하기

이제 신경망을 학습할 준비가 모두 끝났다. 케라스 라이브러리로 구현한 모델은 .fit( ) 메서드만 호출하면 학습이 진행된다(학습 데이터에 모델을 부합시킨다는 의미다).

```
from keras.callbacks import ModelCheckpoint

checkpointer = ModelCheckpoint(filepath='model.weights.best.hdf5', verbose=1,
    save_best_only=True)

hist = model.fit(x_train, y_train, batch_size=32, epochs=100,
    validation_data=(x_valid, y_valid), callbacks=[checkpointer],
    verbose=2, shuffle=True)
```

이 코드를 실행하면 학습이 시작된다. 한 에포크가 진행될 때마다 [그림 3-51]과 같은 복잡한 메시지가 출력된다. 100에포크 동안 출력되는 내용은 너무 길기 때문에 지면에는 처음 13에포크 동안 출력된 내용을 실었다. 주피터 노트북에서 이 코드를 실행하면 100에포크 동안의 메시지를 모두 볼 수 있다.

그림 3-51 학습 초기 13에포크 동안 출력된 내용

```
Train on 45000 amples, validation 5000 samples
Epoch 1/100
Epoch 00000: val_loss improved from inf to 1.35820, saving model to model.weights.best.hdf5
46s - loss: 1.6192 - acc: 0.4140 - val_loss: 1.3582 - val_acc: 0.5166
Epoch 2/100
Epoch 00001: val_loss improved from 1.35820 to 1.22245, saving model to model.weights.best.hdf5
53s - loss: 1.2881 - acc: 0.5402 - val_loss: 1.2224 - val_acc: 0.5644
Epoch 3/100
Epoch 00002: val_loss improved from 1.22245 to 1.12096, saving model to model.weights.best.hdf5
49s - loss: 1.1630 - acc: 0.5879 - val_loss: 1.1210 - val_acc: 0.6046
Epoch 4/100
Epoch 00003: val_loss improved from 1.12096 to 1.10724, saving model to model.weights.best.hdf5
56s - loss: 1.0928 - acc: 0.6160 - val_loss: 1.1072 - val_acc: 0.6134
Epoch 5/100
Epoch 00004: val_loss improved from 1.10724 to 0.97377, saving model to model.weights.best.hdf5
52s - loss: 1.0413 - acc: 0.6382 - val_loss: 0.9738 - val_acc: 0.6596
Epoch 6/100
Epoch 00005: val_loss improved from 0.97377 to 0.95501, saving model to model.weights.best.hdf5
50s - loss: 1.0090 - acc: 0.6484 - val_loss: 0.9550 - val_acc: 0.6768
Epoch 7/100
Epoch 00006: val_loss improved from 0.95501 to 0.94448, saving model to model.weights.best.hdf5
49s - loss: 0.9967 - acc: 0.6561 - val_loss: 0.9445 - val_acc: 0.6828
Epoch 8/100
Epoch 00007: val_loss did not improve
61s - loss: 0.9934 - acc: 0.6604 - val_loss: 1.1300 - val_acc: 0.6376
Epoch 9/100
Epoch 00008: val_loss improved from 0.94448 to 0.91779, saving model to model.weights.best.hdf5
49s - loss: 0.9858 - acc: 0.6672 - val_loss: 0.9178 - val_acc: 0.6882
Epoch 10/100
Epoch 00009: val_loss did not improve
50s - loss: 0.9839 - acc: 0.6658 - val_loss: 0.9669 - val_acc: 0.6748
Epoch 11/100
Epoch 00010: val_loss improved from 0.91779 to 0.91570, saving model to model.weights.best.hdf5
49s - loss: 1.0002 - acc: 0.6624 - val_loss: 0.9157 - val_acc: 0.6936
Epoch 12/100
Epoch 00011: val_loss did not improve
54s - loss: 1.0001 - acc: 0.6659 - val_loss: 1.1442 - val_acc: 0.6646
Epoch 13/100
Epoch 00012: val_loss did not improve
56s - loss: 1.0161 - acc: 0.6633 - val_loss: 0.9702 - val_acc: 0.6788
```

학습 중 출력된 메시지를 잘 보면 신경망의 대략적인 성능과 함께 어떤 하이퍼파라미터를 조절해야 하는지 알 수 있다. 이 내용에 대해서는 4장에서 더 자세히 설명한다. 지금은 다음 내용만 숙지하면 된다.

- loss와 acc는 각각 학습 데이터에 대한 오차와 정확도를 의미한다. val_loss와 val_acc는 검증 데이터에 대한 오차와 정확도다.

- 한 에포크가 끝날 때마다 val_loss와 val_acc의 변화를 주시하라. val_loss는 감소하고, val_acc는 증가하고 있다면 에포크마다 학습이 제대로 진행되고 있는 것이다.

- 처음 6에포크 동안은 매 에포크마다 가중치를 저장했다. 그 이유는 검증 데이터에 대한 손실값이 개선되고 있었기 때문이다. 이와 같이 가장 성능이 좋았던 가중치는 해당 에포크가 끝나면 저장된다.

- 7에포크에서 val_loss는 0.9445에서 1.1300으로 상승했다. 다시 말해 7에포크에선 성능이 개선되지 않았다. 따라서 이 에포크에서 학습된 가중치는 저장되지 않는다. 이 시점에서 학습을 종료하고 6에포크의 가중치를 읽어 들이면 그때까지의 학습 과정에서 가장 성능이 좋았던 가중치를 사용한다.
- 8에포크에서는 val_loss가 감소했으므로 학습된 가중치를 저장했다. 반면 9에포크에서는 손실이 증가했으므로 가중치를 저장하지 않았다.
- 12에포크에서 학습을 중단하고 그때까지 가장 우수했던 가중치를 읽어 들이면 10에포크의 가중치를 사용한다(val_loss = 0.9157, val_acc = 0.6936). 테스트 데이터를 대상으로 해도 69% 정도의 정확도를 기대할 수 있다.

주의 깊게 관찰해야 하는 현상

val_loss가 진동

val_loss 값이 증감을 반복하며 진동한다면 학습률 하이퍼파라미터를 조절할 필요가 있다. 예를 들어 val_loss가 0.8, 0.9, 0.7, 1.0과 같이 변화했다면 학습률이 너무 커서 오차 함수의 경사를 내려가지 못할 가능성을 고려해야 한다. 학습률을 감소시킨 후 학습을 계속하며 모니터링한다.

그림 3-52 val_loss 값이 진동한다면 학습률이 너무 크게 설정됐을 가능성이 있다.

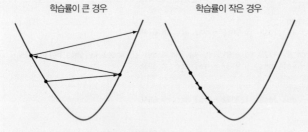

val_loss가 감소하지 않음(과소적합)

val_loss가 감소하지 않는다면 모델이 데이터에 비해 너무 단순해서 과소적합을 일으켰을 가능성이 높다. 은닉층을 추가해서 모델의 복잡도를 확보해 모델이 데이터에 부합될 수 있게 한다.

loss는 감소하는데 val_loss가 정체됨

훈련 데이터에 대한 과적합이 발생했다는 신호다. 훈련 데이터의 오차는 줄어드는데 검증 데이터의 오차는 줄어들지 않기 때문이다. 이런 경우에는 드롭아웃층 등 과적합을 방지할 수단을 적용해야 한다. 드롭아웃층 외에 과적합을 방지할 수단은 다음 장에서 더 자세히 다룬다.

6단계: val_acc가 가장 좋았던 모델 사용하기

학습이 끝났으니 load_weights( ) 메서드를 이용해서 val_acc 성능이 가장 좋았던 가중치를
읽어 들인다.

```
model.load_weights('model.weights.best.hdf5')
```

7단계: 모델 평가하기

마지막 단계에서는 모델을 평가하고 정확도를 계산해서 모델이 이미지 분류를 올바르게 예측
하는 빈도를 나타내는 백분율을 계산한다.

```
score = model.evaluate(x_test, y_test, verbose=0)
print('\n', 'Test accuracy:', score[1])
```

이 코드를 실행하면 70% 정도의 정확도를 얻을 수 있다. 이 정도면 나쁘지 않다. 하지만 개선
의 여지도 있다. CNN 구조에 층을 추가해보며 성능이 어떻게 변화하는지 살펴보자.

다음 장에서는 딥러닝 프로젝트를 시작하는 방법과 모델의 성능 개선을 위한 하이퍼파라미터
튜닝을 다룬다. 4장 후반부에는 이 장의 프로젝트로 돌아와 성능 개선 방법을 적용해 정확도를
90% 선까지 개선할 것이다.

3.8 마치며

- MLP, ANN, 전결합층, 피드포워드 등은 모두 2장에서 배운 일반적인 전결합 신경망 구조를
  가리키는 용어다.
- MLP는 1차원 입력에 대해 잘 작동한다. 이미지를 다룰 때 MLP의 성능이 떨어지는 주된 이
  유는 다음 두 가지다. 첫 번째는 1차원 벡터 형태로만 특징을 입력받는다는 점이다. 그렇기
  때문에 2차원 이미지를 1차원으로 변환해야 하고, 이 과정에서 공간적 특징에 대한 정보 손
  실이 발생한다. 두 번째는 MLP를 구성하는 전결합층의 파라미터 수는 이미지 크기가 조금
  만 커져도 수십 억 이상까지 사실상 학습이 어려울 정도로 급증한다. 이 정도 계산 복잡도는
  사실상 실제 문제를 풀기 어렵다.

- CNN은 2차원 이미지를 행렬 형태 그대로 입력받을 수 있기 때문에 이미지 처리에 강점이 있다. 합성곱층은 모든 노드가 연결된 전결합층과 달리 인접한 노드끼리만 연결된 합성곱 필터를 갖는다.

- CNN은 합성곱층, 풀링층, 전결합층으로 구성된다. 합성곱층은 특징 추출을 담당하며, 풀링층은 신경망의 규모를 축소하는 효과가 있고, 전결합층은 추출된 특징을 이용해서 분류를 수행한다.

- 머신러닝 모델의 성능이 좋지 않은 주된 이유는 과적합 또는 과소적합이다. 과소적합은 모델의 표현력이 데이터에 비해 약해서 데이터에 제대로 부합하지 못하는 현상이고, 과적합은 모델이 지나치게 복잡하여 훈련 데이터의 불필요한 세부 사항까지 학습해 테스트 데이터를 대상으로 일반화 성능이 제대로 나오지 않는 현상을 말한다.

- 드롭아웃층은 과적합을 방지하기 위한 층이다. 일정 비율의 노드를 비활성화시키는 방식으로 동작한다.

## CHAPTER 4

딥러닝 프로젝트 시동 걸기와 하이퍼파라미터 튜닝

이 장의 내용

- 성능 지표 정의하기
- 베이스라인 모델 설정하기
- 학습 데이터 준비하기
- 모델을 평가하고 성능 개선하기

이 장은 딥러닝의 기초를 다루는 1부의 마지막 장이다. 2장에서는 다층 퍼셉트론을 배웠고, 3장에서는 컴퓨터 비전 분야에서 매우 널리 쓰이는 신경망 구조인 합성곱 신경망을 배웠다. 이장은 머신러닝 프로젝트를 시작하고 마치는 전체 과정을 다룬다. 빠르고 효율적으로 동작하는 딥러닝 시스템을 만드는 방법과 결과를 분석하고 성능을 개선하는 방법도 살펴본다.

이미 경험을 통해 체득한 독자도 있겠지만 딥러닝 개발은 경험에 의존하는 바가 크다. 정해진 공식대로 한 번에 완성한 모델로 문제를 해결하기보다는 다양한 조건에서 실험과 모델 성능을 관찰하며 시행착오를 거치는 경우가 훨씬 많다. 해결책을 위한 초기 아이디어를 떠올리고 이를 구현해서 실험 끝에 성능을 평가하고 그 결과를 반영해 아이디어를 다듬어나간다. 신경망을 구성하고 이를 튜닝하다 보면 다양한 결정을 내리게 된다.

- 어떤 신경망 구조로 시작할 것인가?
- 은닉층 수는 얼마나 필요한가?
- 각 층의 유닛 또는 필터 수는 얼마나 필요한가?
- 학습률은 어떻게 설정할까?
- 어떤 활성화 함수를 사용해야 할까?
- 데이터 수집과 하이퍼파라미터 튜닝 중 어느 것이 모델 성능 개선에 도움이 될까?

이 장의 구성은 다음과 같다.

- 머신러닝 시스템의 성능 지표 정의하기: 정확도 외에 정밀도, 재현율, F-점수 등의 지표를 사용해서 신경망을 평가한다.
- 베이스라인 모델 설정하기: 첫 번째 실험에 사용할 적절한 신경망 구조를 선택한다.
- 학습 데이터 준비하기: 실제 문제에서 사용하는 데이터는 깔끔하게 정리하는 과정을 거쳐야 신경망에 입력할 수 있다. 4.3절에서는 학습에 사용할 수 있도록 데이터를 준비하는 방법을 배운다.
- 모델을 평가하고 성능 지표 해석하기: 학습이 끝나면 모델의 성능을 분석해서 시스템의 병목을 확인하고 개선 방안 옵션을 좁혀간다. 다시 말해 신경망의 구성 요소 중 전체 성능의 발목을 잡는 부분이 어디인지 파악하고 과적합, 데이터 결함 등의 원인을 파악하는 과정이다.
- 신경망을 개선하고 하이퍼파라미터 튜닝하기: 주요 하이퍼파라미터를 자세히 살펴보며 하이퍼파라미터를 튜닝하는 감각을 익힌다. 튜닝은 앞서 배운 모델 분석 방법을 통해 점진적으로 하이퍼파라미터를 변화시켜가는 전략을 취한다.

TIP 경험과 실험을 통해 딥러닝 엔지니어 혹은 연구자는 모델을 개선하는 직관을 키운다. 다양한 신경망 구조를 실험해보며 직접 경험하는 방법만이 하이퍼파라미터 튜닝 능력을 기를 수 있다.

자, 준비가 되었다면 본격적으로 시작해보자.

4.1 성능 지표란

성능 지표를 통해 시스템을 평가할 수 있다. 모델을 개발하고 나면 우리가 만든 모델의 성능이 어느 정도인지 궁금할 것이다. 모델의 성능을 평가하는 가장 간단한 수단은 정확도다. 정확도는 모델의 예측이 정답과 일치한 비율로 정의할 수 있다. 예를 들어 100개의 입력 표본을 대상으로 90개에 대해 모델이 정확한 예측을 내렸다면 이 모델의 정확도는 90%가 된다.

정확도는 다음 식과 같이 정의된다.

$$정확도 = \frac{정답을\ 맞힌\ 횟수}{전체\ 표본\ 수}$$

4.1.1 정확도가 가장 좋은 지표인가

지금까지 우리는 모델의 평가 기준으로 정확도를 사용해왔고, 아직까지는 큰 문제가 없었다.

하지만 다음과 같은 문제를 생각해보자. 굉장히 희귀한 질환의 유무를 판정하는 진단 모델을 설계하려고 한다. 이 질환은 1백만 명 중 1명꼴로 발병하는 희귀한 질환이다. 내부에 아무 것도 없이 무조건 음성(질환 없음)을 예측하는 시스템도 99.999%의 정확도를 갖게 된다. 이게 옳은 것일까? 99.999% 정확도라고 하면 매우 높은 성능처럼 보이지만 이 시스템으로는 실제 질환을 가진 사람을 찾아낼 수 없다. 다시 말해 정확도는 이 모델의 성능을 평가하기 적합한 지표가 아니다. 모델의 예측 능력을 다른 측면에서 평가하는 또 다른 지표가 필요하다.

4.1.2 혼동 행렬

또 다른 지표를 정의하려면 혼동 행렬confusion matrix이 필요하다. 혼동 행렬은 모델의 분류 결과를 정리한 표다. 혼동 행렬 자체는 어렵지 않게 이해할 수 있지만 관련 용어는 기억하기 까다로운 것도 있다. 하지만 직관적이고 이치에 맞는 용어라서 처음에 잘 이해해두는 게 좋다. 그럼 차근차근 살펴보자.

우리 목표는 정확도 외에 다른 각도에서 바라본 모델의 성능을 파악하는 것이다. 예를 들어 환자에게 어떤 질환이 있는지 여부를 판단하는 분류기를 만든다고 가정한다. 가능한 분류 결과는 양성positive(질환이 있음) 또는 음성negative(질환이 없음) 두 가지다. 1,000명의 환자를 대상으로 모델이 예측한 결과를 [표 4-1]에 정리했다.

표 4-1 1,000명의 환자를 대상으로 질환 유무를 예측한 결과를 정리한 표

	질환이 있다고 예측(양성)	질환이 없다고 예측(음성)
질환이 있음(양성)	100 진양성(TP)	30 위음성(FN)
질환이 없음(음성)	70 위양성(FP)	800 진음성(TN)

기본적인 용어부터 정의해보자. 이들 값은 비율이 아니라 정수다.

- **진양성**true positive, TP : 모델이 양성이라고 정확하게 예측(질환이 있음)
- **진음성**true negative, TN : 모델이 음성이라고 정확하게 예측(질환이 없음)
- **위양성**false positive, FP : 실제는 음성이지만 모델이 양성이라고 잘못 예측. 1종 오류type I error라고도 한다.
- **위음성**false negative, FN : 실제는 양성이지만 모델이 음성이라고 잘못 예측. 2종 오류type II error라고도 한다.

모델로부터 질환이 없다고 음성 판정을 받은 환자는 추가 검사 없이 귀가할 수 있다. 반면 모델로부터 질환이 있다고 양성 판정을 받은 환자는 추가 검사를 받게 된다. 어떤 오류가 더 치명적일까? 실수로 없는 질환을 판정해 추가 검사를 받는 편이 있는 질환을 놓쳐 생명을 위험하게 하는 것보다 더 낫다. 다시 말해 이 경우는 위음성의 수를 더 중요하게 다뤄야 한다. 질환이 없는 사람이 불필요하게 추가 검사를 받는 오류를 감수하더라도 질환이 있는 사람을 모두 찾아내는 것이 중요하다. 이 지표가 바로 **재현율**이다.

4.1.3 정밀도와 재현율

재현율recall (또는 **민감도**sensitivity)은 모델이 질환이 있는 사람을 얼마나 **잘못** 진단했는지 알려준다. 다시 말해 질환이 있는 사람을 음성으로 진단한 위음성이 얼마나 되는지 나타내는 지표다. 재현율 공식은 다음과 같다.

$$재현율 = \frac{진양성}{진양성 + 위음성}$$

정밀도precision (또는 **특이성**specificity)는 재현율의 반대 개념으로, 모델이 질환이 없는 사람을 얼마나 **잘못** 진단했는지 알려준다. 다시 말해 질환이 없는 사람을 양성으로 진단한 위양성이 얼마나 되는지 나타내는 지표다. 정밀도 공식은 다음과 같다.

$$정밀도 = \frac{진양성}{진양성 + 위양성}$$

상황에 맞는 지표 선택하기

우리가 예로 들었던 질환 판정 모델의 경우는 재현율이 더 적합한 지표였지만 상황에 따라 다른 지표가 더 적합할 수도 있다. 당면한 문제에 가장 적합한 지표를 선택하려면 위양성과 위음성 중 어떤 오류가 더 치명적인지 생각해보면 된다. 위양성이 더 나쁘다면 정밀도, 위음성이 더 나쁘다면 재현율을 사용한다.

스팸 메일 분류기를 예로 들어보자. 정상 메일을 스팸으로 분류하는 것(위양성)과 스팸 메일을 정상으로 분류하는 것(위음성) 중 어떤 오류가 더 큰 문제를 일으킬까? 이 문제는 위양성이 더 큰 문제를 일으킬 수 있다. 수신인이 받아야 할 중요한 메일을 잘못된 스팸 분류 탓에 전달받지 못하면 안 되기 때문이다. 스팸 메일을 최대한 걸러내야 하지만 일반 메일을 잘못 분류해서는 절대 안 된다. 그렇다면 여기서 적합한 지표는 정밀도다.

정밀도와 재현율을 함께 고려하는 지표도 있다. 이러한 지표를 F-점수라고 한다. F-점수는 다음 절에서 설명하겠다.

4.1.4 F-점수

재현율과 정밀도를 단일 지표로 한꺼번에 나타내고 싶을 경우도 있다. 이때는 정밀도(p)와 재현율(r)을 합쳐 단일 지표인 F-점수로 변환한다. F-점수는 정밀도와 재현율의 **조화평균**harmonic mean으로 정의된다.

$$\text{F-점수} = \frac{2pr}{p+r}$$

F-점수는 모델의 전반적인 성능을 하나의 지표로 나타낼 수 있다. 질환 판정 모델을 다시 살펴보자. 이 모델은 **재현율이 더 중요한** 모델이다. 그런데 모델의 위음성 판정이 거의 없어 재현율을 충분히 확보했지만 위양성 건수가 많아 정밀도가 낮다면 어떻게 해야 할까? 위양성 건수가 많다는 것은 바꿔 말하면 질환이 있는 환자를 놓치지 않으려면 불필요하게 추가 검사를 받는 환자가 늘어난다는 뜻이다. 재현율이 중요하지만 정밀도 역시 함께 살펴봐야 한다.

	정밀도	재현율	F-점수
분류기 A	95%	90%	92.4%
분류기 B	98%	85%	91%

NOTE_ 모델 평가 지표는 향후 시스템의 개선 방향을 결정하는 중요한 요소다. 지표를 명확하게 정의하지 않으면 머신러닝 시스템을 변경할 때 이 변경이 개선으로 이어질지 후퇴로 이어질지 분명하게 판단하기 어렵다.

4.2 베이스라인 모델 설정하기

모델 평가에 사용할 지표를 선택했다면 모델을 학습하기 위한 기반 시스템을 꾸릴 차례다. 당면한 문제의 종류에 따라 신경망 구조에 맞는 베이스라인을 설정해야 할 필요가 있다. 베이스라인 모델은 다음과 같은 사항을 고려해서 설정한다.

- 어떤 유형의 신경망을 사용해야 하는가? MLP, CNN, RNN 등이 있다.
- YOLO나 SSD 등의 물체 인식 기법을 적용해야 하는가?
- 신경망의 층수는 얼마나 두어야 할까?
- 활성화 함수는 어떤 것을 사용할까?
- 최적화 알고리즘은 어떤 것을 사용할까?
- 드롭아웃, 배치 정규화 등의 규제화 기법을 사용해서 과적합을 방지해야 하는가?

이미 연구가 상당히 진행된 문제와 유사한 문제를 다루고 있다면 먼저 해당 태스크에서 가장 성능이 좋았던 기존 모델과 알고리즘을 답습하는 것이 좋다. 모델을 처음부터 학습하지 않고 다른 데이터셋으로 이미 학습된 모델을 가져와서 사용하는 방법도 있다. 이런 방법을 **전이학습**transfer learning이라고 하며 6장에서 자세히 다룬다.

예를 들어 마지막 장의 프로젝트는 AlexNet을 베이스라인으로 사용한다. [그림 4-1]은 AlexNet의 신경망 구조를 각 층의 규모까지 간략히 나타낸 것이다. 입력층 뒤로 5개의 합성곱층(CONV1부터 CONV5까지)이 이어지고, 그 뒤로 2개의 전결합층(FC6, FC7)이 이어지며, 출력층으로 소프트맥스 함수를 활성화 함수로 사용하는 또 다른 전결합층(FC8)이 연결된다.

INPUT ⇒ CONV1 ⇒ POOL1 ⇒ CONV2 ⇒ POOL2 ⇒ CONV3 ⇒ CONV4 ⇒
CONV5 ⇒ POOL3 ⇒ FC6 ⇒ FC7 ⇒ SOFTMAX_8

그림 4-1 AlexNet은 5개의 합성곱층과 3개의 전결합층으로 구성된다.

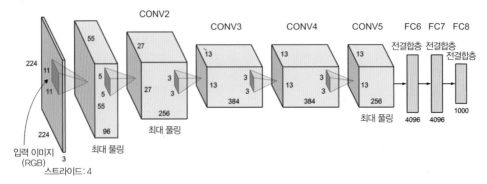

AlexNet 구조를 보면 모델을 구현하는 데 필요한 하이퍼파라미터를 모두 확인할 수 있다.

- 신경망의 깊이(층수): 5개의 합성곱층과 3개의 전결합층
- 층의 깊이(필터 수): CONV1 = 96, CONV2 = 256, CONV3 = 384, CONV4 = 385, CONV5 = 256
- 필터 크기: 11×11, 5×5, 3×3, 3×3, 3×3
- 은닉층(CONV1부터 FC7까지)의 활성화 함수는 ReLU가 사용된다.
- CONV1, CONV2, CONV5 뒤로 최대 풀링층을 배치한다.
- FC6과 FC7의 뉴런 수는 4,096개이다.
- FC8의 뉴런 수는 1,000개고, 소프트맥스 함수를 활성화 함수로 사용한다.

NOTE_ 다음 장에서는 CNN 구조와 이를 케라스로 구현한 코드를 살펴볼 것이다. LeNet, AlexNet, VGG, ResNet, Inception의 구조를 살펴보며 어떤 유형의 문제에 어떤 신경망 구조가 적합한지 이해하고, 새로운 CNN 구조를 떠올리는 계기로 삼겠다.

4.3 학습 데이터 준비하기

성능 지표를 정의했고, 베이스라인 모델 설정이 끝났다. 이제 학습에 사용할 데이터를 준비할 차례다. 데이터 준비 과정은 문제의 유형과 데이터의 성격에 따라 크게 달라진다. 여기서는 학습을 시작하기 전에 필요한 기본적인 데이터 준비 기법을 다룬다. 그리고 준비된 데이터가 무엇인지 판단할 수 있는 감각과 함께 어떤 기법이 필요한지 선택할 수 있는 능력을 기른다.

4.3.1 훈련 데이터, 검증 데이터, 테스트 데이터로 분할하기

머신러닝 모델을 학습하기 위해 학습 데이터를 훈련 데이터와 테스트 데이터로 분할한다(그림 4-2). 훈련 데이터는 실제 학습에 사용하고, 테스트 데이터를 이용해서 학습된 모델의 성능을 평가한다. 가장 중요한 원칙은 테스트 데이터를 학습에 사용해서는 안 된다는 점이다. 학습 중에 테스트 데이터를 모델에 노출시키는 것은 시험에서 부정행위를 저지르는 것과 다를 바 없다. 학습 중에는 훈련 데이터만으로 데이터의 특징을 학습한 다음 모델이 처음 접하는 데이터를 이용해서 모델의 편향되지 않은 일반화 성능을 평가해야 한다.

그림 4-2 학습 데이터를 훈련 데이터와 테스트 데이터로 분할하기

검증 데이터란

학습 중 한 에포크가 끝날 때마다 모델의 정확도와 오차를 확인해서 대략적인 모델의 성능을 체크하고 파라미터를 튜닝한다. 이 과정에 테스트 데이터를 사용한다면 학습 중에 모델을 테스트 데이터에 노출시켜서는 안 된다는 원칙을 깨게 된다. 테스트 데이터는 학습이 완료된 후 최종 성능을 측정하는 목적으로만 사용해야 한다. 따라서 훈련 데이터를 다시 분할한 별도의 데이터셋을 이용해서 학습 중 파라미터를 튜닝하는데, 이 데이터셋을 **검증 데이터**라고 한다(그림 4-3). 모델 학습이 끝난 후 최종 성능 측정은 테스트 데이터를 대상으로 한다.

그림 4-3 훈련 데이터를 다시 분할해서 모델 학습 중에 모델 평가에 사용하는 데이터를 검증 데이터라고 한다.

다음 의사 코드는 모델 학습 과정을 간단히 표현한 것이다.

```
각 에포크마다 모든 훈련 데이터에 대해 다음을 반복
    신경망에 오차 역전파
    가중치 수정
    훈련 데이터를 대상으로 한 모델의 정확도와 오차 계산
모든 검증 데이터에 대해 다음을 반복
    검증 데이터를 대상으로 한 모델의 정확도와 오차 계산
```

3장의 프로젝트에서 이미 보았듯이 모델 학습 중에는 한 에포크가 끝날 때마다 train_loss, train_acc, val_loss, val_acc가 계산된다(그림 4-4). 이 정보를 이용해서 현재 모델의 성능이 어느 정도인지, 과적합 또는 과소적합의 징후는 없는지 판단한다. 4.4절에서 더 자세히 다룬다.

그림 4-4 한 에포크가 끝날 때마다 출력되는 학습 상태 정보

```
Epoch 1/100
Epoch 00000: val_loss improved from inf to 1.35820, saving model to model.weights.best.hdf5
46s - loss: 1.6192 - acc: 0.4140 - val_loss: 1.3582 - val_acc: 0.5166
Epoch 2/100
Epoch 00001: val_loss improved from 1.35820 to 1.22245, saving model to model.weights.best.hdf5
53s - loss: 1.2881 - acc: 0.5402 - val_loss: 1.2224 - val_acc: 0.5644
```

훈련 데이터, 검증 데이터, 테스트 데이터를 잘 분할하는 방법

전통적으로 훈련 데이터와 테스트 데이터의 비중은 80:20 또는 70:30의 비율을 많이 사용한다. 검증 데이터를 추가해야 한다면 60:20:20 또는 70:15:15의 비율을 많이 사용한다. 하지만 이 비율은 데이터셋의 규모가 수만 개에 지나지 않던 시절에 사용되던 기준이다. 최근에는 이보다 훨씬 거대한 규모의 데이터셋을 사용하므로 검증 데이터와 테스트 데이터는 전체의 1%로도 충분한 경우가 있다. 예를 들어 현재 사용하는 데이터셋의 데이터 수가 1백만 개라면 테스트 데이터와 검증 데이터를 각각 1만 개씩 분할하면 충분하다. 기껏 만든 데이터에서 수십만 개를 학습에 사용하지 않는 것은 이치에 맞지 않기 때문이다. 이왕이면 학습에 충분한 양의 데이터를 사용하는 것이 좋다.

다시 본론으로 돌아가서, 현재 사용하는 데이터셋의 규모가 그리 크지 않다면 전통적인 분할 비율을 사용해도 무방하다. 하지만 대규모 데이터셋을 사용한다면 테스트 데이터와 검증 데이터의 비율을 많이 낮추는 편이 좋다.

데이터셋이 같은 분포를 따르는지 확인할 것

데이터를 분할할 때 주의할 점은 분할된 훈련 데이터, 검증 데이터, 테스트 데이터가 모두 같은 분포를 따라야 한다는 것이다. 예를 들어 휴대폰에서 동작하며 이미지로부터 차종을 분류하는 모델을 만들어야 하는 상황을 가정해보자. 딥러닝 모델은 데이터가 아무리 많더라도 충분하지 않다. 모델의 성능은 데이터가 많을수록 뛰어나다. 따라서 데이터를 구하기 위해 인터넷에서 고품질 자동차 이미지를 크롤링하거나 상업적으로 제공되는 이미지를 사용하기도 한다. 이렇게 구한 데이터로 모델을 학습하고 튜닝한 다음 테스트 데이터를 대상으로 만족할 만한 성능을 얻었고, 모델을 출시할 준비가 되었다고 하자. 그러나 휴대폰에서 촬영한 저품질의 이미지에서는 모델이 만족할 만한 성능을 보이지 못했다. 이런 일이 발생하는 이유는 모델은 고품질 이미지로 학습 및 튜닝을 거쳤기 때문에 휴대폰 카메라로 찍은 흔들린 이미지나 저해상도 이미지를 대상으로 일반화에 실패했기 때문이다.

좀 더 전문적이 용어로 설명하자면 훈련 데이터와 검증 데이터는 고품질 이미지로 구성되었으나 실제 운영 환경에서의 입력 이미지는 저품질이었기 때문이다. 이런 이유로 훈련 데이터와 검증 데이터도 저품질 이미지를 포함해야 한다. 훈련 데이터, 검증 데이터, 테스트 데이터가 모두 같은 분포를 따른다는 것은 바로 이런 의미다.

4.3.2 데이터 전처리

학습을 시작하기 전에 모델에 데이터를 입력할 수 있도록 데이터를 깔끔하게 정리하고 전처리해야 한다. 전처리 기법은 여러 가지가 있으나 학습에 사용할 데이터셋의 상태나 문제의 유형에 따라 적절히 선택한다. 다행히도 신경망은 그리 복잡한 데이터 전처리를 필요로 하지 않는다. 충분한 양의 데이터만 주어진다면 다른 머신러닝 기법과 달리 원 데이터를 그대로 입력해도 특징을 자동으로 학습해서 추출할 수 있다.

그렇다 하더라도 모델의 성능을 개선하거나 신경망 구조의 한계로 인해 어느 정도의 전처리는 여전히 필요하다. 이를테면 컬러 이미지를 회색조로 변환하거나, 이미지 크기 조절, 정규화, 데이터 강화 등을 들 수 있다. 이 절에서는 데이터 전처리의 개념을 설명하고 그 구현 코드를 함께 살펴보겠다.

회색조 이미지 변환

3개의 행렬로 표현해야 하는 컬러 이미지와 달리 회색조 이미지는 행렬 1개만으로 표현할 수 있다. 컬러 이미지는 행렬이 3개나 필요한 만큼 파라미터를 증가시키며 학습의 계산 복잡도를 상승시킨다. 따라서 당면한 문제를 해결하는 데 색상 정보가 필요 없거나 학습의 계산 복잡도를 경감시켜야 할 경우라면 이미지를 회색조로 변환하는 것도 검토해볼 만하다. 이를 쉽게 판단하는 방법은 사람의 시각을 기준으로 생각해보는 것이다. 회색조 이미지를 보며 사람이 어렵지 않게 할 수 있는 일이라면 신경망도 마찬가지다.

이미지 크기 조절

신경망의 한계점 중 하나는 입력되는 모든 이미지의 크기가 같아야 한다는 것이다. 예를 들어 MLP를 사용하려면 입력층의 노드 수가 이미지의 픽셀 수와 같아야 한다(3장에서 이미지를 1

차원으로 변환했던 것을 떠올려보자). CNN 역시 마찬가지다. 첫 번째 합성곱층의 입력 크기를 이미지 크기에 맞춰 설정해야 한다. 다음은 첫 번째 합성곱층을 추가하는 케라스 구현 코드다.

```
model.add(Conv2D(filters=16, kernel_size=2, padding='same',
    activation='relu', input_shape=(32, 32, 3)))
```

예를 들어 크기가 각각 32×32, 28×28, 64×64인 이미지가 있다면 이들 이미지의 크기를 모두 동일하게 조절해야 모델에 이미지를 입력할 수 있다.

데이터 정규화

데이터 정규화란 데이터에 포함된 입력 특징(이미지의 경우 픽셀값)의 배율을 조정해서 비슷한 분포를 갖게 하는 것이다. 원본 이미지는 서로 다른 배율(픽셀값의 범위)을 가진 픽셀로 구성되는 경우가 종종 있다. 픽셀값의 범위가 0부터 255인 이미지가 있는가 하면 또 다른 이미지는 20부터 200일 수도 있다. 정규화가 반드시 필요하지는 않지만 모든 이미지의 픽셀값 범위를 동일하게 조정하면 학습된 모델의 성능이 개선되거나 학습 시간이 짧아지는 장점이 있다.

데이터를 다음과 같이 정규화하면 신경망의 학습 시간을 단축시킬 수 있다.

- **값은 작게**: 대부분의 값을 [0, 1] 구간이 되게 한다.
- **값의 범위는 동일하게**: 모든 이미지의 픽셀값 범위를 동일하게 한다.

모든 픽셀값의 평균과 표준편차를 구한 다음 각 픽셀값에서 이 평균을 빼고 표준편차로 나누는 방법으로 이 두 가지 조건을 모두 만족시킬 수 있다. 정규 분포를 따르는 데이터라면 평균이 0이 될 것이다. [그림 4-5]를 보면 정규화의 효과를 알 수 있다.

TIP 훈련 데이터와 테스트 데이터를 동일한 평균과 표준편차로 정규화해야 한다. 모든 데이터를 동일하게 변환해야 하기 때문이다. 이 장 끝에서 정규화를 구현한 코드를 볼 수 있다.

그림 4-5 모든 픽셀값의 평균과 표준편차를 구한 후 각 픽셀값에서 평균을 빼고 표준편차로 나누는 방법으로 정규화한다.

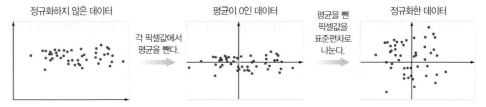

정규화하지 않은 데이터의 손실 함수는 오른쪽 그림처럼 타원형 그릇과 같은 모양이 된다. 하지만 특징을 정규화하면 손실 함수의 모양이 왼쪽 그림처럼 대칭성이 커진다. [그림 4-6]은 2개의 특징 F_1과 F_2에 대한 손실 함수의 그래프다.

그림 4-6 특징을 정규화하면 경사 하강법 알고리즘을 이용해서 전역 최소점에 빠르게 도달할 수 있다(왼쪽). 반면 특징을 정규화하지 않으면 가장 경사가 가파른 방향이 계속 진동하므로 전역 최소점에 도달하는 것이 늦어진다(오른쪽).

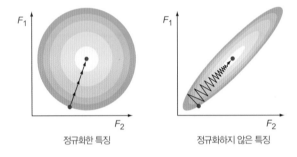

특징을 정규화한 그래프를 보면 경사 하강법을 따라 전역 최소점에 빠르게 도달하지만 특징을 정규화하지 않은 그래프는 경사 하강법을 사용해도 경사가 가장 가파른 방향이 계속해서 바뀌기 때문에 파라미터가 수렴되기까지 시간이 더 걸린다.

TIP 특징을 정규화하지 않으면 왜 경사 하강법을 사용할 때 파라미터가 진동할까? 정규화되지 않은 특징은 각 특징마다 값의 배율이 다르기 때문에 경사 하강법으로 계산한 손실 함수의 가장 경사가 가파른 방향이 매번 변하기 때문이다.

데이터 강화

데이터 강화는 뒤에 규제화를 설명할 때 더 자세히 다룬다. 하지만 데이터 강화를 데이터 전처리로도 활용할 수 있다는 점도 기억하길 바란다.

4.4 모델을 평가하고 성능 지표 해석하기

베이스라인 모델을 설정하고 데이터 전처리가 끝났다면 모델을 실제로 학습한 다음 모델을 평가한다. 모델의 학습이 끝나면 모델이나 제 성능을 내지 못하는 구성 요소는 없었는지 살펴보고 성능이 만족스럽지 못하면 그 원인이 과적합 혹은 과소적합 아니면 학습 데이터의 결함에 있는지 확인한다.

신경망이 비판받는 주된 이유 중 하나는 신경망 모델이 그 내부 동작을 이해할 수 없는 블랙박스라는 점이다. 모델의 성능이 뛰어나더라도 그 이유조차 알 수 없다. 신경망 분야가 빠르게 발전하는 분야인 만큼 신경망의 내부 동작을 이해하려는 시도도 여러 연구가 진행 중이다. 이 절에서는 신경망 모델을 진단하고 동작을 분석하는 방법을 설명한다.

4.4.1 과적합의 징후

모델의 학습이 끝나면 성능을 측정해야 한다. 모델에 존재하는 병목이 성능에 영향을 미치는지 확인하고, 개선이 필요한 부분을 찾는다. 머신러닝 모델이 제 성능을 내지 못하는 주된 이유는 대부분 과적합(또는 과소적합)이다. 과적합은 이미 3장에서 설명했다. 여기서는 과적합 또는 과소적합이 일어났을 때 모델이 보이는 징후를 살펴보겠다.

- 과소적합은 모델의 표현력이 데이터에 비해 부족해서 훈련 데이터에 모델이 부합하지 못하는 현상을 가리킨다. 과소적합의 대표적인 예로 단일 퍼셉트론을 사용해서 [그림 4-7]과 같은 데이터 ●와 ★ 모양을 분류하려는 경우를 들 수 있다. 그림에서 볼 수 있듯 직선 하나로는 데이터를 정확하게 분리할 수 없다.

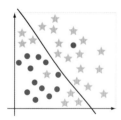

그림 4-7 과소적합의 예

- 과적합은 반대로 모델이 지나치게 복잡한 경우에 발생한다. 훈련 데이터의 특징을 학습하는 대신 훈련 데이터 자체를 기억하는 현상이다. 따라서 훈련 데이터를 대상으로는 높은 성능을 보이지만 테스트 데이터처럼 처음 접하는 데이터를 대상으로 하는 일반화 성능이 낮다. [그림 4-8]은 모델이 훈련 데이터에 지나치게 부합한 예다. 훈련 데이터를 대상으로 하는 성능은 높지만 일반화 성능은 떨어진다.

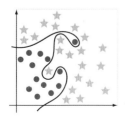

그림 4-8 과적합의 예

- 바람직한 모델은 데이터에 적합한 복잡도를 가져야 한다. [그림 4-9]의 모델은 원형의 경계를 가지며 일부 데이터를 제대로 분류하지 못하지만 새로운 데이터에 대한 성능은 훨씬 높아 보인다.

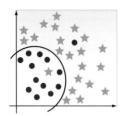

그림 4-9 데이터에 적합한 일반화할 모델

TIP 시험공부에 비유하면 과적합이나 과소적합을 쉽게 이해할 수 있다. 과소적합은 시험공부를 제대로 하지 않아 시험 점수가 나오지 않는 것과 같다. 반면 과적합은 책에 나오는 연습문제를 답만 모두 암기해서 책에서 낸 문제는 맞출 수 있지만 책에 나오지 않은 문제는 풀지 못하는 상황과 비슷하다. 일반화 성능이 나오지 않는 것이다. 제대로 된 모델은 책(훈련 데이터)의 내용을 학습해서 책에 나오지 않았지만 비슷한 문제를 풀 수 있어야 한다.

학습 중에 학습 오차와 검증 오차 두 가지 값을 잘 관찰하면 과소적합이나 과적합의 징후를 알 수 있다.

- 훈련 데이터에 대한 성능은 높은데 검증 데이터에 대한 성능이 상대적으로 낮다면 과적합을 일으키고 있을 가능성이 높다. 예를 들어 train_error가 1%고 val_error가 10%라면 모델이 훈련 데이터 자체를 기억했기 때문에 검증 데이터에서 성능이 제대로 나오지 않는다는 뜻이다. 이런 경우에는 시행착오를 거치며 적절한 성능이 나올 때까지 하이퍼파라미터를 조정해야 한다.
- 훈련 데이터에 대한 성능이 낮다면 과소적합을 일으키고 있을 가능성이 높다. 예를 들어 train_error가 14%고 val_error가 15%면 모델의 표현력이 낮아 데이터에 부합하지 못하는 것이다. 신경망에 은닉층을 추가하거나 학습 에포크 수를 늘리거나 다른 신경망 구조를 사용해야 한다.

다음 절에서는 과적합 또는 과소적합을 방지하기 위해 하이퍼파라미터를 조정하는 방법을 알아보겠다.

사람과 동등한 성능을 이용한 베이즈 오차율 찾기

앞서 모델의 성능 기준을 설명했는데, 좋은 성능이란 어느 정도를 말하는 것일까? 개선이 필요한 부분을 파악하려면 학습 오차와 검증 오차를 비교할 수 있는 실질적인 기준이 필요하다. 0% 오차가 이상적이겠지만 실질적인 목표가 되긴 어려우며 경우에 따라서는 아예 불가능한 경우도 있다. 이때 필요한 것이 바로 베이즈 오차율Bayes error rate이다

베이즈 오차율은 (이론적으로) 모델이 실현 가능한 가장 좋은 성능을 의미한다. 사람은 시각적인 문제를 아주 잘 해결할 수 있으므로 사람과 동등한 성능이라면 베이즈 오차율의 근삿값으로 사용할 만하다. 예를 들어 개와 고양이를 구분하는 간단한 문제가 있다고 하자. 사람은 매우 정확하게 개와 고양이를 구분할 수 있을 것이다. 따라서 사람의 오차율은 매우 낮다. 여기서는 0.5%라고 하겠다. 이 값과 우리가 학습한 모델의 train_error를 비교해보자. 우리가 학습한 모델의 정확도가 95%라면 모델의 성능은 만족스럽지 못한 상태이며 과소적합의 가능성이 있다. 반대로 영상 진단학과 관련된 의료 이미지를 다루는 문제라면 95% 정확도도 괜찮은 성능이 된다.

물론 딥러닝 모델이 사람과 동등한 성능에 도달할 수 없는 뜻은 아니다. 하지만 모델이 제대로 작동하는지 여부를 가늠할 수 있는 베이스라인을 제시하는 것은 좋은 방법이다(예제의 오차율은 예제를 위한 임의의 숫자일 뿐이다).

4.4.2 학습 곡선 그리기

학습 과정의 복잡한 출력 메시지를 들여다보며 오찻값을 비교하는 것보다는 학습 오차와 검증 오차의 추이를 나타내는 [그림 4-10]과 같은 그래프를 보는 것이 더 편할 것이다.

그림 4-10 (A) 훈련 데이터에 대한 손실값은 감소 중이지만 검증 데이터에 대한 손실값은 감소하지 않아 일반화 성능이 나오지 않는다. (B) 훈련 데이터와 검증 데이터 모두에서 성능이 나오지 않는다. (C) 훈련 데이터와 검증 데이터 모두 오차가 감소 중인 것을 보아 학습이 잘되고 있다.

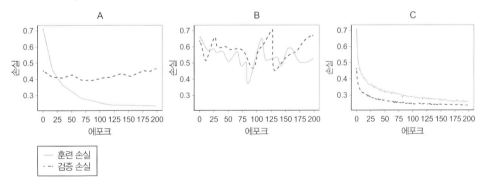

[그림 4-10A]의 신경망은 훈련 데이터에 대한 손실값이 개선(학습)되고 있지만 검증 데이터에 대한 일반화 성능이 나오지 않고 있다. 처음 한두 에포크 동안에는 검증 데이터에 대한 수치

가 개선되었지만 이내 정체되다가 증가하기도 했다. 이러한 현상은 과적합의 징후다. 이 그래프를 보면 훈련 데이터에 대한 학습은 잘 진행 중이다. 좋은 징후다. 모델의 복잡도를 늘리기 위해 은닉층을 추가할 필요는 없다. 모델이 지나치게 복잡하면 훈련 데이터 자체만 기억하고 새로운 데이터에는 성능이 나오지 않는 과적합이 일어난다. 이럴 때는 데이터를 더 많이 수집하거나 과적합을 방지하는 조치를 취해야 한다.

[그림 4-10B]는 훈련 데이터와 검증 데이터 모두에서 성능이 나오지 않는 신경망이다. 실질적으로 학습이 제대로 되지 않는 상황이다. 신경망이 너무 간단하여 이미 가지고 있는 데이터에서 배울 수 없기 때문에 데이터가 더 필요하지 않다.

[그림 4-10C]는 훈련 데이터에도 좋은 성능이 나오며, 검증 데이터에 대한 성능을 볼 때 일반화 성능도 잘 나온다. 학습 후 테스트 데이터를 대상으로도 좋은 성능을 낼 가능성이 높다.

4.4.3 실습: 신경망의 구성, 학습, 평가

하이퍼파라미터 튜닝에 들어가기 전에 데이터 분할과 모델 구성, 학습, 성능 측정 결과의 시각화 과정을 빠르게 경험해보자. 실습에 사용되는 주피터 노트북 파일을 매닝 웹페이지[1]나 이 책의 웹페이지[2]에서 내려받을 수 있다.

실습 내용은 다음과 같다.

- 실습용 소규모 데이터 생성
- 80:20의 비율로 훈련 데이터와 테스트 데이터 분할
- MLP 모델 구성
- 모델 학습
- 모델의 성능 측정
- 성능 측정 결과 시각화

---

1 https://www.manning.com/books/deep-learning-for-vision-systems
2 https://www.computervisionbook.com

다음은 단계별로 구분한 구현 코드다.

1 의존 모듈 임포트하기

```
from sklearn.datasets import make_blobs          사이킷런 라이브러리를 이용해
from keras.utils import to_categorical           예제 데이터를 생성한다.

                                                 클래스 벡터를 바이너리 클래스 행렬(원-핫
                                                 인코딩 적용)로 변환하는 케라스 함수
from keras.models import Sequential
from keras.layers import Dense                    신경망 및 층을 구현한 라이브러리
from matplotlib import pyplot

                                                 시각화용 라이브러리
```

2 사이킷런의 make_blobs 함수를 사용해서 특징과 분류 클래스가 각각 2개인 실습용 소규모 데이터셋을 생성한다.

```
X, y = make_blobs(n_samples=1000, centers=3, n_features=2,
    cluster_std=2, random_state=2)
```

3 케라스의 to_catrgorical 함수를 사용해서 레이블에 원-핫 인코딩을 적용한다.

```
y = to_categorical(y)
```

4 데이터셋을 80:20의 비율을 따라 훈련 데이터와 테스트 데이터로 분류한다. 편의상 검증 데이터는 따로 두지 않았다.

```
n_train = 800
train_X, test_X = X[:n_train, :], X[n_train:, :]
train_y, test_y = y[:n_train], y[n_train:]
print(train_X.shape, test_X.shape)

>> (800, 2) (200, 2)
```

5 모델을 구성한다. 층이 2개인 MLP를 사용한다([그림 4-11]은 해당 모델의 개요를 보여준다).

```
                                입력 특징이 2개이므로 입력의 차원(input_dim)이 2다.
                                은닉층의 활성화 함수는 ReLU를 사용한다.
model = Sequential()
model.add(Dense(25, input_dim=2, activation='relu'))                    분류 대상 클래스가
model.add(Dense(3, activation='softmax'))                               세 가지이므로
model.compile(loss='categorical_crossentropy', optimizer='adam',        출력층의 활성화 함수는
    metrics=['accuracy'])                                               소프트맥스이며
model.summary()                                                         노드는 3개다.
                                손실 함수는 교차 엔트로피(2장 참조),
                                최적화 알고리즘은 ADAM을 사용한다(4.7.2절 참조).
```

그림 4-11 모델의 개요

```
Layer (type)                 Output Shape              Param #
=================================================================
dense_1 (Dense)              (None, 25)                75
_____
dense_2 (Dense)              (None, 3)                 78
=================================================================
Total params: 153
Trainable params: 153
Non-trainable params: 0
```

6 1,000에포크 동안 모델을 학습한다.

```
history = model.fit(train_X, train_y, validation_data=(test_X, test_y),
    epochs=1000, verbose=1)
```

7 모델의 성능을 평가한다.

```
_, train_acc = model.evaluate(train_X, train_y)
_, test_acc = model.evaluate(test_X, test_y)
print('Train: %.3f, Test: %.3f' % (train_acc, test_acc))

>> Train: 0.825, Test: 0.819
```

8 정확도를 기준으로 모델의 학습 곡선을 그린다(그림 4-12).

```
pyplot.plot(history.history['accuracy'], label='훈련 데이터')
pyplot.plot(history.history['val_accuracy'], label='테스트 데이터')
pyplot.legend()
pyplot.show()
```

그림 4-12 모델의 학습 곡선. 훈련 데이터와 테스트 데이터 모두 비슷한 성능을 보이며 모델이 학습되었다.

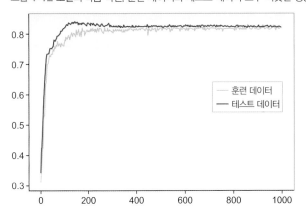

이제 신경망의 성능을 평가할 차례다. 먼저 [그림 4-12]의 학습 곡선을 보면 훈련 데이터와 테스트 데이터가 모두 비슷한 성능을 보이며 학습이 진행된 것을 볼 수 있다. 훈련 데이터의 성능만 높고 테스트 데이터의 성능이 낮은 현상이 발생하지 않았으니 과적합의 우려는 없다. 과소적합도 걱정하지 않아도 될까? 이 정도의 간단한 소규모 데이터셋에서 정확도가 82%라는 것은 그리 좋은 성능은 못 된다. 이 신경망의 성능을 개선하기 위해 모델의 복잡도를 높여 과소적합을 방지한다.

4.5 신경망을 개선하고 하이퍼파라미터 튜닝하기

모델을 구성하고, 학습을 마친 뒤 과적합과 과소적합의 징후까지 판단했다. 이제 하이퍼파라미터 조정, 데이터 전처리, 데이터 추가 수집 중 무엇을 해야 할지 선택할 때다. 몇 달 동안 하이퍼파라미터 조정에만 매달리고도 신경망의 성능을 개선하지 못하는 일을 바랄 사람은 없을 것이다. 하이퍼파라미터 조정에 들어가기 전에 먼저 데이터 수집이 더 필요한지 판단해야 한다.

4.5.1 데이터 추가 수집 또는 하이퍼파라미터 튜닝

딥러닝은 항상 많은 양의 데이터를 필요로 한다. 머신러닝에 막 입문한 초보자는 이를 염두에 두고 성능 개선의 첫 단계로 데이터 추가 수집을 시작한다. 하지만 상황이나 문제에 따라 데이터를 추가 수집하기 어렵거나 비용이 지나치게 많이 발생할 수 있다. 게다가 데이터를 추가하는 것이 아예 도움이 되지 않는 경우도 있다.

> NOTE_ 데이터 레이블링을 자동화하려는 여러 연구가 진행 중이지만 집필 시점에 대부분의 레이블링 작업은 수동으로 이뤄지고 있다. 이런 경향은 컴퓨터 비전 분야에서 더 강하게 드러난다. 여기서 수동이라는 말은 이미지를 한 장 한 장 사람이 직접 보고 레이블링한다는 뜻이다(이를 휴먼 인 더 루프 human in the loop, HITL 라고 한다). 이 지점에서 데이터 수집의 어려운 점이 하나 추가된다. 폐의 엑스레이 사진에서 종양의 존재 여부를 레이블링하는 사례를 생각해보자. 이 데이터를 레이블링하려면 이미지를 보고 종양을 진단할 수 있는 의사가 필요하다. 이런 인력을 고용하는 비용은 개와 고양이를 분류하는 인력보다 훨씬 비싸다. 데이터 추가 수집이 일부 정확도 문제와 모델의 강건함을 개선하는 효과가 있지만 항상 가능한 선택지가 되지는 못한다.

물론 학습 알고리즘을 개선하는 것보다 데이터를 추가 수집하는 편이 훨씬 나은 상황도 있다. 그러므로 데이터 추가 수집과 하이퍼파라미터 튜닝 중 어느 쪽을 해야 할지 빠르게 선택할 수 있는 기준이 있다면 편리할 것이다.

필자는 이런 판단을 할 때 다음과 같은 기준을 따른다.

1 훈련 데이터에 대한 기존 성능이 납득할만한 수준인지 확인한다.

2 훈련 데이터 정확도(train_acc)와 검증 데이터 정확도(val_acc) 이렇게 두 가지 지표를 시각화해서 관찰한다.

3 훈련 데이터에 대한 성능이 낮다면 과소적합의 가능성이 있다. 과소적합은 기존 데이터도 충분히 활용하지 못하는 상황이므로 데이터를 추가 수집할 필요가 없다. 하이퍼파라미터를 조정하거나 기존 훈련 데이터를 클린징(정화)해야 한다.

4 훈련 데이터에 대한 성능은 괜찮은데 테스트 데이터에 대한 성능이 떨어진다면 일반화 성능이 떨어지는 과적합의 가능성이 있다. 데이터 추가 수집이 유효한 경우다.

> TIP 모델 성능을 평가하는 목표는 문제의 주요 원인을 파악하는 것이다. 낮은 성능의 원인이 데이터 data 라면 데이터 전처리나 추가 수집이 필요하다. 반면 낮은 성능의 원인이 학습 알고리즘 learning algorithm 이라면 신경망의 하이퍼파라미터 조정이 필요하다.

4.5.2 파라미터와 하이퍼파라미터

파라미터와 하이퍼파라미터는 비슷해 보이지만 서로 다른 개념이다. 하이퍼파라미터 hyperparameter 는 우리가 값을 정하고 조정할 수 있다. 반면 파라미터 parameter 는 학습 과정을 통해 신경망이 조정하며 우리가 직접 값을 수정하지 않는다. 신경망에서 말하는 파라미터는 가중치와 편향을 통틀어 이르는 말로, 역전파 계산을 통해 오차가 최소가 되는 값으로 최적화된다. 반면 하이퍼파라미터는 신경망의 학습 대상이 아니다. 학습 전에 머신러닝 엔지니어가 값을 정하고 이후 학습 결과를 보며 조정하는 값이다. 지금까지 설명한 하이퍼파라미터의 예로는 학습률, 배치 크기, 에포크 수, 은닉층 수 등이 있다. 다른 하이퍼파라미터는 다음 절에서 설명하겠다.

조절 손잡이

하이퍼파라미터는 꽉 닫힌 상자(신경망) 밖에 달린 조절 손잡이에 비유할 수 있다. 우리가 하는 일은 이 조절 손잡이로 최선의 결과가 나오도록 값을 조절하는 것이다.

그림 4-13 하이퍼파라미터 조절 손잡이

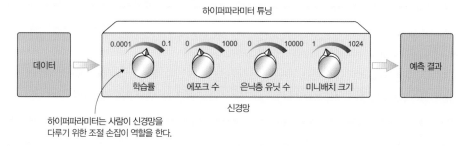

4.5.3 신경망의 하이퍼파라미터

딥러닝 알고리즘에는 알고리즘의 동작을 다양하게 변경할 수 있는 하이퍼파라미터가 있다. 알고리즘의 시간 및 공간 복잡도를 제어할 수 있는 하이퍼파라미터도 있고, 모델의 예측 능력에 영향을 미치는 것도 있다.

하이퍼파라미터 튜닝의 어려운 점은 만병통치약처럼 모든 상황에 유효한 값이 없다는 점이다. 이는 1장에서 설명한 공짜 점심은 없다라는 말과 일맥상통한다. 좋은 하이퍼파라미터 값은 어떤 데이터셋으로 어떤 문제를 해결해야 하느냐에 따라 달라진다. 하이퍼파라미터를 튜닝하는 방법을 알고 좋은 하이퍼파라미터 값을 선택하려면 각 하이퍼파라미터의 의미와 역할을 이해해야 한다. 이 절에서는 하이퍼파라미터를 튜닝하는 감각을 기르고, 가장 효율적인 하이퍼파라미터의 초깃값을 제시한다.

신경망의 하이퍼파라미터는 크게 다음 세 가지로 분류할 수 있다.

- 신경망 구조
  - 은닉층 수(신경망의 깊이)
  - 각 층의 뉴런 수(층의 폭)
  - 활성화 함수의 종류
- 학습 및 최적화
  - 학습률과 학습률 감쇠 유형
  - 미니배치 크기
  - 최적화 알고리즘의 종류
  - 에포크 수(조기 종료 적용 여부 포함)
- 규제화 및 과적합 방지 기법
  - L2 규제화
  - 드롭아웃층
  - 데이터 강화

규제화 관련 하이퍼파라미터를 제외하면 모두 2장과 3장에서 설명했다. 하이퍼파라미터 값을 조절했을 때 미치는 영향과 어떤 상황에 어떤 하이퍼파라미터를 조절해야 하는가를 중심으로 각 하이퍼파라미터를 빠르게 훑어보겠다.

4.5.4 신경망 구조

신경망 구조를 정의하는 하이퍼파라미터에는 무엇이 있는지 살펴보자.

- 은닉층 수(신경망의 깊이)
- 각 층의 뉴런 수(층의 폭)
- 활성화 함수의 종류

신경망의 깊이와 폭

설계 중인 신경망이 MLP나 CNN 혹은 또 다른 무엇이든 신경망의 층수(깊이)와 각 층의 유닛 수(폭)를 정해야 한다. 신경망의 깊이와 폭은 그 신경망의 학습 능력과 직결된다. 우리 목표는 신경망이 데이터의 특징을 학습하는 데 필요한 학습 능력을 확보할 수 있는 값을 결정하는 것이다. 신경망의 규모가 작으면 과소적합이 발생하기 쉬우며, 규모가 너무 크면 과적합이 발생할 수 있다. 신경망의 '적당한 규모'를 가늠하려면 시작점을 선택하고 성능을 관찰한 다음 규모를 가감해야 한다.

데이터셋이 복잡할수록 그 특징을 학습하기 위해 신경망의 학습 능력이 더 많이 필요하다. [그림 4-14]의 세 데이터셋을 보기 바란다.

그림 4-14 데이터셋이 복잡할수록 그 특징을 학습하기 위해 신경망의 학습 능력이 더 많이 필요하다.

매우 단순한 데이터셋	중간 정도의 복잡도를 가진 데이터셋	복잡도가 높은 데이터셋
단일 퍼셉트론으로 분리 가능	신경망에 뉴런 몇 개를 추가해야 분리 가능	뉴런을 많이 추가해야 분리 가능

모델의 학습 능력이 지나치게 높으면(은닉층 수 또는 유닛 수가 과도하게 많은 경우) 과적합을 일으켜 훈련 데이터 자체를 기억하는 현상이 발생한다. 과적합을 일으킨 모델은 은닉층의 유닛 수를 감소시키면 된다.

일반적으로는 검증 데이터의 오차가 더 이상 개선되지 않을 때까지 은닉층의 뉴런을 계속 추가해도 된다. 그 대신 학습에 필요한 계산 비용이 증가한다. 신경망의 유닛 수가 너무 적으면 과소적합이 발생하기 쉽다. 적절히 규제화(드롭아웃 또는 앞으로 설명할 규제화 기법)를 적용한다면 뉴런을 추가해도 성능 저하는 발생하지 않는다.

텐서플로 샌드박스[3]에서 다양한 시도를 해보며 감각을 기르기 바란다. 다양한 신경망 구조에 은닉층 및 은닉층의 유닛 수를 바꿔가며 신경망의 학습 과정 및 성능을 관찰한다.

---

3 https://playground.tensorflow.org

활성화 함수의 종류

활성화 함수(2장 참조)는 뉴런에 비선형성을 도입하는 수단이다. 활성화 함수가 없다면 뉴런에서 일어나는 계산은 선형 조합(가중치 합계)에 지나지 않으며 비선형성 문제를 풀 수 없다. 신경망의 활성화 함수는 매우 연구가 활발한 주제다. 몇 주마다 하나씩 새로운 활성화 함수가 제안되고 있으며 이미 제안된 함수도 여러 가지가 있다. 그러나 집필 시점에 은닉층에서는 ReLU와 그 변종(누설 ReLU 등)의 성능이 가장 좋다고 알려져 있다. 분류 문제를 위한 신경망의 출력층에는 분류 대상 클래스와 같은 수의 뉴런을 배치하고 소프트맥스 함수를 사용한다.

층과 파라미터

은닉층 수와 유닛 수를 결정할 때 신경망의 파라미터 수와 그에 따른 계산 복잡도를 함께 고려하면 도움이 된다. 신경망의 뉴런이 많아질수록 학습 시 최적화해야 할 파라미터 수가 늘어난다(3장에서 모델의 개요를 출력해서 파라미터 수를 확인했다).

학습 시 사용할 하드웨어(연산 능력과 메모리)를 고려해서 파라미터 수의 증감을 결정한다. 파라미터 수를 줄이는 방법은 다음과 같다.

- 신경망의 층수와 폭(은닉층 수, 은닉층의 뉴런 수)을 감소시킨다. 이는 학습 대상 파라미터의 감소로 이어지며 그만큼 신경망의 복잡도가 감소한다.
- 풀링층을 추가하거나 합성곱층의 스트라이드 또는 패딩 설정을 조정해서 특징 맵의 크기를 줄이는 방법도 파라미터 수를 줄이는 효과가 있다.

이는 실제 프로젝트에서 신경망의 파라미터 수를 바라보는 관점과 트레이드오프 관계를 설명하기 위한 예에 지나지 않는다. 복잡한 신경망은 그만큼 많은 수의 파라미터를 가지며 많은 연산 능력과 메모리를 필요로 한다.

베이스라인 구조를 설정하는 가장 좋은 방법은 특정 문제를 해결할 수 있는 잘 알려진 구조를 참고해서 시작점으로 삼는 것이다. 그리고 해당 신경망의 성능을 측정하고 하이퍼파라미터를 조정하는 과정을 반복한다. 3장에서 AlexNet을 참고해서 CNN을 설계했던 과정을 상기하기 바란다. 다음 장에서는 LeNet, AlexNet, VGG, ResNet, 인셉션 등 잘 알려진 CNN 구조를 살펴볼 것이다.

4.6 학습 및 최적화

신경망 구조도 확정했으니 이제 학습과 최적화 과정에 관여하는 하이퍼파라미터를 살펴볼 차례다.

4.6.1 학습률과 학습률 감쇠 유형

> 학습률은 가장 중요한 하이퍼파라미터로, 항상 잘 조정되어 있어야 한다. 단 하나의 하이퍼파라미터를 조정할 시간 밖에 주어지지 않는다면 학습률을 조정해야 한다.
>
> _요슈아 벤지오

학습률은 앞서 2장에서 자세히 설명했다. 기억을 위해 경사 하강법의 원리를 다시 상기해보자. 경사 하강법은 오차 함숫값이 최소가 되게 하는 최적의 가중치를 찾는 알고리즘이다. 최적화 알고리즘 설정에 오차 함수의 경사를 어느 정도의 보폭으로 내려갈지 결정해야 한다. 이 보폭이 바로 학습률이다. 학습률은 오차 함수의 경사를 얼마나 빨리 내려가느냐를 결정한다. 가중치 하나만으로 손실 함수를 정의하면 [그림 4-15]와 같은 U자 모양의 곡선을 얻게 된다. 가중치의 초깃값은 그래프상의 임의의 점으로 설정된다.

그림 4-15 가중치 하나만으로 손실 함수를 정의하면 U자 모양의 그래프를 얻는다.

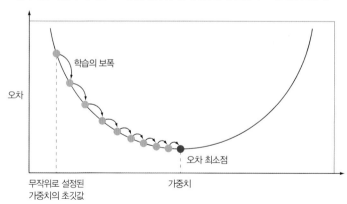

경사 하강법은 경사(편미분)를 계산해서 오차가 가장 크게 줄어드는 방향을 결정한다. [그림 4-15]를 보면 오차가 줄어드는 방향은 오른쪽이다. 경사 하강법의 1회 반복(에포크)이 끝날 때마다 오른쪽으로 경사를 따라 내려간다. [그림 4-16]과 같이 학습률을 **절묘하게** 설정한다면 한 번에 최소점에 도달할 수도 있다. 설명하기 위해 그린 그래프일 뿐 실제 이런 경우는 없다. 이때의 학습률을 **이상적 학습률**^{ideal lr value}이라고 하자.

그림 4-16 학습률의 값을 절묘하게 설정한다면 최소점에 한 번에 도달할 수도 있다.

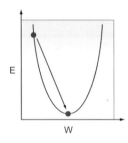

학습률이 이상적 학습률보다 **작다면** 오차의 경사를 내려가며 최소점에 도달할 수 있을 것이다 (그림 4-17). 학습률이 이상적 학습률보다 **훨씬 작더라도** 시간이 좀 더 걸릴 뿐 결국 최소점에 도달하게 된다.

그림 4-17 학습률의 값이 이상적 학습률보다 작다면 오차의 경사를 내려갈 수 있다.

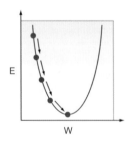

그러나 학습률이 이상적 학습률보다 **크다면** 한 번만 이동하더라도 최솟값을 지나쳐버린다. 그 다음 이동도 마찬가지다(그림 4-18). 이 정도로도 오차가 처음보다는 줄어들 수 있으며 그럭 저럭 괜찮은 지점에서 파라미터가 수렴할 수는 있지만 우리가 원하는 최소점과는 거리가 있다.

그림 4-18 학습률의 값이 이상적 학습률보다 크다면 최소점을 지나쳐버린다.

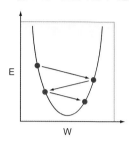

만약 학습률이 이상적 학습률보다 **훨씬 크다면**(예를 들어 두 배라고 하자) 가중치는 최소점을 지나쳐 오히려 원래보다 더 최소점에서 멀어지게 된다(그림 4-19). 이러한 현상을 **발산**^{divergence}이라고 한다.

그림 4-19 학습률이 이상적 학습률보다 훨씬 크다면 오히려 최소점에서 멀어진다.

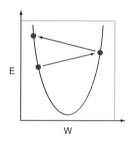

학습률이 너무 크거나 너무 작을 때

학습률의 값은 최적화 속도와 성능의 트레이드오프 관계를 갖는다. 학습률이 너무 작으면 가중치가 수렴할 때까지 오래 걸리며, 이론적으로는 언젠가 가중치가 수렴하지만 사실상 학습이 끝나지 않을 수도 있다. 반대로 학습률이 너무 크면 오차의 경사를 성큼성큼 내려가기 때문에 학습이 빨리 끝날 수도 있다. 하지만 그보다는 최소점 주변을 진동하며 발산해버릴 가능성이 더 높다. 학습률 역시 발산을 일으키지 않지만 최소점까지 빠르게 접근할 수 있는 적당한 값을 취하는 것이 이상적이다.

에포크 수에 따른 손실값의 추이를 그래프로 나타내면 다음과 같은 사실을 알 수 있다.

- **작은 학습률**: 손실은 계속 감소하지만 수렴까지 시간이 훨씬 오래 걸린다.
- **큰 학습률**: 학습 전과 비교하면 손실은 작지만 최소점과는 거리가 멀다.

- 아주 큰 학습률: 초기에는 손실이 감소하지만 가중치가 최소점과 멀어지면서 오히려 손실이 증가한다.
- 적당한 학습률: 손실이 일정하게 감소하며 최솟값에 도달한다.

그림 4-20 학습률에 따른 학습 양상의 차이

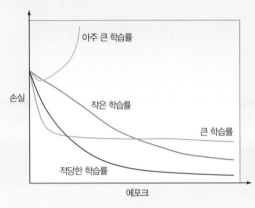

4.6.2 최적의 학습률을 정하는 방법

최적의 학습률은 손실 함수의 모양에 따라 달라진다. 손실 함수의 모양은 다시 모델의 구조와 데이터셋에 의해 결정된다. 케라스, 텐서플로, 파이토치 등 모든 딥러닝 라이브러리에서 기본값으로 미리 설정된 학습률이 괜찮은 출발점 역할을 한다. 각각의 최적화 알고리즘에도 미리 설정된 기본값이 있다. 해당 라이브러리의 참조 문서를 참고해 기본값을 확인하기 바란다. 모델의 학습이 잘되지 않는다면 학습률을 0.1, 0.01, 0.001, 0.00001 등의 값으로 조절하며 성능과 학습 시간을 관찰해서 최적의 값을 결정한다.

학습 시 출력되는 메시지에서 검증 데이터에 대한 손실값의 추이를 다음과 같은 기준으로 관찰한다.

- 파라미터가 수정될 때마다 val_loss가 감소한다면 정상이다. 개선이 멈출 때까지 학습을 계속한다.
- 학습이 끝나고 val_loss가 계속 감소 중이라면 학습률이 너무 작아 파라미터가 수렴하지 못한 상태. 이런 경우에는 다음 두 가지 방법을 사용한다.
  - 학습률은 그대로 두되 에포크 수를 늘려 학습을 다시 시작한다.
  - 학습률을 조금 증가시키고 학습을 다시 시작한다.
- val_loss가 증감을 반복하며 진동한다면 학습률이 너무 큰 것이다. 학습률을 감소시킨다.

4.6.3 학습률 감쇠와 적응형 학습

상황에 맞는 학습률을 찾는 방법은 반복적인 시도가 따른다. 고정된 학습률로 시작해서 학습이 끝난 다음 성능을 측정하고 학습률을 조정하는 식이다. 고정된 학습률을 사용하지 않고 학습률 감쇠learning rate decay를 적용하는 방법도 있다. 학습률 감쇠는 학습을 진행하는 도중에 학습률을 변화시키는 방법이다. 대부분의 경우 고정된 학습률보다 성능이 뛰어나며 학습 시간을 크게 줄이는 효과도 있다.

앞서 설명했듯 학습률이 작으면 손실값이 낮은 지점까지 도달할 가능성이 더 높아진다. 하지만 학습 시간은 길어진다. 경우에 따라서는 현실적이지 않은 시간까지 학습 시간이 길어질 수도 있다. 이때 좋은 방법이 감쇠율을 적용해서 학습이 진행됨에 따라 학습률을 감소시키는 것이다. 예를 들어 파라미터 수정을 n번 할 때마다 학습률을 고정값 x씩 감소시키는 방법이 있다. 이렇게 하면 학습 초기에는 큰 학습률을 적용하다가 점차 학습률을 감소시켜 최소점을 지나치는 현상을 방지한다.

학습률 감쇠에도 여러 가지 종류가 있는데 일정 비율로 학습률을 감소시키는 계단형 감쇠step decay가 대표적이다. [그림 4-21]은 5에포크마다 학습률을 절반으로 감소시키는 계단형 감쇠가 적용된 예다.

그림 4-21 학습률을 5에포크마다 절반으로 감소시키는 계단형 감쇠 적용 예

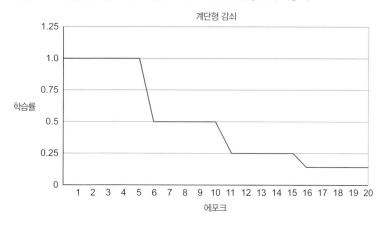

또 다른 방법으로 지수 감쇠exponential decay가 있다. [그림 4-22]는 8에포크마다 학습률에 0.1을 곱하는 지수 감쇠를 적용한 예다. 계단형 감쇠에 비하면 파라미터가 수렴하기까지 오랜 시간이 걸리지만 수렴에 다다를 수는 있다.

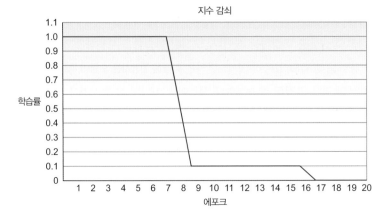

그림 4-22 학습률에 8에포크마다 0.1을 곱해 감소시키는 지수 감쇠 적용 예

이 외에도 **적응형 학습**adaptive learning(또는 **적응형 학습률**adaptive learning rate)이 있다. 적응형 학습은 학습의 진행이 멈추는 시점에 학습률을 경험적으로 설정된 값만큼 자동으로 수정하는 방식이다. 학습률이 필요한 시점에 감소만 하는 것이 아니리, 학습 속도가 지나치게 느려지는 등 상황에 따라서 증가하기도 한다. 적응형 학습은 일반적인 학습률 감쇠 기법보다 높은 성능을 보인다. Adam과 Adagrad가 적응형 학습이 적용된 최적화 알고리즘이다. 그 외 알고리즘은 나중에 다시 설명하겠다.

4.6.4 미니배치 크기

미니배치 크기 역시 최적화 알고리즘에서 필요한 하이퍼파라미터다. batch_size는 특히 학습 중 필요한 리소스 요구 사항과 학습 속도에 큰 영향을 미친다.

미니배치가 무엇인지 알려면 2장에서 설명했던 세 가지 경사 하강법(배치, 확률적, 미니배치)에 대해 다시 간략히 살펴보자.

- **배치 경사 하강법**batch gradient descent, BGD : 데이터셋 전체를 한 번에 신경망에 입력해서 순방향 계산, 오차 계산, 경사 계산을 거쳐 오차를 역전파시켜 가중치를 수정한다. 최적화 알고리즘이 전체 훈련 데이터를 대상으로 오차를 계산하므로 가중치 수정은 한 에포크에 한 번만 일어난다. 미니배치의 크기가 전체 데이터셋인 확률적 경사 하강법이라고 생각하면 이해하기 쉽다. BGD의 장점은 노이즈가 적고 최소점까지 큰 보폭으로 접근할 수 있다는 것이다(그림 4-23). 단점은 가중치를 한 번 수정하는 데 전체 데이터셋이 필요하므로 학습 속도가 느리며 데이터셋의 규모가 클수록 더 심하다. 또한 메모리 요구량도 증가해 BGD를 적용하지 못할 수도 있다. 소규모 데이터셋을 사용할 때 유리하다.

그림 4-23 배치 경사 하강법은 가중치가 수정되는 진행 방향에 노이즈가 적다.

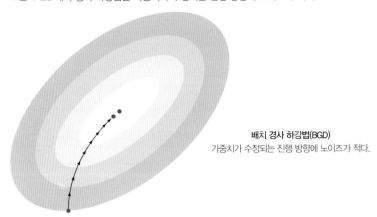

배치 경사 하강법(BGD)
가중치가 수정되는 진행 방향에 노이즈가 적다.

- **확률적 경사 하강법**stochastic gradient descent, SGD : **온라인 학습**online learning이라고도 한다. 훈련 데이터를 한 번에 하나씩 신경망에 입력해서 순방향 계산, 오차 계산, 경사 계산을 거쳐 오차를 역전파시켜 가중치를 수정한다(그림 4-24). SGD는 (BGD가 전체 데이터를 입력한 후 가중치가 수정되던 것과 달리) 데이터 하나마다 가중치가 수정된다. 따라서 SGD는 가중치의 진행 방향에 진동이 심하며 때로는 엉뚱한 방향으로 나아가기도 한다. 이러한 노이즈는 학습률을 감소시켜 억제할 수 있는데 대체로 BGD보다 나은 성능을 보인다. SGD를 사용하면 전역 최소점에 빠르고 더 가까이 접근할 수 있다. 반면 단점은 한 번에 데이터 하나만 처리하므로 데이터 여러 개를 한 번의 행렬 연산으로 처리하는 학습 계산 속도의 이점을 살리기 어렵다.

그림 4-24 확률적 경사 하강법은 가중치가 수정되는 진행 방향에 노이즈가 심하다.

확률적 경사 하강법(SGD)
가중치가 수정되는 진행 방향에 노이즈가 심하다.

BGD와 SGD는 미니배치 크기가 1(즉, 전체 데이터셋)인 극단적인 경우라고 볼 수 있다. SGD에서 최적화 알고리즘이 데이터 한 건으로 경사를 계산해서 가장 가파른 방향으로 오차 함수의 그래프를 타고 내려가는 것 자체는 문제가 없다. 그러나 여러 개의 데이터를 한꺼번에 계산하는 과정을 행렬 계산으로 했을 때 얻을 수 있는 계산 속도의 이점을 잃는다. 반면 BGD는 미니배치의 크기가 전체 데이터셋이므로 가중치 수정에 오랜 시간이 걸린다. 이 양극단의 중용을 취한 것이 미니배치 경사 하강법이다.

- **미니배치 경사 하강법**mini-batch gradient descent, MB-GD : 배치 경사 하강법과 확률적 경사 하강법의 중간 정도에 해당한다. 가중치를 한 번 수정하는 데 데이터셋 전체나 데이터 하나를 사용하는 대신 훈련 데이터를 몇 개의 미니배치로 분할해서 사용한다. 이 방법을 통해 행렬곱을 이용한 계산 속도가 향상되고, 전체 데이터셋을 사용하지 않으므로 가중치를 한 번 수정하는 데 걸리는 시간 역시 짧아진다.

미니배치 크기를 결정하는 방법

사용 중인 데이터셋의 크기가 작다면(2,000개 이하) BGD를 사용해도 빠른 시간 안에 학습을 수행할 수 있다.

이보다 큰 데이터셋을 사용 중이라면 미니배치의 크기를 두 배씩 늘려가는 방법을 사용한다. 64개나 128로 시작하는 것이 좋다. 만족스러운 학습 속도가 나올 때까지 32, 64, 128, 256, 512, 1024, …와 같이 배치 크기를 두 배씩 늘려 가면 된다. 그러나 이때 사용 중인 컴퓨터의 메모리(메인 메모리 또는 GPU 메모리)의 용량을 고려해야 한다. 1024 이상의 미니배치는 학습은 가능하지만 그리 널리 사용되지 않는다. 미니배치 수를 크게 하면 행렬곱을 이용한 계산 속도 향상 효과를 볼 수 있다. 반면 학습에 필요한 메모리 용량이 증가하는 반대급부가 따른다. [그림 4-25]에 배치 크기와 계산 자원, 학습에 필요한 에포크 수의 관계를 나타냈다.

그림 4-25 배치 크기와 계산 자원, 에포크 수의 관계

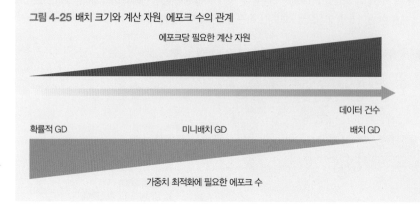

4.7 최적화 알고리즘

딥러닝의 역사에서 다양한 최적화 알고리즘이 제안되었고, 특정 유형의 문제에서는 이들이 효과적임을 증명했다. 그러나 알고리즘 중 대부분은 우리가 신경망을 적용하는 광범위한 문제에 일

반적으로 적용할 수 없음이 증명되었다. 그리고 딥러닝 커뮤니티는 경사 하강법과 그 변종 알고리즘이 효과적이라는 사실을 깨달았다. 지금까지 우리는 이들 중 배치 경사 하강법, 확률적 경사 하강법, 미니배치 경사 하강법을 배웠다.

앞서 학습률을 설명하면서 학습률을 너무 작게 설정하면 학습이 오래 걸리고, 너무 크게 설정하면 손실이 감소하지 않거나 오히려 발산해서 학습이 아예 되지 않는 현상이 일어나기 때문에 적절한 학습률을 설정하기 어렵다고 설명했다. 경사 하강법을 더 개선하려면 좀 더 기발한 방법이 필요하다.

> NOTE_ 최적화 알고리즘의 유형은 대부분의 딥러닝 프레임워크 문서에 자세히 설명되어 있다. 이 절에서는 그중 가장 널리 쓰이는 두 가지 경사 하강법 기반 최적화 알고리즘인 모멘텀과 Adam에 대해 설명한다. 이 두 알고리즘은 다른 알고리즘에 비해 뛰어난 성능과 함께 다양한 구조의 신경망에 적용해도 무리 없이 동작한다는 것이 증명됐다. 이 내용을 토대로 다른 최적화 알고리즘을 깊이 이해할 수 있을 것이다. 최적화 알고리즘에 대해 더 자세히 알고 싶다면 세바스티안 루더Sebastian Ruder의 논문[4]을 참고하기 바란다.

4.7.1 모멘텀을 적용한 경사 하강법

확률적 경사 하강법은 오차의 최소점으로 향하면서 이동 방향에 진동이 일어난다고 설명했다 (그림 4-26). 이러한 진동은 가중치의 수렴이 오래 걸리거나 최소점을 지나쳐 발산을 일으키게 하는 원인이 되며 이 때문에 학습률을 큰 값으로 설정할 수 없다.

그림 4-26 확률적 경사 하강법은 가중치의 이동 방향에 진동이 발생한다.

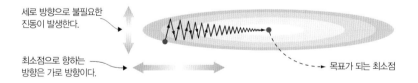

세로 방향으로 불필요한
진동이 발생한다.

최소점으로 향하는
방향은 가로 방향이다.

목표가 되는 최소점

가중치 이동 방향의 이러한 진동을 감소시키기 위해 모멘텀momentum이 고안되었다. 모멘텀은 엉뚱한 방향으로 가중치의 이동 방향이 진동하는 것을 완화시키는 기법이다. 쉽게 설명하면 진동

---

4 「An overview of gradient descent optimization algorithms」 https://arxiv.org/pdf/1609.04747.pdf

의 세로 방향으로는 학습을 느리게 하고, 가로 방향으로는 빠르게 진행한다. 결과적으로 최소점에 도달하는 시간이 짧아진다.

이 기법은 고전 물리학의 모멘텀과 유사한 점이 많다. 경사를 굴러 내려가는 눈덩이에 모멘텀이 누적되면 점점 속도가 빨라진다. 마찬가지로 모멘텀 기법도 경사가 기존 이동 방향과 같으면 이동 폭을 증가시키고, 기존 이동 방향과 다른 방향의 경사에는 이동 폭을 감소시킨다. 이런 방법으로 가중치의 진동을 완화시키고 더욱 빨리 수렴에 이를 수 있다.

모멘텀의 수학적 원리

여기 나온 수식은 아주 간단하고 직관적이다. 모멘텀은 가중치를 수정하는 등식에 속도를 의미하는 항을 추가한 식을 따른다.

$$w_{\text{new}} = w_{\text{old}} - \alpha \frac{dE}{dw_i} \quad \longleftarrow 기존 가중치 수정식$$

$$w_{\text{new}} = w_{\text{old}} - 학습률 \times 경사 + 속도 \quad \longleftarrow 속도항이 추가된 가중치 수성식$$

속도항은 이전에 계산했던 경사의 가중 평균이다.

4.7.2 Adam

Adam은 **적응형 모멘트 예측**^{adaptive moment estimation}의 약자다. Adam은 모멘텀과 비슷하게 이전에 계산했던 경사의 평균을 속도항으로 사용하지만 속도항이 지수적으로 감쇠된다는 차이가 있다. 모멘텀이 경사를 굴러 내려가는 공과 같다면 Adam은 무거운 공이 **마찰력**^{friction}을 가진 바닥을 굴러 내려가며 모멘텀이 감소하는 것에 비유할 수 있다. Adam은 다른 최적화 알고리즘보다 학습 시간이 빠르다는 장점이 있다.

새로운 하이퍼파라미터가 추가되었다. 하지만 다행히 주요 딥러닝 라이브러리의 기본값을 그대로 사용해도 잘 작동하므로 다른 알고리즘에서도 사용하는 하이퍼파라미터인 학습률만 조정하면 된다.

```
keras.optimizers.Adam(lr=0.001, beta_1=0.9, beta_2=0.999, epsilon=None,
    decay=0.0)
```

Adam 작성자는 다음과 같은 기본값을 제안했다.

- 학습률은 따로 조정이 필요하다.
- 모멘텀항 β1은 0.9를 많이 사용한다.
- RMSprop항 β2는 0.999를 많이 사용한다.
- ε은 10^{-8}으로 설정한다.

4.7.3 에포크 수와 조기 종료 조건

에포크^{epoch}는 학습 진행 중 전체 훈련 데이터가 한번 모델에 노출된 횟수를 의미한다. 따라서 에포크 수는 신경망의 반복 학습 횟수가 된다. 반복 학습 횟수가 많을수록 신경망이 더 많은 특징을 학습할 수 있다. 신경망의 반복 학습 횟수가 충분한지 확인하려면 학습 중 훈련 데이터의 오차와 검증 데이터의 오차를 잘 관찰해야 한다.

가장 직관적인 기준은 오찻값이 감소하는 한 학습을 계속하는 것이다. 학습 중 출력된 [그림 4-27]의 메시지를 살펴보자.

그림 4-27 학습 시작 후 처음 5에포크의 출력 메시지. 훈련 데이터의 오차와 검증 데이터의 오차가 함께 감소 중이다.

```
Epoch 1, Training Error: 5.4353, Validation Error: 5.6394

Epoch 2, Training Error: 5.1364, Validation Error: 5.2216

Epoch 3, Training Error: 4.7343, Validation Error: 4.8337
```

훈련 데이터와 검증 데이터의 오차가 모두 감소 중임을 알 수 있다. 이는 신경망이 아직 학습하고 있음을 의미한다. 그러니 이 시점에서 학습을 중단해서는 안 된다. 신경망의 가중치는 오차의 최소점으로 나아가는 중이다. 6에포크를 더 학습시킨 뒤 결과를 관찰했다(그림 4-28).

그림 4-28 훈련 데이터의 오차는 아직 감소 중이나 검증 데이터의 오차는 8에포크 이후로 진동 중이다.

```
Epoch 6, Training Error: 3.7312, Validation Error: 3.8324

Epoch 7, Training Error: 3.5324, Validation Error: 3.7215

Epoch 8, Training Error: 3.7343, Validation Error: 3.8337
```

훈련 데이터의 오차는 아직 감소 중이니 괜찮은 것 같다. 훈련 데이터를 대상으로는 학습이 아직 잘 되고 있다. 그러나 8에포크와 9에포크를 보면 val_error의 값이 진동하거나 증가하기 시작했다. train_error는 감소 중인데 val_error가 감소하지 않는다면 일반화 성능이 떨어지는 과적합이 발생했을 수 있다.

훈련 데이터의 오차와 검증 데이터의 오차의 추이를 그래프로 그려보았다(그림 4-29). 처음에는 훈련 오차와 검증 오차가 함께 개선되다가 검증 오차가 증가하면서 과적합의 징후가 나타난다. 과적합이 일어나기 전에 학습을 종료할 방법이 필요하다. 이런 기법을 **조기 종료**^{early stopping}라고 한다.

그림 4-29 train_error는 감소하는데 val_error가 증가하기 시작했다면 과적합이 발생했다는 징후다.

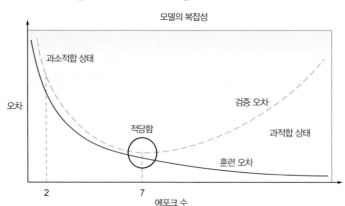

4.7.4 조기 종료

조기 종료는 과적합이 발생하기 전에 조기에 학습을 종료하는 알고리즘이다. 검증 오차를 주시하다가 검증 오차가 증가하기 시작하면 학습을 중지하는 방식이다.

> **TIP** 조기 종료의 장점은 최대 에포크 수 하이퍼파라미터를 덜 신경써도 된다는 것이다. 최대 에포크 수를 충분히 크게 설정한 후 조기 종료 설정이 적절한 시점에 학습을 종료하게 하면 된다.

케라스에서 제공하는 조기 종료 함수는 다음과 같이 사용한다.

```
EarlyStopping(monitor='val_loss', min_delta=0, patience=20)
```

EarlyStopping 함수의 인수는 다음과 같다.

- monitor: 학습 중 주시할 지표를 설정한다. 대개는 학습 중 모델의 성능을 나타내는 지표인 val_loss를 관찰한다. 검증 데이터에 대한 성능이 좋다면 대체로 테스트 데이터나 실제 데이터에도 비슷한 성능이 나온다.
- min_delta: 주시 중인 지표가 개선 중인지에 대한 기준이 되는 상승폭을 지정한다. 이 변수에는 표준값이 없다. min_delta 값을 정하려면 몇 에포크 동안 학습을 지켜보며 오차와 검증 데이터에 대한 정확도를 관찰한 다음 그 변화율을 기준으로 min_delta를 결정한다. 대부분의 경우 기본값 0도 잘 동작한다.
- patience: 과적합이 발생했다고 판단하는 기준으로, 연속으로 주시 중인 지표가 개선되지 않는 에포크 수를 의미한다. 예를 들어 patience를 1로 설정했다면 지표가 개선되지 않았던 첫 번째 에포크에서 학습이 중단된다. 하지만 patience는 약간 여유를 두는 편이 좋다. 손실값이 잠시 정체되거나 진동하다가 다시 개선되는 경우도 많기 때문이다. 10에포크 이상 지표에 개선이 없다면 학습을 중단해도 된다.

4.8 과적합을 방지하기 위한 규제화 기법

학습 중인 신경망에 과적합이 발생했다면 신경망의 표현력을 감소시켜야 한다. 가장 먼저 시도할 수 있는 방법은 규제화다. 이 절에서는 가장 널리 사용되는 규제화 기법인 L2 규제화, 드롭아웃, 데이터 강화를 설명한다.

4.8.1 L2 규제화

L2 규제화의 기본적인 아이디어는 오차 함수에 규제화항regularization term을 추가하는 것이다. 이에 따라 은닉층 유닛의 가중치가 0에 가까워지고 모델의 표현력을 감소시키는 데 도움이 된다.

규제화가 어떤 식으로 작용하는지 살펴보자. 오차 함수에 다음과 같이 규제화항을 추가한다.

$$오차\ 함수_{new} = 오차\ 함수_{old} + 규제화항$$

평균제곱오차, 교차 엔트로피 등 2장에서 설명한 오차 함수는 무엇이든 사용할 수 있다. 이제 규제화항을 살펴보자. 람다(λ)는 규제화 파라미터고, m은 인스턴스 수, w는 가중치라고 할 때 규제화항은 다음과 같이 정의된다.

$$L2\ 규제화항 = \frac{\lambda}{2\,m} \times \sum \|w\|^2$$

그러면 수정된 오차 함수는 다음과 같다.

$$\text{오차 함수}_{new} = \text{오차 함수}_{old} + \frac{\lambda}{2m} \times \sum \|w\|^2$$

L2 규제화가 어떤 원리로 과적합을 방지하는 것일까? 이를 이해하려면 역전파 계산에서 가중 치가 수정되는 과정을 설명해야 한다. 역전파 계산 과정은 앞서 2장에서 오차의 경사를 계산한 다음 이 경사에 학습률을 곱해 기존 가중치에서 이 값을 빼 가중치를 수정한다고 설명했다. 식 으로 나타내면 다음과 같다.

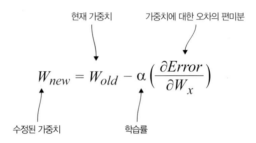

오차 함수에 규제항을 추가했으니 새로운 오차 함수의 함숫값은 기존보다 크다. 그러므로 오 차 함수의 편미분($\frac{\partial Error}{\partial W_x}$)도 기존의 편미분보다 크다. 따라서 W_{new}는 규제항이 없을 때보다 작아진다. L2 규제화는 가중치를 0을 향해 감소(0이 되지는 않는다)시키기 때문에 **가중치 감쇠** weight decay라고 하기도 한다.

가중치 감쇠가 신경망을 단순하게 만드는 원리

가중치 감쇠가 신경망을 단순하게 만드는 원리를 생각해보자. 규제화항의 값이 크면 학습률을 곱한 값이 W_{old}의 값에 가까워지고 수정된 가중치는 0과 가까워진다. 결국 이 뉴런의 역할이 상 쇄되므로 신경망이 단순해지는 효과가 생긴다.

실제로 L2 규제화를 적용했을 때 가중치가 0이 되지는 않으며 가중치가 작아져 뉴런의 영향력이 줄어들 뿐이다. 규제화 파라미터 값이 크면 가중치가 매우 작아진다. 그러면 이들 유닛의 학습 에 대한 기여도가 그만큼 줄어든다. 이 정도로도 신경망을 단순하게 만들고 과적합을 방지할 수 있다.

그림 4-30 L2 규제화는 가중치를 줄여 신경망을 단순하게 하고 과적합을 방지한다.

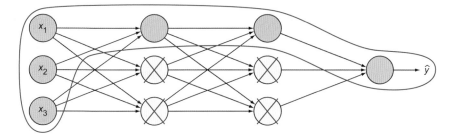

다음과 같은 코드로 케라스에서 L2 규제화를 적용할 수 있다.

```
model.add(Dense(units=16, kernel_regularizer=regularizers.l2(lambda),
    activation='relu'))
```
◁── 신경망에 추가하는 은닉층에 kernel_regularizer 인수로 L2 규제화를 지정한다.

lambda 값은 하이퍼파라미터로 직접 조정해야 하지만 대개의 경우 라이브러리의 기본값으로도 잘 작동한다. L2 규제화를 적용해도 과적합이 해소되지 않는다면 lambda 값을 증가시켜 모델의 복잡도를 더욱 낮추면 된다.

4.8.2 드롭아웃층

드롭아웃 역시 신경망의 복잡도를 낮춰 과적합을 방지하는 효과적인 방법이다. 드롭아웃은 3장에서 자세히 설명했으며, 매우 간단한 기법이다. 반복마다 전체 뉴런 중 미리 정해진 비율 p만큼의 뉴런을 해당 반복 회차 동안 비활성화(드롭아웃)하는 것이다. 일부 뉴런의 학습을 강제로 중단하는 것이 어떻게 성능에 도움이 될까 싶겠지만 꽤 놀라운 효과를 볼 수 있다. 비활성 뉴런의 비율 p는 **드롭아웃 비율**dropout rate이라는 이름의 하이퍼파라미터로 0.3에서 0.5 사이의 값으로 설정한다. 초기에는 0.3으로 시작해서 과적합이 발생하면 비율을 올려 대응한다.

> TIP 필자는 드롭아웃을 설명하기 위해 '팀원끼리 매일 동전을 던져 그날 팀의 중요 업무를 처리할 사람을 정하는 과정'이라는 비유를 자주 사용한다. 몇 차례 반복이 지나가고 나면 모든 팀원이 팀의 중요 업무를 처리하는 방법을 익히게 되고 변화에 좀 더 잘 적응하는 조직이 될 수 있다.

L2 규제화와 드롭아웃은 모두 뉴런의 효율을 떨어뜨려 신경망의 복잡도를 감소시키는 기법이다. 차이점이 있다면 드롭아웃은 특정 뉴런의 영향력을 완전히 비활성화하는 데 비해 L2 규제화는 가중치를 통해 뉴런의 영향력을 억제하는 방식을 사용한다는 것이다. 두 가지 기법 모두 신경망을 보다 유연하고 강건하게 하며 과적합을 억제하는 효과가 있다. 두 가지 기법 모두 신경망에 적용할 만하다.

4.8.3 데이터 강화

과적합을 방지하는 방법 중 하나는 학습 데이터를 추가하는 것이다. 데이터 추가는 상황에 따라 가능하지 않은 경우도 있으나 기존 데이터에 약간의 변형을 가해 새로운 데이터를 만드는 것은 가능하다. 데이터 강화는 저렴한 비용으로 훈련 데이터의 양을 늘려 과적합을 방지할 수 있는 기법이다.

이미지 반전, 회전, 배율 조정, 밝기 조절 등 다양한 변환 방법을 데이터 강화에 사용할 수 있다. [그림 4-31]은 숫자 6의 손글씨 이미지를 대상으로 적용한 데이터 강화의 예다.

그림 4-31 숫자 6의 손글씨 이미지를 대상으로 적용한 데이터 강화 기법

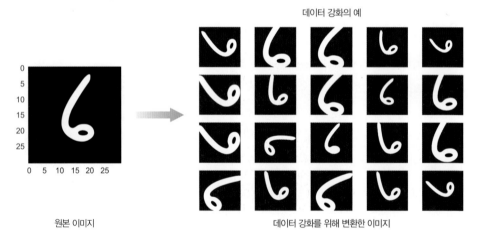

[그림 4-31]을 보면 데이터 강화 기법을 통해 신경망 학습에 사용할 수 있는 20개의 새로운 이미지를 얻었다. 이렇게 기존 이미지로부터 새로운 이미지를 생성하는 방법의 장점은 신경망이 변환된 이미지(가로세로 반전, 회전 등) 역시 같은 정보를 가진 이미지라는 것을 학습할 수 있다는 것이다. 이런 방법으로 숫자 6이 어떤 방식으로 쓰여 있더라도 감지할 수 있는 강건한 모델이 된다.

데이터 강화는 모델이 특징 학습 중 대상의 원래 모습에 대한 의존도를 낮춰준다는 의미에서 일종의 규제화 기법으로 취급되기도 한다. 신경망이 새로운 데이터에 노출되어도 유연하게 대응할 수 있는 능력을 길러준다.

케라스를 사용하면 다음 코드로 이미지 강화를 구현할 수 있다.

4.9 배치 정규화

이 장 앞부분에서 학습 속도를 개선하기 위한 데이터 정규화를 설명했다. 앞서 배운 정규화 기법은 입력층에 이미지를 입력하기 위한 학습 데이터의 전처리에 집중되어 있었다. 이미 추출된 특징을 정규화하면 은닉층도 마찬가지로 정규화의 도움을 받을 수 있다. 추출된 특징은 변화가 심하므로 정규화를 통해 신경망의 학습 속도와 유연성을 더욱 개선할 수 있다(그림 4-32). 이런 기법을 배치 정규화batch normalization, BN라고 한다.

그림 4-32 배치 정규화는 은닉층에서 이미 추출된 특징을 정규화하는 기법이다.

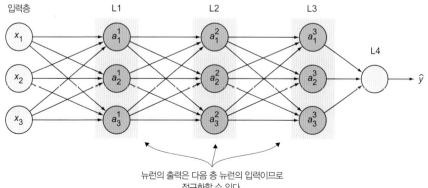

4.9.1 공변량 시프트 문제

공변량 시프트^{covariate shift}가 무엇인지 설명하기 전에 배치 정규화를 적용할 때 만날 수 있는 문제를 한 가지 살펴보겠다. 고양이 이미지를 판정하는 분류기를 만들어야 하는데, 학습 데이터가 흰 고양이 이미지뿐이다. 흰색이 아닌 다른 색 고양이 이미지를 대상으로 이 분류기를 테스트하면 좋은 성능이 나오지 않을 것이다. 이 모델은 특정 분포(흰 고양이)에 치우친 훈련 데이터로 학습되었기 때문이다. 테스트 데이터의 분포가 훈련 데이터와 다르면 모델은 혼란을 일으킨다(그림 4-33).

그림 4-33 A 그래프는 흰 고양이만 있는 훈련 데이터고, B 그래프는 여러 색의 고양이가 섞인 테스트 데이터다. 동그라미는 고양이 이미지고, 별은 고양이가 아닌 대상의 이미지다.

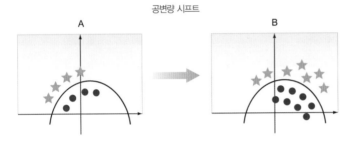

A 그래프의 훈련 데이터로 학습된 모델이 전혀 분포가 다른 B 그래프의 테스트 데이터를 제대로 분류하기는 어려울 것이다. 이러한 데이터 분포의 변화를 **공변량 시프트**라고 한다.

> **DEFINITION__** 데이터셋 X를 레이블 y에 매핑하도록 모델을 학습한 후 X의 분포가 변화한 경우를 **공변량 시프트**라고 한다. 공변량 시프트가 발생하면 모델을 다시 학습해야 할 수도 있다.

4.9.2 신경망에서 발생하는 공변량 시프트

신경망에서 어떻게 공변량 시프트가 발생하는지 이해하기 위해 다음과 같이 4개의 층을 가진 MLP를 예로 들어보겠다(그림 4-34). 세 번째 은닉층(L3)의 관점에서 입력은 층 L2의 출력인 a_1^2, a_2^2, a_3^2, a_4^2다. 그리고 이 출력은 L2에서 추출된 특징이기도 하다. L3는 이 입력을 레이블 y와 가능한 한 가까운 $\hat{y}$에 매핑하려 한다. 이 과정에 이전 층의 파라미터가 함께 개입한다. L1의 파라미터(w, b)가 변화하면 L2의 입력도 변화한다. 이 현상을 L3의 관점에서 보면 L2의 출력이 항상 변화하게 된다. 결국 이 신경망에 공변량 시프트가 발생하고 있는 것이다. 배치 정규화는 은닉층의 출력값 분포의 변화를 억제해서 이어지는 층의 학습이 좀 더 안정되도록 돕는 역할을 한다.

그림 4-34 4개의 층을 가진 간단한 MLP. L1에서 추출한 특징은 L2의 입력이 되며, L2의 출력은 L3의 입력이 된다.

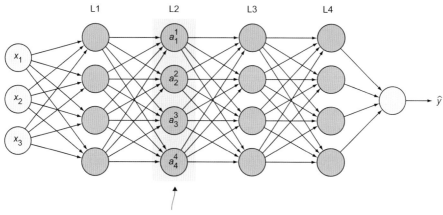

L2의 활성화도가 L3에 입력된다.

NOTE_ 배치 정규화는 은닉층 유닛을 비활성화하거나 유닛의 값을 변경시키지 않는다는 점이 중요하다. 배치 정규화는 은닉층 출력의 분포가 변화하는 것을 억제한다. 다시 말해 값 자체는 변화하지만 값의 평균과 분산은 변화하지 않는다.

4.9.3 배치 정규화의 원리

세르게이 이요페$^{Sergey\ Ioffe}$와 크리스티안 세게디$^{Christian\ Szegedy}$는 2015년 논문[5]에서 공변량 시프트를 완화하기 위한 대책으로 배치 정규화를 제안했다. 배치 정규화는 각 층의 활성화 함수 앞에 다음 연산을 추가하는 방법이다.

1 입력의 평균을 0으로 조정
2 평균이 0으로 조정된 입력을 정규화
3 연산 결과의 배율 및 위치 조정

5 「Batch Normalization: Accelerating Deep Network Training by Reducing Internal Covariate Shift」, https://arxiv.org/abs/1502.03167

이 기법을 적용하면 각 층의 입력이 최적의 배율과 평균으로 조정되어 학습을 진행할 수 있다.

배치 정규화의 수학적 원리

1 입력의 평균을 0으로 조정하려면 입력의 평균과 표준편차를 계산해야 한다(여기서 말하는 입력은 현재 입력 중인 미니배치를 의미한다. 그래서 명칭도 **배치 정규화**다). m이 배치 내 데이터 수일 때 미니배치의 평균 μ_B과 표준편차 σ_B는 다음과 같이 계산한다.

$$\mu_B \leftarrow \frac{1}{m}\sum_{i=1}^{m} x_i \quad \longleftarrow \text{ 미니배치의 평균}$$

$$\sigma_B^2 \leftarrow \frac{1}{m}\sum_{i=1}^{m} (x_i - \mu_B)^2 \quad \longleftarrow \text{ 미니배치의 분산}$$

2 입력을 정규화한다. 여기서 $\hat{x}$은 평균이 0이며 정규화된 입력이다.

$$\hat{x}_i \leftarrow \frac{x_i - \mu_B}{\sqrt{\sigma_B^2 + \varepsilon}}$$

새로운 변수 ε이 추가되었다. 이 변수는 일부 추정치에서 σ가 0일 경우 0으로 나누는 것을 피하기 위한 충분히 작은 값이다(일반적으로 10^{-5} 정도 사용).

3 배율 및 위치를 조정한다. 정규화된 입력에 γ를 곱해 배율을 조정하고 β를 더해 위치를 조정한 y_i를 계산한다.

$$y_i \leftarrow \gamma X_i + \beta$$

배치 정규화를 적용하면 신경망에 2개의 새로운 파라미터 γ와 β가 도입된다. 따라서 최적화 알고리즘이 가중치와 함께 이 두 가지 파라미터를 수정한다. 학습 초기에 최적의 배율과 오프셋을 찾기까지는 약간 학습 속도가 느리게 느껴지지만 최적의 값을 찾고 나면 학습이 눈에 띄게 빨라진다.

4.9.4 케라스를 이용해서 배치 정규화 구현하기

배치 정규화의 동작 원리를 이해하고 있어야 구현 코드를 잘 이해할 수 있다. 하지만 신경망에 배치 정규화를 적용하기 위해 모든 것을 직접 구현할 필요는 없다. 딥러닝 라이브러리를 사용하고 있다면 코드 한 줄로 어렵지 않게 신경망에 배치 정규화를 적용할 수 있다. 케라스에서는 정규화된 결과를 다음 층에 전달할 수 있도록 은닉층 뒤에 배치 정규화층을 추가하는 형태로 구현된다.

다음은 신경망에 배치 정규화층을 추가한 예다.

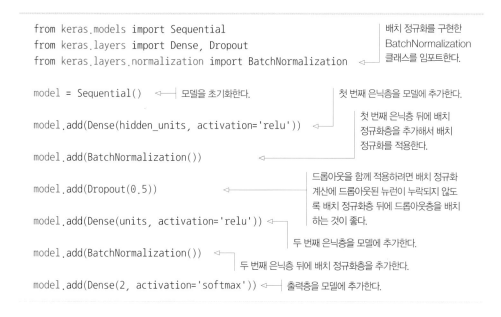

4.9.5 배치 정규화 복습

배치 정규화는 입력층뿐만 아니라 은닉층도 정규화의 장점을 누릴 수 있다는 아이디어에서 출발했다는 점을 기억하기 바란다. 배치 정규화 덕분에 뒷층의 학습이 앞층의 학습 결과의 영향을 덜 받으므로 각 층마다 독립적인 학습이 가능하게 되었다.

앞층의 출력이 항상 같은 평균과 분산을 갖게 되므로 뒷층의 관점에서는 입력이 크게 흔들리지 않는 효과가 있으며, 그만큼 뒷층의 학습이 쉬워진다. 정리하자면 배치 정규화는 은닉층 유닛의 출력이 항상 표준 분포를 따르도록 강제하는 방법이며, 이 과정 역시 학습 대상이 되는 두 파라미터 γ와 β가 제어한다.

4.10 프로젝트: 이미지 분류 정확도 개선하기

이번 프로젝트에서는 3장에서 보았던 CIFAR-10 데이터셋의 분류 모델을 다시 사용한다. 이 분류 모델에 이 장에서 배운 개선 기법을 적용해서 현재 약 65%인 정확도를 90%까지 개선한다. 실습 코드는 이 책의 웹사이트[6]에서 내려받을 수 있다.

다음 단계에 따라 프로젝트를 구성한다.

1 의존 라이브러리 임포트
2 학습을 위한 데이터 준비
   - 케라스 라이브러리를 이용해서 데이터 내려받기
   - 훈련 데이터, 검증 데이터, 테스트 데이터로 분할하기
   - 데이터 정규화
   - 정답 데이터에 원-핫 인코딩 적용하기
3 모델 구조 정의. 일반적인 합성곱층 및 풀링층 외에 다음 층을 추가한다.
   - 신경망의 표현력을 증가시키기 위해 층수 늘리기
   - 드롭아웃층
   - 합성곱층에 L2 규제화층 추가하기
   - 배치 정규화층
4 모델 학습하기
5 모델 평가하기
6 학습 곡선 그리기

그럼 구현 코드를 살펴보자.

1단계: 의존 라이브러리 임포트하기

다음은 의존 라이브러리를 임포트하는 코드다.

```
import keras
from keras.datasets import cifar10
from keras.preprocessing.image import ImageDataGenerator
from keras.models import Sequential
```

케라스에서 제공하는 데이터셋 내려받기, 이미지 전처리 기능, 신경망 구성 요소 구현 클래스 임포트

---

6 https://www.manning.com/books/deep-learning-for-vision-systems, http://www.computervisionbook.com

```
from keras.utils import np_utils
from keras.layers import Dense, Activation, Flatten, Dropout, BatchNormalization,
    Conv2D, MaxPooling2D
from keras.callbacks import ModelCheckpoint
from keras import regularizers, optimizers

import numpy as np          ←┤ 수학적 연산을 제공하는 넘파이 라이브러리 임포트

                                    ┌ 그래프 작도 기능을 제공하는
from matplotlib import pyplot    ←┤ matplotlib 라이브러리 임포트
```

2단계: 데이터 내려받기 및 준비

케라스는 몇몇 데이터셋을 직접 내려받는 기능을 제공한다. 이들 데이터셋은 미리 전처리까지 완료되어 바로 신경망에 입력할 수 있는 상태로 제공된다. 이번 프로젝트에서 사용하는 CIFAR-10 데이터셋은 32×32 크기의 컬러 이미지 60,000장으로 구성되어 있으며 10개의 카테고리가 부여된 50,000장의 훈련 데이터와 10,000장의 테스트 데이터로 분할되어 있다. 그 외 CIFAR-100, MNIST, 패션-MNIST 등의 데이터셋에 대한 자세한 내용은 케라스 문서를 참고하기 바란다.

케라스에서 제공하는 CIFAR-10 데이터셋은 훈련 데이터와 테스트 데이터로 이미 분할되어 있다. 이를 읽어 들인 후 앞서 설명한 바와 같이 훈련 데이터에서 다시 5,000장의 검증 데이터를 분할한다.

```
(x_train, y_train), (x_test, y_test) = cifar10.load_data()   │ 데이터셋을 내려받고
x_train = x_train.astype('float32')                           │ 분할한다.
x_test = x_test.astype('float32')

(x_train, x_valid) = x_train[5000:], x_train[:5000]    │ 훈련 데이터에서 다시 5,000장의
(y_train, y_valid) = y_train[5000:], y_train[:5000]    │ 검증 데이터를 분할한다.
```

x_train, x_valid, x_test의 모양을 확인한다.

```
print('x_train =', x_train.shape)
print('x_valid =', x_valid.shape)
print('x_test =', x_test.shape)

>> x_train = (45000, 32, 32, 3)
```

```
>> x_valid = (5000, 32, 32, 3)
>> x_test = (1000, 32, 32, 3)
```

출력된 튜플의 요소는 (데이터 수, 이미지 폭, 이미지 높이, 채널)을 의미한다.

데이터 정규화

각 픽셀값에서 픽셀값의 평균을 빼고 표준편차로 나누는 방법으로 이미지의 픽셀값을 정규화
한다.

```
mean = np.mean(x_train,axis=(0,1,2,3))
std = np.std(x_train,axis=(0,1,2,3))
x_train = (x_train-mean)/(std+1e-7)
x_valid = (x_valid-mean)/(std+1e-7)
x_test = (x_test-mean)/(std+1e-7)
```

레이블에 원-핫 인코딩 적용하기

훈련 데이터, 검증 데이터, 테스트 데이터의 레이블에 원-핫 인코딩을 적용한다. 이때 케라스
에서 제공하는 to_catrgorical 함수를 사용한다.

```
num_classes = 10
y_train = np_utils.to_categorical(y_train,num_classes)
y_valid = np_utils.to_categorical(y_valid,num_classes)
y_test = np_utils.to_categorical(y_test,num_classes)
```

데이터 강화하기

데이터 강화를 위해 이미지 회전, 이미지 평행 이동(가로, 세로), 가로 반전을 적용한다. 실제
문제에서는 신경망이 예측을 틀리거나 대상을 잘 탐지하지 못하는 이미지를 직접 보고 왜 그렇
게 되었는지 생각해봐야 한다. 그다음에는 그에 대한 가설을 세우고 실험을 실시한다. 예를 들어
예측이 틀린 이미지가 회전된 이미지라면 회전 변환을 이용해서 데이터를 강화한다. 이렇게 가
설-실험-평가 과정을 반복한다. 그러면 신경망의 성능과 데이터 분석 결과로만 판단을 내리는
단계에 도달할 수 있다.

```
datagen = ImageDataGenerator(    ←┤ 데이터 강화 설정
    rotation_range=15,
    width_shift_range=0.1,
```

```
    height_shift_range=0.1,
    horizontal_flip=True,
    vertical_flip=False
)
datagen.fit(x_train)          ◁———— 훈련 데이터를 대상으로
                                     변환된 데이터 생성
```

3단계: 모델 구조 정의하기

3장에서 AlexNet(3CONV + 2FC)을 간략화한 신경망을 구성했었다. 이번 프로젝트에서는 모델의 표현력을 늘리기 위해 층수를 더욱 늘려보겠다(6CONV + 1FC).

신경망을 다음과 같이 구성한다.

- 모든 합성곱층 뒤에 풀링층을 배치하는 대신 하나 걸러 하나씩 배치한다. 이런 배치는 옥스퍼드 대학교 연구진이 제안한 VGGNet을 참고한 것이다. VGGNet은 5장에서 더 자세히 설명하겠다.
- 마찬가지로 VGGNet을 참고해 합성곱층의 kernel_size는 3 × 3, 풀링층의 pool_size는 2 × 2로 설정한다.
- 모든 합성곱층 뒤에 드롭아웃층을 배치한다. 드롭아웃 비율 p는 0.2부터 0.4 사이의 값을 지정한다.
- 모든 합성곱층 뒤에 배치 정규화층을 추가해서 합성곱층의 출력을 정규화한다.
- 케라스를 사용하면 L2 정규화를 합성곱층의 설정으로 적용할 수 있다.

이를 구현한 코드는 다음과 같다.

```
                              은닉층의 유닛 수를 정의한 변수
base_hidden_units = 32   ◁————┘                          첫 번째 합성곱층이므로
weight_decay = 1e-4      ◁——— L2 규제화 파라미터 lambda   input_shape를 지정해야 한다.
model = Sequential()     ◁—┐                             나머지 합성곱층에서는
                           (차례대로 층을 추가하는)        지정할 필요 없다.
# CONV1                    순차형 모델을 초기화
model.add(Conv2D(base_hidden_units, kernel_size= 3, padding='same',
    kernel_regularizer=regularizers.l2(weight_decay),    ◁—— 합성곱층에 L2 규제화를
input_shape=x_train.shape[1:]))                               적용한다.
model.add(Activation('relu'))    ◁——┐ 모든 은닉층의 활성화 함수는
model.add(BatchNormalization())  ◁——┘ ReLU를 사용한다.

                              배치 정규화층을 추가한다.
# CONV2
model.add(Conv2D(base_hidden_units, kernel_size= 3, padding='same',
    kernel_regularizer=regularizers.l2(weight_decay)))
model.add(Activation('relu'))
```

```python
model.add(BatchNormalization())

# POOL + Dropout
model.add(MaxPooling2D(pool_size=(2,2)))
model.add(Dropout(0.2))
```

드롭아웃층의 드롭아웃 비율은
20%를 적용한다.

```python
# CONV3
model.add(Conv2D(base_hidden_units * 2, kernel_size= 3, padding='same',
    kernel_regularizer=regularizers.l2(weight_decay)))
model.add(Activation('relu'))
model.add(BatchNormalization())
```

유닛 수 = 64개

```python
# CONV4
model.add(Conv2D(base_hidden_units * 2, kernel_size= 3, padding='same',
    kernel_regularizer=regularizers.l2(weight_decay)))
model.add(Activation('relu'))
model.add(BatchNormalization())

# POOL + Dropout
model.add(MaxPooling2D(pool_size=(2,2)))
model.add(Dropout(0.3))

# CONV5
model.add(Conv2D(base_hidden_units * 4, kernel_size= 3, padding='same',
    kernel_regularizer=regularizers.l2(weight_decay)))
model.add(Activation('relu'))
model.add(BatchNormalization())

# CONV6
model.add(Conv2D(base_hidden_units * 4, kernel_size= 3, padding='same',
    kernel_regularizer=regularizers.l2(weight_decay)))
model.add(Activation('relu'))
model.add(BatchNormalization())

# POOL + Dropout
model.add(MaxPooling2D(pool_size=(2,2)))
model.add(Dropout(0.4))

# FC7
model.add(Flatten())
model.add(Dense(10, activation='softmax'))

model.summary()
```

특징 맵을 1차원 특징 벡터로
변환한다(3장 참조).

분류 대상 카테고리가 10가지이므로
출력층의 유닛 수도 10개다. 활성화
함수는 소프트맥스 함수를 사용한다
(2장 참조).

모델의 개요를 출력한다.

출력된 모델의 개요는 [그림 4-35]와 같다.

그림 4-35 모델의 개요

Layer (type)	Output Shape	Param #
conv2d_1 (Conv2D)	(None, 32, 32, 32)	896
activation_1 (Activation)	(None, 32, 32, 32)	0
batch_normalization_1 (batch	(None, 32, 32, 32)	128
conv2d_2 (Conv2D)	(None, 32, 32, 32)	9248
activation_2 (Activation)	(None, 32, 32, 32)	0
batch_normalization_2 (batch	(None, 32, 32, 32)	128
max_pooling2d_1 (MaxPooling2	(None, 16, 16, 32)	0
dropout_1 (Dropout)	(None, 16, 16, 32)	0
conv2d_3 (Conv2D)	(None, 16, 16, 64)	18496
activation_3 (Activation)	(None, 16, 16, 64)	0
batch_normalization_3 (batch	(None, 16, 16, 64)	256
conv2d_4 (Conv2D)	(None, 16, 16, 64)	36928
activation_4 (Activation)	(None, 16, 16, 64)	0
batch_normalization_4 (batch	(None, 16, 16, 64)	256
max_pooling2d_2 (MaxPooling2	(None, 8, 8, 64)	0
dropout_2 (Dropout)	(None, 8, 8, 64)	0
conv2d_5 (Conv2D)	(None, 8, 8, 128)	73856
activation_5 (Activation)	(None, 8, 8, 128)	0
batch_normalization_5 (batch	(None, 8, 8, 128)	512
conv2d_6 (Conv2D)	(None, 8, 8, 128)	147584
activation_6 (Activation)	(None, 8, 8, 128)	0
batch_normalization_6 (batch	(None, 8, 8, 128)	512
max_pooling2d_3 (MaxPooling2	(None, 4, 4, 128)	0
dropout_3 (Dropout)	(None, 4, 4, 128)	0
flatten_1 (Flatten)	(None, 2048	0
dense_1 (Dense)	(None, 10)	20490

4단계: 모델 학습하기

학습의 구현 코드를 보기 전에 몇몇 하이퍼파라미터를 결정하는 전략을 설명하겠다.

- batch_size: 이 장에서 소개한 미니배치와 관련된 하이퍼파라미터다. batch_size의 값이 클수록 학습 속도가 빨라진다. 초깃값을 64로 설정한 다음 두 배씩 올려 학습 속도를 조절한다. 필자의 환경에서 256으로 설정하니 메모리가 부족해 다음과 같은 오류가 발생했다. 이후 128로 다시 조정했다.

    Resource exhausted: OOM when allocating tensor with shape[256,128,4,4]

- epochs: 초깃값을 50에포크로 설정했으나, 50에포크에서도 오차가 계속 감소하고 있어서 최대 에포크를 늘리고 학습 과정의 추이를 살펴보았다. 이번 프로젝트의 경우 125에포크에서 90% 이상의 정확도를 달성할 수 있었다. 뒤의 설명을 보면 알겠지만 학습을 더 오래 진행하면 개선의 여지가 아직 있다.
- 최적화 알고리즘: Adam을 사용했다. Adam에 대한 자세한 설명은 4.7절을 참조하기 바란다.

> NOTE_ 이번 프로젝트에서 필자는 GPU를 사용했다. 그럼에도 학습에 약 세 시간이 걸렸다. 독자 여러분도 자신이 보유한 GPU 또는 클라우드 서비스에서 제공하는 GPU를 사용하기 권한다. GPU를 사용할 수 없는 상황이라면 에포크 수를 줄이고 CPU 성능에 따라 짧으면 하루 또는 며칠에 걸쳐 학습을 진행해야 한다.

학습 코드는 다음과 같다.

```
batch_size = 128    ←┤ 미니배치 크기
epochs = 125    ←
                        ┤ 에포크 수
                                        가장 성능이 좋았던 가중치를 저장할 파일의
                                        경로를 지정했고, 성능이 개선된 경우에만
                                        가중치를 저장하도록 설정했다.
checkpointer = ModelCheckpoint(filepath='model.100epochs.hdf5', verbose=1,    ←
                    save_best_only=True )
optimizer = keras.optimizers.adam(lr=0.0001,decay=1e-6)    ←┤ 학습률을 0.0001로 설정한
                                                             Adam 최적화 알고리즘

model.compile(loss='categorical_crossentropy', optimizer=optimizer,
    metrics=['accuracy'])    ←
                                ┤ 교차 엔트로피 손실 함수(2장 참조)

history = model.fit_generator(datagen.flow(x_train, y_train,
    batch_size=batch_size), callbacks=[checkpointer],
    steps_per_epoch=x_train.shape[0] // batch_size, epochs=epochs,
    verbose=2, validation_data=(x_valid, y_valid))    ←

            GPU를 사용해서 학습을 진행하면서 동시에 CPU를 사용해서 실시간으로 데이터
            강화를 수행하도록 한다. callback으로 설정된 checkpointer는 가중치를
            저장하는 역할을 한다. 이 외에도 조기 종료 등의 함수를 콜백으로 추가할 수 있다.
```

이 코드를 실행하면 각 에포크의 학습 결과를 알리는 복잡한 메시지가 출력된다. loss와 val_loss의 추이를 주의 깊게 관찰하며 신경망의 병목을 찾아낸다. [그림 4-36]은 121에포크부터 125에포크 사이의 학습 과정에서 출력된 메시지다.

그림 4-36 121에포크부터 125에포크 사이의 학습 중 출력된 메시지

```
Epoch 121/125
Epoch 00120: val_loss did not improve
30s - loss: 0.4471 - acc: 0.8741 - val_loss: 0.4124 - val_acc: 0.8886
Epoch 122/125
Epoch 00121: val_loss improved from 0.40342 to 0.40327, saving model to model.125epochs.hdf5
31s - loss: 0.4510 - acc: 0.8719 - val_loss: 0.4033 - val_acc: 0.8934
Epoch 123/125
Epoch 00122: val_loss improved from 0.40327 to 0.40112, saving model to model.125epochs.hdf5
30s - loss: 0.4497 - acc: 0.8735 - val_loss: 0.4031 - val_acc: 0.8959
Epoch 124/125
Epoch 00122: val_loss did not improve
30s - loss: 0.4497 - acc: 0.8725 - val_loss: 0.4162 - val_acc: 0.8894
Epoch 125/125
Epoch 00122: val_loss did not improve
30s - loss: 0.4471 - acc: 0.8734 - val_loss: 0.4025 - val_acc: 0.8959
```

5단계: 모델 평가하기

케라스에서 제공하는 evaluate 함수를 사용해서 모델을 평가한다.

```
scores = model.evaluate(x_test, y_test, batch_size=128, verbose=1)
print('\nTest result: %.3f loss: %.3f' % (scores[1]*100,scores[0]))

>> Test result: 90.260 loss: 0.39
```

학습 곡선 그리기

모델의 학습 과정과 과적합 및 과소적합 발생 여부를 판단하기 위해 학습 곡선을 그린다(그림 4-37).

```
pyplot.plot(history.history['acc'], label='훈련 데이터')
pyplot.plot(history.history['val_acc'], label='테스트 데이터')
pyplot.legend()
pyplot.show()
```

그림 4-37 모델의 학습 곡선

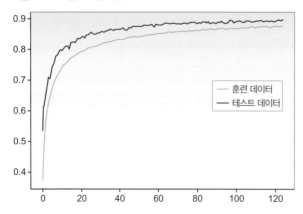

추가적인 개선

정확도 90%면 상당한 성능이다. 하지만 아직 개선의 여지가 남아 있다. 다음 아이디어를 참조해서 추가 실험을 계획할 수 있다.

- **최대 에포크 수 늘리기**: 학습 곡선을 보면 123에포크까지 성능이 계속 개선되고 있었다. 최대 에포크 수를 150 내지 200까지 늘려서 성능을 관찰한다.
- **층수 늘리기**: 신경망에 층을 더 추가해서 모델의 표현력을 증가시킨다.
- **학습률 하향**: 학습률을 낮춘다(최대 에포크 수를 함께 늘려야 한다).
- **다른 CNN 구조 적용**: 인셉션이나 ResNet(5장 참조) 같은 다른 CNN 구조를 적용한다. ResNet을 사용하면 약 200에포크 학습 후 95%의 정확도를 달성할 수 있다.
- **전이학습 적용**: 기존에 학습을 마친 신경망을 이용해서 적은 학습 시간으로 더 높은 성능을 달성하는 기법인 전이학습은 6장에서 자세히 설명한다.

4.11 마치며

- 경험적으로 알 수 있는 원칙은 층수가 많을수록 모델의 학습 능력이 뛰어나다는 점이다.

- 집필 시점 현재 ReLU는 은닉층에서 가장 성능이 좋은 활성화 함수고, 소프트맥스 함수는 출력층에서 가장 성능이 뛰어나다.

- 확률적 경사 하강법은 대개의 경우 최소점에 도달할 수 있다. 하지만 복잡한 신경망을 사용해서 빠른 학습을 원한다면 Adam을 사용하는 것이 좋다.

- 학습을 오래 할수록 성능이 좋아진다.

- L2 규제화와 드롭아웃을 함께 적용하면 신경망의 복잡도를 낮추고 과적합을 방지하는 효과가 뛰어나다.

Part

II

이미지 분류와 탐지

인공지능 분야 연구의 빠른 진보에 따라 다양한 산업에서 얼마 전까지 불가능하다고 생각했던 새로운 응용 분야가 속속히 등장하고 있다. 이들 도구를 익히면 새로운 제품이나 애플리케이션을 직접 만들 수 있다. 컴퓨터 비전 분야에 직접 종사하지 않더라도 2부에서 다루는 다양한 개념은 딥러닝 알고리즘이나 신경망 구조를 학습하는 데 도움이 될 것이다.

1부에서 딥러닝 기초의 학습을 마쳤으니 2부에서는 지금까지 배운 내용을 실제 프로젝트에 적용해볼 것이다. 또한 빠르고 효율적으로 딥러닝 시스템을 구현한 다음 결과를 분석해 성능을 개선하는 방법도 다룬다. 특히 고급 합성곱 신경망 구조, 전이학습, 사물 탐지를 자세히 살펴본다.

Part II

이미지 분류와 탐지

## CHAPTER 5

고급 합성곱 신경망 구조

이 장의 내용

- CNN 디자인 패턴 다루기
- LeNet, AlexNet, VGGNet, 인셉션, ResNet 등의 신경망 구조 이해하기

2부에 온 것을 환영한다. 1부에서는 신경망 구조의 기초와 다층 퍼셉트론, 합성곱 신경망을 다뤘다. 그리고 딥러닝 프로젝트를 처음 시작하는 방법과 성능 개선을 위해 하이퍼파라미터를 조정하는 요령을 마지막으로 1부를 마무리했다. 2부에서는 1부에서 배운 내용을 기초로 복잡한 이미지 분류 또는 사물 탐지 문제를 해결하는 컴퓨터 비전 시스템을 구축해볼 것이다.

3장과 4장에서 합성곱 신경망의 주요 구성 요소와 하이퍼파라미터를 설정하는 방법을 배웠다. 또한 규제화, 데이터 강화, 드롭아웃 등 신경망의 성능을 개선하는 기법도 배웠다. 이 장에서는 앞서 배운 기법과 구성 요소를 모아 합성곱 신경망을 직접 구성해볼 것이다. 다섯 가지 최신 합성곱 신경망 구조를 살펴보고 해당 연구자들이 이 구조를 어떻게 고안하고 학습하고 개선했는지 그들의 생각을 들여다볼 것이다. 첫 번째 구조는 1998년에 고안된 LeNet이다. LeNet은 손글씨 인식 문제에서 좋은 성능을 보였다. 이후로 합성곱 신경망이 어떻게 AlexNet이나 VGGNet 등의 구조를 거쳐 인셉션(2014년)과 ResNet(2015년) 등 최신 구조까지 발전했는지 그 과정을 살펴볼 것이다.

각 +소마다 다음 특성을 중심으로 살펴본다.

- **새로운 특징**: 각 구조가 다른 구조와 구별되는 새로운 특징과 해결하려던 문제가 무엇이었는지 알아본다.
- **신경망 구조**: 신경망의 구조와 주요 구성 요소를 소개하고, 구성 요소가 어떻게 조합되었는지 알아본다.

- **신경망 구현**: 딥러닝 라이브러리 케라스를 사용한 구현 코드를 한 줄씩 설명한다. 이 부분의 목표는 연구 논문을 읽고 새로운 구조를 구현하는 방법을 익히는 것이다.
- **하이퍼파라미터 설정**: 구현된 신경망 구조에 4장에서 소개한 최적화 알고리즘의 하이퍼파라미터(최적화 알고리즘 종류, 학습률, 가중치 감쇠 등)를 설정한다. 이때 설정값은 해당 구조를 최초 제안한 논문에 제시된 수치를 그대로 사용한다. 이 과정에서 각 신경망 구조의 성능이 얼마나 개선되었는지 살펴볼 것이다.
- **신경망의 성능**: 마지막으로 MNIST나 ImageNet 등의 벤치마크 데이터셋을 대상으로 각 신경망 구조의 성능이 최초 제안된 논문에서 제시된 만큼 나오는지 확인한다.

이 장의 목표는 다음과 같다.

- 고급 CNN 구조와 학습 파라미터를 이해한다. AlexNet이나 VGGNet 등의 비교적 간단한 CNN을 직접 구현하며 초급 내지 중급 난이도의 문제를 해결한다. 아주 어려운 문제는 인셉션이나 ResNet 같은 층수가 더 많은 신경망을 사용한다.
- 각 신경망 구조의 새로운 개선점과 이들 구조가 개발된 이유를 이해한다. 새로 고안된 CNN 구조는 모두 기존 구조의 한계점을 해소하기 위해 개발되었다. 이 장의 다섯 가지 CNN 구조에 대한 설명을 (최초 제안 논문과 함께) 읽고 나면 논문에서 제안한 신경망을 구현할 수 있는 능력을 갖게 될 것이다.
- 각 CNN 구조가 어떻게 발전했는지 알아보고, 이들 구조를 제안한 연구자들의 사고 과정을 엿본다. 이 과정을 통해 스스로 구성한 신경망의 강점과 이 신경망으로 어떤 문제를 해결할 수 있을지 감을 잡을 수 있다.

앞서 3장에서 합성곱 신경망의 기본 구성 요소인 합성곱층, 풀링층, 전결합층에 대해 배웠다. 앞으로 본문에서도 언급하겠지만 최근의 컴퓨터 비전 분야 연구 논문 대부분은 이들 기본 구성 요소를 결합해서 보다 효과적인 CNN을 구성하는 연구에 집중되어 있다. 합성곱 신경망에 대한 감을 잡는 가장 좋은 방법은 다른 사람이 설계한 신경망 구조를 참고하는 것이다. 이는 우리가 지금까지 다른 사람의 코드를 보며 코드 작성 능력을 길러온 것과 그리 다르지 않다.

이 장에서 최대한 많은 수확을 얻기 위해 본문의 설명을 읽기 전에 각 절에 제시된 링크의 연구 논문을 먼저 읽어보기 권한다. 1부의 내용을 충실히 이해했다면 여러분은 AI 분야의 개척자들이 남긴 연구 논문을 이해할 준비를 갖춘 것이다. 연구 논문을 이해하고 제안된 신경망을 구현하는 능력은 이 책에서 얻을 수 있는 가장 값진 것이다.

> **TIP** 연구 논문을 읽고 그 핵심을 이해한 다음 이를 코드로 구현하는 것은 모든 딥러닝 학습자 또는 연구자가 갖춰야 할 중요한 능력이라고 생각한다. 연구 논문의 내용을 실제로 구현해보는 과정은 논문의 저자가 거쳐 온 사고 과정을 이해하고 이를 진짜 유용한 문제를 푸는 데 활용할 수 있도록 도와주는 열쇠이기 때문이다. 독자 여러분도 이 장을 읽으며 연구 논문을 이해하고 그 내용을 코드로 능숙하게 옮기는 능력을 갖추기 바란다. 컴퓨터 비전은 매우 빠르게 발전하는 분야로, 항상 최신 연구를 접하며 지식의 최전선에서 뒤쳐지지 않도록 노력해야

하는 분야다. 지금부터 여러분이 읽게 될 연구는 채 4년도 되지 않은 최신 연구도 있다. 이 책에서 독자 여러분이 얻을 수 있는 가장 중요한 것은 최신 연구를 이해하고 직접 구현할 수 있는 든든한 기초 실력이다.

준비가 되었다면 이제 시작하자.

5.1 CNN의 디자인 패턴

CNN의 공통 구조를 자세히 살펴보기 전에 CNN을 구성할 때 마주치는 몇 가지 설계상의 선택을 알아보겠다. 처음 시작할 때는 선택해야 할 것이 너무 많아 보인다. 딥러닝에 대해 뭔가 배울 때마다 새로운 하이퍼파라미터를 추가해왔으니 이해 못할 바는 아니다. 그러므로 먼저 선배 연구자들의 전철을 모아 정립한 몇 가지 기본 패턴을 통해 선택의 수를 조금이라도 줄여보자. 모든 것을 빈손으로 시작하지 않아도 되고, 앞선 연구자들이 왜 그런 결론을 내렸는지 그들의 생각을 이해하는 계기가 된다.

- 첫 번째 패턴 – 특징 추출과 분류 : 합성곱 신경망은 크게 특징 추출을 맡는 부분과 분류를 맡는 부분으로 나뉜다. 특징 추출을 맡는 부분은 일련의 합성곱층, 분류를 맡는 부분은 마찬가지로 일련의 전결합층으로 구성된다(그림 5-1). LeNet과 AlexNet부터 그보다 훨씬 최신 신경망 구조인 인셉션, ResNet까지 거의 모든 합성곱 신경망은 이 구조를 따른다.

그림 5-1 대부분의 합성곱 신경망은 크게 특징 추출을 맡는 부분과 분류를 맡는 부분으로 구성된다.

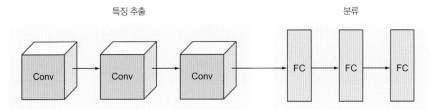

- 두 번째 패턴 – 이미지 깊이는 증가, 크기는 감소 : 모든 층의 입력은 이미지다. 각 층은 이전 층에서 생성된 새로운 이미지에 합성곱 연산을 적용한다. 이는 우리에게 이미지를 좀 더 일반적인 방법으로 생각하게 한다. 이미지는 높이, 폭, 깊이를 가진 3차원 대상이다. 깊이는 색상 채널color channel이라고도 한다. 깊이가 1이면 회색조 이미지가 되고 3이면 컬러 이미지가 된다. 이후 계층에서 이미지는 여전히 깊이가 있지만 색상 자체는 아니다. 색상 채널 대신 이전 층에서 추출된 특징을 나타내는 특징 맵이 된다. 합성곱층을 지날 때마다 이미지의 깊이가 증가하는 이유가 바로 여기에 있다. [그림 5-2]를 보면 이미지의 깊이가 96이 되었다. 이 값은 해당 층의 특징 맵 수다. 이미지의 깊이가 증가하고 크기는 감소하는 이러한 경향은 모든 합성곱 신경망에서 공통적으로 나타난다.

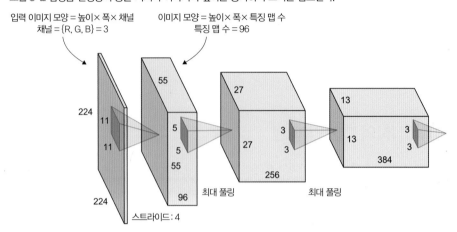

그림 5-2 합성곱 신경망의 층을 거치며 이미지의 깊이는 증가하며 크기는 감소한다.

- 세 번째 패턴 – 전결합층: 앞의 두 가지 패턴만큼 반드시 지켜지지는 않지만, 그래도 알아두면 유용한 패턴이다. 대부분의 경우 모든 전결합층은 유닛 수가 같거나, 이어지는 층에서 점차 유닛 수가 감소하는 패턴을 보인다. 이어지는 층에서 유닛 수가 증가하는 경우는 매우 드물다. 관련 연구에서는 이어지는 모든 전결합층의 유닛 수를 같게 해도 신경망의 학습 능력이 저해되는 현상을 발견하지 못했다. 신경망을 설계할 때 이 점을 활용해 최대한 선택이 필요한 부분을 억제하는 것도 괜찮은 방법이다. 이 방법을 사용한다면 유닛 수를 결정해서 모든 전결합층에 적용하면 된다.

지금까지 CNN 구조에서 나타나는 기본적인 패턴을 익혔다. 이들 패턴을 따르는 몇 가지 신경망 구조를 살펴보자. 이들 구조는 이미지넷ImageNet 경진대회에서 우수한 성능을 발휘했기 때문에 유명하다. 이미지넷은 수백만 개의 이미지를 포함하는 유명한 벤치마크 테스트로, 딥러닝 및 컴퓨터 비전 연구자들이 각자가 개발한 알고리즘의 성능을 비교하기 위해 사용한다. 이미지넷에 대해서는 나중에 더 자세히 설명하겠다.

> NOTE_ 이 장의 코드 조각들은 그 자체로 실행 가능한 상태가 아니다. 이들 코드 조각은 연구 논문에 제시된 정의를 코드로 구현하는 요령을 설명하기 위한 예제다. 실행 가능한 전체 코드는 이 책의 웹사이트[1]나 깃허브 저장소[2]에서 볼 수 있다.

이 장의 첫 번째 신경망 구조인 LeNet을 살펴보자.

---

1 https://www.manning.com/books/deep-learning-for-vision-systems
2 https://github.com/moelgendy/deep_learning_for_vision_systems

5.2 LeNet-5

1998년 르쿤의 연구진은 합성곱 신경망의 선구자적 구조인 LeNet-5[3]를 발표했다. LeNet-5는 직관적인 구조를 가졌으며, 구성 요소도 새로운 것이 없다(물론 1998년 당시에는 새로운 요소였다). 3장에서 합성곱층, 풀링층, 전결합층을 살펴봤다. LeNet-5는 가중치를 가진 5개의 층(3개의 합성곱층과 2개의 전결합층)으로 구성되었기 때문에 이러한 이름이 붙었다.

> **DEFINITION_** 여기서 합성곱층과 전결합층을 통틀어 **가중치를 가진 층**이라고 했는데, 이 이름은 가중치가 없는 풀링층과 대비해 붙은 이름이다. 신경망의 깊이는 대개 가중치를 가진 층수를 기준으로 한다. 예를 들어 이 다음에 다룰 AlexNet은 5개의 합성곱층과 3개의 전결합층으로 구성되었으므로 층수가 8이다. 가중치를 가진 층수를 신경망의 깊이로 삼는 이유는 이 층수가 모델의 계산 복잡도와 직결되기 때문이다.

5.2.1 LeNet 구조

LeNet-5 구조를 [그림 5-3]에 정리했다.

> 입력 이미지 $\Rightarrow$ C1 $\Rightarrow$ TANH $\Rightarrow$ S2 $\Rightarrow$ C3 $\Rightarrow$ TANH $\Rightarrow$ S4 $\Rightarrow$ C5 $\Rightarrow$ TANH $\Rightarrow$ FC6 $\Rightarrow$ SOFTMAX7

여기서 C는 합성곱층, S는 풀링층(서브샘플링층), FC는 전결합층이다.

그림 5-3 LeNet 구조

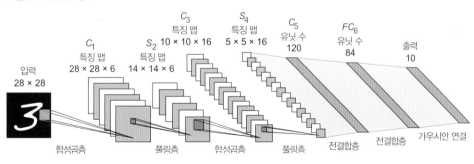

---

3 Y. Lecun, L. Bottou, Y. Bengio, P. Haffner, 「Gradient-Based Learning Applied to Document Recognition」, Proceedings of the IEEE 86 (11): 2278-2324, http://yann.lecun.com/exdb/publis/pdf/lecun-01a.pdf

얀 르쿤은 최근에 사용하는 ReLU가 아닌 tanh를 활성화 함수로 사용했다. 1998년 당시는 딥
러닝에 ReLU가 사용되지 않았고 은닉층 유닛의 활성화 함수로는 tanh와 시그모이드 함수를 사
용하는 것이 일반적이었다. 복잡한 설명은 그만두고 케라스로 LeNet-5 신경망을 구현해보자.

5.2.2 케라스로 LeNet-5 구현하기

논문 「Gradient-Based Learning Applied to Document Recognition」 6~8쪽에 실린
LeNet-5 구조에 대한 내용을 따라 LeNet-5를 케라스로 구현하자. 논문에서 확인할 수 있는
LeNet-5 구조의 핵심은 다음과 같다.

- 각 합성곱층의 필터 수: [그림 5-3](과 논문)에서 볼 수 있듯이 각 합성곱층의 깊이(필터 수)는 다음과 같다.
  C1: 6, C3: 16, C5: 120
- 각 합성곱층의 커널 크기: 논문에서는 kernel_size의 값을 5×5라고 언급했다.
- 풀링층(서브샘플링층): 각 합성곱층 뒤에는 풀링층이 배치된다. 수용 영역의 크기는 2×2다(pool_size로
  는 2). LeNet-5의 풀링층에는 우리가 사용했던 **최대 풀링** 대신 **평균 풀링**이 사용됐다. 평균 풀링은 수용 영
  역 픽셀값의 평균을 서브샘플링값으로 삼는다. 관심 있는 독자는 최대 풀링과 평균 풀링을 모두 시도해보아도
  좋다. 여기서는 논문에 제시된 설계를 그대로 따른다.
- 활성화 함수: 앞서 설명했듯이 LeNet-5는 tanh 함수를 은닉층의 활성화 함수로 사용한다. 당시에는 대칭
  함수가 시그모이드 함수에 비해 가중치가 더 빨리 수렴한다고 생각했기 때문이다(그림 5-4).

그림 5-4 LeNet 신경망 구조는 5×5 크기의 합성곱 커널, 풀링층, tanh 활성화 함수와 각각 120개, 84개, 10개의 뉴런
을 가진 전결합층으로 구성된다.

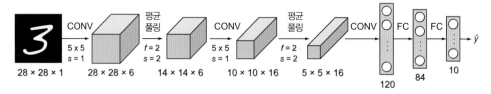

그럼 LeNet-5 구조를 실제로 구현해보자.

```python
# 합성곱층 C1
model.add(Conv2D(filters = 6, kernel_size = 5, strides = 1, activation = 'tanh',
                 input_shape = (28,28,1), padding = 'same'))

# 풀링층 S2
model.add(AveragePooling2D(pool_size = 2, strides = 2, padding = 'valid'))

# 합성곱층 C3
model.add(Conv2D(filters = 16, kernel_size = 5, strides = 1, activation = 'tanh',
                 padding = 'valid'))

# 풀링층 S4
model.add(AveragePooling2D(pool_size = 2, strides = 2, padding = 'valid'))

# 합성곱층 C5
model.add(Conv2D(filters = 120, kernel_size = 5, strides = 1, activation = 'tanh',
                 padding = 'valid'))

model.add(Flatten())     ◁── CNN의 출력을 1차원 벡터로 변환해서
                             전결합층으로 전달

# 전결합층 FC6
model.add(Dense(units = 84, activation = 'tanh'))

# 소프트맥스를 활성화 함수로 사용하는 출력층 FC7
model.add(Dense(units = 10, activation = 'softmax'))

model.summary()     ◁── 모델의 개요 출력(그림 5-5)
```

LeNet-5는 오늘날 기준으로는 61,706개의 파라미터를 가진 소규모 신경망에 속한다. 뒤에서 보게 되겠지만 최근 제안된 신경망의 파라미터 수는 수백만 개에 이른다.

이 장에서 소개하는 LeNet-5 논문

LeNet-5의 논문은 이 장에서 소개할 다른 논문에 비해 더 읽기가 까다롭다. 이 장에서 다룬 LeNet-5의 내용 대부분은 논문의 섹션 2와 3에 집중되어 있으며 그 이후 부분은 최근에는 그리 쓰이지 않는 **그래프 변환 네트워크**를 설명하는 데 할애되어 있다. 그러므로 지금 이 논문을 읽고 싶다면 LeNet-5의 구조와 학습 과정을 자세히 다룬 섹션 2를 발췌해서 읽는 것이 좋다. 그다음에는 LeNet-5의 흥미로운 실험 결과가 정리된 섹션 3을 간단히 훑어보아도 좋다.

필자 개인적으로는 먼저 AlexNet의 논문(5.3절 참조)을 읽고, 그다음에 VGGNet의 논문(5.4절 참조), 그다음에 LeNet-5 순서로 읽을 것을 추천한다. 다른 논문을 먼저 읽어 보아야 고전의 향취를 제대로 느낄 수 있다.

그림 5-5 LeNet-5 모델의 개요

```
Layer (type)                    Output Shape             Param #
=================================================================
conv2d_1 (Conv2D)               (None, 28, 28, 6)         156

average_pooling2d_1 (Average    (None, 14, 14, 6)         0

conv2d_2 (Conv2D)               (None, 10, 10, 16)        2416

average_pooling2d_2 (Average    (None, 5, 5, 16)          0

conv2d_3 (Conv2D)               (None, 1, 1, 120)         48120

flatten_1 (Flatten)             (None, 120)               0

dense_1 (Dense)                 (None, 84)                10164

dense_2 (Dense)                 (None, 10)                850
=================================================================
Total params: 61,706
Trainable params: 61,706
Non-trainable params: 0
```

5.2.3 하이퍼파라미터 설정하기

LeNet-5는 미리 설정된 일정에 맞춰 학습률을 감소시키는 학습률 감쇠를 사용한다. 구체적으로 설명하면 처음 2에포크에는 0.0005, 그다음 3에포크에는 0.0002, 다시 그다음 4에포크에는 0.00005, 그 이후로는 0.00001의 학습률이 적용됐다. 논문의 실험에서는 20에포크까지 학습을 수행했다.

이 설정을 따라 학습률을 계산하는 lr_schedule 함수를 구현한다. 이 함수는 에포크 순번을 인수로 받아 해당 에포크에 적용할 학습률을 반환한다.

```
def lr_schedule(epoch):
    if epoch <= 2:
        lr = 5e-4
    elif epoch > 2 and epoch <= 5:
        lr = 2e-4
    elif epoch > 5 and epoch <= 9:
        lr = 5e-5
    else:
        lr = 1e-5
    return lr
```

학습률은 처음 2에포크는 0.0005, 그 다음 3에포크(3~5)는 0.0002, 그다음 4에포크(6~9)는 0.00005, 그 이후(9 이후)는 0.00001이다.

lr_schedule 함수는 모델을 컴파일할 때 다음과 같이 사용된다.

```
from keras.callbacks import ModelCheckpoint, LearningRateScheduler

lr_scheduler = LearningRateScheduler(lr_schedule)
checkpoint = ModelCheckpoint(filepath='path_to_save_file/file.hdf5',
                            monitor='val_acc',
                            verbose=1,
                            save_best_only=True)

callbacks = [checkpoint, lr_reducer]

model.compile(loss='categorical_crossentropy', optimizer='sgd',
            metrics=['accuracy'])
```

논문에 언급된 대로 신경망을 20에포크 동안 학습한다.

```
hist = model.fit(X_train, y_train, batch_size=32, epochs=20,
            validation_data=(X_test, y_test), callbacks=callbacks,
            verbose=2, shuffle=True)
```

전체 구현 코드를 실제로 실행시켜보고 싶다면 주피터 노트북을 참고하라.

5.2.4 MNIST 데이터셋에 대한 LeNet의 성능

MNIST 데이터셋을 대상으로 LeNet 신경망을 학습하면 99% 이상의 정확도를 얻을 수 있다

(예제 코드를 참조하라). 은닉층의 활성화 함수를 ReLU로 교체해서 결과가 어떻게 달라지는 지 확인해보자.

5.3 AlexNet

LeNet이 MNIST에 대해 높은 성능을 보이지만 MNIST 데이터셋은 회색조 이미지(채널이 1 개)를 10개의 클래스로 분류하는 문제로 비교적 난도가 높지 않다. AlexNet을 제안하게 된 목 표도 더욱 복잡한 문제를 해결할 수 있도록 층수가 더 많은 신경망을 만드는 것이었다.

AlexNet(그림 5-6)은 2012년 ILSVRC 이미지 분류 콘테스트에서 우승을 차지했다. 알렉스 크리체프스키^{Alex Krizhevsky}의 연구진은 새로운 신경망 구조를 120만 장의 이미지, 1,000가지 이상의 클래스로 구성된 이미지넷^{ImageNet} 데이터셋[4]으로 학습시켰다. AlexNet은 발표 당시 세계 최고의 성능을 자랑하며 컴퓨터 비전 분야에서 본격적인 딥러닝을 최초로 도입하여 합성 곱 신경망의 응용이 확산되는 계기가 되었다. VGGNet이나 ResNet처럼 AlexNet보다 층수 가 많은 신경망도 있지만 합성곱 신경망의 진화 과정과 AlexNet의 단점이 이후 나온 신경망을 고안하게 된 계기가 된 만큼 살펴볼 가치는 충분히 있다.

그림 5-6 AlexNet 구조

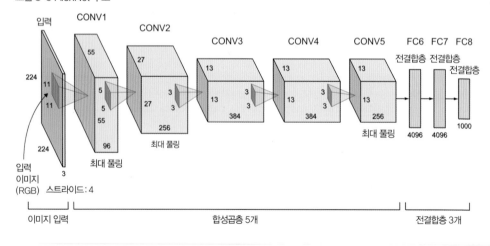

----

4 Alex Krizhevsky, Ilya Sutskever, Geoffrey E. Hinton, 「ImageNet Classification with Deep Convolutional Neural Networks」, Communications of the ACM 60 (6): 84–90, https://dl.acm.org/doi/10.1145/3065386

[그림 5-6]에서 볼 수 있듯이 AlexNet은 LeNet과 구조가 유사하지만 훨씬 층수가 많고, 규모가 크다(한 층당 필터 수가 많음). 일련의 합성곱층과 풀링층의 조합이 이어진 후 전결합층이 이어지다 소프트맥스 함수를 활성화 함수로 사용하는 출력층으로 마무리되는 기본 구조는 양자가 모두 비슷하다. LeNet 신경망 구조는 6만여 개의 파라미터를 가졌으나 AlexNet은 65만 개 뉴런과 6천만 개의 파라미터를 갖는다. 따라서 LeNet보다 훨씬 복잡한 특징을 학습할 수 있었고 덕분에 2012년 ILSVRC 이미지 분류 콘테스트에서 두각을 나타내는 요인이 되었다.

이미지넷과 ILSVRC

이미지넷[5]은 시각적 물체 인식 소프트웨어 연구를 위해 설계된 대규모 이미지 데이터베이스다. 이미지넷의 목표는 이미지에 단어나 구로 정의된 레이블이나 카테고리를 부여해서 분류하는 것이다. 데이터셋에 포함된 이미지는 웹에서 수집된 것으로 아마존에서 개발한 크라우드소싱 도구를 사용해서 수동으로 레이블이 부여되었다. 집필 시점 현재 이미지넷 프로젝트는 1,400만 장 이상의 이미지를 포함한다. 이런 대규모 데이터를 조직하기 위해 워드넷WordNet의 의미 구조인 신셋synonym set, synset을 모방한 체계를 만들었다. 이미지넷의 이미지는 신셋 체계를 따라 분류되며 신셋 하나당 1,000장 이상의 이미지를 수집하는 것을 목표로 한다.

이미지넷 프로젝트는 매년 ILSVRC라는 이미지를 신셋에 따라 바르게 분류하고, 이미지에 있는 대상과 장면을 인식하는 성능을 겨루는 소프트웨어 경진대회[6]를 개최한다. 이 책에서는 ILSVRC의 성적을 바탕으로 신경망의 성능을 비교할 것이다.

5.3.1 AlexNet 구조

3장에서 간략화한 AlexNet 구조를 살펴봤다. 이 구조의 특징은 다음과 같다.

- 합성곱층의 필터 크기: 11×11, 5×5, 3×3
- 최대 풀링 사용
- 과적합 방지를 위한 드롭아웃 적용
- 은닉층의 활성화 함수는 ReLU, 출력층의 활성화 함수는 소프트맥스 함수 사용

---

5 http://image-net.org/index
6 http://www.image-net.org/challenges/LSVRC

AlexNet은 일부가 최대 풀링이 적용된 5개의 합성곱층과 3개의 전결합층으로 구성되었으며 마지막 전결합층은 활성화 함수가 소프트맥스고 뉴런 수가 1,000개다. 이 구조를 다음과 같이 텍스트로 나타낼 수 있다.

입력 이미지 ⇒ CONV1 ⇒ POOL2 ⇒ CONV3 ⇒ POOL4 ⇒ CONV5 ⇒ CONV6 ⇒ CONV7 ⇒ POOL8 ⇒ FC9 ⇒ FC10 ⇒ SOFTMAX7

5.3.2 AlexNet에서 발전된 부분

AlexNet이 나오기 전에는 음성 인식 등 소수 분야에서만 딥러닝이 적용되고 있었다. 그러나 AlexNet을 통해 컴퓨터 비전 분야의 많은 연구자가 딥러닝의 성과를 진지하게 보고 딥러닝을 컴퓨터 비전 연구의 새로운 돌파구로 생각하게 되었다. AlexNet에는 (LeNet 등) 기존 CNN 에는 없던 몇 가지 새롭게 발전된 부분이 있는데, 이 부분은 모두 앞에서 설명했으므로 빠르게 훑어보도록 하자.

ReLU를 활성화 함수로 사용

AlexNet은 신경망에 비선형성을 도입하기 위해 기존에 정석처럼 여겨지던 tanh나 시그모이드 함수 대신 ReLU 함수를 사용한다. ReLU를 은닉층의 활성화 함수로 활용해서 학습 시간을 크게 단축시켰다. 이것이 가능한 이유는 시그모이드 함수의 기울기가 뉴런이 포화되는 영역에서 매우 작아져서 가중치가 변화하는 정도도 같이 작아지기 때문이다. 이러한 현상을 **기울기 소실 문제**vanishing gradient problem라고 한다. ReLU는 다음 식과 같이 정의된다.

$$f(x) = \max(0, x)$$

이 수식은 2장에서 이미 자세히 설명했다.

기울기 소실 문제

시그모이드 함수 같은 활성화 함수는 입력을 넓은 구간에서 0과 1 사이(tanh은 −1과 1 사이)의 좁은 구간으로 구겨 넣는 효과가 있다. 그러므로 입력에 큰 차이가 있어도 시그모이드 함수의 함숫값은 크게 변화하지 않는다. 다시 말해 이 구간에서는 시그모이드 함수의 기울기가 매우 작아진다.

그림 5-7 기울기 소실 문제: 입력에 큰 차이가 있어도 시그모이드 함수의 함숫값에는 큰 차이가 나지 않는다.

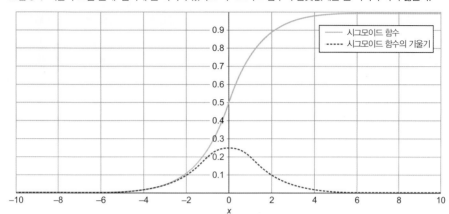

기울기 소실 문제는 ResNet 구조를 살펴본 후 더 자세히 설명하겠다.

드롭아웃층

3장에서 설명했듯이 드롭아웃층은 신경망 모델의 과적합을 방지하기 위한 것이다. 드롭아웃을 통해 비활성화된 뉴런은 순방향 계산과 역전파 계산에서 모두 배제된다. 다시 말해 같은 입력을 가중치를 공유하는 매번 다른 구조의 신경망으로 학습하는 것과 같은 효과가 있다. 이런 방식으로 드롭아웃은 뉴런 간의 상호 적응을 방지한다. 따라서 다양한 조합의 뉴런에 도움을 주는 유용한 특징을 학습하게 된다. AlexNet에는 두 전결합층에서 0.5의 드롭아웃 비율이 적용되었다.

데이터 강화

레이블값을 변화시키지 않고 원 데이터만 변형하는 방식으로 데이터 양을 늘리는 기법도 과적합 방지에 효율적이다. 원 데이터를 변형하는 방법으로는 이미지 회전, 반전, 배율 조절 등이 있다. 데이터 강화는 4장에서 자세히 설명했다.

국소 응답 정규화

AlexNet에는 국소 응답 정규화가 적용되었다. 국소 응답 정규화는 4장에서 설명했던 배치 정규화와는 다른 기법이다. 정규화는 가중치가 빨리 수렴되도록 하는 것이 목적으로, 현재는 국소 응답 정규화 대신 배치 정규화가 많이 쓰인다. 이 장에서 살펴볼 AlextNet의 구현에는 국소 응답 정규화 대신 배치 정규화를 사용한다.

가중치 규제화

AlexNet은 0.00005의 가중치 감쇠가 적용되었다. 여기서 말하는 가중치 감쇠는 4장에서 설명했던 L2 규제화와 같은 개념이다. 이런 방식으로 과적합을 억제해서 신경망의 일반화 성능을 향상시켰다.

```
model.add(Conv2D(32, (3,3), kernel_regularizer=-l2(lambda)))
```

lambda는 가중치 감쇠 하이퍼파라미터다. 과적합이 잘 억제되지 않는다면 lambda 값을 감소시킨다. 논문에서는 0.0005 정도의 값이면 모델 학습에 충분하다고 언급되어 있다.

다중 GPU 사용

크리체프스키의 연구진은 약 3GB의 비디오램이 장착된 GTX 580을 GPU로 사용했다. 이 GPU는 당시 최신 제품이었지만 1,200만 개나 되는 전체 데이터셋을 학습하기에는 성능이 충분하지 못했다. 그래서 신경망을 2개의 GPU에 나눠 담아 학습하는 복잡한 방식을 개발했다. 기본 원리는 각 층을 두 GPU의 메모리에 분리하고 이들 GPU가 서로 통신하는 것이다. 오늘날에는 이런 구체적인 학습 방법까지 고민하지 않아도 된다. 이제 분산 GPU 환경에서 딥러닝 모델을 학습하는 기법이 매우 발전했기 때문이다. 이러한 분산 학습 기법은 나중에 더 자세히 설명하겠다.

5.3.3 케라스로 AlexNet 구현하기

AlexNet의 기본 구조와 새로운 개선점을 알았으니 이를 반영해서 AlexNet을 구현해보겠다. 지금부터 설명할 내용은 연구 논문의 4쪽을 함께 읽으며 진행하기 권한다.

[그림 5-8]에서 볼 수 있듯이 신경망 구조는 가중치가 있는 8개의 층으로 구성된다. 앞의 다섯 층은 합성곱층이며, 이어지는 세 층은 전결합층이다. 마지막 전결합층의 출력은 뉴런이 1,000개인 소프트맥스층으로 이어지며 1,000개의 클래스에 대한 예측 확률을 출력한다.

그림 5-8 AlexNet은 가중치를 가진 8개의 층으로 구성된다. 이 중 5개는 합성곱층이고, 3개는 전결합층이다. 전결합층 중 2개는 4,096개의 뉴런으로 구성되며 마지막 전결합층은 뉴런이 1,000개고 소프트맥스 함수를 활성화 함수로 사용한다.

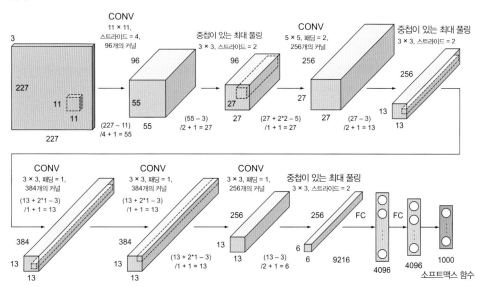

8개의 층은 다음과 같이 배치된다.

- CONV1 : 가장 큰 커널 크기(11)와 스트라이드 값(4)이 적용되어 출력 이미지가 입력 이미지 크기의 1/4로 줄어든다(227×227에서 55×55로). 출력 크기는 다음과 같이 계산한다.

$$\frac{(227-11)}{4} + 1 = 55$$

출력 깊이(필터 수)는 96이다. 따라서 채널을 포함한 출력의 실제 크기는 55×55×96이 된다.

- 필터 크기가 3×3인 POOL : 55×55의 입력이 27×27로 줄어든다.

$$\frac{(55-3)}{2} + 1 = 27$$

풀링층은 이미지의 깊이에는 영향을 주지 않아 실제 크기는 27×27×96이 된다.

같은 방법으로 나머지 층의 출력 크기를 계산해보자.

- CONV2: 커널 크기 = 5, 깊이 = 256, 스트라이드 = 1
- POOL: 풀링 영역 = 3×3, 입력을 27×27에서 13×13으로 다운샘플링한다.
- CONV3: 커널 크기 = 3, 깊이 = 384, 스트라이드 = 1
- CONV4: 커널 크기 = 3, 깊이 = 384, 스트라이드 = 1
- CONV5: 커널 크기 = 3, 깊이 = 256, 스트라이드 = 1
- POOL: 풀링 영역 = 3×3, 입력을 13×13에서 6×6으로 다운샘플링한다.
- **1차원 변환층**: 6×6×256 크기의 이미지를 1×9,216의 벡터로 변환한다.
- FC: 뉴런 수 = 4,096
- FC: 뉴런 수 = 4,096
- **소프트맥스층**: 뉴런 수 = 1,000

> **NOTE_** 이 많은 하이퍼파라미터의 값을 어떻게 결정하는지 궁금할 것이다. 커널 크기, 깊이, 스트라이드, 풀링 영역의 크기 등의 신경망 하이퍼파라미터를 정하는 과정은 여러 번의 시행착오를 거치며 적절한 값을 찾아나가는 까다로운 과정이다. 하지만 기본 원칙은 동일하다. 2장에서 설명했듯이 신경망의 표현력을 높여 복잡한 함수를 학습하게 하고 싶다면 가중치가 있는 층의 수를 늘리고, 합성곱층 사이에 풀링층을 추가해서 입력을 다운샘플링한다는 원칙은 그대로 적용된다. 할 일을 쭉 열거해보니 하이퍼파라미터 값을 결정하는 것도 신경망을 학습하기 위한 하나의 선택에 지나지 않는다. VGGNet(바로 다음에 설명할 신경망 구조다) 모든 층에 동일한 설정을 적용하는 방법으로 적합한 하이퍼파라미터 값을 찾기 위한 시행착오 과정을 줄일 수 있었다.

모든 합성곱층 앞에는 배치 정규화층이 배치되었으며, 은닉층 뒤에는 ReLU 활성화 함수층이 배치되었다. 다음은 AlexNet을 케라스로 구현한 코드다.

```
from keras.models import Sequential
from keras.regularizers import l2
from keras.layers import Conv2D, AveragePooling2D, Flatten, Dense,
    Activation,MaxPool2D, BatchNormalization, Dropout

model = Sequential()              ◁── 빈 순차 모델 객체를 생성한다.
# 첫 번째 층 (CONV + POOL + 배치 정규화)
model.add(Conv2D(filters = 96, kernel_size = (11,11), strides = (4,4),
                padding='valid',
                input_shape = (227,227,3)))
model.add(Activation('relu'))
```

케라스 라이브러리의 모델, 층, 규제화 구현체를 임포트한다.

각 층에 활성화 함수를 따로 추가하거나 앞서 구현한 것처럼 Conv2D 객체를 생성할 때 지정할 수 있다.

```python
model.add(MaxPool2D(pool_size=(3,3), strides=(2,2)))
model.add(BatchNormalization())

# 두 번째 층 (CONV + POOL + 배치 정규화)
model.add(Conv2D(filters=256, kernel_size=(5,5), strides=(1,1), padding='same',
                 kernel_regularizer=l2(0.0005)))
model.add(Activation('relu'))
model.add(MaxPool2D(pool_size=(3,3), strides=(2,2), padding='valid'))
model.add(BatchNormalization())
```

AlexNet 논문에서는 이 자리에 풀링층을 배치하지 않았다.

```python
# 세 번째 층 (CONV + 배치 정규화)   ◁
model.add(Conv2D(filters=384, kernel_size=(3,3), strides=(1,1), padding='same',
                 kernel_regularizer=l2(0.0005)))
model.add(Activation('relu'))
model.add(BatchNormalization())
```

세 번째 층과 같은 구조

```python
# 네 번째 층 (CONV + 배치 정규화)   ◁
model.add(Conv2D(filters=384, kernel_size=(3,3), strides=(1,1), padding='same',
                 kernel_regularizer=l2(0.0005)))
model.add(Activation('relu'))
model.add(BatchNormalization())

# 다섯 번째 층 (CONV + 배치 정규화)
model.add(Conv2D(filters=256, kernel_size=(3,3), strides=(1,1), padding='same',
                 kernel_regularizer=l2(0.0005)))
model.add(Activation('relu'))
model.add(BatchNormalization())
model.add(MaxPool2D(pool_size=(3,3), strides=(2,2), padding='valid'))

model.add(Flatten())   ◁
```

CNN의 출력을 1차원으로 변환해 전결합층에 입력한다.

```python
# 여섯 번째 층 (FC + 드롭아웃)
model.add(Dense(units = 4096, activation = 'relu'))
model.add(Dropout(0.5))

# 일곱 번째 층 (FC + 드롭아웃)
model.add(Dense(units = 4096, activation = 'relu'))
model.add(Dropout(0.5))

# 어딟 번째 층 (FC(소프트맥스 함수))
model.add(Dense(units = 1000, activation = 'softmax'))

model.summary()   ◁
```

모델의 개요를 출력한다.

모델의 개요를 출력해보면 파라미터 수가 6,200만 개인 것을 확인할 수 있다.

```
----------------------------------------
Total params: 62,383, 848
Trainable params: 62,381, 096
Non-trainable params: 2,752
```

NOTE_ LeNet과 AlexNet 모두 다양한 하이퍼파라미터가 있다. 커널 크기, 스트라이드, 패딩 크기 등의 하이퍼파라미터는 여러 번의 시행착오를 거치며 값이 정해졌고, 이 때문에 신경망을 이해하거나 통제하기 어려웠다. VGGNet(바로 다음에 설명할 신경망 구조다)는 모든 층을 동일하게 설정해서 하이퍼파라미터를 대폭 간소화했다.

5.3.4 하이퍼파라미터 설정하기

AlexNet은 90에포크를 학습했는데, 이 과정은 두 대의 엔비디아 지포스 GTX 580 GPU를 동시에 사용해서 6일 걸렸다. 신경망을 2개의 파이프라인으로 분할해서 학습을 진행할 수밖에 없었던 것도 이 학습 시간 탓이다. 초기에는 학습률을 0.01, 모멘텀은 0.9로 설정했다. 그리고 검증 오차가 개선되지 않을 때마다 학습률을 이전의 1/10로 조정했다.

```
                                              검증 오차가 정체될 때마다
                                              학습률을 1/10로 감소한다.
reduce_lr = ReduceLROnPlateau(monitor='val_loss', factor=np.sqrt(0.1))  ◁

                                              SGD 옵티마이저를
optimizer = keras.optimizers.sgd(lr = 0.01, momentum = 0.9)  ◁  학습률 0.01, 모멘텀 0.9로
                                              설정한다.
model.compile(loss='categorical_crossentropy', optimizer=optimizer,
            metrics=['accuracy'])  ◁  모델을 컴파일한다.

model.fit(X_train, y_train, batch_size=128, epochs=90,
          validation_data=(X_test, y_test), verbose=2, callbacks=[reduce_lr])  ◁

                                              모델을 학습하고 콜백 함수로 설정된
                                              redulce_lr을 이용해
                                              학습률을 감소한다.
```

5.3.5 AlexNet의 성능

AlexNet은 2012 ILSVRC에서 크게 두각을 나타냈다. 15.3%의 top-5 오차율을 기록했으며, 기존 분류기를 사용했던 2위 참가자의 성적과 26.2%의 차이를 보였다. 이 대단한 성과는 컴퓨터 비전 학계를 놀라게 했고 이후 복잡한 시각 문제에 합성곱 신경망이 도입되고 이후 절에서 설명할 고급 합성곱 신경망 구조가 속속 개발되는 계기가 되었다.

top-1 오차율과 top-5 오차율

top-1 오차율과 top-5 오차율은 알고리즘의 분류 성능을 나타내기 위한 개념이다. top-1 오차율은 분류기가 정답 클래스에 가장 높은 확률을 부여하지 않은 비율, top-5 오차율은 정답이 예측 확률 상위 5개 안에 들어 있지 않은 비율을 가리킨다.

예를 들어 분류 대상 클래스가 100개인 문제에서 신경망에 고양이 이미지를 입력했다고 가정해 보자. 이 이미지에 대한 분류기의 출력은 다음과 같았다.

1 고양이: 70%

2 개: 20%

3 말: 5%

4 오토바이: 4%

5 자동차: 0.6%

6 비행기: 0.4%

결과를 보면 정답 클래스에 가장 높은 확률(top-1)을 부여했음을 알 수 있다. 이와 같은 실험을 이미지 100개를 대상으로 실시한 후 정답을 맞히지 못한 이미지의 비율이 top-1 오차율이다.

top-5 오차율도 이와 비슷하다. 만약 위 이미지의 정답이 '말'이었다면 분류기는 가장 높은 확률로 정답을 맞히지 못했지만 예측 확률 상위 5개 안에는 정답을 포함시켰다. 같은 식으로 예측 확률 상위 5개 안에 정답이 포함되지 않은 이미지의 비율이 top-5 오차율이다.

가능하다면 모든 예측 결과에 top-1으로 정답을 예측하는 것이 이상적이겠으나 top-5 오차율은 예측 결과가 틀렸더라도 정답과 얼마나 근접했는지 나타내는 지표다.

5.4 VGGNet

VGGNet은 2014년 옥스퍼드 대학교의 VGG 연구 그룹에서 제안한 신경망 구조다.[7] VGGNet의 구성 요소는 새로 고안된 요소 없이 LeNet이나 AlexNet과 동일하지만 신경망의 층수가 더 많다.

VGG16이라고도 알려진 VGGNet은 가중치를 가진 층 16개로 구성된다. 그중 합성곱층이 13개, 전결합층이 3개다. 모든 층의 하이퍼파라미터가 동일하게 설정되었기 때문에 신경망을 이해하기 쉽다는 점이 학계에 깊은 인상을 남겼다.

5.4.1 VGGNet에서 발전된 부분

앞서 신경망을 구현해보며 커널 크기, 패딩 크기, 스트라이드 등의 하이퍼파라미터 값을 결정하는 것이 얼마나 어려운 일인지 간접적으로 경험해보았다. VGGNet의 개선점은 동일하게 설정된 층(합성곱층과 전결합층)을 사용해서 신경망 구조를 단순화시켰다는 점이다. (첫 번째와 두 번째 합성곱층의 필터 크기가 각각 11과 5였던) AlexNet과 비교해서 커널이 여러 개의 3×3 크기 필터로 바뀌었다.

전체적인 신경망 구조는 일련의 합성곱층 뒤에 역시 풀링층이 배치되는 구조로서, 합성곱층과 풀링층은 다음과 같은 동일한 설정이 사용되었다.

- 모든 합성곱층은 3×3 크기의 필터와 스트라이드 1, 패딩 1이 적용되었다.
- 모든 풀링층은 2×2 크기의 풀링 영역과 스트라이드 2가 적용되었다.

VGGNet에서 합성곱층의 필터 크기를 줄인(3×3) 이유는 AlexNet(11×11, 5×5)보다 더 세밀한 특징을 추출하기 위해서다. 수용 영역의 크기가 같을 때 크기가 큰 하나의 커널보다 크기가 작은 커널을 여러 개 쌓은 쪽이 더 성능이 높다. 이는 커널을 여러 개 쌓으며 비선형층을 늘리는 것이 신경망의 층수를 늘리는 것과 동일한 효과가 있기 때문이다. 파라미터 수를 억제하므로 더 낮은 비용으로 더 복잡한 특징을 학습할 수 있다.

논문의 실험 결과를 예로 들면 커널의 크기가 3×3인 합성곱층을 두 층 쌓은 구조(합성곱층 사

---

7 Karen Simonyan, Andrew Zisserman, 'Very Deep Convolutional Networks for Large-Scale Image Recognition', 2014. https://arxiv.org/pdf/1409.1556v6.pdf

이에 풀링층은 두지 않음)는 5×5 크기의 수용 영역을 가진 합성곱층과 효과가 동등하고, 같은 합성곱층을 세 층 쌓은 구조는 7×7 크기의 수용 영역을 가진 합성곱층과 효과가 동등하다. 따라서 수용 영역의 크기가 3×3인 커널을 여러 개 쌓으면 비선형 함수^{ReLU}를 여러 개 포함시키는 것과 같아 결정 함수의 변별력을 향상시키는 효과가 있다. 두 번째는 학습 대상이 되는 파라미터 수를 억제하는 효과다. 예를 들어 C개 채널을 가진 7×7 크기의 커널을 가진 단일 합성곱층의 파라미터 수는 $7^2 C^2 = 49C^2$개인데 비해, 3×3 크기의 커널을 3개 쌓은 구조의 파라미터 수는 $3^2 C^2 = 27C^2$개로 절반 가까이로 억제하는 효과가 있다.

수용 영역

3장에서 설명했듯이 수용 영역은 출력의 한 점에 영향을 미치는 입력 이미지의 범위를 의미한다.

그림 5-9 수용 영역의 예

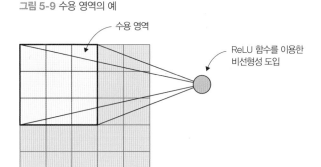

이렇게 합성곱 연산과 풀링 연산이 일어나는 구조를 통합하는 방법으로 전체 신경망의 구조를 단순하게 유지해서 신경망에 대한 이해 및 구현 편의성을 개선했다.

VGGNet은 3×3 크기의 커널을 여러 층 쌓은 합성곱층 사이에 간간이 2×2 크기의 풀링 연산을 하는 풀링층을 끼워 넣는 식으로 구성된다. 이 구조 뒤에 다시 일반적인 전결합층과 소프트맥스 함수가 배치되는 전형적인 분류기 구조가 배치된다. [그림 5-10]에 이 구조를 나타냈다.

그림 5-10 VGGNet-16 구조

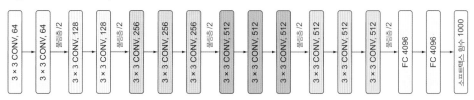

5.4.2 VGGNet의 다양한 버전

VGGNet은 세부 사항이 다른 몇 가지 구성으로 나뉘는데, 이를 [그림 5-11]에 정리했다. 모든 구성은 동일한 요소를 공유한다. 그중 구성 D와 E가 가장 일반적으로 사용되며 가중치를 포함하는 층수를 붙여 이들을 각각 VGG16, VGG19라고 부른다. 각각의 블록은 3×3 크기의 커널을 갖는 일련의 합성곱층 뒤에 2×2 크기의 풀링 영역을 갖는 풀링층이 배치되는 구조다.

그림 5-11 VGGNet의 서로 다른 구성

신경망 구성					
A	A-LRN	B	C	D	E
11층	11층	13층	16층	16층	19층
입력(224 × 224 RGB 이미지)					
conv3-64	conv3-64 LRN	conv3-64 conv3-64	conv3-64 conv3-64	conv3-64 conv3-64	conv3-64 conv3-64
maxpool					
conv3-128	conv3-128	conv3-128 conv3-128	conv3-128 conv3-128	conv3-128 conv3-128	conv3-128 conv3-128
maxpool					
conv3-256 conv3-256	conv3-256 conv3-256	conv3-256 conv3-256	conv3-256 conv3-256 conv3-256	conv3-256 conv3-256 conv3-256	conv3-256 conv3-256 conv3-256 conv3-256
maxpool					
conv3-512 conv3-512	conv3-512 conv3-512	conv3-512 conv3-512	conv3-512 conv3-512 conv3-512	conv3-512 conv3-512 conv3-512	conv3-512 conv3-512 conv3-512 conv3-512
maxpool					
conv3-512 conv3-512	conv3-512 conv3-512	conv3-512 conv3-512	conv3-512 conv3-512 conv3-512	conv3-512 conv3-512 conv3-512	conv3-512 conv3-512 conv3-512 conv3-512
maxpool					
FC-4096					
FC-4096					
FC-1000					

[표 5-1]에 VGGNet의 각 구성이 몇 개의 학습 대상 파라미터를 갖는지 정리했다. VGG16은 약 1억 3,800만 개의 파라미터가 있으며, 이보다 층수가 많은 VGG19의 파라미터 수는 약 1억 4,400만 개다. VGG16이 VGG19보다 더 적은 수의 파라미터로 거의 동등한 성능을 내기 때문에 일반적으로는 VGG16이 더 널리 쓰인다.

표 5-1 VGGNet 각 구성의 파라미터 수(단위: 백만)

신경망 유형	A, A-LRN	B	C	D	E
파라미터 수	133	133	134	138	144

케라스로 VGG16 구현하기

VGGNet 중 VGG16(구성 D)과 VGG19(구성 E)가 층수가 많은 만큼 더 복잡한 모델을 학습할 수 있어 구현에 자주 사용된다. 이 장에서는 16개의 층을 가진 VGG16을 구현해볼 것이다. VGG19는 VGG16 구현의 세 번째, 네 번째, 다섯 번째 블록에 합성곱층을 하나씩 추가하는 방법으로 어렵지 않게 구현할 수 있다.

논문에서는 과적합을 방지하기 위해 다음과 같은 규제화 기법을 적용했다.

- 가중치 감쇠율 5×10^{-4}을 적용한 L2 규제화. 편의를 위해 아래 구현 코드에는 포함하지 않았다.
- 비율이 0.5인 드롭아웃을 마지막 층을 제외한 두 전결합층에 적용했다.

케라스 코드는 다음과 같다.

```
model = Sequential()    ←┐ 모델 객체 생성

# 블록 #1
model.add(Conv2D(filters=64, kernel_size=(3,3), strides=(1,1),
    activation='relu',
                padding='same', input_shape=(224,224, 3)))
model.add(Conv2D(filters=64, kernel_size=(3,3), strides=(1,1),
    activation='relu',
                padding='same'))
model.add(MaxPool2D((2,2), strides=(2,2)))

# 블록 #2
model.add(Conv2D(filters=128, kernel_size=(3,3), strides=(1,1),
    activation='relu',
                padding='same'))
model.add(Conv2D(filters=128, kernel_size=(3,3), strides=(1,1),
    activation='relu',
                padding='same'))
model.add(MaxPool2D((2,2), strides=(2,2)))

# 블록 #3
model.add(Conv2D(filters=256, kernel_size=(3,3), strides=(1,1),
```

```python
                activation='relu',
                padding='same'))
model.add(Conv2D(filters=256, kernel_size=(3,3), strides=(1,1),
        activation='relu',
                padding='same'))
model.add(Conv2D(filters=256, kernel_size=(3,3), strides=(1,1),
        activation='relu',
                padding='same'))
model.add(MaxPool2D((2,2), strides=(2,2)))

# 블록 #4
model.add(Conv2D(filters=512, kernel_size=(3,3), strides=(1,1),
        activation='relu',
                padding='same'))
model.add(Conv2D(filters=512, kernel_size=(3,3), strides=(1,1),
        activation='relu',
                padding='same'))
model.add(Conv2D(filters=512, kernel_size=(3,3), strides=(1,1),
        activation='relu',
                padding='same'))
model.add(MaxPool2D((2,2), strides=(2,2)))

# 블록 #5
model.add(Conv2D(filters=512, kernel_size=(3,3), strides=(1,1),
        activation='relu',
                padding='same'))
model.add(Conv2D(filters=512, kernel_size=(3,3), strides=(1,1),
        activation='relu',
                padding='same'))
model.add(Conv2D(filters=512, kernel_size=(3,3), strides=(1,1),
        activation='relu',
                padding='same'))
model.add(MaxPool2D((2,2), strides=(2,2)))

# 블록 #6 (분류기)
model.add(Flatten())
model.add(Dense(4096, activation='relu'))
model.add(Dropout(0.5))
model.add(Dense(4096, activation='relu'))
model.add(Dropout(0.5))
model.add(Dense(1000, activation='softmax'))

model.summary()  ◁──┤ 모델의 개요 출력
```

모델의 개요를 출력해보면 파라미터 수가 약 1억 3,800만 개임을 확인할 수 있다.

```
----------------------------------------
Total params: 138,357, 544
Trainable params: 138,357, 544
Non-trainable params: 0
```

5.4.3 하이퍼파라미터 설정하기

VGGNet의 학습 과정은 AlexNet의 학습 과정을 많이 참고했다. 미니배치 경사 하강법을 사용하되 모멘텀 0.9를 적용했다. 학습률은 초깃값 0.01로 시작해서 검증 데이터의 정확도가 정체될 때마다 1/10로 감소시켰다.

5.4.4 VGGNet의 성능

VGG16의 ImageNet 데이터셋에 대한 top-5 오차는 8.1%로, 15.3%를 기록했던 AlexNet에 비해 개선된 성능을 보였다. VGG19의 성능은 이보다 더 높은 7.4%를 기록했다. 주목할 만한 점은 AlexNet보다 층수가 많고 파라미터 수가 더 많음에도 VGGNet의 파라미터가 더욱 빨리 수렴했다는 것이다. 이는 층수를 늘리고 합성곱 필터의 크기를 줄이면서 규제화와 같은 효과가 발생했기 때문이다.

5.5 인셉션과 GoogLeNet

인셉션은 구글에서 「Going Deeper with Convolution」[8]이라는 연구 논문을 통해 2014년에 발표했다. 이 신경망 구조의 특징은 신경망 내부적으로 계산 자원의 효율을 높여 신경망의 층수를 늘린 점이다. 구글의 연구진은 이 인셉션 신경망 구조를 구현한 GoogLeNet으

---

8 Christian Szegedy, Christian, Wei Liu, Yangqing Jia, Pierre Sermanet, Scott Reed, Dragomir Anguelov, Dumitru Erhan, Vincent Vanhoucke, Andrew Rabinovich, 「Going Deeper with Convolutions」, in Proceedings of the IEEE Conference on Computer Vision and Pattern Recognition, 1-9, 2015, http://mng.bz/YryB

로 ILSVRC 2014에 참가했다. GoogLeNet은 22개의 층으로 구성되었으나(VGGNet보다 층수가 많다) 파라미터 수는 VGGNet의 1/12에 불과하다(VGGNet: 1억 3,800만 개, GoogLeNet: 1,300만 개). 하지만 훨씬 향상된 성능을 보여주었다. 인셉션 구조는 AlexNet이나 VGGNet에서 따온 고전적인 CNN의 구조를 따르지만 인셉션 모듈inception module이라는 새로운 요소를 도입했다.

5.5.1 인셉션 구조에서 발전된 부분

인셉션 구조는 설계 과정에서 여타 신경망과는 다른 접근법을 취했다. 앞서 본 신경망 구조들은 각 층마다 다음과 같은 설계 사항을 매번 결정해야 했다.

- 합성곱층의 커널 크기: 앞서 본 신경망 구조는 커널 크기가 제각각이었다. 1×1, 3×3, 5×5, 큰 것은 11×11(AlexNet)까지 있었다. 합성곱층을 설계하다보면 각 층마다 데이터셋에 맞는 커널 크기를 선택하게 된다. 3장에서 크기가 작은 커널은 이미지의 세세한 특징을 포착할 수 있는 반면 크기가 큰 커널은 세세한 특징을 놓치기 쉽다고 설명했다.
- 풀링층의 배치: AlexNet 구조에서는 1개 또는 2개 합성곱층마다 풀링층을 배치해 특징을 다운샘플링했다. VGGNet은 2개, 3개, 4개 합성곱층마다 풀링층을 배치했는데 신경망의 앞쪽에 풀링층을 더 자주 배치했다(즉, 2개 합성곱층마다 풀링층 배치).

커널 크기나 풀링층의 배치는 대체로 실험을 통해 시행착오를 거치며 최적의 결과를 내는 값을 찾아 결정한다. 인셉션에서는 합성곱층의 필터 크기나 풀링층의 배치를 직접 결정하는 대신 블록 전체에 똑같은 설정을 적용하고 이를 인셉션 모듈이라고 한다.

다시 말해 기존의 방식대로 층을 쌓는 대신 커널 크기가 서로 다른 합성곱층으로 구성된 인셉션 모듈을 만드는 것이다. 그리고 층 대신 이 인셉션 모듈을 쌓아가는 방식으로 신경망을 구성한다. [그림 5-12]에 인셉션 구조와 기존 신경망 구조의 차이를 나타냈다.

그림 5-12 기존 신경망 구조와 인셉션 구조의 차이

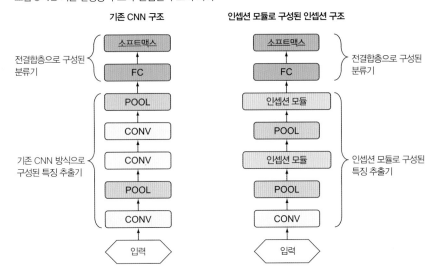

위 다이어그램에서 다음 내용을 알 수 있다.

- LeNet, AlexNet, VGGNet 등의 기존 방식에서는 합성곱층과 풀링층을 번갈아 쌓아올리는 방식으로 특징 추출기를 구성했다. 그리고 특징 추출기 뒤에 전결합층으로 구성된 분류기를 배치했다.
- 반면 인셉션 구조에서는 합성곱층과 풀링층으로 인셉션 모듈을 구성한 다음 이 인셉션 모듈과 풀링층을 쌓아 특징 추출기를 구성한다. 그 뒤에 이어지는 분류기는 기존과 마찬가지로 전결합층으로 구성된다.

지금까지 인셉션 구조의 전체적인 윤곽을 파악하기 쉽도록 인셉션 모듈을 블랙박스로 취급했다. 이제는 인셉션 모듈의 내부 동작을 설명한다.

5.5.2 단순 인셉션 모듈

이번에 살펴볼 인셉션 모듈은 다음 4개의 층으로 구성된다.

- 1 × 1 합성곱층
- 3 × 3 합성곱층
- 5 × 5 합성곱층
- 3 × 3 최대 풀링층

이들 층의 출력은 연접 처리를 통해 하나의 출력으로 합쳐져 다음 단계의 입력이 된다. 이 인셉션 모듈의 구조를 [그림 5-13]에 간략하게 나타냈다.

그림 5-13 간략하게 나타낸 인셉션 모듈의 구조

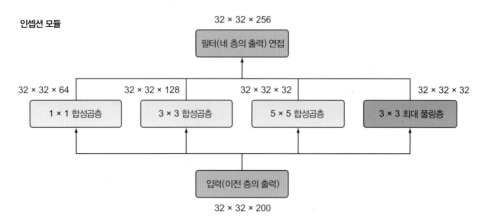

구조를 한눈에 이해하긴 어렵겠지만 자세히 뜯어보면 그리 어렵지 않다. 다음 설명과 함께 그림을 이해해보자.

1 입력으로 들어온 이전 층의 출력 크기가 32×32×200이라고 가정하자.
2 이 입력을 4개의 층에 동시 입력한다.
   - 커널 크기가 1×1인 합성곱층. 이 층의 depth = 64이고 padding = same이며, 출력 크기는 32×32×64다.
   - 커널 크기가 3×3인 합성곱층. 이 층의 depth = 128이고 padding = same이며, 출력 크기는 32×32×128이다.
   - 커널 크기가 5×5인 합성곱층. 이 층의 depth = 32이고 padding = same이며, 출력 크기는 32×32×32이다.
   - 풀링 크기가 3×3인 최대 풀링층. 이 층의 padding = same이고 strides = 1이며, 출력 크기는 32×32×32이다.
3 인셉션 모듈의 출력은 위에 열거한 네 층의 출력을 모두 연접한 것으로 크기는 32×32×256이다.

이것으로 32×32×200 크기의 입력을 받아 32×32×256 크기의 출력을 하는 인셉션 모듈을 구성했다.

5.5.3 차원 축소가 적용된 인셉션 모듈

조금 전에 살펴본 단순 인셉션 모듈은 5×5 합성곱층과 같은 크기가 큰 필터를 포함하기 때문에 계산 비용이 크다는 문제점이 있다. 이 인셉션 모듈의 계산량을 이해하기 위해 5×5 합성곱층에 필요한 연산 수를 알아보자.

32×32×200 크기의 입력이 5×5 크기의 합성곱 필터 32개를 갖춘 합성곱층에 입력되었다. 이 합성곱 연산에 필요한 곱셈의 수는 32×32×200에 5×5×32를 곱해 약 1억 6300만 회에 이른다. 최신 컴퓨터를 이용하면 어렵지 않게 수행할 수 있는 계산량이지만 그리 만만한 양은 아니다. 이때 차원 축소층을 도입하면 계산 부하를 크게 낮출 수 있다.

차원 축소층(1×1 합성곱층)

1×1 합성곱층을 사용해서 1억 6300만 회의 곱셈을 약 10분의 1로 줄일 수 있다. 이 층을 축소층$^{reduce\ layer}$이라고 부르는 것도 이 때문이다. 3×3 또는 5×5처럼 크기가 큰 필터를 포함하는 합성곱층 앞에 1×1 합성곱층을 배치해서 입력의 깊이를 축소하고 필요한 연산 횟수를 그만큼 줄인다.

예제와 함께 설명하겠다. 크기가 32×32×200인 입력 앞에 필터가 16개인 1×1 합성곱층을 끼워 넣었다고 하자. 이 합성곱층은 입력의 깊이를 200에서 16으로 줄여준다. 그다음 깊이가 크게 줄어든 축소층의 출력을 5×5 합성곱층에 입력한다(그림 5-14).

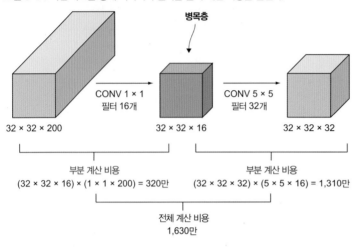
그림 5-14 차원 축소를 통해 이미지의 깊이를 줄여 계산 비용을 줄인다.

$32 \times 32 \times 200$ 크기의 입력이 2개의 합성곱층을 거쳐 $32 \times 32 \times 32$ 크기가 되었다. 축소층이 없더라도 이 출력의 크기는 동일했을 것이지만 입력을 구성하는 200채널 모두에 5×5 합성곱 연산을 수행하는 대신 16채널만을 대상으로 계산을 줄일 수 있었다.

1억 6,300만 회의 곱셈이 어떻게 1,630만 회로 줄어들었는지 그 과정을 살펴보자.

계산 비용
= 1×1 합성곱층의 연산 횟수 + 5×5 합성곱층의 연산 횟수
= $(32 \times 32 \times 200) \times (1 \times 1 \times 16) + (32 \times 32 \times 16) \times (5 \times 5 \times 32)$
= $3,276,800 + 13,107,200$
= 약 1,630만 회

전체 계산 비용은 곱셈 1,630만 회가 되므로 축소층이 없는 상태를 기준으로 한 1억 6,300만 회와 비교하면 1/10이 되었다.

1×1 합성곱층

1×1 합성곱층을 이용한 차원 축소는 이 합성곱층이 이미지 크기는 그대로 유지한 채 필터 수를 통해 출력의 채널 수(깊이)를 자유로이 변경할 수 있다는 점을 이용한 것이다.

그림 5-15 1×1 합성곱층은 이미지 크기는 유지한 채 출력의 채널 수를 자유로이 변경할 수 있다.

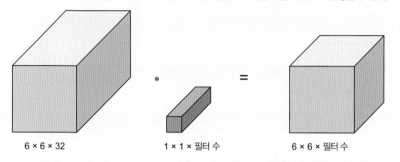

6 × 6 × 32   1 × 1 × 필터 수   6 × 6 × 필터 수

1×1 합성곱층은 **병목층**bottleneck layer이라고도 하는데, 신경망 구조 내에서 차원을 축소하는 이 층의 역할이 마치 병에서 가장 좁은 병목을 연상케 하기 때문이다.

그림 5-16 1×1 합성곱층을 병목층이라고도 부른다.

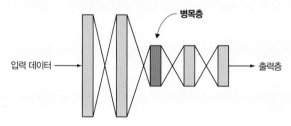

병목층

입력 데이터 →   → 출력층

차원 축소가 신경망 성능에 미치는 영향

과격한 차원 축소로 신경망의 성능에 나쁜 영향을 끼치지 않을까 걱정이 되는 독자도 있을 것이다. 논문에서 수행한 실험 결과에 따르면 적정한 수준을 유지하는 한 차원 축소가 신경망의 성능에 영향을 미치지 않는다.

이제 축소층을 추가해서 **차원 축소가 적용된 인셉션 모듈**을 구성해보자. 먼저 4개의 층을 연접하는 부분은 그대로 두고 3×3, 5×5 합성곱층 앞에 각각 1×1 합성곱층을 배치한다. 풀링층은 입력의 차원을 축소하지 않으므로 3×3 최대 풀링층 뒤에 1×1 합성곱층을 하나 배치해 풀링층의 출력에 차원 축소를 적용한다(그림 5-17).

그림 5-17 차원 축소를 적용한 인셉션 모듈 구축

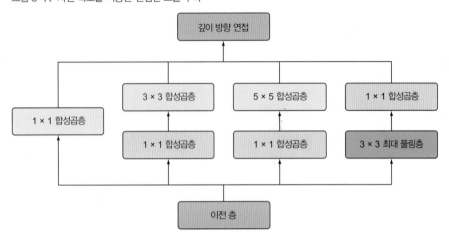

이런 식으로 필터 크기가 큰 합성곱층 앞에 축소층을 배치해 유닛 수를 늘리면서도 계산 복잡도의 급상승을 억제할 수 있다. 그 외에도 이미지를 다양한 배율로 처리한 결과를 모아 다음 단계로 전달한다는 직관도 충실히 따르는 설계다.

인셉션 모듈 정리

합성곱층의 필터 크기나 풀링층의 위치를 따로 정하고 싶지 않다면 인셉션 모듈을 이용해서 원하는 모든 크기의 필터를 사용한 결과를 모두 연접해서 출력하면 된다. 이 방식이 인셉션 모듈의 **단순 표현**^{naive representation}이다.

하지만 이 때문에 큰 합성곱 필터로 인한 계산 비용 문제에 부닥치게 된다. 여기서 1×1 합성곱층인 축소층을 사용해서 계산 비용을 감소시킨다. 이번에는 3×3, 5×5 합성곱층 앞과 최대 풀링층 뒤에 축소층을 배치해서 인셉션 모듈에 차원 축소를 적용한다.

5.5.4 인셉션 구조

인셉션 모듈에 대한 설명이 끝났으니 이제 인셉션 구조를 만들 준비가 되었다. 차원 축소가 적용된 인셉션 모듈을 쌓아올려 신경망을 구성한다. [그림 5-18]에서 볼 수 있듯이 인셉션 모듈 사이에 3×3 풀링층을 배치한다.

그림 5-18 인셉션 모듈을 쌓아서 인셉션 신경망을 구성한다.

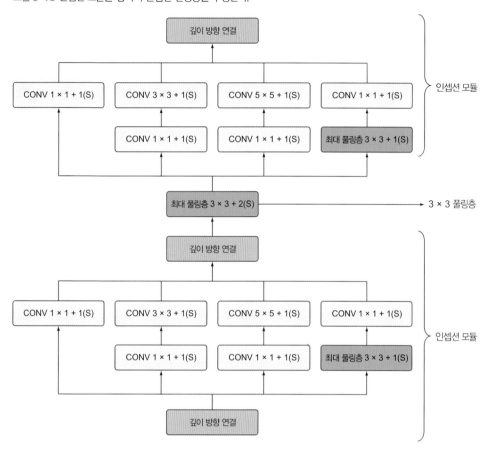

이런 방법으로 원하는 만큼 인셉션 모듈을 쌓아올려 아주 깊은 합성곱 신경망을 구성할 수 있다. 논문에서는 인셉션 모듈로 구성한 신경망을 GoogLeNet으로 명명했고, ILSVRC 2014 대회에 참가했다. [그림 5-19]에 GoogLeNet의 구조를 실었다.

그림 5-19 GoogLeNet의 구조는 크게 세 부분으로 나뉜다. 첫 번째 부분은 AlexNet이나 LeNet 같은 전통적인 합성곱 신경망 구조를 따른다. 두 번째 부분은 인셉션 모듈과 풀링층을 쌓은 구조고, 세 번째 부분은 일반적인 전결합층 분류기 구조다.

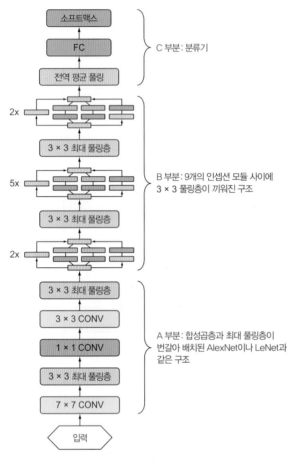

그림에서 볼 수 있듯이 GoogLeNet에는 9개의 인셉션 모듈이 쓰였는데, 인셉션 모듈을 쌓아 올린 각 블록마다 최대 풀링층을 하나씩 배치했다. 구현의 편의를 위해 GoogLeNet 구조를 세 부분으로 나눠보겠다.

- **A 부분**: 일련의 합성곱층과 최대 풀링층이 번갈아 배치된 AlexNet이나 LeNet과 같은 구조
- **B 부분**: 9개의 인셉션 모듈이 인셉션 모듈 2개 + 풀링층 + 인셉션 모듈 5개 + 풀링층 + 인셉션 모듈 2개 순서로 쌓인 구조
- **C 부분**: 전결합층과 소프트맥스층으로 구성된 신경망이 분류기 부분

5.5.5 케라스로 구현한 GoogLeNet

케라스를 이용해서 GoogLeNet 구조를 구현해보자(그림 5-20). 인셉션 모듈은 이전 모듈에서 추출한 특징을 입력받아 이를 4개의 경로로 처리한 다음 다시 그 결과를 연접해서 다음 모듈로 출력한다. 4개 경로는 다음과 같다.

- 1×1 합성곱층
- 1×1 합성곱층 + 3×3 합성곱층
- 1×1 합성곱층 + 5×5 합성곱층
- 3×3 풀링층 + 1×1 합성곱층

그림 5-20 GoogLeNet에 사용된 인셉션 모듈

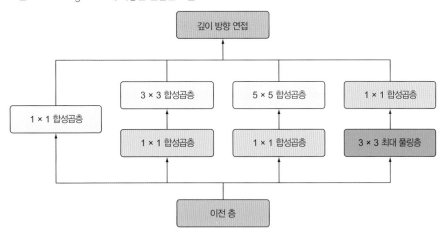

먼저 inception_module 함수를 정의한다. 이 함수는 각 합성곱층의 필터 수를 인수로 받아 연접된 출력을 반환한다.

```python
def inception_module(x, filters_1x1, filters_3x3_reduce, filters_3x3,
                     filters_5x5_reduce,
                     filters_5x5, filters_pool_proj, name=None,):

conv_1x1 = Conv2D(filters_1x1, kernel_size=(1, 1), padding='same',
                  activation='relu',
                  kernel_initializer=kernel_init, bias_initializer=bias_init,)(x)

# 3×3 합성곱층 경로 = 1×1 CONV + 3×3 CONV
pre_conv_3x3 = Conv2D(filters_3x3_reduce, kernel_size=(1, 1), padding='same',
                      activation='relu', kernel_initializer=kernel_init,
                      bias_initializer=bias_init)(x)
conv_3x3 = Conv2D(filters_3x3, kernel_size=(3, 3), padding='same',
    activation='relu',
                  kernel_initializer=kernel_init,
                  bias_initializer=bias_init)(pre_conv_3x3)

# 5×5 합성곱층 경로 = 1×1 CONV + 5×5 CONV
pre_conv_5x5 = Conv2D(filters_5x5_reduce, kernel_size=(1, 1), padding='same',
                      activation='relu', kernel_initializer=kernel_init,
                      bias_initializer=bias_init)(x)
conv_5x5 = Conv2D(filters_5x5, kernel_size=(5, 5), padding='same',
    activation='relu',
                  kernel_initializer=kernel_init,
                  bias_initializer=bias_init)(pre_conv_5x5)

# 풀링층 경로 = POOL + 1×1 CONV
pool_proj = MaxPool2D((3, 3), strides=(1, 1), padding='same')(x)
pool_proj = Conv2D(filters_pool_proj, (1, 1), padding='same', activation='relu',
                   kernel_initializer=kernel_init,
                   bias_initializer=bias_init)(pool_proj)

output = concatenate([conv_1x1, conv_3x3, conv_5x5, pool_proj], axis=3,
    name=name)

return output
```

이전 층의 출력을 그대로 입력받는 1×1 합성곱층을 생성한다.

세 필터를 깊이 방향으로 연접한다.

GoogLeNet의 신경망 구조

inception_module 함수도 준비가 끝났으니 [그림 5-20]의 구조를 구현해볼 차례다. 지금부터 inception_module 함수의 인수를 만들기 위해 [그림 5-21]을 살펴보자. [그림 5-21]은 인셉션 논문 저자가 실험에 사용했던 하이퍼파라미터를 정리한 것이다(그림에서 '#3×3 차원 축소', '#5×5 차원 축소'는 각각 3×3 합성곱층과 5×5 합성곱층 앞에 배치된 축소층의 필터 수를 의미한다).

그림 5-21 인셉션 논문 저자가 실험에 사용한 하이퍼파라미터

	층 유형	필터 크기/스트라이드	출력 크기	깊이	#1×1	#3×3 차원 축소	#3×3	#5×5 차원 축소	#5×5	축소층 필터 수	파라미터 수	연산 수
A 부분	합성곱층	7×7/2	112×112×64	1							2.7K	34M
	최대 풀링층	3×3/2	56×56×64	0								
	합성곱층	3×3/1	56×56×192	2		2	2	2	2	2	112K	360M
	최대 풀링층	3×3/2	28×28×192	0								
B 부분	인셉션 (3a)		28×28×256	2	64	96	128	16	32	32	159K	128M
	인셉션 (3b)		28×28×480	2	128	128	192	32	96	64	380K	304M
	최대 풀링층	3×3/2	14×14×480	0								
	인셉션 (4a)		14×14×512	2	192	96	208	16	48	64	364K	73M
	인셉션 (4b)		14×14×512	2	160	112	224	24	64	64	437K	88M
	인셉션 (4c)		14×14×512	2	128	128	256	24	64	64	463K	100M
	인셉션 (4d)		14×14×528	2	112	144	288	32	64	64	580K	119M
	인셉션 (4e)		14×14×832	2	256	160	320	32	128	128	840K	170M
	최대 풀링층	3×3/2	7×7×832	0								
	인셉션 (5a)		7×7×832	2	256	160	320	32	128	128	1072K	54M
	인셉션 (5b)		7×7×1024	2	384	192	384	48	128	128	1388K	71M
C 부분	평균 풀링층	7×7/1	1×1×1024	0								
	드롭아웃 (40%)		1×1×1024	0								
	선형		1×1×1000	1							1000K	1M
	소프트맥스		1×1×1000	0								

지금부터 A, B, C 부분을 차례대로 구현해보겠다.

A 부분: 신경망의 앞부분

신경망의 앞부분을 먼저 구현한다. 이 부분은 7×7 합성곱층 ⇒ 3×3 풀링층 ⇒ 1×1 합성곱층 ⇒ 3×3 합성곱층 ⇒ 3×3 풀링층 순서로 구성된다. [그림 5-22]에 이 구조를 정리했다.

그림 5-22 신경망의 앞부분 구조

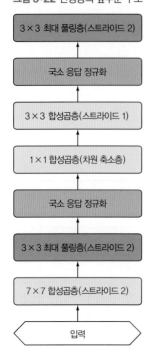

LocalResponseNorm 층에는 AlexNet과 마찬가지로 국소 응답 정규화가 적용되어 파라미터 수렴 속도가 향상되었다. 그러나 최근에는 국소 응답 정규화 대신 배치 정규화를 더 많이 사용한다.

다음은 A 부분의 케라스 구현 코드다.

```
# 입력층, 입력 크기 24 x 24 x 3
input_layer = Input(shape=(224, 224, 3))

kernel_init = keras.initializers.glorot_uniform()
bias_init = keras.initializers.Constant(value=0.2)

x = Conv2D(64, (7, 7), padding='same', strides=(2, 2), activation='relu',
    name='conv_1_7x7/2',
    kernel_initializer=kernel_init, bias_initializer=bias_init)(input_layer)

x = MaxPool2D((3, 3), padding='same', strides=(2, 2), name='max_pool_1_3x3/2')(x)

x = BatchNormalization()(x)
```

```
x = Conv2D(64, (1, 1), padding='same', strides=(1, 1), activation='relu')(x)
x = Conv2D(192, (3, 3), padding='same', strides=(1, 1), activation='relu')(x)

x = BatchNormalization()(x)

x = MaxPool2D((3, 3), padding='same', strides=(2, 2))(x)
```

B 부분: 인셉션 모듈 및 최대 풀링층

인셉션 모듈 3a와 3b, 그리고 첫 번째로 배치된 최대 풀링층을 [표 5-2]의 설정대로 구현하자.

표 5-2 인셉션 모듈 3a와 3b의 구성

유형	#1 x 1	#3 x 3 차원 축소	#3 x 3	#5 x 5 차원 축소	#5 x 5	축소층 필터 수
인셉션 모듈 (3a)	64	96	128	16	32	32
인셉션 모듈 (3b)	128	128	192	32	96	64

```
x = inception_module(x, filters_1x1=64, filters_3x3_reduce=96, filters_3x3=128,
                        filters_5x5_reduce=16, filters_5x5=32, filters_pool_proj=32,
                        name='inception_3a')

x = inception_module(x, filters_1x1=128, filters_3x3_reduce=128, filters_3x3=192,
                        filters_5x5_reduce=32, filters_5x5=96, filters_pool_proj=64,
                        name='inception_3b')

x = MaxPool2D((3, 3), padding='same', strides=(2, 2))(x)
```

비슷한 방법으로 인셉션 모듈 4a, 4b, 4c, 4d, 4e, 그리고 최대 풀링층을 구현한다.

```
x = inception_module(x, filters_1x1=192, filters_3x3_reduce=96, filters_3x3=208,
                        filters_5x5_reduce=16, filters_5x5=48, filters_pool_proj=64,
                        name='inception_4a')

x = inception_module(x, filters_1x1=160, filters_3x3_reduce=112, filters_3x3=224,
                        filters_5x5_reduce=24, filters_5x5=64, filters_pool_proj=64,
                        name='inception_4b')

x = inception_module(x, filters_1x1=128, filters_3x3_reduce=128, filters_3x3=256,
                        filters_5x5_reduce=24, filters_5x5=64, filters_pool_proj=64,
                        name='inception_4c')
```

```
x = inception_module(x, filters_1x1=112, filters_3x3_reduce=144, filters_3x3=288,
                     filters_5x5_reduce=32, filters_5x5=64,
                     filters_pool_proj=64,
                     name='inception_4d')

x = inception_module(x, filters_1x1=256, filters_3x3_reduce=160, filters_3x3=320,
                     filters_5x5_reduce=32, filters_5x5=128,
                     filters_pool_proj=128,
                     name='inception_4e')

x = MaxPool2D((3, 3), padding='same', strides=(2, 2), name='max_pool_4_3x3/2')(x)
```

인셉션 모듈 5a, 5b도 마찬가지로 구현한다.

```
x = inception_module(x, filters_1x1=256, filters_3x3_reduce=160, filters_3x3=320,
                     filters_5x5_reduce=32, filters_5x5=128,
                     filters_pool_proj=128,
                     name='inception_5a')

x = inception_module(x, filters_1x1=384, filters_3x3_reduce=192, filters_3x3=384,
                     filters_5x5_reduce=48, filters_5x5=128,
                     filters_pool_proj=128,
                     name='inception_5b')
```

C 부분: 분류기 부분 구현하기

논문의 실험에서는 7×7 크기의 평균 풀링층을 사용하면 top-1 정확도가 0.6% 상승했다고 한다. 그리고 과적합을 방지하기 위해 40%의 비율이 적용된 드롭아웃층을 배치했다.

```
x = AveragePooling2D(pool_size=(7,7), strides=1, padding='valid')(x)
x = Dropout(0.4)(x)
x = Dense(10, activation='softmax', name='output')(x)
```

5.5.6 하이퍼파라미터 설정하기

논문에 따르면 신경망을 학습시키기 위해 0.9의 모멘텀이 적용된 경사 하강법을 사용했다. 그리고 8에포크마다 학습률을 4%씩 감소시키는 고정비 학습률 감쇠도 함께 적용했다. 논문에 나온 설정대로 구현한 신경망 학습 코드는 다음과 같다.

```
epochs = 25
initial_lrate = 0.01                                    학습률 감쇠를 구현한 함수

def decay(epoch, steps=100):
    initial_lrate = 0.01
    drop = 0.96
    epochs_drop = 8
    lrate = initial_lrate * math.pow(drop, math.floor((1+epoch)/epochs_drop))
    return lrate

lr_schedule = LearningRateScheduler(decay, verbose=1)

sgd = SGD(lr=initial_lrate, momentum=0.9, nesterov=False)

model.compile(loss='categorical_crossentropy', optimizer=sgd,
              metrics=['accuracy'])

model.fit(X_train, y_train, batch_size=256, epochs=epochs,
          validation_data=(X_test, y_test), callbacks=[lr_schedule], verbose=2,
          shuffle=True)
```

5.5.7 CIFAR 데이터셋을 대상으로 한 인셉션의 성능

GoogLeNet은 2014년 ILSVRC에서 우승을 차지했다. GoogLeNet의 top-5 오차율은 6.67%로, AlexNet이나 VGGNet 등 기존 CNN 구조보다 훨씬 뛰어난 것은 물론이고 사람에 필적할만한 성능을 보였다.

5.6 ResNet

잔차 신경망residual neural network, ResNet은 2015년에 마이크로소프트 리서치 팀[9]에서 제안한 신경망 구조다. ResNet에는 잔차 모듈residual module과 스킵 연결skip connection이라는 새로운 구조가 사용되었으며, 은닉층에도 강한 배치 정규화가 적용되었다. 이렇게 배치 정규화가 강하게 적

---

9 Kaiming He, Xiangyu Zhang, Shaoqing Ren, Jian Sun, 「Deep Residual Learning for Image Recognition」, 2015, http://arxiv.org/abs/1512.03385

용된 덕분에 파라미터가 있는 층이 50층, 101층, 152층이나 되는 깊은 신경망의 복잡도를 훨씬 층수가 적은 VGGNet(19층)보다 더욱 낮출 수 있었다. ResNet은 2015년에 ILSVRC에서 top-5 오차율 3.57%을 기록하며 그때까지의 모든 CNN의 성능 기록을 경신했다.

5.6.1 ResNet에서 발전된 부분

LeNet에서 AlexNet, VGGNet을 거쳐 인셉션까지 신경망 구조의 발전을 살펴보면 신경망의 층수가 많을수록 이미지에서 더 좋은 특징을 추출할 수 있다는 것을 깨닫게 된다. 신경망의 층수가 많을수록 모델의 표현력이 증가하기 때문이다. 그만큼 단순한 모서리(앞쪽 층)에서 복잡한 패턴(뒤쪽 층)에 이르기까지 다양한 추상화 수준의 특징을 학습할 수 있다.

이 장 앞부분에서 VGGNet-19(19층)와 GoogLeNet(22층) 등의 신경망 구조를 살펴봤다. 두 신경망 구조 모두 ImageNet 데이터셋에서 놀라운 성능을 보여주었다. 하지만 이보다 더 층수를 늘리는 것은 불가능할까? 우리는 이미 4장에서 층수를 지나치게 늘리면 신경망이 과적합을 일으키기 쉬워진다는 것도 배웠다. 이러한 문제는 드롭아웃, L2 규제화, 배치 정규화를 통해 과적합을 방지하는 식으로 해결할 수 있기 때문에 50층, 100층, 150층에 이르는 신경망을 구성하는 것도 실제로 가능하다. 하지만 층수가 많은 신경망을 제대로 다루려면 **기울기 소실 문제**를 해결해야 한다.

기울기 소실 문제와 기울기 폭발 문제

층수가 매우 많은 신경망의 문제점은 앞쪽에 위치한 층의 가중치를 수정하기 위한 신호가 매우 작아진다는 것이다. 그 이유를 이해하려면 2장에서 배운 경사 하강법의 계산 과정을 살펴봐야 한다. 신경망이 오차 함숫값의 기울기를 출력층에서 입력층까지 전달하는 과정에서 기울기는 한 층을 거칠 때마다 가중치 행렬과 곱해진다. 이 과정에서 경사가 지수적으로 0과 빠르게 가까워지며 앞쪽 층의 학습을 어렵게 하는 기울기 소실 문제가 발생한다. 기울기 소실 문제가 발생하면 신경망의 성능이 더 이상 개선되지 않거나 오히려 악화된다.

이와는 반대로 기울기가 지수적으로 증가하며 매우 큰 값이 되는 현상도 발생한다. 이러한 현상을 **기울기 폭발 문제**exploding gradient라고 한다.

ResNet의 연구진은 기울기 소실 문제를 해결하기 위해 뒤쪽 층의 기울기를 앞쪽 층에 직접 전달하는 별도의 경로를 추가했다. 이 경로를 **스킵 연결**이라고 한다. 스킵 연결을 통해 앞쪽 층의 정보가 뒤쪽 층에 전달되기도 한다. 이 외에도 모델이 항등 함수를 학습할 수 있어 앞쪽 층보다 성능이 하락하지 않게 하는 것도 스킵 연결의 중요한 역할이다(그림 5-23).

그림 5-23 스킵 연결이 없는 구조(왼쪽)와 스킵 연결이 있는 구조(오른쪽) 비교

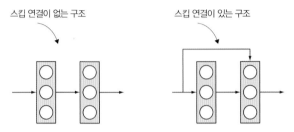

[그림 5-23]의 왼쪽은 합성곱층이 배치된 일반적인 구조고, 오른쪽은 합성곱층 블록의 출력에 원래 입력을 추가하는 구조다. 이 지름길과 같은 연결이 바로 스킵 연결이다. 이런 방법으로 기존 경로와 스킵 연결의 신호를 합친다.

지름길 경로를 의미하는 화살표의 끝이 두 번째 합성곱층 뒤로 연결된 것이 아니라는 데 주의해야 한다. 다이어그램이 이렇게 그려진 것은 ReLU 활성화 함수 앞에서 두 입력의 값이 더해지기 때문이다. [그림 5-24]에서 볼 수 있듯이 신호 X는 지름길 경로를 따라 전달되어 주 경로의 신호 $f(x)$와 합쳐진다. 그다음 이 합쳐진 값 $f(x) + x$가 ReLU 활성화 함수를 거쳐 출력 신호 relu($f(x) + x$)가 된다.

그림 5-24 주 경로와 지름길 경로의 신호를 합해 ReLU 활성화 함수를 거치게 하면 층수가 많은 신경망의 기울기 소실 문제를 해결할 수 있다.

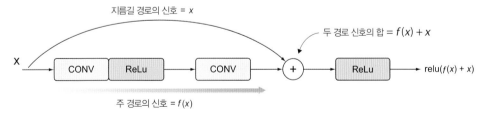

스킵 연결은 다음과 같이 직관적으로 구현할 수 있다.

```
X_shortcut = X      ←──┐ 입력값을 복제해서 지름길 경로로 삼음

X = Conv2D(filters = F1, kernel_size = (3, 3), strides = (1,1))(X)   │ 주 경로 연산을 수행:
X = Activation('relu')(X)                                             │ CONV + ReLU +
X = Conv2D(filters = F1, kernel_size = (3, 3), strides = (1,1))(X)   │ CONV

X = Add()([X, X_shortcut])   ←──┤ 두 경로의 값을 더한다.

X = Activation('relu')(X)   ←──┤ ReLU 활성화 함수를 거침
```

합성곱층에 스킵 연결을 추가한 구조를 **잔차 블록**^{residual block}이라고 한다. 인셉션과 마찬가지로
ResNet 구조도 여러 개의 잔차 블록이 늘어선 형태로 구성된다(그림 5-25).

그림 5-25 기존 CNN 구조(왼쪽)에 비해 인셉션 구조는 여러 개의 인셉션 모듈이 늘어선 형태로 구성되며(가운데),
ResNet은 잔차 블록이 모여 구성되는 구조(오른쪽)다.

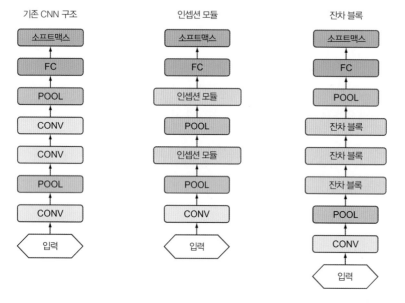

[그림 5-25]를 통해 다음과 같은 내용을 알 수 있다.

- **특징 추출기**: ResNet의 특징 추출기 부분은 합성곱층과 풀링층으로 시작해서 그 뒤로 잔차 블록이 1개 이
  상 이어지는 구조다. ResNet은 원하는 만큼 잔차 블록을 추가해서 신경망의 층수를 늘릴 수 있다.
- **분류기**: 분류기 부분은 다른 신경망과 마찬가지로 전결합층과 소프트맥스 함수로 구성된다.

지금까지 스킵 연결과 ResNet의 추상적 구조에 대해 설명했다. 이제 잔차 블록의 구조와 동작 원리를 알아보자.

5.6.2 잔차 블록

잔차 블록은 크게 다음 2개의 경로로 나뉜다.

- **지름길 경로**(그림 5-26): 입력을 주 경로의 ReLU 입력 전으로 전달한다.
- **주 경로**: 일련의 합성곱 연산 및 활성화 함수. 주 경로는 ReLU 활성화 함수를 사용하는 3개의 합성곱층으로 구성된다. 과적합 방지와 학습 속도 향상을 위해 각 합성곱층마다 배치 정규화를 적용한다. 결과적으로 주 경로의 구조는 [CONV ⇒ BN ⇒ ReLU] × 3과 같다.

그림 5-26 주 경로의 출력과 지름길 경로를 통해 전달된 입력을 합해 ReLU 활성화 함수에 입력한다.

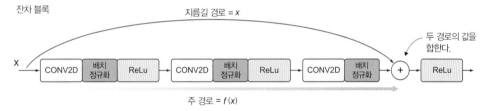

앞에서도 설명했듯이 지름길 경로의 값은 잔차 블록 마지막 합성곱층의 활성화 함수 바로 앞에서 주 경로의 값과 합해진다. 이 합한 값을 ReLU 함수에 통과시킨다.

잔차 블록에는 풀링층이 없다. 그 대신 인셉션 구조와 비슷하게 1×1 합성곱층을 사용한 다운샘플링을 적용했다. 구체적으로는 잔차 블록 처음에 1×1 합성곱층을 배치하고, 출력에는 3×3 합성곱층과 1×1 합성곱층을 하나씩 배치해서 두 번에 걸쳐 차원을 축소한다. 이 방법은 여러 층에 걸쳐 입출력의 차원을 제어할 수 있다는 장점이 있다. 이렇게 차원 축소가 적용된 블록을 **병목 잔차 블록**bottleneck residual block이라고 한다.

잔차 블록을 늘어놓아 배치하면 블록마다 입출력의 차원이 달라진다. 그리고 2장의 행렬 연산에서 설명했듯이 행렬을 더하려면 두 행렬의 크기가 일치해야 하는데, 이 문제를 해결하기 위해 지름길 경로 역시 주 경로의 값과 더하기 전에 다운샘플링을 적용해야 한다. 바로 이 역할을 지름길 경로에 배치된 병목층(1×1 합성곱층 + 배치 정규화)이 맡는다(그림 5-27). 이러한 구조를 **축소 지름길 경로**reduce shortcut라고 한다.

그림 5-27 입력의 차원을 축소하기 위해 지름길 경로에 병목층(1×1 합성곱층 + 배치 정규화)을 배치한다. 이러한 구조를 축소 지름길 경로라고 한다.

축소 지름길 경로를 포함하는 병목 잔차 블록

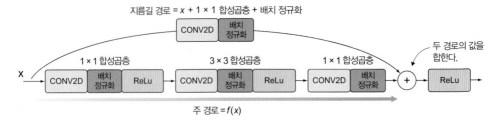

구현에 들어가기 전에 잔차 블록을 다시 한번 정리하자.

- 잔차 블록에는 지름길 경로와 주 경로가 있다.
- 주 경로는 다음과 같은 3개의 합성곱층으로 구성되며 이들 각각에는 배치 정규화가 적용된다.
  - 1×1 합성곱층
  - 3×3 합성곱층
  - 1×1 합성곱층
- 지름길 경로를 구현하는 방법은 다음 두 가지다.
  - 일반 지름길 경로: 주 경로와 입력을 더하는 일반적인 지름길 경로
  - 축소 지름길 경로: 주 경로와 입력을 더하는 지점 이전에 합성곱층이 하나 배치된 지름길 경로

우리는 일반 지름길 경로와 축소 지름길 경로를 모두 사용해서 ResNet을 구현해볼 것이다. 나중에 전체 구현 코드를 보면 알겠지만 bottleneck_residual_block 함수를 만들고 이 함수의 인수인 reduce의 값을 통해 지름길 경로의 종류를 결정하도록 할 것이다. reduce 인수의 값이 참이면 축소 지름길 경로로 동작하고, 거짓이면 일반 지름길 경로로 동작하게 된다. bottleneck_residual_block 함수의 인수는 다음과 같다.

- X: 입력 데이터. 모양이 (샘플 수, 이미지 높이, 이미지 폭, 채널 수)인 텐서다.
- kernel_size: 3개의 합성곱층 중 가운데 합성곱층의 커널 크기. 정수 타입이다.
- filters: 주 경로에 포함된 합성곱층의 필터 수. 정수 리스트 타입이다.
- reduce: 지름길 경로에 축소층 배치 여부를 결정하는 불리언 타입이다.
- s: 스트라이드 값. 정수 타입이다.

이 함수는 잔차 블록의 출력을 모양이 (높이, 폭, 채널 수)인 텐서 형태로 반환한다.

함수의 구현 코드는 다음과 같다.

```python
def bottleneck_residual_block(X, kernel_size, filters, reduce=False, s=2):
    F1, F2, F3 = filters          # 튜플 요소를 언팩해서 합성곱층의
                                  #   필터 수를 설정한다.
                                              # 차원 축소를 위해 지름길 경로에
    X_shortcut = X                #               1×1 합성곱층을 추가한다.
                                  # 입력값을 나중에 주 경로의 값에    이 연산이 가능하려면 두 합성곱층의
                                  #   더할 수 있도록 복사한다.            스트라이드 값이 비슷해야 한다.
    if reduce:                    # reduce가 참인 경우
        X_shortcut = Conv2D(filters = F3, kernel_size = (1, 1), strides =
            (s,s))(X_shortcut)
        X_shortcut = BatchNormalization(axis = 3)(X_shortcut)

        X = Conv2D(filters = F1, kernel_size = (1, 1), strides = (s,s), padding =
            'valid')(X)
        X = BatchNormalization(axis = 3)(X)     # reduce가 참이면 첫 번째 합성곱층의
        X = Activation('relu')(X)               #   스트라이드 값을 지름길 경로의 축소층과
                                                #   비슷하게 설정한다.

    else:
        # 주 경로의 첫 번째 합성곱층
        X = Conv2D(filters = F1, kernel_size = (1, 1), strides = (1,1), padding =
            'valid')(X)
        X = BatchNormalization(axis = 3)(X)
        X = Activation('relu')(X)

    # 주 경로의 두 번째 합성곱층
    X = Conv2D(filters = F2, kernel_size = kernel_size, strides = (1,1), padding =
        'same')(X)
    X = BatchNormalization(axis = 3)(X)
    X = Activation('relu')(X)

    # 주 경로의 세 번째 합성곱층
    X = Conv2D(filters = F3, kernel_size = (1, 1), strides = (1,1), padding =
        'valid')(X)
    X = BatchNormalization(axis = 3)(X)

    # 처리의 마지막 단계
    X = Add()([X, X_shortcut])     # 지름길 경로의 값을 주 경로의 값과
    X = Activation('relu')(X)      #   더한 다음 ReLU 함수에 입력한다.

    return X
```

5.6.3 케라스로 ResNet 구현하기

지금까지 잔차 블록에 대해 알아보았다. 이제 이 잔차 블록을 모아 ResNet 신경망 구조를 구현해보자. 이번에는 ResNet의 여러 버전 중에서도 50개의 파라미터층을 갖춘 ResNet50을 기준으로 구현을 진행하겠다. 그 외의 버전인 ResNet18, 34, 101, 152도 논문에 실린 [그림 5-28]의 내용을 참조해서 같은 방식으로 구현할 수 있다.

그림 5-28 논문에 실린 여러 버전의 ResNet의 구조

층 이름	출력의 크기	ResNet18	ResNet34	ResNet50	ResNet101	ResNet152
conv1	112x112	7x7, 64, 스트라이드 2				
conv2_x	56x56	3x3, 최대 풀링, 스트라이드 2				
		$\begin{bmatrix} 3\text{x}3,\ 64 \\ 3\text{x}3,\ 64 \end{bmatrix}$ x2	$\begin{bmatrix} 3\text{x}3,\ 64 \\ 3\text{x}3,\ 64 \end{bmatrix}$ x3	$\begin{bmatrix} 1\text{x}1,\ 64 \\ 3\text{x}3,\ 64 \\ 1\text{x}1,\ 256 \end{bmatrix}$ x3	$\begin{bmatrix} 1\text{x}1,\ 64 \\ 3\text{x}3,\ 64 \\ 1\text{x}1,\ 256 \end{bmatrix}$ x3	$\begin{bmatrix} 1\text{x}1,\ 64 \\ 3\text{x}3,\ 64 \\ 1\text{x}1,\ 256 \end{bmatrix}$ x3
conv3_x	28x28	$\begin{bmatrix} 3\text{x}3,\ 128 \\ 3\text{x}3,\ 128 \end{bmatrix}$ x2	$\begin{bmatrix} 3\text{x}3,\ 128 \\ 3\text{x}3,\ 128 \end{bmatrix}$ x4	$\begin{bmatrix} 1\text{x}1,\ 128 \\ 3\text{x}3,\ 128 \\ 1\text{x}1,\ 512 \end{bmatrix}$ x3	$\begin{bmatrix} 1\text{x}1,\ 128 \\ 3\text{x}3,\ 128 \\ 1\text{x}1,\ 512 \end{bmatrix}$ x4	$\begin{bmatrix} 1\text{x}1,\ 128 \\ 3\text{x}3,\ 128 \\ 1\text{x}1,\ 512 \end{bmatrix}$ x8
conv4_x	14x14	$\begin{bmatrix} 3\text{x}3,\ 256 \\ 3\text{x}3,\ 256 \end{bmatrix}$ x2	$\begin{bmatrix} 3\text{x}3,\ 256 \\ 3\text{x}3,\ 256 \end{bmatrix}$ x6	$\begin{bmatrix} 1\text{x}1,\ 256 \\ 3\text{x}3,\ 256 \\ 1\text{x}1,\ 1024 \end{bmatrix}$ x3	$\begin{bmatrix} 1\text{x}1,\ 256 \\ 3\text{x}3,\ 256 \\ 1\text{x}1,\ 1024 \end{bmatrix}$ x23	$\begin{bmatrix} 1\text{x}1,\ 256 \\ 3\text{x}3,\ 256 \\ 1\text{x}1,\ 1024 \end{bmatrix}$ x36
conv5_x	7x7	$\begin{bmatrix} 3\text{x}3,\ 512 \\ 3\text{x}3,\ 512 \end{bmatrix}$ x2	$\begin{bmatrix} 3\text{x}3,\ 512 \\ 3\text{x}3,\ 512 \end{bmatrix}$ x3	$\begin{bmatrix} 1\text{x}1,\ 512 \\ 3\text{x}3,\ 512 \\ 1\text{x}1,\ 2048 \end{bmatrix}$ x3	$\begin{bmatrix} 1\text{x}1,\ 512 \\ 3\text{x}3,\ 512 \\ 1\text{x}1,\ 2048 \end{bmatrix}$ x3	$\begin{bmatrix} 1\text{x}1,\ 512 \\ 3\text{x}3,\ 512 \\ 1\text{x}1,\ 2048 \end{bmatrix}$ x3
	1x1	평균 풀링, 1000-d 전결합층, 소프트맥스				
연산 수		$1.8\text{x}10^9$	$3.6\text{x}10^9$	$3.8\text{x}10^9$	$7.6\text{x}10^9$	$11.3\text{x}10^9$

앞서 잔차 모듈에는 3×3 합성곱층을 포함한다고 설명했다. 이를 바탕으로 ResNet50을 구성하는 파라미터층 수를 다음과 같이 계산할 수 있다.

- 1단계: 7×7 합성곱층
- 2단계: 잔차 블록 3개. 각각 1×1 합성곱층 + 3×3 합성곱층 + 1×1 합성곱층으로 구성되므로 총 9개의 합성곱층
- 3단계: 잔차 블록 4개 = 합성곱층 12개
- 4단계: 잔차 블록 6개 = 합성곱층 18개
- 5단계: 잔차 블록 3개 = 합성곱층 9개
- 소프트맥스 활성화 함수를 사용하는 전결합층

위에서 계산한 층수를 모두 합하면 50이 된다. 같은 방법으로 다른 버전의 ResNet도 파라미터층 수를 계산할 수 있다.

NOTE_ 앞의 구현에서는 각 단계의 시작 부분에 축소 지름길 경로를 가진 잔차 블록이 배치되었다. 이를 사용해서 각 단계마다 이전 층 출력의 차원을 축소한다. 단계의 나머지 부분에는 그대로 일반 지름길 경로가 쓰인다. 구현에서는 bottleneck_residual_block 함수를 호출할 때 reduce 값을 True로 설정해서 축소 지름길 경로를 적용한다.

[그림 5-28]의 설정값을 적용해서 ResNet50 신경망 구조를 구현해보자. ResNet50 함수는 input_shape와 classes를 인수로 받아 신경망 모형을 반환한다.

```
def ResNet50(input_shape, classes):
    X_input = Input(input_shape)        # 인수 input_shape로 전달받은 모양의 텐서로 입력을 정의한다.

    # 1단계
    X = Conv2D(64, (7, 7), strides=(2, 2), name='conv1')(X_input)
    X = BatchNormalization(axis=3, name='bn_conv1')(X)
    X = Activation('relu')(X)
    X = MaxPooling2D((3, 3), strides=(2, 2))(X)

    # 2단계
    X = bottleneck_residual_block(X, 3, [64, 64, 256], reduce=True, s=1)
    X = bottleneck_residual_block(X, 3, [64, 64, 256])
    X = bottleneck_residual_block(X, 3, [64, 64, 256])

    # 3단계
    X = bottleneck_residual_block(X, 3, [128, 128, 512], reduce=True, s=2)
    X = bottleneck_residual_block(X, 3, [128, 128, 512])
    X = bottleneck_residual_block(X, 3, [128, 128, 512])
    X = bottleneck_residual_block(X, 3, [128, 128, 512])

    # 4단계
    X = bottleneck_residual_block(X, 3, [256, 256, 1024], reduce=True, s=2)
    X = bottleneck_residual_block(X, 3, [256, 256, 1024])
    X = bottleneck_residual_block(X, 3, [256, 256, 1024])
    X = bottleneck_residual_block(X, 3, [256, 256, 1024])
    X = bottleneck_residual_block(X, 3, [256, 256, 1024])
    X = bottleneck_residual_block(X, 3, [256, 256, 1024])

    # 5단계
    X = bottleneck_residual_block(X, 3, [512, 512, 2048], reduce=True, s=2)
    X = bottleneck_residual_block(X, 3, [512, 512, 2048])
    X = bottleneck_residual_block(X, 3, [512, 512, 2048])
```

```
# 평균 풀링
X = AveragePooling2D((1,1))(X)

# 출력층
X = Flatten()(X)
X = Dense(classes, activation='softmax', name='fc' + str(classes))(X)

model = Model(inputs = X_input, outputs = X, name='ResNet50')    ⟵┤ 모델 생성

return model
```

5.6.4 하이퍼파라미터 설정하기

ResNet의 학습 과정은 AlexNet과 비슷하게 모멘텀 0.9를 적용한 미니배치 경사 하강법을 사용했다. 학습률은 초깃값 0.1로 시작해 검층 오차가 감소하지 않을 때마다 1/10로 감소시켰고, 가중치 감쇠율 0.0001인 L2 규제화도 함께 적용했다(이 장의 구현 코드에서는 편의를 위해 L2 규제화를 생략했다). 앞서 본 다른 신경망 구조의 구현 코드와 마찬가지로 각 합성곱층의 뒤와 활성화 함수 앞에 학습 속도 향상을 위한 배치 정규화를 적용했다.

```
from keras.callbacks import ReduceLROnPlateau

epochs = 200          ┤ 학습 파라미터 정의
batch_size = 256      │

reduce_lr = ReduceLROnPlateau(monitor='val_loss',factor=np.sqrt(0.1),
    patience=5, min_lr=0.5e-6)

model.compile(loss='categorical_crossentropy', optimizer=SGD,
    metrics=['accuracy'])    ⟵┤ 모델을 컴파일한다.

model.fit(X_train, Y_train, batch_size=batch_size, validation_data=(X_test,
    Y_test),
        epochs=epochs, callbacks=[reduce_lr])    ⟵┤ reduce_lr을 콜백 함수로
                                                   지정해서 모델을 학습한다.
```

min_lr은 학습률의 하한값이며, factor는 학습률을 감소시킬 배율이다.

5.6.5 CIFAR 데이터셋을 대상으로 한 ResNet의 성능

이 장에서 소개한 다른 신경망과 마찬가지로 ResNet 역시 ILSVRC에 참가했다. ResNet-152는 2015년 ILSVRC에서 단일 모델 기준 top-5 오차율 4.49%, 앙상블 모델 기준 top-5 오차율 3.57%를 기록하며 우승했다. 이 수치는 top-5 오차율 6.67%를 기록한 GoogLeNet(인셉션) 등의 성능을 크게 앞서는 값이다. ResNet은 ILSVRC 외에 여러 물체 인식, 이미지 부분 탐지 대회에서도 우승을 차지했는데, 이에 대해서는 7장에서 더 자세히 설명하겠다. ResNet의 의의는 잔차 블록 개념을 도입해서 수백 층에 이르는 거대한 신경망의 학습을 가능케 했다는 점이다.

오픈 소스 구현 활용하기

지금까지 주요 CNN 구조를 살펴봤으니 이들 구조를 활용할 수 있는 실용적인 방법을 알아보자. 신경망 구조는 학습 감쇠율 등 하이퍼파라미터가 상세히 공개되지 않아서 논문에 실린 실험 결과를 재현하기 까다롭다. 딥러닝 연구자들조차도 논문만으로는 실험 결과를 재현하는 데 어려움을 느낄 정도다.

다행히 주기적으로 신경망 구현 코드를 인터넷에 오픈 소스로 공개하는 딥러닝 연구자들이 있다. 그들 덕분에 깃허브에서 검색만 하면 원하는 라이브러리를 사용한 신경망 구현 코드를 간단히 입수해서 학습시켜 볼 수 있다. 논문 저자의 구현 코드를 구할 수 있다면 신경망을 처음부터 다시 구현해보며 더 많은 것을 배울 수 있다. 때로는 처음부터 모든 것을 직접 해보는 편이 더 도움이 된다.

5.7 마치며

- 기본적인 합성곱 신경망 구조는 서로 다른 설정을 가진 합성곱층과 풀링층을 번갈아가며 배치하는 방식으로 구성된다.

- LeNet은 5개의 파라미터층으로 구성된다. 그중 3개는 합성곱층, 2개는 선결합층이며, 첫 번째와 두 번째 합성곱층 뒤에는 풀링층이 배치되어 있다.

- AlexNet은 LeNet보다 많은 8개의 파라미터층을 갖는다. 5개는 합성곱층, 3개는 전결합층이다.

- VGGNet은 전체 신경망에서 동일한 하이퍼파라미터 설정을 사용하는 방식으로 합성곱층 및 풀링층의 하이퍼파라미터 설정 문제의 해결을 시도했다.

- 인셉션은 VGGNet과는 다른 방식으로 하이퍼파라미터 설정 문제를 해결하려 했다. 특정 필터 또는 풀링 크기를 지정하는 대신 다양한 필터 크기와 풀링 크기를 한꺼번에 사용했다.

- ResNet은 인셉션과 비슷한 접근 방식으로 잔차 블록을 도입했다. 전체 신경망은 이 잔차 블록으로 구성된다. 신경망의 층수가 일정 이상 늘어나면 기울기 소실 문제로 학습이 잘되지 않는데, 신경망의 서로 떨어진 층을 이어주는 스킵 연결 도입을 통해 기울기를 전달했다. 이런 방법으로 수백 층에 이르는 거대한 신경망의 학습을 가능케 하는 돌파구를 열었다.

전이학습

전이학습은 딥러닝에서 가장 중요한 기법 중 하나다. 어떤 문제를 해결하기 위한 비전 시스템을 만들려면 방대한 양의 데이터를 수집하고 레이블을 부여해서 학습 데이터를 꾸려 신경망을 학습해야 한다. 3장에서 해온 것처럼 처음부터 합성곱 신경망을 구성해서 학습을 시작하더라도 그리 나쁜 출발은 아니다. 하지만 다른 사람이 이미 학습 및 미세 조정을 마친 신경망을 내려받아 이 신경망을 출발점으로 삼을 수 있다면 어떨까? 전이학습을 활용하면 이런 장점을 누릴 수 있다. 인터넷에 공개된 사전 학습된(가중치 최적화가 끝난) 오픈 소스 모델을 내려받고 이 모델을 우리가 해결할 문제와 관련된 상대적으로 작은 데이터셋으로 학습시키는 것이다. 이런 방식으로 훨씬 짧은 학습 시간으로 더 높은 성능을 거둘 수 있다.

딥러닝 연구자나 실무자들이 짧게는 수 주에서 길게는 수개월에 이르는 시간에 걸쳐 만든 학습 알고리즘을 구현한 오픈 소스 프로젝트가 있다. 이들 프로젝트는 다양한 문제에 대해 현재 최고 성능을 보유한 프로젝트다. 누군가가 고통스러운 연구 시간을 보내며 만든 결과물을 활용해서 우리 신경망을 구축할 수 있다. 이 과정이 바로 **전이학습** transfer learning이다. 전에 다른 문제를 위해 학습된 신경망에 집적된 지식을 우리가 해결하려는 다른 문제로 옮겨 활용하는 기법이기 때문에 이런 이름이 붙었다.

6.1 전이학습으로 해결할 수 있는 문제

이름에서 짐작할 수 있듯이 전이학습은 신경망이 어떤 데이터셋을 학습하며 익힌 것을 비슷한 다른 문제를 해결하는 데 활용하는 것이다(그림 6-1). 딥러닝 분야에서 전이학습이 활발히 이용되는 이유는 더 짧은 시간에 적은 양의 데이터로 신경망을 학습할 수 있기 때문이다. 실질적인 이유는 대부분의 실제 문제에서 문제를 해결할 만큼 복잡한 모델을 학습할 수 있는 수백만 개의 레이블링된 데이터를 얻기 어렵기 때문이다.

그림 6-1 전이학습은 어떤 과제에서 얻은 기존 지식을 다른 과제를 해결하기 위해 이전하는 것을 말한다. 신경망 분야에서 기존 지식이란 추출된 특징을 말한다.

전이학습의 개념은 그리 어렵지 않다. 먼저 대규모 데이터를 대상으로 신경망을 학습한다. 이 학습 과정에서 데이터셋의 이미지에서 대상을 인식하는 데 유용한 특징이 다수 추출된다. 이들 특징을 (특징 맵 형태로) 새로운 신경망으로 옮겨 다른 문제를 해결하기 위한 새로운 데이터셋으로 학습한다. 전이학습의 가장 큰 장점은 이미지넷 등 일반적인 컴퓨터 비전 벤치마크용 데이터셋으로 학습한 모델의 가중치를 간단히 재사용하는 것만으로 다른 문제를 위한 대규모 데이터 수집에 드는 수고를 절감할 수 있다는 것이다. 최고 수준의 성능을 가진 모델을 내려받아 바로 활용할 수도 있고, 다른 문제를 위한 새로운 모델에 포함시켜 활용할 수도 있다.

중요한 건 전이학습을 이용하는 이유다. 새로운 문제를 위한 새로운 데이터셋으로 신경망을 학습하는 방법으로는 안 되는 걸까? 이 질문에 답을 하려면 전이학습을 이용해서 해결할 문제가 무엇인지 알아야 한다. 이 점에 대해서는 나중에 논의하기로 하고, 먼저 전이학습의 원리와 다양한 접근 방식을 설명하겠다.

딥러닝이 제 성능을 내려면 놀랄 만큼 많은 양의 레이블링된 데이터가 필요하다. 그래서 실질적으로 합성곱 신경망을 완전히 처음부터 학습시키는 경우는 드물다. 그 이유는 다음과 같다.

- **데이터 부족**: 신경망을 완전히 처음부터 학습시켜서 어느 정도 성능을 내려면 대량의 데이터가 필요하다. 대부분의 경우 이 정도 양의 데이터를 수집하는 것은 어렵기 때문에 문제 해결에 필요한 규모의 데이터셋을 확보하는 경우는 드물다. 게다가 레이블링된 데이터 역시 사람이 직접 해야 하는 작업이므로 쉬운 일도 아니고 비용도 많이 든다.
- **과다한 계산 요구량**: 운이 좋아 원하는 문제에 대한 이미지 데이터를 수백만 장 확보했다고 하자. 이 수백만 장의 이미지를 이용해서 신경망을 학습시키려면 엄청난 양의 계산 자원이 필요하다. GPU를 여러 대 사용해도 학습에 여러 주가 걸릴 수 있다. 학습에 필요한 계산 자원을 확보했더라도 만족스러운 성능을 내는 하이퍼파라미터를 선택하기 위해 오랜 시간 실험을 반복하는 비용도 무시할 수 없다.

또한 전이학습의 주요 장점 중 하나는 일반화 성능을 확보하고 과적합을 방지하는 효과다. 실제 문제에 딥러닝 모델을 적용해보면 학습 데이터에선 보지 못했던 다양한 상황에 맞닥뜨리게 된다. 즉, 모델은 학습된 과업과 비슷하지만 완전히 동일하지 않은 과업을 해결해야 한다.

예를 들어 자동차를 분류하는 모델을 실무에 투입하는 상황을 생각해보자. 일반적으로 사용하는 카메라는 이미지의 품질이나 해상도가 제각각이다. 또 사진이 촬영된 순간의 날씨 등도 촬영된 이미지에 영향을 미친다. 사용자마다 이미지에 대한 미세한 차이가 자연스럽게 생긴다. 이 모든 경우에 대응할 수 있는 모델을 학습하려면 각각의 경우에 해당하는 데이터를 다수 수집하고 이들 데이터를 이용해서 모델을 학습하거나 기존에 없던 경우에도 좋은 일반화 성능을 내는 강건한 모델을 만들어야 한다. 전이학습으로 거둘 수 있는 효과가 바로 이것이다. 실제 문제에서 어떤 상황에도 대응할 수 있는 모델이라는 것은 조금 현실성이 떨어지지만 기존에 보지 못한 상황을 처리하는 능력은 전이학습으로 충분히 갖출 수 있다. 딥러닝을 활용하는 실무 수준의 과업은 레이블링된 데이터가 충분한 과업과는 어느 정도 거리가 있다. 수백만 장의 이미지로 학습된 다른 신경망에서 추출된 특징을 도입함으로써 기존에 없던 새로운 상황에도 더 나은 일반화 성능을 내고 과적합도 방지할 수 있다. 다음 절에서 전이학습의 원리에 대한 설명을 읽고 나면 지금 설명한 내용을 더 잘 이해할 수 있을 것이다.

6.2 전이학습이란

전이학습의 첫 단계는 기반 데이터셋을 이용해서 신경망에 기반 과업을 학습시키는 것이다. 그 다음 학습된 특징을 다른 목적으로 전용하거나 다른 신경망으로 옮겨와 실제 해결하려는 문제에 대한 학습 데이터를 학습시킨다. 이런 과정은 먼저 학습된 특징이 일반적인 특징, 다시 말해 실제 해결하려는 과업 및 기반 과업에 모두 적합할수록 효과가 좋다.

_제이슨 요신스키[1]

전이학습으로 해결할 수 있는 문제가 무엇인지 이해하려면 전이학습의 정의부터 알아야 한다. 전이학습transfer learning이란 신경망이 어떤 과업을 위해 많은 양의 데이터를 이용해 학습한 지식 (특징 맵)을 학습 데이터가 상대적으로 적은 다른 유사한 과업으로 옮겨오는 것을 말한다. 사전 학습된 신경망의 일부 층을 전용해서 새로운 문제를 해결하기 위해 사용하는 형태다.

앞서 설명했듯이 사람과 동등한 성능을 내는 이미지 분류 모델을 학습하려면 방대한 양의 학습 데이터와 계산 자원, 학습 시간이 필요하다. 하지만 이들 요소를 모두 갖춘 경우는 흔치 않다. 이렇게 학습에 필요한 자원을 갖추지 못한 사람들을 위해 연구자들은 이미지넷, MS COCO, 오픈 이미지 등 대규모 이미지 데이터셋을 이용해서 학습한 최고 성능의 모델을 구축하고 이들을 누구나 재사용할 수 있도록 공유하고 있다. 다시 말해 우리가 대규모 학습 데이터와 대규모 계산 클러스터를 따로 갖추지 않았다면 이미지 분류기를 처음부터 학습시킬 필요가 없다는 뜻이다. 대규모 학습 데이터와 계산 클러스터를 따로 준비했더라도 미세 조정을 거친 사전 학습된 신경망을 사용해서 전이학습을 활용할 수 있다. 이 장 뒷부분에서 전이학습의 다양한 접근법에 대한 설명을 읽고 나면 미세 조정이 무엇인지 그리고 대규모 학습 데이터를 확보했더라도 전이학습을 적용하는 것이 더 유리한 이유를 이해하게 될 것이다. 이와 함께 지금 언급된 주요 데이터셋에 대해서도 간단히 설명한다.

> NOTE_ 모델을 처음부터 학습한다는 말은 아무런 지식이 없는 상태에서 모델의 학습을 시작한다는 뜻이다. 모델의 구조나 파라미터는 무작위 선택과 같은 상태다. 모델의 파라미터는 무작위로 초기화되므로 이를 학습을 통해 최적화해야 한다.

---

1 Jason Yosinski, Jeff Clune, Yoshua Bengio, Hod Lipson, 「How Transferable Are Features in Deep Neural Networks?」, Advances in Neural Information Processing Systems 27 (Dec. 2014): 3320–3328, https://arxiv.org/abs/1411.1792

전이학습을 직관적으로 설명하면 충분한 규모의 데이터셋으로 학습시킨 모델은 시각적 세계의 일반적인 모델로 기능할 수 있다는 뜻이다. 이 모델에 학습된 특징 맵을 옮겨와서 또 다른 대규모 데이터셋 없이도 우리가 해결하려는 문제를 위한 모델의 시작점으로 삼을 수 있다.

예제를 통해 전이학습이 무엇인지 직관적으로 알아보자. 고양이와 개의 이미지를 분류하는 분류기를 학습하려고 한다. 따라서 우리가 당면한 문제의 클래스는 '개'와 '고양이' 이렇게 두 가지다. 각 클래스에 해당하는 이미지를 수십만 장씩 수집하고, 레이블을 부여한 다음, 이를 이용해 신경망을 처음부터 학습시켜야 한다. 또 다른 방법은 미리 학습된 다른 신경망에서 지식을 전이시키는 방법이 있다.

먼저 우리가 해결하려는 문제와 비슷한 특징을 갖는 데이터셋을 물색해야 한다. 문제와 가장 비슷한 오픈 소스 데이터셋을 찾아야 하기 때문에 이 단계에서 상당한 시간이 걸릴 수 있다. 이번 예제에서는 이미지넷 데이터셋을 사용하기로 한다. 이미지넷 데이터셋은 전에도 사용한 적이 있으며, 개와 고양이의 이미지를 다수 포함한다. 따라서 이를 이용해서 학습한 신경망도 개와 고양이의 특징을 어느 정도 학습했을 것이므로 추가 학습을 최소한으로 억제할 수 있다(이 장 뒷부분에서 다른 데이터셋에 대해서도 설명한다). 그다음에는 이미지넷 데이터셋으로 학습되었고 준수한 성능을 보이는 신경망을 선택한다. 5장에서 최고 성능 기록을 보유한 VGGNet, GoogLeNet, ResNet을 배웠는데, 이들 중 어느 것을 사용해도 무방하다. 여기서는 이미지넷 데이터셋으로 학습된 VGG16 신경망을 활용한다.

VGG16 신경망을 도입하기 위해 먼저 사전 학습된 가중치를 포함한 모델을 내려받은 다음 분류기 부분을 제거하고 우리가 해결하려는 문제의 분류기 부분을 새로 만들어 추가한다. 그리고 나서 새로 구성한 신경망을 학습한다(그림 6-2). 이러한 방법을 사전 학습된 신경망을 특징 추출기로 활용하는 방법이라고 한다. 전이학습의 다른 유형에 대해서는 나중에 더 설명하겠다.

DEFINITION_ 사전 학습된 모델은 대규모 데이터셋, 그중에서도 대규모 이미지 분류 과업을 위해 미리 학습된 신경망을 의미한다. 사전 학습된 모델 자체를 우리가 해결하려는 문제에 직접 사용할 수도 있고, 특징 추출기 부분만 분리하고 분류기 부분은 새로 구현해서 이용하는 방법도 가능하다. 분류기는 하나 이상의 전결합층 또는 서포트 벡터 머신처럼 기존 머신러닝 알고리즘도 사용할 수 있다.

그림 6-2 사전 학습된 VGG16 신경망을 이용하는 전이학습의 예. 특징 추출기 부분은 그대로 두고 분류기 부분을 제거한 다음 새로 구현한 분류기(유닛이 2개인 소프트맥스층)를 추가했다.

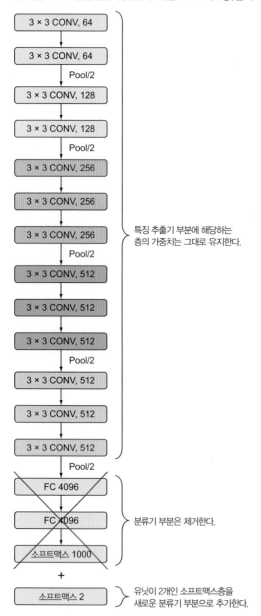

특징 추출기 부분에 해당하는 층의 가중치는 그대로 유지한다.

분류기 부분은 제거한다.

유닛이 2개인 소프트맥스층을 새로운 분류기 부분으로 추가한다.

전이학습 구현에 대한 이해를 돕기 위해 이 예제를 케라스로 구현했다(다행히 케라스에는 바로 내려받아 사용할 수 있는 사전 학습된 신경망이 제공된다. 이들 신경망의 목록은 케라스 애플리케이션 페이지[2]에서 확인할 수 있다).

구현 단계는 다음과 같다.

1 가중치를 포함한 VGG16 신경망의 오픈 소스 구현을 내려받아 기반 모델을 만든다. 그리고 신경망의 분류기 부분(FC_4096 > FC_4096 > Softmax_1000)을 제거한다.

```
from keras.applications.vgg16 import VGG16      ◁─┐ 케라스에 구현된 VGG16 신경망 코드 임포트

base_model = VGG16(weights = "imagenet", include_top=False,
                   input_shape = (224,224, 3))              ◁────────────┐
base_model.summary()
                              사전 학습된 가중치를 내려받아 변수 base_model에 할당.
                              이때 이미지넷 데이터셋으로 학습된 가중치 지정.
                      include_top을 False로 지정해서 분류기 부분의 가중치는 내려받지 않음
```

2 기반 모델의 개요를 출력해보면 5장에서 구현했던 VGG16의 신경망 구조와 일치하는 것을 알 수 있다. 사용 중인 딥러닝 라이브러리에서 제공하는 주요 신경망을 내려받아 이용하면 시간을 많이 절약할 수 있다. 5장에서처럼 신경망을 직접 구현한 다음 가중치만 별도로 내려받는 방법도 가능하다. 이 장 끝부분의 프로젝트에서 이러한 방법도 소개하겠다. 지금은 신경망 구현과 가중치를 모두 내려받아 base_model을 구성한다.

```
Layer (type)                 Output Shape             Param #
=================================================================
input_1 (InputLayer)         (None, 224, 224, 3)      0

block1_conv1 (Conv2D)        (None, 224, 224, 64)     1792

block1_conv2 (Conv2D)        (None, 224, 224, 64)     36928

block1_pool (MaxPooling2D)   (None, 112, 112, 64)     0

block2_conv1 (Conv2D)        (None, 112, 112, 128)    73856
```

---

2 https://keras.io/api/applications

```
block2_conv2 (Conv2D)            (None, 112, 112, 128)       147584

block2_pool (MaxPooling2D)       (None, 56, 56, 128)         0

block3_conv1 (Conv2D)            (None, 56, 56, 256)         295168

block3_conv2 (Conv2D)            (None, 56, 56, 256)         590080

block3_conv3 (Conv2D)            (None, 56, 56, 256)         590080

block3_pool (MaxPooling2D)       (None, 28, 28, 256)         0

block4_conv1 (Conv2D)            (None, 28, 28, 512)         1180160

block4_conv2 (Conv2D)            (None, 28, 28, 512)         2359808

block4_conv3 (Conv2D)            (None, 28, 28, 512)         2359808

block4_pool (MaxPooling2D)       (None, 14, 14, 512)         0

block5_conv1 (Conv2D)            (None, 14, 14, 512)         2359808

block5_conv2 (Conv2D)            (None, 14, 14, 512)         2359808

block5_conv3 (Conv2D)            (None, 14, 14, 512)         2359808

block5_pool (MaxPooling2D)       (None, 7, 7, 512)           0
=================================================================
Total params: 14,714,688
Trainable params: 14,714,688
Non-trainable params: 0
```

지금 내려받은 신경망 구조에는 분류기 부분(3개의 전결합층)이 빠져 있다(include_top 인수의 값을 False로 했기 때문이다). 모델 개요의 학습 가능 및 불가능 파라미터 수에 주목하기 바란다. 출력된 내용에 따르면 이 모델에는 약 1400만 개의 학습 가능한 파라미터가 있다. 이들 층의 가중치는 변경하지 않고 그대로 사용하며 새로 구현한 분류기 부분만 추가한다.

3 특징 추출기 부분에 해당하는 층의 (이미지넷 데이터셋으로 학습된) 가중치는 고정시킨다. 가중치를 고정시킨다는 말은 미리 학습된 가중치가 추가 학습으로 변하지 않도록 한다는 의미다.

```
for layer in base_model.layers:      각 층의 가중치를 고정해서 앞으로 있을
    layer.trainable = False          추가 학습에서 변경되지 않도록 한다.

base_model.summary()
```

편의상 이번에는 모델 개요 출력을 생략한다. 다른 내용은 모두 그대로지만 모든 층의 가중치를 고정했으므로 학습 가능한 파라미터 수가 0이 되었을 것이다.

```
Total params: 14,714,688
Trainable params: 0
Non-trainable params: 14,714,688
```

4 분류기 부분을 새로 구현해서 추가한다. 분류 대상 클래스가 2개이므로 유닛이 2개인 소프트맥스층을 추가한다([그림 6-3] 참조).

```
from keras.layers import Dense, Flatten     케라스 모듈 임포트
from keras.models import Model

last_layer = base_model.get_layer('block5_pool')     get_layer 메서드를 사용해서
last_output = last_layer.output                      신경망의 마지막 층에 접근한다.
                                    마지막 층의 출력을
                                    다음 층의 입력으로
                                    삼는다.
x = Flatten()(last_output)

x = Dense(2, activation='softmax', name='softmax')(x)     유닛이 2개인 새 소프트맥스층을
VGG16 모델의 출력을 1차원으로 변환해서                            모델에 추가한다.
분류기 부분의 입력으로 삼는다.
```

그림 6-3 신경망에서 분류기 부분을 제거하고 노드 2개를 가진 새로운 소프트맥스층을 추가한다.

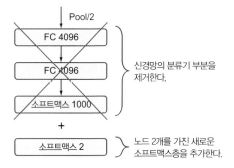

5 base_model의 입력을 입력으로, 소프트맥스층의 출력을 출력으로 사용하는 새로운 모델인 new_model을 구축한다. 새 모델은 사전 학습된 VGGNet에서 전용한 특징 추출기와 **아직 학습되지 않은** 새 소프트맥스층으로 구성된다. 다시 말해 이 모델을 학습하면 새로운 문제를 특정 특징(저먼 셰퍼드, 비글, 둘 다 아님)에 따라 잘 분류할 수 있도록 소프트맥스층만 학습된다.

```
new_model = Model(inputs=base_model.input, outputs=x)     ←┐ 케라스의 Model 클래스를
                                                            │ 사용하여 new_model 구축
new_model.summary()     ←┤ new_model 요약 출력
```

Layer (type)	Output Shape	Param #
input_1 (InputLayer)	(None, 224, 224, 3)	0
block1_conv1 (Conv2D)	(None, 224, 224, 64)	1792
block1_conv2 (Conv2D)	(None, 224, 224, 64)	36928
block1_pool (MaxPooling2D)	(None, 112, 112, 64)	0
block2_conv1 (Conv2D)	(None, 112, 112, 128)	73856
block2_conv2 (Conv2D)	(None, 112, 112, 128)	147584
block2_pool (MaxPooling2D)	(None, 56, 56, 128)	0
block3_conv1 (Conv2D)	(None, 56, 56, 256)	295168
block3_conv2 (Conv2D)	(None, 56, 56, 256)	590080
block3_conv3 (Conv2D)	(None, 56, 56, 256)	590080
block3_pool (MaxPooling2D)	(None, 28, 28, 256)	0
block4_conv1 (Conv2D)	(None, 28, 28, 512)	1180160
block4_conv2 (Conv2D)	(None, 28, 28, 512)	2359808
block4_conv3 (Conv2D)	(None, 28, 28, 512)	2359808
block4_pool (MaxPooling2D)	(None, 14, 14, 512)	0
block5_conv1 (Conv2D)	(None, 14, 14, 512)	2359808

```
block5_conv2 (Conv2D)          (None, 14, 14, 512)       2359808
_____
block5_conv3 (Conv2D)          (None, 14, 14, 512)       2359808
_____
block5_pool (MaxPooling2D)     (None, 7, 7, 512)         0
_____
flatten_layer (Flatten)        (None, 25088)             0
_____
softmax (Dense)                (None, 2)                 50178
=================================================================
Total params: 14,789,955
Trainable params: 50,178
Non-trainable params: 14,714,688
_____
```

이렇게 구성한 모델은 새로운 모델을 처음부터 학습시키는 것보다 훨씬 빨리 학습을 끝낸다. 학습 가능한 파라미터 수(약 5만 개)와 학습 불가능한 파라미터 수(약 1,400만 개)를 비교해 보면 알 수 있다. '학습 불가능한 파라미터'는 대규모 데이터셋을 이미 학습했으므로 가중치를 고정해서 새로운 문제의 특징 추출기로 활용한 것이다. 따라서 이 모델은 VGGNet 전체를 학습하는 대신 새로 추가한 소프트맥스층만 학습하면 된다.

또한 전이학습을 통해 수백만 장의 이미지(이미지넷 + 직접 구축한 학습 데이터)를 모두 학습했으므로 성능도 훨씬 뛰어나다. 이런 방법으로 신경망이 이미지에 찍힌 대상의 더 미세한 세부 사항까지 놓치지 않고 이해해 새로운 이미지를 대상으로도 더 높은 일반화 성능을 보일 수 있다.

이번 예제는 전이학습을 이용해 모델을 구성하는 방법을 보인 것에 지나지 않는다. 이 장을 끝낼 때쯤에는 직접 구축한 데이터를 이용해서 모델을 학습하는 완성된 2개의 프로젝트를 경험하게 된다. 하지만 먼저 전이학습의 원리를 살펴보자.

6.3 전이학습의 원리

지금까지 전이학습이 무엇인지 그리고 전이학습으로 어떤 문제를 해결할 수 있는지 배웠다. 이미지넷 데이터셋으로 사전 학습된 신경망의 일부를 이용해 새로운 과업을 위한 신경망을 구성하는 방법도 익혔다. 이번에는 **전이학습이 어떤 원리로 이 같은 효과를 제공하는지**, 사전 학습된 신경망에서 실제로 옮겨지는 것은 무엇인지 알아보자. 또한 해결하려는 과업과 다르거나 관계가 없는 데이터셋으로 학습한 신경망이 좋은 성능을 보이는 이유도 설명한다.

다음은 지금까지 설명한 전이학습의 핵심을 정리한 질문이다.

1 신경망의 학습 과정에서 실제로 학습되는 것은 무엇인가? **특징 맵**
2 특징은 어떻게 학습되는가? 역전파 계산 과정에서 가중치는 오차 함숫값이 최소가 되도록 수정되어 **최적화된 가중치**가 된다.
3 특징과 가중치의 관계는 무엇인가? 특징 맵은 입력 이미지가 가중치 필터를 통과하며 합성곱 연산을 거친 결과다(그림 6-4).

그림 6-4 합성곱 필터를 거친 특징 맵의 예

입력 이미지

가중치 최적화를 마친
합성곱 커널

합성곱 연산을 거친 이미지(특징 맵)

0	−1	0
−1	4	−1
0	−1	0

4 두 신경망 사이에서 실제로 옮겨지는 대상은 무엇일까? 특징을 옮기기 위해 사전 학습된 신경망의 **최적화된 가중치**를 내려받았다. 이들 가중치를 재사용해서 새로운 모델의 시작점으로 삼고 우리가 해결하려는 문제를 위해 다시 학습시킨다.

이번에는 **사전 학습된 신경망**이 무엇을 가리키는지 자세히 알아보자. 합성곱 신경망을 학습할 때 신경망은 이미지에서 특징 맵 형태로 특징을 추출한다. 가중치 필터가 적용된 각 층의 출력이 바로 특징 맵이다. 특징 맵은 학습 데이터에 존재하는 특징의 표현이기도 하다. 특징 맵이라는 이름이 붙은 이유는 이미지에서 특정 종류의 특징이 어느 부분에 위치하는지 나타내기 때문이다. 합성곱 신경망이 찾아내는 특징은 직선, 모서리, 특정한 대상 등이다. 각 필터는 직선이나 곡선 등 서로 다른 대상을 찾으며 그 결과가 특징 맵에 반영된다(그림 6-5).

그림 6-5 신경망은 이미지에서 특징을 특징 맵 형태로 추출한다. 특징 맵은 가중치 필터를 거쳐 입력 이미지에 존재하는 특징의 정보를 표현한 것이다.

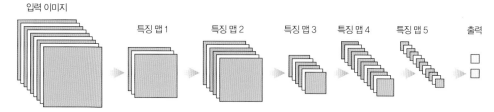

신경망의 학습 과정에서 가중치는 순방향 계산과 역전파 계산을 되풀이하며 반복적으로 수정된다. 이런 학습 과정과 하이퍼파라미터 튜닝을 거쳐 신경망이 만족스러운 성능을 보이게 된 상태를 **학습된 신경망**이라고 한다. 학습이 끝나면 우리 손에 두 가지 결과물이 남는다. 한 가지는 신경망 구조고 다른 한 가지는 학습된 가중치다. 그러므로 **사전 학습된 신경망**을 활용하려면 신경망 구조와 가중치를 함께 내려받아야 한다.

학습 중에 특징이 학습되려면 훈련 데이터에 포함된 특징이어야 한다. 그러나 (인셉션 등의) 대규모 모델은 (이미지넷 같은) 대규모 데이터셋을 대상으로 학습되므로 거의 모든 특징이 이미 추출되어 사용할 수 있는 상태가 된다. 흥미로운 것은 이렇게 사전 학습된 모델에는 학습 데이터에 포함되지 않았던 특징까지 포함되어 다른 신경망을 학습하는 데 도움을 준다는 점이다.

컴퓨터 비전 문제는 모서리, 꼭짓점, 다양한 도형 같은 저수준 특징부터 눈, 원, 사각형, 바퀴 같은 중수준 또는 고수준 특징까지 다양한 특징을 학습해야 한다. CNN이 포착할 수 있는 이미지의 세부 사항은 매우 많다. 하지만 1,000장 또는 25,000장 정도의 데이터로는 이들 특징을 모두 학습하기 어렵다. 따라서 사전 학습된 신경망을 사용함으로써 이들 특징에 대한 지식을 모두 내려받아 새로운 신경망에 포함시킬 수 있고, 빠른 학습과 더 높은 성능을 얻을 수 있다.

6.3.1 신경망이 특징을 학습하는 방법

신경망은 단순한 것부터 각 층마다 차근차근 복잡도를 올려가며 특징을 학습한다. 이렇게 학습된 특징을 **특징 맵**이라고 한다. 신경망의 뒤쪽 층으로 갈수록 해당 이미지의 특징적인 특징이 학습된다. [그림 6-6]을 보면 첫 번째 층은 모서리나 곡선 같은 저수준 특징을 포착하는데, 첫 번째 층의 출력이 두 번째 층에 입력되어 원이나 사각형 같은 중수준 특징을 만든다. 이런 식으로 앞쪽 층의 특징을 모아 대상의 일부를 구성하고 그다음 층은 또 대상 전체를 인식하는 식이다. 이렇게 층을 거쳐 가며 보다 복잡한 특징을 나타내는 **활성화 맵**이 생성된다. 이와 함께 필터의 감수 영역도 점차 커진다. 고차원 특징을 인식하는 층은 입력된 특징 중 해당 대상을 구별하는데, 중요한 특징은 증폭하고 그렇지 않은 특징은 억제한다.

그림 6-6 합성곱 신경망의 앞쪽 층에서는 일반적인 저수준 특징이 포착되며, 신경망의 뒷부분으로 갈수록 복잡하고 해당 이미지의 특징적인 특징이 학습된다.

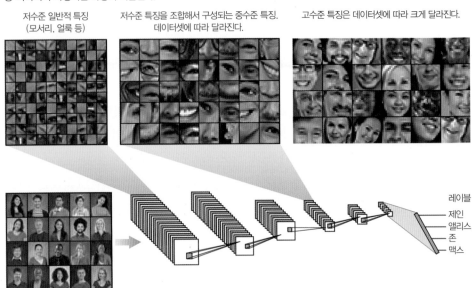

저수준 일반적 특징
(모서리, 얼룩 등)

저수준 특징을 조합해서 구성되는 중수준 특징.
데이터셋에 따라 달라진다.

고수준 특징은 데이터셋에 따라 크게 달라진다.

레이블
제인
앨리스
존
맥스

[그림 6-6]의 예제를 보자. 사람의 얼굴을 인식하는 모델을 구축하려고 한다. 신경망의 첫 번째 층에서는 직선, 모서리, 얼룩 같은 저수준 특징이 학습된다. 이러한 저수준 특징은 특정 데이터셋이나 과업에 따라 달라지지 않는 일반적인 특징이다. 중수준 특징은 저수준 특징을 조합해서 도형, 꼭짓점, 원 등을 인식할 수 있다. 중수준 특징부터는 과업(사람의 얼굴)에 따라 조금씩 달라진다. 여기서 학습된 중수준 특징은 사람 얼굴의 일부인 눈이나 코를 이루는 저수준 특징의 조합이다. 더 뒤쪽 층으로 가면 일반적인 특징에서 과업에 특화된 특징이 되며 마지막 층 즈음에서는 과업과 매우 관련 깊은 특징이 된다. 실제로 사람을 구분할 수 있는 이목구비를 특징에서 확인할 수 있다.

이 예제를 염두에 두고 얼굴, 자동차, 코끼리, 의자를 분류하도록 학습된 4개의 모델에서 추출된 특징 맵을 살펴보자(그림 6-7). 앞쪽 층의 특징은 모두 모서리, 직선, 얼룩 등의 저수준 특징으로 4개 모델에서 별 차이가 없었다. 다시 말해 어떤 특정한 과업을 위해 학습된 신경망도 앞쪽 층의 특징은 다른 과업을 위해 쉽게 재사용할 수 있다는 말이 된다. 신경망의 뒤쪽 층으로 갈수록 특징은 점점 과업에 특화되며 다른 과업에서 재사용하기 어려워진다. 저수준 특징은 거의 대부분 다른 어떤 과업에서도 활용할 수 있는 일반적인 정보가 담긴다. 선, 점, 곡선 및 대상의 작은 부분과 같은 정보는 더 적은 데이터로 신경망의 학습을 빠르게 진행하는 데 매우 중요하다.

그림 6-7 얼굴, 자동차, 코끼리, 의자를 분류하는 4개의 모델로부터 추출한 특징 맵의 예

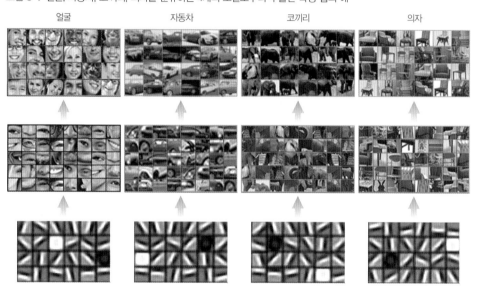

6.3.2 뒤쪽 층에서 학습된 특징의 재사용성

신경망의 뒤쪽 층에서 학습된 특징의 재사용 가능 여부는 기반 모델의 데이터셋과 새로운 데이터셋의 유사성과 관계가 깊다. 모든 이미지에서 모서리나 직선을 찾아볼 수 있으므로 앞쪽 층의 특징은 서로 다른 과업에서도 재사용 가능하다. 고수준 특징은 과업마다 크게 다르다. 말하자면 안면 인식 모델의 코, 자동차 인식 모델의 바퀴가 다른 것과 마찬가지다. 원 도메인과 목표 도메인의 유사성에 따라 고수준 내지 중수준 특징의 재사용 여부를 판단할 수 있다. 이러한 판단은 신경망의 뒤쪽 층에서 학습되는 특징이 급격하게 과업의 분류 대상 클래스에 특화된다는 관찰 결과를 따른 것인데, 자세한 내용은 다음 절에서 설명하겠다.

6.4 전이학습의 세 가지 방식

전이학습 방식은 사전 학습된 신경망을 분류기로 이용, 사전 학습된 신경망을 특징 추출기로 이용, 미세 조정 등 크게 세 가지로 나뉜다. 세 가지 방식 모두 층수가 많은 CNN 모델을 구축하고 학습하는 과정에서 상당한 시간을 절약할 수 있으며 뛰어난 성능을 얻을 수 있다. 새로운 과업에 사전 학습된 신경망을 어떤 방식으로 도입하는 것이 최선인지는 시행착오를 거쳐야 알 수 있다. 이 절에서는 세 가지 방식을 예제와 함께 살펴보며 직접 구현해보겠다.

6.4.1 사전 학습된 신경망을 분류기로 이용하기

사전 학습된 신경망을 분류기로 이용하는 방식에서는 사전 학습된 신경망의 가중치를 고정하거나 추가적인 학습이 필요하지 않다. 비슷한 과업에 대해 학습된 신경망을 골라 직접 새로운 과업에 그대로 투입하는 방식이다. 사전 학습된 모델을 어떤 변경이나 추가 학습 없이 새로운 이미지를 분류하는 데 사용한다. 실질적으로 신경망 구조 및 가중치를 내려받아 그대로 새로운 데이터를 분류하는 데 사용하면 된다. 이 방식은 원 도메인과 목표 도메인이 매우 유사하고, 사전 학습된 신경망을 즉시 사용할 수 있는 경우에 적용한다.

앞서 견종 분류 예제에서 이미지넷 데이터셋으로 학습된 VGG16 신경망을 그대로 사용할 수 있다. 이미지넷 데이터셋에는 개 이미지가 많이 포함되어 있으므로 견종을 구분하는 데 필요한 특징의 상당수가 이미 추출되어 있으리라 생각할 수 있다.

예제와 함께 알아보자. 이번 예제는 이미지넷 데이터셋에 사전 학습된 VGG16 신경망을 사용해서 저먼 셰퍼드 견종을 분류하는 예다(그림 6-8).

그림 6-8 예제의 분류 대상이 되는 저먼 셰퍼드의 이미지

다음 단계를 따라 진행한다.

1 필요한 라이브러리를 임포트한다.

```
from keras.preprocessing.image import load_img
from keras.preprocessing.image import img_to_array
from keras.applications.vgg16 import preprocess_input
from keras.applications.vgg16 import decode_predictions
from keras.applications.vgg16 import VGG16
```

2 사전 학습된 VGG16 신경망과 가중치를 내려받는다. 이때 include_top 인숫값을 True로 설정해서 전체 신경망의 가중치를 내려받는다.

```
model = VGG16(weights = "imagenet", include_top=True, input_shape =
    (224,224, 3))
```

3 입력 이미지를 읽어 들이고 전처리한다.

```
image = load_img('path/to/image.jpg', target_size=(224, 224))  ◁── 파일에서 이미지를
                                                                       읽어 들인다.
image = img_to_array(image)  ◁── 이미지의 픽셀값을 넘파이 배열로 변환
```

```
image = image.reshape((1, image.shape[0], image.shape[1], image.shape[2]))    ⟵┐

image = preprocess_input(image)   ⟵┤ VGG 모델 입력을 위해       모델에 입력할 수 있도록
                                     전처리                    배열 모양을 변경
```

4 입력 이미지 준비가 끝났으면 예측을 실행한다.

```
yhat = model.predict(image)   ⟵┤ 모든 클래스에 대해 예측 확률 계산

label = decode_predictions(yhat)   ⟵┤ 확률로부터 예측 클래스 결정

label = label[0][0]   ⟵┤ 가장 확률이 높은 클래스 값 추출

print('%s (%.2f%%)' % (label[1], label[2]*100))   ⟵┤ 예측 결과 출력
```

위 코드를 실행하면 다음과 같은 결과가 출력된다.

```
>> German_shepherd (99.72%)
```

모델이 높은 신뢰도(99.72%)로 정확한 견종을 예측하도록 학습된 상태임을 확인할 수 있다. 이미지넷 데이터셋에만 120개 클래스에 걸쳐 2만 장 이상의 레이블링된 개 이미지 데이터가 포함되어 있기 때문이다. 이 책의 웹사이트[3]에서 원하는 이미지를 대상으로 코드를 직접 실행해보기 바란다. 이미지넷에 포함된 다른 클래스를 대상으로 원하는 이미지를 시험해보아도 좋다.

6.4.2 사전 학습된 신경망을 특징 추출기로 이용하기

이 방식은 앞서 견종 예측을 다뤘던 구현 예제와 비슷하다. 이미지넷 데이터셋을 학습한 CNN의 특징 추출기 부분 가중치를 고정하고 분류기 부분을 제거한 다음 새로운 분류기 부분(전결합층)을 추가한다. [그림 6-9]를 보면 사전 학습된 VGG16 신경망에서 13개 합성곱층 모두의 가중치를 고정하고 분류기 부분을 학습되지 않은 새로운 층으로 교체했다.

----

3 www.manning.com/books/deep-learningfor-vision-systems 또는 www.computervisionbook.com

그림 6-9 사전 학습된 VGG16 신경망을 내려받아 분류기 부분을 제거하고 새로 구현한 분류기 부분을 추가한다.

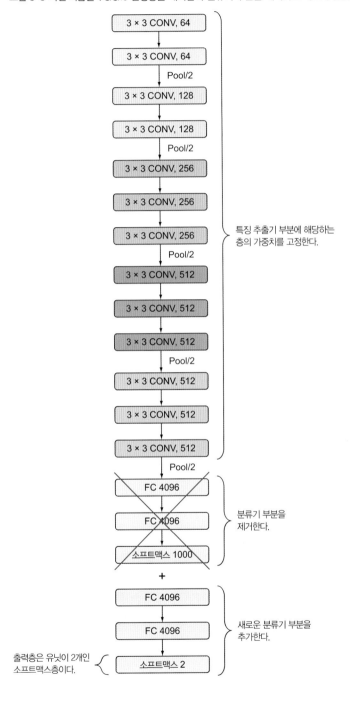

원 도메인의 데이터셋과 새로운 과업이 큰 차이가 없을 때 주로 사용하는 방식이다. 이미지넷 데이터셋에는 고양이나 개 이미지를 상당수 포함하고 있기 때문에 새로운 과업에 사용할 수 있는 개와 고양이에 대한 특징을 담은 특징 맵이 다수 포함되어 있다. 다시 말해 이미지넷 데이터셋에서 추출한 고수준 특징을 다른 과업에 재사용할 수 있다.

이를 위해서는 사전 학습된 신경망의 가중치를 모두 고정하고 새로 추가한 분류기 부분의 전결합층만 새로운 데이터셋으로 학습한다. 사전 학습된 신경망의 특징 분류기 부분의 가중치를 고정하고 기존 지식을 이전해서 사용하기 때문에 이러한 이름이 붙었다. 새로 추가하는 분류기 부분의 설계에 따라 기존의 특징 맵을 원하는 용도로 전용해서 사용할 수 있다.

사전 학습된 신경망의 분류기 부분은 원 분류 과업에 특화된 경우가 많고, 이후 모델이 학습된 클래스셋에만 한정되기 때문에 제거해야 한다. 예를 들어 이미지넷은 1,000개 이상의 분류 클래스가 있으므로 기존 신경망의 분류기 부분 역시 이미지를 1,000가지로 분류하도록 설계 및 학습되었다. 하지만 새로운 문제에서는 개와 고양이만 분류하면 되므로 새로운 분류기 부분을 만들어 추가하는 것이 훨씬 효율적이다.

6.4.3 미세 조정하기

지금까지 전이학습에서 사전 학습된 신경망을 재사용하는 두 가지 주요 방식을 살펴봤다. 이들 방식은 목표 도메인이 원 도메인과 비슷한 경우에 주로 사용한다. 하지만 목표 도메인이 원 도메인과 많이 동떨어진 경우에는 어떻게 해야 할까? 이런 경우에도 전이학습을 적용할 수 있을까? 전이학습은 원 도메인과 목표 도메인이 전혀 다르더라도 효과를 볼 수 있다. 원 도메인에서 정확한 특징을 추출해서 목표 도메인에 맞게 미세 조정fine-tuning을 거치면 된다.

[그림 6-10]은 사전 학습된 신경망에서 지식을 이전하는 여러 방식을 정리한 것이다. 전체 신경망을 내려받아 아무 수정 없이 그대로 예측에 사용한다면 사전 학습된 신경망을 분류기로 사용하는 방식에 해당한다. 반면 합성곱층의 가중치를 고정하고 특징 추출기 부분만 추려 새로운 목표 도메인의 고수준 특징 맵을 추출하기 위해 사용한다면 사전 학습된 신경망을 특징 추출기로 사용하는 방식이 된다. 미세 조정의 정의는 특징 추출에 쓰이는 신경망의 일부 층을 고정하고 고정하지 않은 층과 새로 추가된 분류기 부분의 층을 함께 학습하는 방식이다. 이 방식을 미세 조정이라 부르는 이유는 특징 추출기 부분을 재학습하면서 고차원 특징의 표현이 새로운 과업에 적합하게 조정되기 때문이다.

실무에 가까운 표현을 쓰자면 [그림 6-10]의 특징 맵 1과 특징 맵 2를 고정하고 특징 맵 2를 입력받는 새로운 신경망을 구성해서 그 뒤에 이어지는 층은 새로운 데이터셋으로 학습하는 것이다. 이런 방식으로 특징 맵 1과 2를 학습하는 데 필요한 시간을 절약할 수 있다.

그림 6-10 신경망은 각 층마다 특징을 학습한다. 전이학습에서 사전 학습된 층을 어디까지 보전할 것인가 결정해야 한다. 예를 들어 세 번째 층까지의 특징 맵을 고정한다면 특징 맵 1, 2, 3이 변경 없이 보전된다.

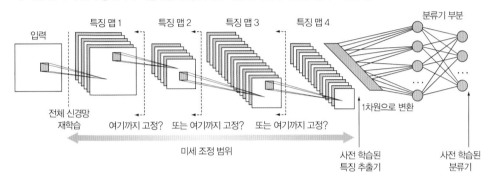

앞서 설명했듯이 신경망의 앞쪽 층에서 추출된 특징 맵은 일반적인 특징을 갖는다. 그리고 뒤쪽 층으로 갈수록 과업에 특화된 특징이 추출된다. 이를 반영하면 [그림 6-10]의 특징 맵 4는 원 도메인에 매우 특화된 특징일 것이다. 두 도메인이 얼마나 비슷한지에 따라 다음과 같이 기존 특징 맵을 보전하는 단계를 결정한다.

- 두 도메인이 매우 비슷하다면 마지막 특징 맵까지 보전한다(예제 기준 특징 맵 4까지).
- 두 도메인이 크게 다르다면 특징 맵 1까지만 보전하고 나머지 층은 재학습한다.

이 두 가지 경우가 미세 조정의 가능한 범위다. 전체 신경망을 재학습할 수도 있고, 특징 맵 1, 2, 3, 4의 어느 단계까지 특징 맵을 보전하고 나머지 부분을 재학습하는 것도 가능하다. 특징 맵의 보전 범위는 대개 시행착오를 통해 결정한다. 하지만 직관적으로 따를 수 있는 가이드라인도 있다. 특징 맵의 보전 범위는 학습 데이터 양과 원 도메인과 목표 도메인의 유사성, 두 가지 요소에 의해 결정된다. 6.5절에서는 이들 요소의 조합에 따라 네 가지 시나리오를 상정해 적합한 특징 맵의 보전 범위를 살펴보겠다.

미세 조정이 모델을 처음부터 학습시키는 것보다 나은가

새로운 모델을 처음부터 학습시키면 가중치를 무작위 값으로 초기화하고 경사 하강법을 이용해서 오차 함숫값이 최소가 되게 하는 최적의 가중치를 찾아가게 된다(2장 참조). 이들 가중치는 무작위 값으로 초기화되기 때문에 우리가 원하는 최적값과 가까이 있을 거라는 보장은 없다. 그리고 이 초깃값이 최적값과 거리가 멀다면 최적화 알고리즘에 의해 가중치가 수렴하는 데 오랜 시간이 걸린다. 미세 조정의 이점은 바로 여기에 있다. 사전 학습된 신경망의 가중치는 이미 학습 데이터를 학습하며 최적화된 상태다. 따라서 이 신경망을 새로운 문제에서 재사용하면 한 번 최적화된 가중치를 대상으로 학습이 진행된다. 당연히 무작위 값으로 초기화된 가중치와 비교하면 가중치 수렴이 빨리 일어난다. 사전 학습된 신경망 전체를 재학습하더라도 처음부터 모델을 학습시키는 것보다는 학습 속도가 빠르다.

미세 조정에서는 학습률을 작게 설정한다

미세 조정에서는 합성곱층의 학습률을 무작위 값으로 초기화된 가중치를 가진 분류기 부분보다 작게 설정한다. 합성곱층 부분의 가중치는 이미 최적값에 가까워서 빠르게 수정할 필요가 상대적으로 적기 때문이다(특히 새로운 분류기 부분이 무작위로 초기화된 값으로부터 최적화 중이다).

6.5 적합한 전이학습 수준 선택하기

앞쪽에 위치한 합성곱층일수록 일반적인 특징, 뒤쪽에 위치한 합성곱층일수록 데이터셋에 특화된 특징을 추출하는 경향은 앞서 설명했다. 이 점을 이용하면 사전 학습된 기존 모델에서 이용할 특징의 상세도 수준을 원하는 대로 결정할 수 있다. 예를 들어 새로운 과업이 사전 학습된 신경망의 원 도메인(이를테면 이미지넷 데이터셋)과 상당한 차이가 있다면 사전 학습된 모델의 앞쪽 몇 개 층까지의 특징만 사용할 수 있을 것이다. 반면 새로운 과업이 원 도메인과 큰 차이가 없다면 좀 더 나중 층에서 학습된 특징, 나아가 분류기 부분의 출력까지 재사용할 수도 있다.

이와 같이 전이학습의 적합한 수준을 결정하는 중요한 요소는 다음 두 가지다.

- 목표 데이터셋의 크기(많음 또는 적음): 목표 데이터셋의 크기가 작다면 많은 층을 학습시키기 어렵고 새로운 데이터에 대해 과적합을 일으키기 쉽다. 이런 경우에는 미세 조정 범위를 줄이고 원 데이터셋의 의존도를 높여야 한다.

- 원 도메인과 목표 도메인의 유사성: 예를 들어 해결하려는 문제가 자동차와 배를 분류하는 것이라면 비슷한 특징을 다수 포함하는 이미지넷 데이터셋으로도 충분하다. 반면 새로운 문제가 엑스레이 사진에서 폐암 병변을 찾아내는 것이라면 도메인이 전혀 달라지므로 미세 조정 범위가 넓어져야 할 것이다.

이 두 가지 요소로부터 다음 네 가지 시나리오를 도출할 수 있다.

1 목표 데이터셋의 크기가 작고, 원 도메인과 목표 도메인이 유사하다.
2 목표 데이터셋의 크기가 크고, 원 도메인과 목표 도메인이 유사하다.
3 목표 데이터셋의 크기가 작고, 원 도메인과 목표 도메인이 크게 다르다.
4 목표 데이터셋의 크기가 크고, 원 도메인과 목표 도메인이 크게 다르다.

위 네 가지 시나리오를 하나씩 살펴보며 전이학습 수준을 결정하는 일반적인 원칙을 알아보자.

6.5.1 시나리오 1: 목표 데이터셋의 크기가 작고, 두 도메인이 유사한 경우

원 데이터셋과 목표 데이터셋이 서로 유사하므로 사전 학습된 고수준 특징도 재사용 가능하다. 따라서 특징 추출기 부분의 가중치를 고정하고 분류기 부분만 새로 학습하는 것이 좋다.

미세 조정이 유리하지 않은 또 다른 이유는 목표 데이터셋의 크기가 작기 때문이다. 특징 추출기에 해당하는 층을 미세 조정 범위에 포함시키면 과적합이 발생하기 쉽다. 데이터셋의 크기가 작으면 대상의 모든 가능한 특징을 담지 못할 가능성이 높기 때문에 일반화 성능이 떨어진다. 그러므로 미세 조정 범위를 넓힐수록 신경망이 과적합을 일으킬 가능성이 높다.

예를 들어 목표 데이터셋의 개 이미지가 특정 날씨 조건(눈)에 국한되었다면 개의 특징으로 눈이 내린 흰 배경을 포착할 것이므로 다른 날씨에 찍힌 개 사진을 제대로 분류하지 못할 것이다. 여기서 도출할 수 있는 원칙은 '목표 데이터셋의 크기가 작다면 사전 학습된 신경망의 미세 조정 범위를 넓히는 데 주의해야 한다'는 것이다.

6.5.2 시나리오 2: 목표 데이터셋의 크기가 크고, 두 도메인이 유사한 경우

원 도메인과 목표 도메인이 유사하므로 특징 추출기 부분의 가중치를 고정하고 분류기 부분을 재학습하면 된다. 시나리오 1의 해법과 비슷하다. 하지만 목표 도메인에 충분한 데이터가 있으므로 미세 조정 범위를 적절히 넓혀도 과적합에 대한 우려 없이 학습을 진행할 수 있다. (두 도메인이 비슷하니까) 고수준 특징도 서로 비슷하므로 신경망 전체를 미세 조정 범위로 삼을 필요는 없다. 사전 학습된 신경망의 60~80% 정도를 고정하고 나머지 부분을 목표 데이터셋으로 재학습하는 것이 적절하다.

6.5.3 시나리오 3: 목표 데이터셋의 크기가 작고, 두 도메인이 크게 다른 경우

원 도메인과 목표 도메인이 크게 다르므로 사전 학습된 신경망을 도메인에 특화된 고수준 특징까지 고정하는 것은 적절치 않다. 앞쪽 층의 일부 저수준 특징을 고정하거나 특징 재활용 없이 전체 신경망을 미세 조정 범위로 삼는 것이 좋다. 그러나 목표 데이터셋의 크기가 작은 만큼 전체 신경망의 재학습이 어려울 수도 있다. 이런 경우에는 중용을 취하도록 한다. 사전 학습된 신경망의 앞부분 1/3이나 절반 정도의 특징을 고정하는 수준으로 시작하는 것이 적절하다. 도메인이 크게 다르더라고 일반적인 특징 맵은 재사용할 수 있다.

6.5.4 시나리오 4: 목표 데이터셋의 크기가 크고, 두 도메인이 크게 다른 경우

목표 데이터셋의 크기가 크므로 전이학습 없이 전체 신경망을 처음부터 학습할 수 있다는 유혹에 빠지기 쉽다. 그러나 실제로는 목표 데이터셋의 크기가 크더라도 사전 학습된 가중치를 재학습하는 것이 더 이로운 경우가 많다. 학습 시간이 빠른 것은 물론이고, 목표 데이터셋의 크기가 크므로 과적합에 대한 우려 없이 재학습을 진행할 수 있다.

6.5.5 네 가지 시나리오 정리

앞서 전이학습의 수준을 결정하는 두 가지 요소(목표 데이터셋의 크기, 원 도메인과 목표 도메인의 유사성)를 소개했다. 이 두 가지 요소에 따라 도출된 네 가지 시나리오를 [표 6-1]에 정리했다. [그림 6-11]은 각 시나리오에 적합한 미세 조정 수준을 제시하는 가이드라인이다.

표 6-1 전이학습 시나리오

시나리오	목표 데이터셋 크기	원 도메인과 목표 도메인의 유사성	적합한 접근법
1	작다	유사	사전 학습된 신경망을 특징 추출기로 사용
2	크다	유사	전체 신경망을 미세 조정
3	작다	크게 다르다	신경망의 앞부분을 미세 조정
4	크다	크게 다르다	전체 신경망을 미세 조정

그림 6-11 네 가지 시나리오에 적합한 미세 조정 수준을 제시하는 가이드라인

시나리오 1: 목표 데이터셋의 크기가 작고,
원 도메인과 목표 도메인이 유사함

시나리오 2: 목표 데이터셋의 크기가 크고,
원 도메인과 목표 도메인이 유사함

시나리오 3: 목표 데이터셋의 크기가 작고,
원 도메인과 목표 도메인이 크게 다름

시나리오 4: 목표 데이터셋의 크기가 크고,
원 도메인과 목표 도메인이 크게 다름

6.6 오픈 소스 데이터셋

컴퓨터 비전 연구자 커뮤니티는 활발하게 인터넷에 데이터셋을 공유해왔다. 독자 여러분도 이미지넷, MS COCO, 오픈 이미지, MNIST, CIFAR 등의 데이터셋을 들어본 적이 있을 것이다. 이들 데이터셋은 온라인에 공개되어 있으며 여러 연구자가 자신들이 고안한 알고리즘의 성능을 가늠하는 벤치마크 테스트로 활용하고 있다.

이 절에서는 해결하려는 문제에 가장 적합한 데이터셋을 선택할 수 있도록 주요 오픈 소스 데이터셋을 가볍게 설명한다. 여기에서 소개하는 데이터셋은 집필 시점 현재 컴퓨터 비전 연구자 커뮤니티에서 가장 널리 사용되는 것을 추린 것이며, 공개된 모든 데이터셋을 소개하는 것은 아니다. 훌륭한 이미지 데이터셋이 많이 나와 있고, 그중에는 지금도 규모가 커지는 것도 있다. 프로젝트를 시작하기 전에 어떤 데이터셋이 사용 가능한지 직접 조사해보기 바란다.

6.6.1 MNIST

MNIST Modified National Institute of Standards and Technology[4]는 손글씨 이미지 데이터셋이다. 0부터 9

---

4 http://yann.lecun.com/exdb/mnist

까지의 숫자가 쓰인 손글씨 이미지로 구성되었다. 이 데이터셋의 목적은 손글씨 숫자 이미지를 분류하는 것이다. MNIST는 연구 커뮤니티에서 분류 알고리즘의 성능을 가늠하는 벤치마크 테스트로 오랫동안 사용되었다. 이미지 데이터셋의 'Hello World!'와도 같은 존재다. 그러나 최근의 기준으로는 MNIST 데이터셋이 지나치게 단순해서 기본적인 합성곱 신경망으로도 99% 성능을 달성할 수 있기 때문에 최고 성능을 다투는 테스트로서의 역할을 상실했다. 3장에서 합성곱 신경망을 사용해서 MNIST 데이터셋을 분류하는 프로젝트를 살펴봤다. 필요하다면 3장으로 돌아가서 이해가 부족했던 부분을 다시 읽고 와도 좋다.

MNIST는 6만 장의 학습 데이터와 1만 장의 테스트 데이터로 구성된다. 이미지는 모두 회색조(단일 채널)고, 이미지 크기는 가로세로 모두 28픽셀이다. [그림 6-12]는 MNIST 데이터셋의 이미지 중 일부를 발췌한 것이다.

그림 6-12 MNIST 데이터셋의 이미지 일부

6.6.2 Fashion-MNIST

Fashion-MNIST 데이터셋은 현재의 기술 수준에서 지나치게 단순해진 MNIST 데이터셋을 대체하려는 목적으로 만든 것이다. 데이터의 형식은 MNIST와 같지만 손글씨 이미지가 아니라 티셔츠, 바지, 풀오버, 드레스, 코트, 샌들, 셔츠, 운동화, 가방, 단화 등 10가지 패션 의류 클래스로 나뉜다. 자세한 내용은 Fashion-MNIST 웹페이지[5]를 참고하기 바란다. 해당 URL에서 데이터셋을 내려받을 수도 있다. [그림 6-13]은 Fashion-MNIST의 일부 데이터를 발췌한 것이다.

그림 6-13 Fashion-MNIST 데이터셋의 이미지 일부

6.6.3 CIFAR

CIFAR-10[6] 역시 컴퓨터 비전이나 머신러닝 문헌에서 널리 사용되는 벤치마크 데이터셋이다. CIFAR 데이터셋의 이미지는 MNIST 데이터셋의 이미지보다 좀 더 복잡하다. 우선 MNIST 데이터셋의 이미지가 모두 회색조 이미지고 대상이 이미지 중심에 위치했던 것에 비해 CIFAR 데이터셋의 이미지는 컬러 이미지(3채널)고, 이미지에 대상이 나타나는 방식도 제각각이다. 10개 클래스로 나뉜 32×32 픽셀 크기의 이미지로 구성되며 각 클래스마다 6,000개의 이미지를 포함하고, 학습 데이터가 5만 장, 테스트 데이터가 1만 장이다. [그림 6-14]는 CIFAR 데이터셋의 각 클래스와 일부 데이터를 발췌한 것이다.

그림 6-14 CIFAR-10 데이터셋의 이미지 일부

CIFAR-100은 CIFAR-10 데이터셋을 확장한 데이터셋이다. 클래스가 100개로 늘어났으며 각 클래스마다 600장의 이미지가 있다. 100개의 클래스는 다시 20개의 슈퍼클래스에 속하는데, 이미지에는 **대분류 레이블**coarse label과 **소분류 레이블**fine label이 부여되어 있다.

....
6 http://www.cs.toronto.edu/~kriz/cifar.html

6.6.4 이미지넷

이미지넷은 이전 장부터 여러 번 언급한 적이 있고 5장과 이 장에서 계속해서 사용한 데이터셋이니 익히 알고 있을 것이다. 하지만 주요 데이터셋을 모두 소개하는 목록인 만큼 다시 한번 설명하겠다. 집필 시점 현재 이미지넷은 컴퓨터 비전 연구자들 사이에서 자신의 분류 알고리즘 성능을 측정하기 위해 널리 사용하는 최신 벤치마크 데이터셋이다.

이미지넷은 본래 물체를 시각적으로 인식하는 소프트웨어를 연구하기 위한 목적으로 만들어진 대규모 이미지 데이터베이스다. 단어와 구로 정의된 2만 2천 가지에 이르는 카테고리로 이미지를 분류했다. 데이터셋을 구성하는 이미지는 웹에서 수집되어 아마존의 크라우드 소싱 도구인 터크를 이용해 수동으로 레이블이 부여되었다. 집필 시점 현재 이미지넷에는 1,400만 장 이상의 이미지가 포함되어 있다. 이 거대한 양의 데이터를 정리하기 위해 워드넷을 모방한 분류 체계를 만들었다. 워드넷을 구성하는 단어/구는 신셋^{synset}으로 분류되는데, 이미지넷에 포함된 이미지도 이 분류 체계를 모방해서 만든 신셋으로 분류하며 각 신셋에는 1,000개 이상의 이미지가 속하도록 구성되었다. [그림 6-15]는 스탠퍼드 대학교에서 발췌한 이미지넷 데이터의 예다.

그림 6-15 스탠퍼드 대학교에서 발췌한 이미지넷 데이터의 예

컴퓨터 비전 연구자 커뮤니티에서 이미지넷이라고 하면 이미지넷 대규모 물체 인식 경진대회 ImageNet Large Scale Visual Recognition Challenge, ILSVRC를 의미한다. 이 경진대회에서는 각 참가팀이 만든 소프트웨어로 이미지에서 물체를 인식하고 분류하는 정확도를 겨룬다. 우리는 서로 다른 신경망의 성능을 비교할 때 ILSVRC를 벤치마크로 사용할 것이다.

6.6.5 MS COCO

MS COCO Microsoft Common Objects in Context[7]는 물체 인식, 인스턴스 세그먼테이션, 이미지 캡셔닝, 인체 주요 부위 위치 파악 등의 연구를 위해 만든 오픈 소스 데이터베이스다. 약 32만 8,000장의 이미지를 포함하며 그중 20만 장 이상에 레이블이 부여되어 있다. 이들 이미지에는 4세 어린이가 쉽게 인식할 수 있는 수준의 80개 물체 카테고리에 걸쳐 150만 건의 물체가 포함되어 있다. 데이터셋을 만든 연구진의 논문에 이 데이터셋의 목적과 내용이 간략히 소개한다.[8] [그림 6-16]은 MS COCO의 웹사이트에 실린 데이터셋의 예제 이미지다.

그림 6-16 MS COCO 데이터셋의 이미지 일부(이미지 저작권: © 2015, COCO 컨소시엄, 크리에이티브 커먼즈 저작자 표시 4.0 라이선스에 따라 사용한다)

6.6.6 구글 오픈 이미지

구글 오픈 이미지[9]는 구글이 만든 오픈 소스 이미지 데이터베이스다. 집필 시점 현재 9백만 장

---

7 http://cocodataset.org

8 Tsung-Yi Lin, Michael Maire, Serge Belongie 외, 「Microsoft COCO: Common Objects in Context」, February 2015, https://arxiv.org/pdf/1405.0312.pdf

9 https://storage.googleapis.com/openimages/web/index.html

의 이미지를 포함한다. 구글 오픈 이미지의 특징은 이미지들이 대부분 수천 가지 물체 클래스에 걸쳐 있는 복잡한 장면이라는 점이다. 특히 이들 중 2백만 장 이상의 이미지는 사람이 직접 물체의 위치를 나타내는 범위를 태깅한 것으로 그 덕분에 구글 오픈 이미지는 물체 위치가 표시된 이미지 데이터베이스 중 가장 규모가 크다([그림 6-17] 참조). 이들 이미지에는 약 1,500만 개의 물체 위치 범위가 태깅되어 있으며 태깅된 물체 종류도 600클래스에 이른다. 이미지넷에 ILSVRC가 있듯이 구글 오픈 이미지에도 오픈 이미지 챌린지[10]라는 경진대회가 있다.

그림 6-17 구글 오픈 이미지 데이터셋에 포함된 물체의 위치가 태깅된 이미지. 구글 AI 블로그 발췌(비토리오 페라리, 「오픈 이미지 데이터셋의 새로운 업데이트 – 물체 위치 태깅 추가」, 2017년 7월, http://mng.bz/yyVG)

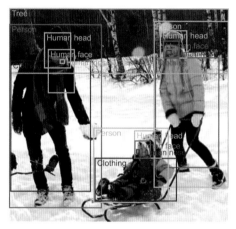

6.6.7 캐글

지금까지 소개한 데이터셋 외에 캐글[11]에서도 좋은 데이터셋을 구할 수 있다. 캐글은 전 세계 사람이 모여 머신러닝이나 딥러닝을 이용한 경진대회를 주최하거나 참가하는 웹사이트다.

지금까지 소개한 데이터셋 외에도 매일같이 새로운 오픈 소스 데이터셋이 공개되고 있어서 이들 데이터를 경험하며 각 데이터셋이 가진 클래스나 유스케이스를 이해하는 능력을 키우기 바란다. 이 책에서 진행할 프로젝트는 대부분 이미지넷 데이터셋을 사용하지만 7장에서는 MS COCO를 주로 사용한다.

---

10 http://mng.bz/aRQz
11 https://www.kaggle.com

6.7 프로젝트 1: 사전 학습된 신경망을 특징 추출기로 사용하기

이번 프로젝트에서는 매우 적은 양의 데이터만 사용해서 개와 고양이의 이미지를 분류하는 분류기를 만든다. 간단한 프로젝트지만 목표 데이터셋의 규모가 작고, 원 도메인과 목표 도메인의 유사성이 높은 경우(시나리오 1)에 전이학습을 어떻게 구현해야 하는지에 대한 좋은 참고가 될 것이다. 앞서 설명한 대로 이와 같은 상황에서는 사전 학습된 합성곱 신경망을 특징 추출기로 사용하는 것이 좋다. 다른 말로 표현하면 사전 학습된 신경망의 특징 추출기 부분을 고정한 후 새로 구현한 분류기 부분을 추가해서 목표 데이터셋으로 재학습시키는 과정을 거친다.

이번 프로젝트에서 중요한 점은 사용자 정의 데이터의 전처리 및 신경망 학습에 사용하기 위한 준비 과정을 익히는 것이다. 지금까지는 CIFAR나 MNIST 같은 데이터셋을 사용했다. 이들 데이터셋은 케라스에서 즉시 사용할 수 있도록 전처리된 상태이므로 케라스 라이브러리를 통해 내려받은 그대로 학습에 사용할 수 있었다. 이번 프로젝트에서는 이렇게 하는 대신 자신만의 데이터 저장소를 구성하고 케라스 라이브러리를 이용해서 이들 데이터를 학습에 사용할 수 있도록 준비하는 방법을 익힌다.

이 책의 웹사이트[12]에서 예제 코드 노트북과 데이터셋을 내려받기 바란다. 전이학습 기법을 활용할 것이므로 학습 과정에 많은 계산 자원이 필요하지는 않다. GPU 없이 독자 여러분의 환경에서 무리 없이 실행할 수 있다.

이번 구현에서는 VGG16을 사용한다. VGG16이 ILSVRC에서 성능 기록을 세우지는 못했지만 다른 모델에 비해 학습 속도가 빠르고 무난한 성능을 보이기 때문이다. 필자의 환경에서는 약 96%의 정확도를 얻었다. 궁금하다면 GoogLeNet이나 ResNet과도 성능을 비교해보기 바란다.

사전 학습된 신경망을 특징 추출기로 사용하려면 다음 절차를 거친다.

1 필요한 라이브러리를 임포트한다.

2 데이터를 학습에 사용할 수 있도록 전처리한다.

3 대규모 데이터셋에서 사전 학습된 VGG16 모델의 가중치를 읽어 들인다.

4 합성곱층에 해당하는 (특징 추출기 부분의) 가중치를 모두 고정한다. 이때 가중치를 고정할 층의 범위는 원 도메인과 목표 도메인의 유사성에 따라 조정한다. 이번에 사전 학습에 사용한 이미지넷 데이터셋은 개와 고양이 이미지를 다수 포함하고 있으므로 이미 목표 대상의 상세한 특징을 추출하도록 학습되었다고 간주한다.

---

12 www.manning.com/books/deep-learning-for-visionsystems 또는 www.computervisionbook.com

5 사전 학습된 신경망에서 전결합층(분류기 부분)을 제거한다. 추가할 전결합층 수 및 유닛 수에 특별한 제한은 없다. 이번 프로젝트는 복잡하지 않은 문제이므로 64개 유닛을 가진 전결합층 1개를 추가한다. 나중에 성능 추이를 보아 과소적합이 일어난다면 유닛 수를 증가시키고, 과적합이 일어난다면 유닛 수를 줄이면 된다. 소프트맥스층의 유닛 수는 분류 대상 클래스 수와 같아야 한다(따라서 여기서는 2개다).

6 신경망을 컴파일하고 새로운 소규모 데이터셋으로 모델을 재학습한다.

7 모델의 성능을 평가한다.

각 단계를 구현한 코드를 차례대로 살펴보자.

1 필요한 라이브러리를 임포트한다.

```python
from keras.preprocessing.image import ImageDataGenerator
from keras.preprocessing import image
from keras.applications import imagenet_utils
from keras.applications import vgg16
from keras.applications import mobilenet
from keras.optimizers import Adam, SGD
from keras.metrics import categorical_crossentropy
from keras.layers import Dense, Flatten, Dropout, BatchNormalization
from keras.models import Model
from sklearn.metrics import confusion_matrix
import itertools
import matplotlib.pyplot as plt
%matplotlib inline
```

2 데이터를 학습에 사용할 수 있도록 전처리한다. 케라스에는 ImageDataGenerator라는 클래스가 있다. 이 클래스를 사용하면 데이터 강화를 함께 수행해준다. 자세한 내용은 라이브러리 문서[13]를 참고하기 바란다. 이번 예제에서는 ImageDataGenerator 클래스를 사용해서 데이터를 텐서 형태로 변환했으며 편의상 데이터 강화는 생략했다.

구체적으로는 ImageDataGenerator 클래스의 flow_from_directory() 메서드를 사용해서 이미지 파일이 포함된 디렉터리에서 이미지를 읽어온다. 이 메서드는 디렉터리 구조가 [그림 6-18]과 같다고 가정하고 동작한다.

---

13 https://keras.io/api/preprocessing/image

그림 6-18 ImageDataGenerator.flow_from_directory() 메서드를 사용하려면 데이터셋의 디렉터리 구조가 다음과 같아야 한다.

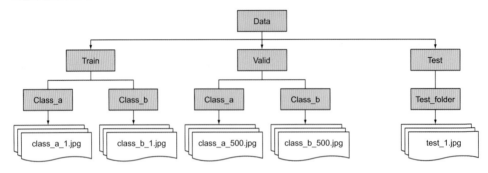

예제 코드에 포함된 데이터도 위 디렉터리 구조를 취하고 있으므로 flow_from_directory() 메서드를 바로 사용할 수 있다. 경로가 각각 train_path, valid_path, test_path인 디렉터리에 각각 나눠 담긴 학습 데이터를 읽어 들인다.

```
train_path = 'data/train'
valid_path = 'data/valid'
test_path = 'data/test'

train_batches = ImageDataGenerator().flow_from_directory(train_path,
                                                target_size=(224,224),
                                                batch_size=10)

valid_batches = ImageDataGenerator().flow_from_directory(valid_path,
                                                target_size=(224,224),
                                                batch_size=30)

test_batches = ImageDataGenerator().flow_from_directory(test_path,
                                                target_size=(224,224),
                                                batch_size=50,
                                                shuffle=False)
```

> ImageDataGenerator 클래스는 실시간으로 데이터 강화를 수행하며 여러 개의 배치로 나뉜 텐서를 생성해준다. 학습은 이렇게 분할된 배치를 차례대로 반복 입력하는 방식으로 진행된다. 다만 이번 예제에서는 데이터 강화를 적용하지 않았다.

3 대규모 데이터셋에 사전 학습된 VGG16 신경망의 가중치를 읽어 들인다. 앞서 본 예제와 마찬가지로 케라스 라이브러리를 이용해서 VGG16 신경망의 이미지넷 데이터셋에 사전 학습된 가중치를 내려받는다. 이번에는 신경망의 분류기 부분을 제거할 것이므로 include_top= False로 지정한다.

```
base_model = vgg16.VGG16(weights = "imagenet", include_top=False,
                         input_shape = (224,224, 3))
```

4 모든 합성곱층(특징 추출기 부분)의 가중치를 고정한다. 코드에서는 base_model에 포함된 합성곱층의 가중치를 고정한 다음 이 부분을 특징 추출기로 사용한다. 여기에 분류기 부분을 다음 단계에서 추가한다.

```
for layer in base_model.layers:      ◁―  모델의 각 층을 순회하며
    layer.trainable = False                가중치를 고정한다.
```

5 새로운 분류기 부분에 해당하는 층을 추가해서 모델을 완성한다. 예제에서는 유닛이 64개인 전결합층, 유닛이 2개인 소프트맥스층을 추가했다. 과적합 방지를 위해 배치 정규화층과 드롭아웃층도 함께 추가했다.

```
last_layer = base_model.get_layer('block5_pool')  ◁―  get_layer() 메서드를 사용해서 신경망의
last_output = last_layer.output                         마지막 층과 그 출력을 별도의 변수에
                                                        따로 저장한다.

x = Flatten()(last_output)    ◁―  VGG16 신경망의 출력을 분류기 부분에
                                   입력할 수 있도록 1차원으로 변환한다.

x = Dense(64, activation='relu', name='FC_2')(x)
x = BatchNormalization()(x)                            유닛이 64개인 전결합층, 배치 정규화층,
x = Dropout(0.5)(x)                                    드롭아웃층, 소프트맥스층을 각각 하나씩
x = Dense(2, activation='softmax', name='softmax')(x)  추가한다.

new_model = Model(inputs=base_model.input, outputs=x)  ◁―  케라스의 Model 클래스로 새로운
new_model.summary()                                         모델 객체를 생성한다.
```

```
Layer (type)                 Output Shape              Param #
=================================================================
input_1 (InputLayer)         (None, 224, 224, 3)       0
_____
block1_conv1 (Conv2D)        (None, 224, 224, 64)      1792
_____
block1_conv2 (Conv2D)        (None, 224, 224, 64)      36928
_____
block1_pool (MaxPooling2D)   (None, 112, 112, 64)      0
_____
```

block2_conv1 (Conv2D)	(None, 112, 112, 128)	73856
block2_conv2 (Conv2D)	(None, 112, 112, 128)	147584
block2_pool (MaxPooling2D)	(None, 56, 56, 128)	0
block3_conv1 (Conv2D)	(None, 56, 56, 256)	295168
block3_conv2 (Conv2D)	(None, 56, 56, 256)	590080
block3_conv3 (Conv2D)	(None, 56, 56, 256)	590080
block3_pool (MaxPooling2D)	(None, 28, 28, 256)	0
block4_conv1 (Conv2D)	(None, 28, 28, 512)	1180160
block4_conv2 (Conv2D)	(None, 28, 28, 512)	2359808
block4_conv3 (Conv2D)	(None, 28, 28, 512)	2359808
block4_pool (MaxPooling2D)	(None, 14, 14, 512)	0
block5_conv1 (Conv2D)	(None, 14, 14, 512)	2359808
block5_conv2 (Conv2D)	(None, 14, 14, 512)	2359808
block5_conv3 (Conv2D)	(None, 14, 14, 512)	2359808
block5_pool (MaxPooling2D)	(None, 7, 7, 512)	0
flatten_1 (Flatten)	(None, 25088)	0
FC_2 (Dense)	(None, 64)	1605696
batch_normalization_1 (Batch)	(None, 64)	256
dropout_1 (Dropout)	(None, 64)	0
softmax (Dense)	(None, 2)	130

```
=================================================================
Total params: 16,320,770
Trainable params: 1,605,954
Non-trainable params: 14,714,816
```

6 모델을 컴파일한 다음 학습을 시작한다.

```
new_model.compile(Adam(lr=0.0001), loss='categorical_crossentropy',
                  metrics=['accuracy'])

new_model.fit_generator(train_batches, steps_per_epoch=4,
                        validation_data=valid_batches, validation_steps=2,
                        epochs=20, verbose=2)
```

위 코드를 실행하면 다음과 같이 각 에포크마다 학습 진행 상황이 출력된다.

```
Epoch 1/20
 - 28s - loss: 1.0070 - acc: 0.6083 - val_loss: 0.5944 - val_acc: 0.6833
Epoch 2/20
 - 25s - loss: 0.4728 - acc: 0.7754 - val_loss: 0.3313 - val_acc: 0.8605
Epoch 3/20
 - 30s - loss: 0.1177 - acc: 0.9750 - val_loss: 0.2449 - val_acc: 0.8167
Epoch 4/20
 - 25s - loss: 0.1640 - acc: 0.9444 - val_loss: 0.3354 - val_acc: 0.8372
Epoch 5/20
 - 29s - loss: 0.0545 - acc: 1.0000 - val_loss: 0.2392 - val_acc: 0.8333
Epoch 6/20
 - 25s - loss: 0.0941 - acc: 0.9505 - val_loss: 0.2019 - val_acc: 0.9070
Epoch 7/20
 - 28s - loss: 0.0269 - acc: 1.0000 - val_loss: 0.1707 - val_acc: 0.9000
Epoch 8/20
 - 26s - loss: 0.0349 - acc: 0.9917 - val_loss: 0.2489 - val_acc: 0.8140
Epoch 9/20
 - 28s - loss: 0.0435 - acc: 0.9891 - val_loss: 0.1634 - val_acc: 0.9000
Epoch 10/20
 - 26s - loss: 0.0349 - acc: 0.9833 - val_loss: 0.2375 - val_acc: 0.8140
Epoch 11/20
 - 28s - loss: 0.0288 - acc: 1.0000 - val_loss: 0.1859 - val_acc: 0.9000
Epoch 12/20
 - 29s - loss: 0.0234 - acc: 0.9917 - val_loss: 0.1879 - val_acc: 0.8372
Epoch 13/20
 - 32s - loss: 0.0241 - acc: 1.0000 - val_loss: 0.2513 - val_acc: 0.8500
Epoch 14/20
 - 29s - loss: 0.0120 - acc: 1.0000 - val_loss: 0.0900 - val_acc: 0.9302
Epoch 15/20
 - 36s - loss: 0.0189 - acc: 1.0000 - val_loss: 0.1888 - val_acc: 0.9000
```

```
Epoch 16/20
 - 30s - loss: 0.0142 - acc: 1.0000 - val_loss: 0.1672 - val_acc: 0.8605
Epoch 17/20
 - 29s - loss: 0.0160 - acc: 0.9917 - val_loss: 0.1752 - val_acc: 0.8667
Epoch 18/20
 - 25s - loss: 0.0126 - acc: 1.0000 - val_loss: 0.1823 - val_acc: 0.9070
Epoch 19/20
 - 29s - loss: 0.0165 - acc: 1.0000 - val_loss: 0.1789 - val_acc: 0.8833
Epoch 20/20
 - 25s - loss: 0.0112 - acc: 1.0000 - val_loss: 0.1743 - val_acc: 0.8837
```

CPU만 사용해도 모델의 학습이 굉장히 빨리 진행되는 것을 볼 수 있다. 한 에포크당 약 25초
에서 29초 정도가 걸리니 20에포크의 학습도 채 10분이 걸리지 않는다.

7 모델의 성능을 평가한다. 먼저 데이터셋을 텐서로 변환하는 load_dataset( ) 메서드를 정
의한다.

```
from sklearn.datasets import load_files
from keras.utils import np_utils
import numpy as np

def load_dataset(path):
    data = load_files(path)
    paths = np.array(data['filenames'])
    targets = np_utils.to_categorical(np.array(data['target']))
    return paths, targets

test_files, test_targets = load_dataset('small_data/test')
```

그다음에는 테스트 데이터를 변환한 텐서 test_tensor를 만든다.

```
from keras.preprocessing import image
from keras.applications.vgg16 import preprocess_input
from tqdm import tqdm

def path_to_tensor(img_path):
    img = image.load_img(img_path, target_size=(224, 224))  ◁──  RGB 이미지를
                                                                 PIL.Image.Image
                                                                 타입으로 읽어 들인다.
    x = image.img_to_array(img)  ◁──
    return np.expand_dims(x, axis=0)
```

PIL.Image.Image 타입의 이미지를
모양이 (224, 224, 3)인 3차원 텐서로
변환한다.

3차원 텐서를 모양이 (1, 224, 224, 3)인
4차원 텐서로 변환한다.

```
def paths_to_tensor(img_paths):
    list_of_tensors = [path_to_tensor(img_path) for img_path in tqdm(img_paths)]
    return np.vstack(list_of_tensors)

test_tensors = preprocess_input(paths_to_tensor(test_files))
```

이제 케라스의 evaluate( ) 메서드를 실행해서 모델의 정확도를 측정할 수 있다.

```
print('\n손실 함숫값 : {:.4f}\n정확도:
    {:.4f}'.format(*new_model.evaluate(test_tensors, test_targets)))

손실 함숫값: 0.1042
정확도: 0.9579
```

10분 이내의 학습 시간으로 95.79%의 정확도를 달성했다. 데이터셋 크기를 감안하면 아주 좋은 성과다.

6.8 프로젝트 2: 미세 조정

이번에는 목표 데이터셋의 규모도 작고 원 도메인과 목표 도메인이 매우 다른 경우(이 장 앞부분에서 설명한 시나리오 3)를 다룬다. 프로젝트의 목표는 0부터 9를 나타내는 10가지 수화를 구별할 수 있는 분류기를 구축하는 것이다. [그림 6-19]는 데이터셋에 포함된 이미지 예다.

그림 6-19 수화 이미지 데이터셋에 포함된 이미지 예

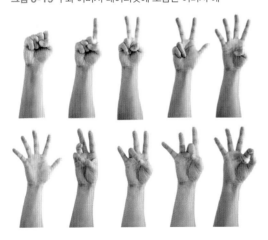

이 데이터셋의 자세한 정보는 다음과 같다.

- 분류 대상 클래스의 가짓수 = 10 (숫자 0~9)
- 이미지 크기 = 100×100
- 색 공간 = RGB
- 훈련 데이터 1,712건
- 검증 데이터 300건
- 테스트 데이터 50건

데이터셋의 크기가 매우 작은 것을 알 수 있다. 이 정도 규모의 학습 데이터로 처음부터 신경망을 학습시키려 한다면 만족할 만한 성능을 얻기 어려울 것이다. 하지만 원 도메인과 목표 도메인이 크게 다름에도 불구하고 전이학습을 통해 98% 이상의 정확도를 달성할 수 있었다.

> NOTE_ 이번 모델의 평가 결과는 곧이곧대로 받아들이기 어려운 부분도 있다. 테스트 데이터가 50개밖에 되지 않아 데이터 수 자체가 워낙 적기 때문이다. 전이학습으로 괜찮은 성능을 달성했지만 일단 이 점을 언급해둔다.

이 책의 웹사이트에서 예제 코드 노트북과 데이터셋을 내려받기 바란다. 이번 프로젝트 역시 학습 과정에 많은 계산 자원을 필요로 하지 않는다. GPU가 없어도 독자 여러분의 환경에서 무리 없이 실행할 수 있다.

첫 번째 프로젝트와의 차이점이 잘 드러나도록 사전 학습된 신경망은 이미지넷을 학습한 VGG16 신경망을 그대로 사용한다. 사전 학습된 신경망을 미세 조정하는 과정은 다음과 같다.

1 필요한 라이브러리를 임포트한다.
2 데이터를 학습에 사용할 수 있도록 전처리한다.
3 대규모 데이터셋(이미지넷)에서 사전 학습된 VGG16 모델의 가중치를 읽어 들인다.
4 특징 추출기 부분의 일부 가중치를 고정한다.
5 새로운 분류기 부분을 추가한다.
6 신경망을 컴파일하고 새로운 소규모 데이터셋으로 모델을 재학습한다.
7 모델의 성능을 평가한다.

각 단계를 구현한 코드를 차례대로 살펴보자.

1 필요한 라이브러리를 임포트한다.

```
from keras.preprocessing.image import ImageDataGenerator
from keras.preprocessing import image
from keras.applications import imagenet_utils
from keras.applications import vgg16
from keras.optimizers import Adam, SGD
from keras.metrics import categorical_crossentropy
from keras.layers import Dense, Flatten, Dropout, BatchNormalization
from keras.models import Model
from sklearn.metrics import confusion_matrix
import itertools
import matplotlib.pyplot as plt
%matplotlib inline
```

2 데이터를 학습에 사용할 수 있도록 전처리한다. 이번에도 케라스의 ImageDataGenerator 클래스의 flow_from_directory( ) 메서드를 사용한다. 코드를 실행하면 텐서를 바로 생성할 수 있도록 데이터 구조화까지 끝난 상태가 된다.

```
train_path = 'dataset/train'
valid_path = 'dataset/valid'
test_path = 'dataset/test'
```

> ImageDataGenerator 클래스는 실시간으로 데이터 강화를 수행하며 여러 개의 배치로 나뉜 텐서를 생성해준다. 학습은 이렇게 분할된 배치를 차례대로 반복 입력하는 방식으로 진행된다. 다만 이번 예제에서는 데이터 강화를 적용하지 않았다.

```
train_batches = ImageDataGenerator().flow_from_directory(train_path,
                                                         target_size=(224,224),
                                                         batch_size=10)

valid_batches = ImageDataGenerator().flow_from_directory(valid_path,
                                                         target_size=(224,224),
                                                         batch_size=30)

test_batches = ImageDataGenerator().flow_from_directory(test_path,
                                                        target_size=(224,224),
                                                        batch_size=50,
                                                        shuffle=False)
```

```
Found 1712 images belonging to 10 classes.
Found 300 images belonging to 10 classes.
Found 50 images belonging to 10 classes.
```

3 대규모 데이터셋에 사전 학습된 VGG16 신경망의 가중치를 읽어 들인다. 앞서 본 예제와 마찬가지로 케라스 라이브러리를 이용해서 VGG16 신경망의 이미지넷 데이터셋에 사전 학습된 가중치를 내려받는다. 여기서 파라미터 pooling='avg'인 것에 주목하라. 이 파라미터는 마지막 합성곱층의 출력에 전역 평균 풀링을 적용하라는 의미다. 따라서 모델의 출력도 2차원 텐서 형태가 된다. 여기서는 전결합층 입력을 위해 사용하는 1차원 변환층(Flatten)을 대체하는 역할을 한다.

```
base_model = vgg16.VGG16(weights = "imagenet", include_top=False,
                         input_shape = (224,224, 3), pooling='avg')
```

4 특징 추출기 부분에 해당하는 일부 층의 가중치를 고정한다. 나머지 가중치는 목표 데이터셋을 이용해서 미세 조정한다. 미세 조정 수준은 시행착오를 통해 결정한다. VGG16에는 13개의 합성곱층이 있다. 원 도메인과 목표 도메인이 얼마나 유사한가를 기준으로 가중치를 고정할 합성곱층 수를 결정하면 된다. 예제에서는 목표 도메인이 원 도메인과 큰 차이가 있으므로 뒤쪽 5개의 합성곱층만 초기 미세 조정 수준으로 결정한 후 성능 추이를 보아 미세 조정 수준을 늘린다. 새로 학습한 모델은 98%의 정확도를 달성했다. 이를 보아 미세 조정 수준은 적절했다고 보인다. 하지만 만족스러운 성능을 얻지 못했다면 미세 조정 수준을 더 늘려야 한다.

```
for layer in base_model.layers[:-5]:      ◁─┐ 모델의 각 층을 순회하며
    layer.trainable = False                  │ 가중치를 고정한다.

base_model.summary()
```

Layer (type)	Output Shape	Param #
input_1 (InputLayer)	(None, 224, 224, 3)	0
block1_conv1 (Conv2D)	(None, 224, 224, 64)	1792
block1_conv2 (Conv2D)	(None, 224, 224, 64)	36928
block1_pool (MaxPooling2D)	(None, 112, 112, 64)	0
block2_conv1 (Conv2D)	(None, 112, 112, 128)	73856
block2_conv2 (Conv2D)	(None, 112, 112, 128)	147584

```
block2_pool (MaxPooling2D)      (None, 56, 56, 128)        0

block3_conv1 (Conv2D)           (None, 56, 56, 256)        295168

block3_conv2 (Conv2D)           (None, 56, 56, 256)        590080

block3_conv3 (Conv2D)           (None, 56, 56, 256)        590080

block3_pool (MaxPooling2D)      (None, 28, 28, 256)        0

block4_conv1 (Conv2D)           (None, 28, 28, 512)        1180160

block4_conv2 (Conv2D)           (None, 28, 28, 512)        2359808

block4_conv3 (Conv2D)           (None, 28, 28, 512)        2359808

block4_pool (MaxPooling2D)      (None, 14, 14, 512)        0

block5_conv1 (Conv2D)           (None, 14, 14, 512)        2359808

block5_conv2 (Conv2D)           (None, 14, 14, 512)        2359808

block5_conv3 (Conv2D)           (None, 14, 14, 512)        2359808

block5_pool (MaxPooling2D)      (None, 7, 7, 512)          0

global_average_pooling2d_1      (None, 512)                0
=================================================================
Total params: 14,714,688
Trainable params: 7,079,424
Non-trainable params: 7,635,264
```

5 분류기 부분을 새로 추가해서 모델을 완성한다.

```
last_output = base_model.output        ◁─┤ base_model의 출력을
                                          │ 다음 층에 입력한다.
                                                                               유닛이 10개인
                                                                               소프트맥스층을
x = Dense(10, activation='softmax', name='softmax')(last_output)  ◁─┤        추가한다.

new_model = Model(inputs=base_model.input, outputs=x)  ◁─┐
                                                         │ 케라스 Model 클래스의 객체를
                                                         │ new_model이라는 이름으로
new_model.summary()    ◁─┤ 모델 객체 new_model의 개요를      생성한다.
                         │ 출력한다.
```

Layer (type)	Output Shape	Param #
input_1 (InputLayer)	(None, 224, 224, 3)	0
block1_conv1 (Conv2D)	(None, 224, 224, 64)	1792
block1_conv2 (Conv2D)	(None, 224, 224, 64)	36928
block1_pool (MaxPooling2D)	(None, 112, 112, 64)	0
block2_conv1 (Conv2D)	(None, 112, 112, 128)	73856
block2_conv2 (Conv2D)	(None, 112, 112, 128)	147584
block2_pool (MaxPooling2D)	(None, 56, 56, 128)	0
block3_conv1 (Conv2D)	(None, 56, 56, 256)	295168
block3_conv2 (Conv2D)	(None, 56, 56, 256)	590080
block3_conv3 (Conv2D)	(None, 56, 56, 256)	590080
block3_pool (MaxPooling2D)	(None, 28, 28, 256)	0
block4_conv1 (Conv2D)	(None, 28, 28, 512)	1180160
block4_conv2 (Conv2D)	(None, 28, 28, 512)	2359808
block4_conv3 (Conv2D)	(None, 28, 28, 512)	2359808
block4_pool (MaxPooling2D)	(None, 14, 14, 512)	0
block5_conv1 (Conv2D)	(None, 14, 14, 512)	2359808
block5_conv2 (Conv2D)	(None, 14, 14, 512)	2359808
block5_conv3 (Conv2D)	(None, 14, 14, 512)	2359808
block5_pool (MaxPooling2D)	(None, 7, 7, 512)	0
global_average_pooling2d_1	(None, 512)	0
softmax (Dense)	(None, 10)	5130

```
Total params: 14,719,818
Trainable params: 7,084,554
Non-trainable params: 7,635,264
```

6 모델을 컴파일한 후 학습을 시작한다.

```
new_model.compile(Adam(lr=0.0001), loss='categorical_crossentropy',
                  metrics=['accuracy'])

from keras.callbacks import ModelCheckpoint

checkpointer = ModelCheckpoint(filepath='signlanguage.model.hdf5',
                               save_best_only=True)

history = new_model.fit_generator(train_batches, steps_per_epoch=18,
                  validation_data=valid_batches, validation_steps=3,
                  epochs=20, verbose=1, callbacks=[checkpointer])


Epoch 1/150
18/18 [==============================] - 40s 2s/step - loss: 3.2263 - acc:
   0.1833 - val_loss: 2.0674 - val_acc: 0.1667
Epoch 2/150
18/18 [==============================] - 41s 2s/step - loss: 2.0311 - acc:
   0.1833 - val_loss: 1.7330 - val_acc: 0.3000
Epoch 3/150
18/18 [==============================] - 42s 2s/step - loss: 1.5741 - acc:
   0.4500 - val_loss: 1.5577 - val_acc: 0.4000
Epoch 4/150
18/18 [==============================] - 42s 2s/step - loss: 1.3068 - acc:
   0.5111 - val_loss: 0.9856 - val_acc: 0.7333
Epoch 5/150
18/18 [==============================] - 43s 2s/step - loss: 1.1563 - acc:
   0.6389 - val_loss: 0.7637 - val_acc: 0.7333
Epoch 6/150
18/18 [==============================] - 41s 2s/step - loss: 0.8414 - acc:
   0.6722 - val_loss: 0.7550 - val_acc: 0.8000
Epoch 7/150
18/18 [==============================] - 41s 2s/step - loss: 0.5982 - acc:
   0.8444 - val_loss: 0.7910 - val_acc: 0.6667
Epoch 8/150
18/18 [==============================] - 41s 2s/step - loss: 0.3804 - acc:
   0.8722 - val_loss: 0.7376 - val_acc: 0.8667
```

```
Epoch 9/150
18/18 [==============================] - 41s 2s/step - loss: 0.5048 - acc:
    0.8222 - val_loss: 0.2677 - val_acc: 0.9000
Epoch 10/150
18/18 [==============================] - 39s 2s/step - loss: 0.2383 - acc:
    0.9276 - val_loss: 0.2844 - val_acc: 0.9000
Epoch 11/150
18/18 [==============================] - 41s 2s/step - loss: 0.1163 - acc:
    0.9778 - val_loss: 0.0775 - val_acc: 1.0000
Epoch 12/150
18/18 [==============================] - 41s 2s/step - loss: 0.1377 - acc:
    0.9667 - val_loss: 0.5140 - val_acc: 0.9333
Epoch 13/150
18/18 [==============================] - 41s 2s/step - loss: 0.0955 - acc:
    0.9556 - val_loss: 0.1783 - val_acc: 0.9333
Epoch 14/150
18/18 [==============================] - 41s 2s/step - loss: 0.1785 - acc:
    0.9611 - val_loss: 0.0704 - val_acc: 0.9333
Epoch 15/150
18/18 [==============================] - 41s 2s/step - loss: 0.0533 - acc:
    0.9778 - val_loss: 0.4692 - val_acc: 0.8667
Epoch 16/150
18/18 [==============================] - 41s 2s/step - loss: 0.0809 - acc:
    0.9778 - val_loss: 0.0447 - val_acc: 1.0000
Epoch 17/150
18/18 [==============================] - 41s 2s/step - loss: 0.0834 - acc:
    0.9722 - val_loss: 0.0284 - val_acc: 1.0000
Epoch 18/150
18/18 [==============================] - 41s 2s/step - loss: 0.1022 - acc:
    0.9611 - val_loss: 0.0177 - val_acc: 1.0000
Epoch 19/150
18/18 [==============================] - 41s 2s/step - loss: 0.1134 - acc:
    0.9667 - val_loss: 0.0595 - val_acc: 1.0000
Epoch 20/150
18/18 [==============================] - 39s 2s/step - loss: 0.0676 - acc:
    0.9777 - val_loss: 0.0862 - val_acc: 0.9667
```

출력된 학습 과정에서 한 에포크당 소요 시간을 확인해보면 CPU만 사용해도 모델의 학습이
굉장히 빨리 진행되는 것을 볼 수 있다. 한 에포크당 약 40초가 걸렸으니 20에포크 전체 학습
에 15분이 채 걸리지 않는다.

7 모델의 정확도를 평가한다. 첫 번째 프로젝트와 마찬가지로 이번에도 먼저 데이터셋을 텐서로 변환하는 load_dataset( ) 메서드를 정의하고 이 메서드를 사용해서 test_targets와 test_tensors를 만든 다음 케라스의 evaluate( ) 메서드를 사용해서 모델의 정확도를 측정한다.

```python
print('\n손실 함숫값 : {:.4f}\n정확도:
    {:.4f}'.format(*new_model.evaluate(test_tensors, test_targets)))

손실 함숫값: 0.0574
정확도: 0.9800
```

모델의 정확도를 더 심층적으로 평가하려면 4장에서 설명한 혼동 행렬을 작성해야 한다. 다시 한번 설명하면 혼동 행렬은 분류 모델의 성능을 평가하는 데 사용되는 표로, 테스트 데이터에 대한 모델의 성능을 더 잘 이해하는 데 도움이 된다. 더 자세한 사항은 4장에서 설명한 모델 성능 지표에 대한 내용을 참조하기 바란다. 이번에 학습한 모델의 혼동 행렬을 작성해보자([그림 6-20] 참조).

```python
from sklearn.metrics import confusion_matrix
import numpy as np

cm_labels = ['0','1','2','3','4','5','6','7','8','9']

cm = confusion_matrix(np.argmax(test_targets, axis=1),
                      np.argmax(new_model.predict(test_tensors), axis=1))
plt.imshow(cm, cmap=plt.cm.Blues)
plt.colorbar()
indexes = np.arange(len(cm_labels))
for i in indexes:
    for j in indexes:
        plt.text(j, i, cm[i, j])

plt.xticks(indexes, cm_labels, rotation=90)
plt.xlabel('예측 레이블')
plt.yticks(indexes, cm_labels)
plt.ylabel('정답 레이블')
plt.title('혼동 행렬')
plt.show()
```

그림 6-20 수화 분류 모델의 혼동 행렬

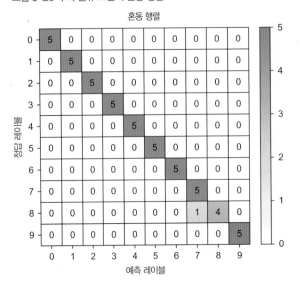

혼동 행렬을 읽는 법은 다음과 같다. 예측 레이블 축의 숫자가 얼마나 정확히 분류되었는가를 정답 레이블 축에서 보면 된다. 예를 들어 예측 레이블의 숫자 0을 보면 이미지 다섯 장이 모두 올바르게 분류되었음을 알 수 있다. 이런 식으로 혼동 행렬을 살펴보면 정답 레이블이 8인 경우 한 이미지를 제외하면 모두 올바르게 분류된 것을 알 수 있다. 하나의 이미지는 7로 오분류되었다.

6.9 마치며

- 전이학습은 분류 또는 물체 인식 프로젝트를 시작하는 출발점으로 유용하다. 특히 학습 데이터를 충분히 확보하지 못했다면 더욱 유용하다.

- 전이학습은 원 데이터셋에서 학습된 지식을 목표 데이터셋으로 옮기는 방법으로 학습에 소요되는 계산 자원이나 학습 시간을 절약하는 효과가 있다.

- 신경망은 층수가 깊어질수록 더욱 복잡한 특징을 학습한다. 뒤쪽에 위치한 층일수록 특정 이미지에 가까운 특징이 학습된다.

- 신경망의 앞쪽 층은 직선, 얼룩, 모서리 등의 저수준 특징을 학습한다. 첫 번째 층의 출력이 두 번째 층의 입력이 되며 점차 고수준 특징을 학습한다. 다음 층은 이전 층의 출력을 입력받아 대상의 일부로 조합하고 그 뒤로 이어지는 층이 대상을 탐지한다.
- 전이학습 방식은 사전 학습된 신경망을 분류기로 사용하는 방식, 특징 추출기로 사용하는 방식, 미세 조정 이렇게 크게 세 가지다.
- 사전 학습된 신경망을 분류기로 사용하는 방식은 사전 학습된 신경망을 가중치 고정이나 재학습 없이 그대로 사용하는 방식이다.
- 사전 학습된 신경망을 특징 추출기로 사용하는 방식은 사전 학습된 신경망의 특징 추출기 부분의 가중치를 고정하고 그 외 부분을 재학습해서 사용하는 방식이다.
- 미세 조정은 특징 추출기 부분 중 일부 층의 가중치를 고정하고, 가중치를 고정하지 않은 층과 새로 추가한 분류기 부분을 함께 재학습하는 방식이다.
- 학습된 특징을 다른 신경망으로 옮기는 과정의 성공 가능성은 목표 데이터셋의 규모, 원 도메인과 목표 도메인의 유사성에 따라 결정된다.
- 일반적으로 미세 조정 중의 재학습에는 신경망 부분별로 학습률을 달리 설정한다. 기존 신경망의 가중치를 고정하지 않은 부분은 학습률을 작게 설정하고, 새로 추가한 분류기 부분은 학습률을 크게 설정한다.

## CHAPTER 7

R-CNN, SSD, YOLO를 이용한
사물 탐지

> ## 이 장의 내용
>
> - 이미지 분류와 사물 탐지의 차이를 이해한다.
> - 사물 탐지 프로젝트의 일반적인 프레임워크를 이해한다.
> - R-CNN(영역 기반 합성곱 신경망), SSD, YOLO 등의 사물 탐지 알고리즘을 적절히 사용한다.

지금까지 딥러닝을 이용한 이미지 분류에 대해 배웠다. 이미지 분류에서는 이미지에 주 대상 물체가 하나만 있다고 가정하며, 모델의 역할은 이 대상 물체의 카테고리가 무엇인지 식별하는 것이다. 그러나 이미지에는 둘 이상의 대상이 있는 경우가 많으며, 우리 관심 대상도 한 이미지에서 둘 이상이 될 수 있다. 더 나아가 이미지상에서 대상의 위치를 특정해야 할 경우도 있다. 컴퓨터 비전 분야에서는 이러한 과업을 **사물 탐지**object detection라고 한다. [그림 7-1]에 이미지 분류와 사물 탐지의 차이를 정리했다.

사물 탐지는 크게 두 가지 부분 과업으로 나뉜다. 하나는 물체의 이미지 내 위치를 특정하는 것이고, 다른 하나는 각 물체를 분류하는 것이다([표 7-1] 참조). 따라서 사물 탐지 결과는 이미지 내 물체의 영역을 나타내는 박스와 함께 해당 영역에 위치한 물체의 종류를 표시하는 형태가 된다. 그러므로 이미지의 카테고리만 예측하면 되는 이미지 분류와 달리 대상의 위치를 나타내는 박스의 좌표를 함께 예측해야 한다. 이렇듯 사물 탐지는 대상의 위치와 종류를 모두 정확히 예측해야 하는 만만치 않은 과업이다.

그림 7-1 이미지 분류와 사물 탐지의 차이점. 이미지 분류는 해당 이미지에 있는 대상이 각 클래스(고양이)에 속할 확률만 출력하면 된다. 그러나 사물 탐지는 발견한 물체의 위치를 특정하는 박스(예제에서는 4개)의 좌표와 각 대상의 클래스를 함께 예측(고양이 두 마리, 오리 한 마리, 개 한 마리)해야 한다.

이미지 분류

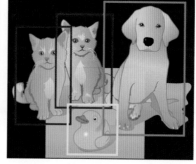

사물 탐지(분류와 위치)

고양이

고양이, 고양이, 오리, 개

표 7-1 이미지 분류와 사물 탐지의 차이점

이미지 분류	사물 탐지
이미지에 있는 (하나뿐인) 대상의 클래스를 예측하는 것이 목표	이미지에 있는 (하나 이상의) 대상의 위치를 나타내는 박스와 해당 물체의 클래스를 예측하는 것이 목표
• 입력: 하나의 대상이 있는 이미지	• 입력: 하나 이상의 대상이 있는 이미지
• 출력: 클래스 레이블(고양이, 개 등)	• 출력: 각 대상의 위치를 특정하는 경계 박스(좌표)와 해당 물체의 클래스 레이블
• 출력 예: 각 클래스에 속할 확률(고양이 84%)	• 출력 예:
	– box1의 좌표(x, y, w, h)와 클래스에 속할 확률
	– box2의 좌표와 클래스에 속할 확률
	좌표 (x, y, w, h)에서 x와 y는 경계 박스의 중심점 좌표고, w와 h는 경계 박스의 너비와 높이이다.

사물 탐지는 다양한 분야에서 널리 응용된다. 예를 들어 자율주행차 기술에서는 주변 영상으로부터 가까이에 위치한 차량, 보행자, 도로 및 장애물의 위치를 인식해야 한다. 로봇 역시 필요로 하는 대상을 찾기 위해 사물 탐지 기술이 필요하다. 보안 분야에서도 침입자나 폭탄 등 비정상적인 대상을 발견하기 위해 사물 탐지 기술을 응용할 수 있다.

이 장의 구성은 다음과 같다.

  1 사물 탐지 알고리즘의 일반적인 프레임워크

2 세 가지 주요 사물 탐지 알고리즘인 R-CNN 및 그 변종, SSD, YOLO 및 그 변종

3 배운 내용을 바탕으로 독립적으로 동작하는 물체 인식 모델을 구축하는 프로젝트 수행

이 장의 학습을 마치고 나면 사물 탐지에 딥러닝이 어떻게 응용되는지, 주요 사물 탐지 모델이 어떻게 고안되었고 서로 분화되었는지 이해할 수 있을 것이다. 그럼 시작해보자.

7.1 사물 탐지 알고리즘의 일반적인 프레임워크

R-CNN이나 SSD, YOLO 같은 실제 사물 탐지 시스템을 살펴보기 전에 먼저 이들 시스템의 일반적인 프레임워크를 살펴보며 딥러닝 시스템이 사물 탐지를 어떻게 수행하는지, 사물 탐지 시스템의 탐지 성능을 평가하는 지표에는 어떤 것들이 있는지 알아보자. 아직은 사물 탐지 시스템의 구현 코드를 이해하지 못할까 걱정할 필요 없다. 이 절의 목표는 각 시스템이 사물 탐지 문제를 해결하기 위해 취한 접근법을 이해하고, 이후 절에서 설명할 딥러닝 구조를 알기 위해 필요한 새로운 개념을 도입하는 것이다.

대체로 사물 탐지 프레임워크는 다음 4개 요소로 구성된다.

1 **영역 제안**region proposal : 이미지에서 시스템이 처리할 영역인 RoI^{regions of interest}를 제안하는 딥러닝 모델 또는 알고리즘이다. RoI는 이미지 내 물체가 존재할 것이라 예상되는 영역을 의미한다. 이 컴포넌트는 각각 물체 존재 확신도^{objectness score}가 매겨진 많은 수의 박스 정보를 출력한다. 이 중 높은 물체 존재 확신도가 매겨진 박스는 추가 처리를 위해 전달된다.

2 **특징 추출 및 예측**: 각 박스 영역의 시각적 특징이 추출된다. 이러한 특징을 평가해서 물체 존재 여부와 물체의 클래스를 판단한다(예: 사물 분류 컴포넌트).

3 **비최대 억제**non-maximum suppression, NMS : 이 단계쯤이면 모델이 같은 물체에 대해 복수의 박스를 발견했을 가능성이 높다. NMS는 같은 물체에 대한 중복된 박스를 탐지하고 통합해서 물체 하나마다 하나의 박스만 남도록 하는 역할을 한다.

4 **평가 지표**: 이미지 분류의 정확도, 정밀도, 재현율 등(4장 참조)과 비슷하게 사물 탐지에도 성능을 측정하는 고유의 평가 지표가 있다. 이 장에서는 그중 가장 널리 쓰이는 **평균평균정밀도**^{mean average precision, mAP}[1]와 **PR 곡선**^{precision-recall curve}, **중첩률**^{intersection over union, IoU}을 설명한다.

그럼 사물 탐지 프레임워크의 각 구성 요소를 하나씩 살펴보자.

------

1 옮긴이_ 평균평균정밀도(mAP)는 평균정밀도(average precision)의 평균(mean)이다. 문헌에 따라 평균평균정밀도와 평균정밀도를 같은 의미로 사용하는 경우도 있으니 주의하기 바란다

7.1.1 영역 제안

이 단계에서는 시스템이 이미지를 관찰하고 추가 분석이 필요한 RoI를 제안한다. RoI는 시스템이 이미지의 해당 위치에 높은 확률(**물체 존재 확신도.** [그림 7-2] 참조)로 물체가 존재한다고 판단한 영역이다. 물체 존재 확신도가 높은 영역은 다음 단계로 전달되고, 낮은 영역은 추가 분석 없이 폐기된다.

그림 7-2 시스템이 제안한 RoI의 예. 물체 존재 확신도가 높은 영역은 (앞쪽에 위치한) 물체를 포함하고 있을 확률이 높으며, 물체 존재 확신도가 낮은 영역은 배경일 확률이 높다.

물체 존재 확신도가
낮음

물체 존재 확신도가
높음

영역을 제안하는 방식은 여러 가지가 있다. 초기에는 **선택적 탐색**selective search 알고리즘을 사용했다. 이 알고리즘은 R-CNN을 설명할 때 더 자세히 다루겠다. 그 외 방식은 딥러닝을 이용해서 추출한 복잡한 시각적 특징에 근거해서 영역을 제안한다.

각 시스템이 영역 제안을 해결하는 서로 다른 방법에 대해서는 나중에 더 자세히 설명한다. 지금은 이 단계에서 생성된 많은 수(수천 개에 이르기도 한다)의 후보 영역이 이후 단계에서 분석 및 분류를 거치게 된다는 것만 알면 된다. 먼저 신경망은 이미지를 물체 존재 확신도에 따라 **전경**(물체)과 **배경**(물체 아님)으로 나눈다. 물체 존재 확신도가 설정된 임곗값을 초과하는 영역은 전경으로 간주되며 신경망의 이후 층에서 추가 분석의 대상이 된다. 이때 임곗값은 문제에 따라 조절 가능하다. 임곗값이 너무 낮게 설정되면 거의 가능한 모든 영역을 제안하기 때문에 이미지에 있는 물체를 놓칠 가능성이 낮아진다. 하지만 계산 자원을 지나치게 소모하므로 사물 탐지 자체가 느려진다. 영역 제안 수와 계산 복잡도의 트레이드오프 관계를 잘 파악하고 문제에 적합한 수의 RoI를 제안하도록 설정해야 한다.

7.1.2 특징 추출 및 예측

이 컴포넌트에는 특징 추출을 위해 사전 학습된 합성곱 신경망이 포함된다. 여기서 추출된 특징을 이용해서 당면한 문제를 해결하거나 물체의 유형을 분류한다. 대개의 프레임워크에는 이 컴포넌트로 사전 학습된 이미지 분류 모델, 그중에서도 일반화 성능이 높은 모델을 사용한다. 예를 들어 MS COCO나 이미지넷 데이터셋을 학습한 모델은 대부분 물체의 특징을 잘 추출할 수 있다.

이 단계에서는 물체를 포함했을 가능성이 높다고 판단된 모든 영역을 신경망이 분석하며 각 영역마다 다음 두 가지를 예측한다.

- 경계 박스 예측: 물체를 감싸는 박스의 좌표를 예측한다. 경계 박스의 좌표는 튜플 (x, y, w, h)로 표현된다. x와 y는 경계 박스의 중심점 좌표고, w와 h는 경계 박스의 너비와 높이이다.
- 클래스 예측: 해당 영역의 물체가 각 클래스에 속할 확률을 예측하는 소프트맥스 함수다.

제안되는 영역의 수가 매우 많기 때문에 대부분의 경우 물체마다 여러 개의 경계 박스가 생긴다. 예를 들어 [그림 7-3]의 개 이미지를 보면 신경망이 물체를 잘 찾아내고 분류(개)한 것을 볼 수 있다. 그러나 이전 단계에서 개가 포함된 RoI가 5개나 제안되었기 때문에 개 주변에 경계 박스도 5개가 표시된다. 물체의 위치와 종류가 모두 정확하게 파악됐지만 이 상태로는 우리가 원하는 결과가 되지 못한다.

그림 7-3 사물 1개에 여러 개의 경계 박스를 예측한다. 같은 사물을 포함하는 여러 개의 경계 박스 사물을 가장 잘 포함하는 박스로 통합한다.

문제에 따라서는 물체 하나에 경계 박스가 하나만 있어야 하는 경우도 있다. 이미지에 나온 개의 수를 세는 문제라면 어떻게 되겠는가? 지금 상태로는 개가 다섯 마리인 것으로 나올 것이다. 여기서 유용한 것이 비최대 억제 기법이다.

7.1.3 비최대 억제

[그림 7-4]에서 볼 수 있듯이 사물 탐지 알고리즘의 문제점 중 하나는 같은 물체를 여러 번 탐지할 수 있다는 것이다. 이 때문에 물체 하나에 경계 박스가 여러 개 표시될 수 있다. 비최대 억제$^{non-maximum suppression, NMS}$는 물체 하나에 경계 박스가 하나만 남도록 하는 기법이다. 이름에서 짐작할 수 있듯이 예측 확률이 **가장 높은** 경계 박스만 남기고 나머지는 **배제**하는 방식이다.

그림 7-4 같은 물체에 여러 개의 경계 박스가 제시되었다. 비최대 억제 적용 후에는 물체의 영역과 가장 잘 들어맞는 박스만 남고, 이 박스와 겹치는 나머지 박스는 배제된다.

비최대 억제(NMS) 이전의 예측   NMS 적용 후

NMS는 사물 하나에 경계 박스 후보를 하나만 남긴다. 예를 들어 이미지에 담긴 사물의 영역이 꽤 크고 이 사물에 제안된 경계 박스가 2,000개가 넘으면 경계 박스의 상당 부분이 다른 박스와 겹칠 것이다.

NMS 알고리즘의 작동 과정을 살펴보자.

1 예측 확률이 미리 설정된 신뢰 임곗값confidence threshold에 미치지 못하는 경계 박스를 폐기한다. 신뢰 임곗값은 수정 가능하다.

2 남아 있는 경계 박스를 하나씩 살펴본 후 예측 확률이 가장 높은 것을 선택한다.

3 선택된 박스와 예측 클래스가 같은 박스의 중복 영역을 계산한다. 같은 클래스를 예측한 경계 박스끼리의 평균 중복 영역을 계산한다. 이 지표를 중첩률intersection over union, IOU이라고 한다. 중첩률은 다음 절에서 더 자세히 설명한다.

4 중첩률이 미리 설정한 임곗값(NMS 임곗값)에 미치지 못하는 경계 박스를 배제한다. 대개의 경우 0.5를 임곗값으로 설정하는데, 경계 박스를 얼마나 남기느냐에 따라 이 값을 조정할 수 있다.

NMS 알고리즘은 사물 탐지 프레임워크에서 거의 표준으로 사용된다. 그러나 신뢰 임곗값과 NMS 임곗값 등 하이퍼파라미터 조정이 필요할 수도 있는 중요한 단계다.

7.1.4 사물 탐지 성능 평가 지표

사물 탐지의 성능을 평가하는 지표는 크게 초당 프레임 수frames per second, FPS와 평균평균정밀도mean Average Precision, mAP 두 가지가 쓰인다.

초당 프레임 수: 탐지 속도의 평가 지표

탐지 속도를 평가하는 일반적인 지표로는 초당 프레임 수FPS가 사용된다. 예를 들어 고속 R-CNN의 처리 속도는 7FPS인데 비해 SSD의 처리 속도는 59FPS에 이른다. 성능 비교 실험 결과를 언급한 논문에서도 다음과 같은 구절을 볼 수 있다. '신경망 X는 Z FPS의 속도에서 mAP Y%를 달성했다.' 여기서 X는 신경망의 종류고, Y는 평균평균정밀도, Z는 초당 프레임 수다.

평균평균정밀도: 신경망 예측 정밀도의 평가 지표

물체 인식에서 가장 널리 쓰이는 성능 평가 지표는 평균평균정밀도mAP다. 0부터 100 사이의 값으로 나타내며 값이 클수록 성능이 좋은 것은 정확도와 마찬가지지만 계산 방법은 정확도와 조금 차이가 있다.

mAP 계산 방법을 이해하려면 먼저 IoU와 PR 곡선을 이해해야 한다. IoU와 PR 곡선을 먼저 설명하고 mAP로 돌아오도록 하자.

중첩률(IoU)

2개의 경계 박스가 중첩되는 정도를 나타내는 값이다. 정답 경계 박스($B_{ground\ truth}$)와 예측 경계 박스($B_{predicted}$)가 있다고 할 때 IoU를 계산해서 해당 탐지 결과가 유효[true positive]한지 아닌지[false positive] 결정할 수 있다. [그림 7-5]에 정답 경계 박스와 예측 경계 박스의 IoU를 계산하는 과정을 나타냈다.

그림 7-5 IoU는 정답 경계 박스와 예측 경계 박스의 중첩되는 비율을 계산한 것이다.

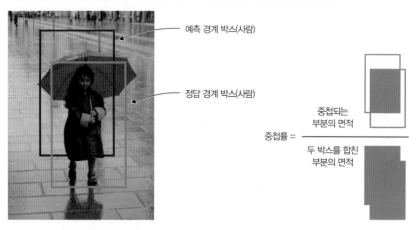

중첩률은 0(두 경계 박스가 전혀 겹치지 않음)부터 1(두 경계 박스가 완전히 겹침)까지의 값을 가지며 값이 클수록 좋다(그림 7-6).

그림 7-6 중첩률은 0(전혀 겹치지 않음)부터 1(완전히 겹침) 사이의 값을 갖는다. 값이 클수록 좋다.

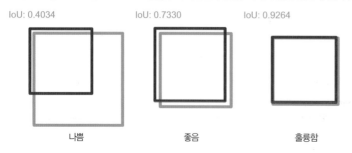

어떤 예측 결과의 중첩률을 계산하려면 다음과 같은 정보가 필요하다.

- 정답 경계 박스($B_{\text{ground truth}}$): 수동으로 레이블링된 경계 박스
- 예측 경계 박스($B_{\text{predicted}}$): 모델의 예측 결과

두 박스가 겹치는 부분의 면적을 두 박스를 합한 영역의 면적으로 나누면 중첩률을 계산할 수 있다.

$$\text{IoU} = \frac{B_{\text{ground truth}} \cap B_{\text{predicted}}}{B_{\text{ground truth}} \cup B_{\text{predicted}}}$$

중첩률은 정확한 예측을 정의하는 용도로 사용된다. 즉, 중첩률이 설정된 임곗값보다 크면 정확한 예측이 된다. 이 임곗값은 상황에 따라 조정 가능하지만 일반적으로 0.5가 많이 쓰인다. 예를 들어 MS COCO 경진대회에서는 mAP@0.5(중첩률 임곗값 0.5) 또는 mAP@0.75(중첩률 임곗값 0.75)가 쓰인다. 중첩률이 임곗값을 초과하면 해당 예측은 정답을 맞힌 것[TP]으로 간주하고, 그렇지 않으면 틀린 것[FP]이 된다.

PR 곡선

진양성[TP]과 위양성[FP]을 정의했으니 이제 주어진 클래스에 대한 탐지 결과의 정밀도와 재현율을 계산할 수 있다. 4장에서 설명한 대로 정밀도와 재현율을 다음과 같이 계산한다(FN은 위음성을 가리킨다).

$$\text{재현율} = \frac{TP}{TP + FN}$$

$$\text{정밀도} = \frac{TP}{TP + FP}$$

모든 대상 클래스에 대해 정밀도와 재현율을 계산하고 나면 [그림 7-7]과 같은 PR 곡선을 그릴 수 있다.

그림 7-7 사물 탐지 모델의 성능 평가에는 PR 곡선을 사용한다.

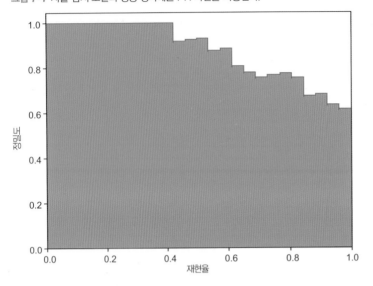

각 클래스마다 PR 곡선을 그려보면 사물 탐지 모델의 성능을 평가할 수 있다. 재현율이 증가할 때도 정밀도가 하락하지 않는다면 임곗값을 변화시켜도 정밀도가 하락하지 않는다는 의미이므로 모델의 성능이 뛰어나다는 뜻이다. 반대로 성능이 낮은 모델은 재현율을 끌어올리면서 위양성의 수가 늘어난다. 대부분 PR 곡선이 높은 정밀도로 시작해서 정밀도가 하락하는 패턴을 보이는 것은 이 때문이다.

이제 PR 곡선을 그렸으니 PR 곡선 아래의 면적인 AUC[area under the curve]를 계산하여 평균정밀도[AP]를 계산할 수 있다. 그다음 각 클래스의 평균정밀도의 평균인 평균평균정밀도[mAP]를 계산한다.

정리

mAP는 다음과 같이 계산한다.

1 각 경계 박스의 물체 존재 확신도를 계산한다(해당 경계 박스 영역 안에 물체가 존재할 확률).
2 정밀도와 재현율을 계산한다.
3 각 분류 클래스마다 확률의 임곗값을 변화시키며 PR 곡선을 그린다.
4 PR 곡선의 AUC를 계산하여 평균정밀도를 계산할 수 있다. 각 분류 클래스마다 평균정밀도를 계산한다.
5 각 클래스의 평균정밀도의 평균을 계산한다.

mAP는 정확도 같은 기존 지표에 비해 계산이 까다롭다. 다행히 mAP를 직접 계산할 필요는 없다. 뒷부분의 프로젝트에서 보면 알겠지만 대부분의 딥러닝 사물 탐지 알고리즘에는 mAP를 계산하는 기능을 포함되어 있다.

사물 탐지 알고리즘의 일반적인 프레임워크를 이해했으니 지금부터는 대표적인 사물 탐지 알고리즘인 R-CNN 및 그 변종, SSD, YOLO에 대해 알아보며 사물 탐지 알고리즘이 어떻게 발전해왔는지 살펴보자. 또한 각 알고리즘의 장단점을 파악하여 당면한 문제에 맞는 알고리즘을 선택하는 능력도 함께 기르자.

7.2 영역 기반 합성곱 신경망

영역 기반 합성곱 신경망region-based convolutional neural network, R-CNN[2]은 2014년에 로스 거식Ross Girshick이 제안한 신경망 구조다. R-CNN은 2015년에 Fast R-CNN[3], 2016년에 Faster R-CNN[4]이 잇달아 제안되며 변종을 늘려나갔다. 이 절에서는 R-CNN이 Fast R-CNN과 Faster R-CNN으로 발전해나가는 과정을 간단히 설명하고, Faster R-CNN 구조를 구현 코드와 함께 더 자세히 살펴보겠다.

7.2.1 R-CNN이란

R-CNN은 영역 기반 신경망 구조 중 가장 기본적인 구조지만, 모든 다중 물체 인식 알고리즘의 동작을 이해하기 위한 밑바탕이 되는 구조다. R-CNN은 합성곱 신경망이 물체 인식 및 위치 특정 문제에서 대규모로 응용된 최초의 사례다. 또한 이후 제안된 사물 탐지 알고리즘의 기반이 되기도 했다. R-CNN이 제안한 기법은 PASCAL VOC-2012 데이터셋과 2013년 ILSVRC에서 당시 최고 성능 기록을 갱신한 바 있다. [그림 7-8]에 R-CNN 신경망 구조를 정리했다.

2　Ross Girshick, Jeff Donahue, Trevor Darrell, Jitendra Malik, 「Rich Feature Hierarchies for Accurate Object Detection and Semantic Segmentation」, 2014, http://arxiv.org/abs/1311.2524

3　Ross Girshick, 「Fast R-CNN」, 2015, http://arxiv.org/abs/1504.08083

4　Shaoqing Ren, Kaiming He, Ross Girshick, Jian Sun, 「Faster R-CNN: Towards Real-Time Object Detection with Region Proposal Networks」, 2016, http://arxiv.org/abs/1506.01497

그림 7-8 R-CNN 모델의 구조(Girshick 외 「Rich Feature Hierarchies for Accurate Object Detection and Semantic Segmentation」에 실린 것을 수정함)

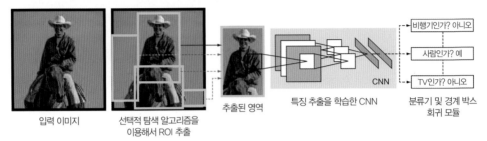

입력 이미지 / 선택적 탐색 알고리즘을 이용해서 ROI 추출 / 추출된 영역 / 특징 추출을 학습한 CNN / 분류기 및 경계 박스 회귀 모듈

비행기인가? 아니오 / 사람인가? 예 / TV인가? 아니오

다음은 R-CNN의 네 가지 구성 요소다.

- **RoI 추출기: 영역 제안 모듈**이라고도 한다. RoI는 물체를 포함하고 있을 가능성이 높은 이미지의 영역이다. 선택적 탐색 알고리즘을 이용해서 입력 이미지를 스캔하며 얼룩 패턴이 있는 영역을 찾아 다음 단계에서 추가 처리하도록 RoI로 제안한다. 제안된 RoI는 고정된 크기로 추출된다(RoI 영역의 크기는 일반적으로 제각각 이지만 CNN에 입력하려면 고정된 크기여야 하기 때문이다).

- **특징 추출 모듈**: 사전 학습된 합성곱 신경망에 앞서 제안된 RoI 영역을 입력해서 특징을 추출한다. 이 과정은 우리가 이전 장에서 배운 일반적인 합성곱 신경망 특징 추출기가 맡는다.

- **분류 모듈**: 서포트 벡터 머신 등 기존 머신러닝 알고리즘으로 분류기를 학습한 다음 특징 추출 모듈에서 추출 한 특징으로 해당 영역의 물체가 무엇인지 분류한다.

- **위치 특정 모듈: 경계 박스 회귀 모듈**bounding-box regressor이라고도 한다. 잠시 회귀의 정의를 다시 떠올려보 자. 머신러닝 문제는 크게 분류와 회귀로 나눌 수 있다. 분류 알고리즘은 사전 정의된 클래스(개, 고양이, 코끼 리)를 출력하며, 회귀 알고리즘은 연속값을 예측 대상으로 한다. 이 모듈의 예측 대상은 경계 박스의 위치와 크기다. 경계 박스는 (x, y, w, h)와 같은 튜플로 표현되는데, x와 y는 경계 박스의 중심점 좌표고, w와 h는 경계 박스의 너비와 높이다.

선택적 탐색

물체를 포함하는 영역을 제안하는 데 사용하는 탐욕적 탐색 알고리즘이다. 서로 비슷한 픽셀이 나 질감을 가진 영역을 직사각형 박스 영역 안에 모으는 방식으로 물체가 존재하는 영역을 찾는 다. 그리고 **완전 탐색 알고리즘**exhaustive search algorithm(이미지 내 가능한 모든 위치를 탐색)과 **상향 식 영역 통합 알고리즘**bottom-up segmentation algorithm(유사한 영역을 계층적으로 통합해가는 알고리 즘)을 적용해서 가능한 모든 물체 위치를 감지한다.

선택적 탐색은 분할 알고리즘을 통해 이미지에서 얼룩 패턴을 찾는 방식으로 물체가 있을만한 영 역을 골라낸다([그림 7-9]의 오른쪽 그림).

그림 7-9 선택적 탐색 알고리즘은 이미지에서 얼룩 패턴을 찾아 해당 영역을 추출한다. 오른쪽 그림은 물체일 가능성이 높은 영역을 분할한 것이다. 선택적 탐색 알고리즘이 이들 중에서 추가 분석이 필요한 영역을 선택한다.

영역 분할

상향식 영역 통합 알고리즘은 다음과 같은 과정을 통해 약 2,000개에 이르는 초기 분할된 영역을 비슷한 것끼리 계층적으로 통합해나간다.

1 인접한 다른 모든 영역과의 유사도를 계산한다.

2 가장 유사도가 높은 두 영역을 통합한다. 통합된 영역과 인접한 모든 영역과의 유사도를 계산한다.

3 물체 전체가 단일 영역이 될 때까지 이 과정을 반복한다.

두 영역의 유사도를 계산하는 방법은 이 책의 주제를 벗어난다. 이 부분에 관심 있는 독자는 논문을 참고하기 바란다.[5] R-CNN을 이해하는 것만이 목적이라면 선택적 탐색 알고리즘은 이미지를 스캔해서 RoI를 제안해준다는 것만 알고 있으면 된다.

그림 7-10 선택적 탐색 알고리즘을 사용한 상향식 영역 통합의 예. 물체 전체가 하나의 영역이 될 때까지 유사한 영역을 통합하는 과정을 반복한다.

| 입력 이미지 | 영역 제안 결과 | 한 차례 유사한 영역을 통합한 결과 | 몇 번 더 유사한 영역을 통합한 결과 |

---

5 J.R.R. Uijlings, K.E.A. van de Sande, T. Gevers, A.W.M. Smeulders, 「Selective Search for Object Recognition」, 2012, www.huppelen.nl/publications/selectiveSearchDraft.pdf

[그림 7-11]은 R-CNN 신경망 구조를 그림으로 알기 쉽게 나타낸 것이다. 그림에서 볼 수 있 듯이 먼저 RoI를 제안한 다음 각 영역에서 특징을 추출하고 이 특징을 바탕으로 영역을 분류한 다. 간단히 요약하면 사물 탐지 문제를 이미지 분류 문제로 변환했다고 할 수 있다.

그림 7-11 그림으로 나타낸 R-CNN 신경망 구조. RoI가 제안된 후 각 영역에서 특징을 추출하며, 경계 박스 회귀 모 듈과 서포트 벡터 머신 분류기의 예측 결과를 전체 신경망의 예측 결과로 삼는다.

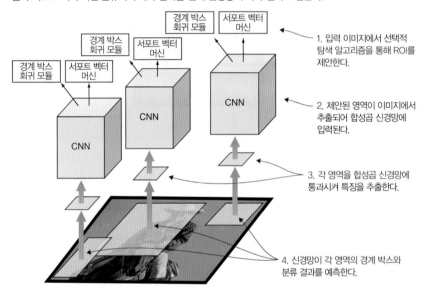

R-CNN 학습

앞서 R-CNN은 RoI 추출기, 특징 추출 모듈, 분류 모듈, 경계 박스 회귀 모듈 이렇게 4개 의 요소로 구성된다고 설명했다. RoI 추출기를 제외한 모든 모듈은 학습이 필요하다. 따라서 R-CNN을 학습하려면 다음 절차를 따라야 한다.

1 먼저 특징 추출 모듈로 사용할 합성곱 신경망을 학습한다. 일반적인 합성곱 신경망의 학습 절차를 따르면 된 다. 신경망을 처음부터 학습시켜도 되지만 이렇게 하는 경우는 드물고, 대개 사전 학습된 신경망을 미세 조정 해서 사용한다(6장 참조).

2 SVM 분류기를 학습한다. SVM 알고리즘은 이 책에서 다루지 않지만 딥러닝을 이용한 분류기와 마찬가지로 레이블링된 데이터를 학습해야 한다.

3 경계 박스 회귀 모듈을 학습한다. 이 모델의 출력은 K가지 클래스에 속하는 물체가 포함된 경계 박스를 나타 내는 4개의 실숫값이다.

위 학습 절차를 살펴보면 R-CNN의 학습에 필요한 비용과 시간이 그리 만만치 않음을 알게 된다. 3개의 모듈을 완전히 별개로 학습시켜야 하고 이미 계산한 결과를 재사용할 수 없다. 이처럼 다단계 파이프라인으로 구성된 학습 과정은 R-CNN의 주요 단점으로 꼽힌다. 계속해서 R-CNN의 단점을 알아보자.

R-CNN의 단점

R-CNN은 구조를 이해하기 쉽고, 최초 제안되었던 당시에는 최고 성능을 달성했다. 특히 합성곱 신경망을 사용해서 특징을 추출한 경우 더욱 성능이 좋았다. 그러나 R-CNN은 하나의 신경망으로 구성된 완결적인 시스템이 아니며 서로 독립된 여러 알고리즘이 조합되어 동작하는 시스템이다. 이러한 구조로 인해 다음과 같은 단점이 있다.

- 사물 탐지 속도가 느리다. 이미지 한 장마다 2,000개 이상의 RoI가 제안되고 이들 영역이 모두 전체 파이프라인(CNN 특징 추출기 및 분류기)을 통과해야 하는 구조다. RoI 하나마다 합성곱 신경망의 순방향 계산이 필요하며 그 결과를 재사용하지 못하므로 계산 부하가 매우 크고 속도가 느리다. 계산 부하가 크다는 점이 R-CNN이 널리 응용되지 못하는 원인이 되었다. 특히 자율주행차 등 실시간 처리가 필요한 분야에서 큰 문제가 되었다.
- 학습 과정이 다단계로 구성된다. 앞서 설명했듯이 R-CNN을 학습하려면 CNN 특징 추출기, SVM 분류기, 경계 박스 회귀 모듈까지 세 모듈을 학습해야 한다. 이들 모듈의 학습 과정은 복잡하고 각각 따로 진행해야 한다.
- 학습의 공간 및 시간 복잡도가 높다. SVM 분류기와 경계 박스 회귀 모듈을 학습할 때 각 RoI에서 추출된 특징을 디스크에 저장해야 한다. VGG16 같은 대규모 신경망을 사용하면 수천 장의 이미지를 학습하는 데 GPU를 사용해도 수일이 걸린다. 추출된 특징을 저장하기 위해 필요한 하드 디스크 용량은 수백 GB나 된다.

위와 같은 이유로 R-CNN의 단점인 느린 속도와 정확도를 개선하면서도 딥러닝만으로 완결되는 시스템이 필요하게 되었다.

7.2.2 Fast R-CNN

Fast R-CNN은 2015년 로스 거식이 제안한 R-CNN의 변종으로, R-CNN의 직계 후손이라고 할 수 있다. Fast R-CNN은 여러 가지 측면에서 R-CNN과 비슷한 점이 많지만 다음 두 가지 설계 수정을 통해 처리 속도와 정확도가 개선되었다.

- 영역 제안 모듈로 파이프라인을 시작해서 그 뒤로 특징 추출 모듈을 배치하는 대신 CNN 특징 추출기를 맨 앞에 배치해 전체 입력 이미지로부터 영역을 제안한다. 이렇게 하면 2,000개 이상의 중첩된 영역을 2,000개 이상의 CNN으로 처리하는 대신 전체 이미지를 하나의 CNN으로 처리할 수 있다.
- CNN에 SVM 분류기 대신 소프트맥스층을 추가해서 분류도 수행하게 한다. 이렇게 하면 하나의 모듈이 두 가지 일(특징 추출, 사물 분류)을 할 수 있게 된다.

Fast R-CNN의 구조

[그림 7-12]에서 볼 수 있듯이 Fast R-CNN은 신경망의 마지막 특징 맵을 바탕으로 영역을 제안한다. 이런 설계 덕분에 전체 이미지를 입력받는 CNN 하나만 학습하면 된다. 그리고 물체의 각 클래스를 대상으로 하는 SVM 분류기를 여러 개 학습하지 않고 소프트맥스층을 두어 각 클래스의 확률을 직접 구한다. 신경망 하나와 여러 개의 SVM 분류기를 학습시켜야 했던 복잡한 학습 과정이 신경망 하나로 매우 간단해졌다.

그림 7-12 Fast R-CNN은 특징 추출 모듈(CNN), RoI 추출기, RoI 풀링층, 전결합층, 2개의 출력층으로 구성된다. R-CNN과의 차이점은 영역 제안 모듈을 적용하기 전에 전체 이미지에 특징 추출기를 적용한다는 것이다.

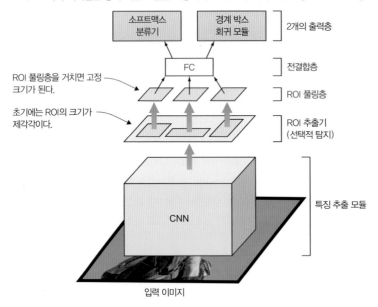

다음은 Fast R-CNN의 구성 요소다.

- **특징 추출 모듈**: 신경망은 ConvNet으로 시작하여 전체 이미지에서 특징을 추출한다.
- **RoI 추출기**: 선택적 탐지 알고리즘을 사용해서 약 2,000개 영역을 제안한다.
- **RoI 풀링층**: Fast R-CNN에서 새로 추가된 요소로, 특징 맵에서 전결합층에 입력할 고정 크기의 영역을 추출하는 역할을 한다. 제안된 RoI 영역에 해당하는 특징을 최대 풀링을 통해 고정 크기($H×W$)로 추출한다. RoI 풀링층은 Faster R-CNN을 설명할 때 더 자세히 알아보겠다. 지금은 CNN 마지막 층의 특징 맵에서 전결합층에 입력하거나 출력층으로 출력할 고정 크기 영역을 추출하는 역할을 한다고만 이해하면 된다.
- **2개의 출력층**: 이 모델은 다음 2개의 출력층을 갖는다.
  - RoI의 각 클래스에 속할 확률을 출력하는 소프트맥스층
  - 최초 제안된 RoI와의 차이를 출력하는 경계 박스 회귀층

Fast R-CNN의 다중 과업 손실 함수

Fast R-CNN은 물체의 클래스 분류와 경계 박스 위치 및 크기를 함께 학습하는 완결된 신경망 구조다. 따라서 여기에 사용되는 손실 함수도 클래스 분류와 경계 박스 위치 및 크기를 함께 다루는 다중 과업 손실 함수multi-task loss여야 한다. [그림 7-12]에 다중 과업 손실 함수가 적용된 소프트맥스 분류기와 경계 박스 회귀 모듈 등 두 출력을 나타냈었다.

모든 최적화 문제에는 최적화 대상이 될 손실 함수가 필요하다(최적화와 손실 함수는 2장 참조). 사물 탐지 문제는 사물 분류와 물체 위치 특정 이렇게 두 가지 목표를 최적화하는 것이 목표다. 그러므로 손실 함수도 2개 있어야 한다. L_{cls}는 사물 분류의 손실 함수고, L_{loc}는 물체 위치 특정의 손실 함수다.

Fast R-CNN에는 각각 다른 손실 함수가 적용되는 다음 2개의 출력층이 있다.

- **분류**: 첫 번째 출력은 $K+1$개 카테고리(RoI마다)에 대한 이산확률 분포다(추가된 한 가지는 배경을 의미한다). 확률 P는 $K+1$개 출력을 갖는 소프트맥스 함수가 계산한다. 분류에 대한 손실 함수는 다음과 같이 정의되는 정답 클래스 u에 대한 로그 손실 함수다.

$$L_{cls}(p, u) = -\log p_u$$

이때 정답 레이블 $u \in 0, 1, 2, \ldots (K+1)$이며 $u = 0$은 배경을 의미한다. 그리고 p는 RoI의 $K+1$가지 클래스에 대한 이산 확률 분포다.

- **회귀**: 두 번째 출력은 K가지 클래스에 대한 경계 박스의 오프셋값 $v = (x, y, w, h)$다. 정답 레이블 u에 대한 경계 박스의 손실 함수는 다음과 같이 정의된다.

$$L_{loc}(t^u, u) = \sum L1_{\text{smooth}}(t_i^u - v_i)$$

여기서

- v는 정답 경계 박스다.

$$v = (x, y, w, h)$$

- t^u는 예측 경계 박스다.

$$t^u = (t_x^u, t_y^u, t_w^u, t_h^u)$$

- $L1_{\text{smooth}}$는 경계 박스 손실로, t_i^u와 v_i의 차이를 매끈한 L1 손실 함수로 측정하는 함수다. 이 함수는 L2 같은 회귀를 위한 다른 손실 함수보다 에잇값에 덜 민감하기 때문에 인징직이다.

따라서 전체 손실 함수는 다음과 같다.

$$L = L_{cls} + L_{loc}$$

$$L(p, u, t^u, v) = L_{cls}(p, u) + [u \geq 1] l_{\text{box}}(t^u, v)$$

$[u \geq 1]$은 해당 영역에 물체가 포함되지 않고 배경$(u = 0)$뿐일 때를 구분하기 위한 표시 함수다. 따라서 이 경계 박스는 무시된다. 이 표시 함수 $[u \geq 1]$은 다음과 같이 정의된다.

$$[u \geq 1] = \begin{cases} 1 & u \geq 1이면 \\ 0 & 그렇지 않으면 \end{cases}$$

Fast R-CNN의 단점

Fast R-CNN은 성능 측정 시점에는 매우 속도가 빠르다. 그 이유는 합성곱 신경망이 이미지 한 장마다 영역 제안을 2,000개나 처리할 필요가 없기 때문이다. 합성곱 연산은 이미지 한 장당 한 번뿐이며, 특징 맵도 이때 생성된다. 또한 특징 추출기, 사물 분류기, 경계 박스 회귀 모듈까지 모든 구성 요소가 CNN에 포함되어 있기 때문에 학습 속도도 빠르다. 하지만 큰 병목 지점이 여전히 남아 있다. 영역 제안을 생성하는 선택적 탐지 알고리즘은 여전히 속도가 느리며 별도의 모델에 들어 있다. 딥러닝만으로 완결된 물체 인식 시스템을 만드는 마지막 단계는 이 영역 제안 알고리즘을 신경망에 통합시키는 단계다. 이를 실현한 것이 바로 다음에 살펴볼 Faster R-CNN이다.

7.2.3 Faster R-CNN

Faster R-CNN은 세 번째로 고안된 R-CNN의 변종으로, 2016년에 샤오칭 렌Shaoqing Ren이 제안했다. Fast R-CNN과 마찬가지로 이미지가 합성곱 신경망에 그대로 입력되어 특징 맵을 생성한다. 그러나 영역 제안을 위해 선택적 탐지 알고리즘 대신 **영역 제안 신경망**region proposal network, RPN을 도입해서 영역 제안을 학습 과정에 포함시켰다. 그런 다음 예측 영역 제안은 RoI 풀링층을 사용하여 재구성되고 제안된 영역 내에서 이미지를 분류하고 경계 박스의 오프셋값 예측에 사용된다. 두 가지 개선 사항 모두 영역 제안 수를 감소시켜 성능 측정 시점의 연산량을 줄이고 실시간에 가까운 처리를 수행하며 당시 최고 성능을 달성했다.

Faster R-CNN의 구조

Faster R-CNN의 구조는 다음 두 신경망으로 구성된다.

- 영역 제안 신경망^{RPN} : 선택적 탐색 알고리즘을 대체하는 합성곱 신경망이다. 특징 추출기에서 생성한 특징 맵에서 추가 분석을 이어갈 RoI를 제안하는 역할을 한다. RPN의 출력은 물체 존재 확신도와 경계 박스 위치 등두 가지다.
- Fast R-CNN: Fast R-CNN의 일반적인 구성 요소로 구성된다.
  - 특징 추출기 역할을 하는 기본 신경망: 입력 이미지에서 특징을 추출하는 일반적인 사전 학습 CNN 모델이다.
  - RoI를 고정 크기로 변환하는 RoI 풀링층
  - 2개의 전결합층으로 나뉜 출력층. 하나는 클래스 분류 확률을 출력하는 소프트맥스 분류기이고, 다른 하나는 경계 박스를 예측하는 경계 박스 회귀 모듈 CNN이다.

[그림 7-13]에서 볼 수 있듯이 입력 이미지가 신경망에 입력되며, 입력 이미지에서 사전 학습된 CNN을 이용해서 특징을 추출한다. 이 특징은 병렬로 Faster R-CNN의 다음 두 갈래 경로를 따라 전달된다.

- RPN이 이미지 내 어느 위치에 물체가 존재하는지 판단하는 경로. 이 시점에서는 이미지에 있는 물체가 무엇인지 알 수 없으며, 어떤 위치에 물체가 있을 수도 있다는 가능성이 있을 뿐이다.
- RoI 풀링층이 고정 크기 특징을 추출하는 경로

그림 7-13 Faster R-CNN 신경망 구조는 크게 RPN과 Fast R-CNN 등 2개 요소로 구성된다. RPN은 물체가 있을 수 있는 대략적인 위치의 영역을 식별하는 역할을 하고, Fast R-CNN은 물체를 분류하고 경계 박스를 통해 그 위치를 정밀하게 바로잡는다. 이 두 요소는 모두 사전 학습된 VGG16 신경망의 합성곱층을 공유한다.

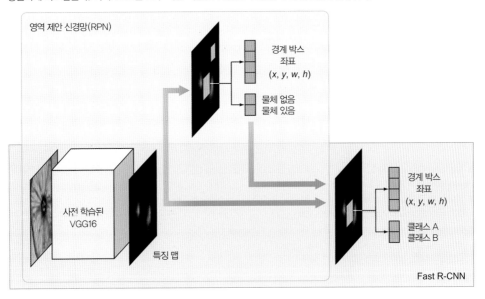

이들 출력은 각각 2개의 전결합층으로 전달된다. 하나는 물체를 분류하는 층이고, 다른 하나는 물체의 위치를 최종적으로 특정하기 위한 경계 박스를 예측하는 층이다.

이 신경망 구조는 전체 구조가 학습 가능하며, 다음과 같은 요소로 구성된 사물 탐지 파이프라인 전체를 신경망에 내장시키는 데 성공했다.

- 기본 특징 추출기
- 영역 제안 모듈
- RoI 풀링층
- 사물 분류기
- 경계 박스 회귀 모듈

기본 특징 추출기

Fast R-CNN과 비슷하게 먼저 사전 학습된 CNN에서 분류기 부분을 잘라낸다. 기본 특징 추출기는 입력 이미지에서 특징을 추출하는 데 사용된다. 동작 과정은 6장에서 이미 살펴보았다. 해결하려는 문제에 적합한 CNN 구조라면 어떤 것이라도 기본 특징 추출기로 사용할 수 있다. Faster R-CNN의 논문에서는 이미지넷 데이터셋으로 사전 학습된 ZF[6]와 VGG[7] 신경망을 사용한다고 했다. 하지만 그 후로 가중치 수가 제각각인 다양한 신경망이 제안되었다. 예를 들어 MobileNett[8]은 효율적으로 규모를 줄여 속도에 최적화된 것이 특징으로, 330만 개의 파라미터를 갖는다. 그 반대쪽 끝에는 이미지넷 이미지 분류 경진대회에서 최고 성능을 갱신한 바 있는 ResNet-152가 있다. 이 신경망의 가중치 수는 6천만 개에 달한다. 최근에 제안된 신경망 구조인 DenseNet[9]은 파라미터 수 감축과 성능 개선이라는 두 마리 토끼를 다 잡았다.

6 Matthew D. Zeiler, Rob Fergus, 「Visualizing and Understanding Convolutional Networks」, 2013, http://arxiv.org/abs/1311.2901

7 Karen Simonyan, Andrew Zisserman, 「Very Deep Convolutional Networks for Large-Scale Image Recognition」, 2014, http://arxiv.org/abs/1409.1556

8 Andrew G. Howard, Menglong Zhu, Bo Chen, Dmitry Kalenichenko, Weijun Wang, Tobias Weyand, Marco Andreetto, Hartwig Adam, 「MobileNets: Efficient Convolutional Neural Networks for Mobile Vision Applications」, 2017, http://arxiv.org/abs/1704.04861

9 Gao Huang, Zhuang Liu, Laurens van der Maaten, Kilian Q. Weinberger, 「Densely Connected Convolutional Networks」, 2016, http://arxiv.org/abs/1608.06993

VGGNet과 ResNet

기존에 VGG가 널리 쓰였던 기본 특징 추출기의 역할을 최근에는 ResNet이 대체해가는 추세다. VGG와 비교한 ResNet의 장점은 층수가 많으므로 더 복잡한 특징을 학습할 수 있다는 것이다. 분류에서도 이 점은 동일하며, 사물 탐지에서도 마찬가지다. 잔차 연결과 배치 정규화를 적용한 ResNet은 층수가 많은 신경망을 학습하는 데 더욱 유리하다. 자세한 내용은 5장에서 각각의 신경망 구조를 비교한 내용을 참고하기 바란다.

앞 장에서 설명했듯이 합성곱층은 자신의 이전 층에서 전달된 정보를 더욱 추상화하는 효과가 있다. 첫 번째 층은 대개 모서리를 학습하며, 두 번째 층은 모서리가 조합된 복잡한 도형을 학습하는 식이다. 이런 식으로 마지막 층에서 RPN에 입력해서 물체가 있는 영역을 추출할 수 있는 특징 맵을 만들어낸다.

영역 제안 모듈(RPN)

RPN은 사전 학습된 합성곱 신경망에서 만든 특징 맵의 정보를 기초로 물체가 위치했을 법한 영역을 찾아내는 역할을 한다. RPN을 어텐션 네트워크^{attention network}라고 부르기도 하는데, 이 신경망이 전체 신경망의 관심사를 이미지 내 물체가 있을 만한 영역으로 유도하는 역할을 하기 때문이다. Faster R-CNN은 선택적 탐색 알고리즘 대신 RPN을 사용해서 RoI 제안 기능을 신경망 구조 안에 포함시켰다.

RPN은 다음 2개의 층으로 구성된다(그림 7-14).

- 3×3 전결합 합성곱층(512채널)
- 병렬로 배치된 2개의 1×1 합성곱층. 하나는 해당 영역이 물체를 포함하는지 예측하는 분류층(배경인지 전경인지 판단하는 점수)이고, 다른 하나는 경계 박스 회귀를 담당한다.

그림 7-14 합성곱층으로 구현한 RPN. 여기서 *k*는 앵커 수

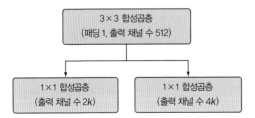

전결합 합성곱 신경망

사물 탐지에 사용되는 신경망의 중요한 특징 중 하나는 전결합 합성곱층을 포함한다는 점이다. 전결합 합성곱 신경망^{FCN}에는 보통 신경망 마지막 층에 배치되어 예측 결과를 만드는 전결합층이 없다.

이미지 분류에서 전결합층을 사용하지 않는 방법은 보통 최종 예측 결과를 내놓는 전결합 소프트맥스층 대신 평균 풀링을 적용하는 것이다. FCN의 장점은 다음과 같다.

- 전결합층 없이 합성곱 연산만 사용하므로 속도가 빠르다.
- 이미지와 신경망을 읽어 들일 메모리만 충분하다면 받아들일 수 있는 이미지의 크기에 제한이 없다.

FCN은 입력 이미지의 크기가 고정된다는 단점이 있지만 사실 알고리즘 구현상의 문제로 고정 크기 입력을 사용하는 것이 더 편한 경우가 많다. 이를테면 배치 단위로 이미지를 처리해야 하는 경우가 그렇다(속도 향상을 위해 GPU를 사용해서 이미지를 배치 단위로 다루는 경우). 이런 경우에는 모든 이미지의 가로세로 크기가 동일해야 한다.

3×3 크기의 슬라이딩 윈도우를 가진 기반 신경망의 마지막 특징 맵에 3×3 합성곱 연산이 적용된다. 합성곱 연산 결과는 다시 2개의 1×1 합성곱층으로 전달된다. 이 두 합성곱층은 각각 영역의 물체 포함 여부 예측과 경계 박스 회귀를 맡는다. 이들 두 층의 예측 목표는 물체의 클래스나 경계 박스가 아니다. 물체의 클래스나 경계 박스는 RPN 이후 좀 더 나중 단계에서 예측한다. 다시 한번 강조하지만 RPN의 목표는 해당 영역에 추가 분석이 필요한 물체가 존재하는지 여부를 판단하는 것이다. 그래서 RPN은 현재 영역의 물체 존재 확신도, 즉 해당 영역이 전경(물체가 있음)에 해당하는지 또는 배경(물체가 없음)에 해당하는지 그 확률을 판단하는 이진 분류기를 포함한다. 이를테면 '이 영역에 물체가 존재하는가?'를 확인하는 것이다. 그렇다고 판단된다면 이 영역을 추가 분석하기 위해 RoI 풀링층(이어서 출력층으로도)으로 전달한다(그림 7-15).

경계 박스 회귀층에서 경계 박스를 예측하는 방법

이 내용을 이해하려면 먼저 경계 박스가 무엇인지부터 명확히 정의해야 한다. 경계 박스는 튜플 (x, y, w, h)로 결정되는 사각의 물체를 둘러싼 영역이다. 그리고 튜플을 구성하는 값 중에서 x와 y는 경계 박스 중심점의 좌표고, w와 h는 경계 박스의 너비와 높이다. 연구 과정에서 좌표 (x, y)를 정의하는 데 어려움이 있었는데, 신경망의 예측값을 이미지 내부에 해당하는 범위 내로 강제하는 규칙을 적용해야 했기 때문이다. 그래서 그 대안으로 이미지 안에 기준 역할을 할 앵커 박스를 정의한 다음 경계 박스 회귀층이 이 앵커 박스를 기준으로 한 오프셋인 델타 $(\Delta_x, \Delta_y, \Delta_w, \Delta_h)$를 예측하도록 하는 방법을 사용했다(그림 7-16).

그림 7-15 RPN은 물체 존재 확신도를 예측한다. 물체 존재 확신도란 경계 박스 내 영역에 이미지가 포함된 확률을 의미한다.

물체 존재 확신도가 높음
(전경)

물체 존재 확신도가 낮음
(배경)

그림 7-16 앵커 박스를 기준으로 한 오프셋인 델타를 예측하는 방식으로 경계 박스 좌표 예측하기

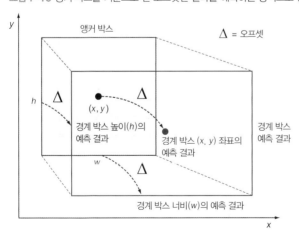

앵커 박스

RPN은 슬라이딩 윈도우 접근 방식을 사용하여 특징 맵의 각 위치마다 k개의 영역을 생성한다. 이들 영역은 **앵커 박스**^{anchor box}로 표현되는데, 앵커는 해당 슬라이딩 윈도우의 중심에 위치하고 있으며 다양한 물체를 포함할 수 있도록 가로세로 비율, 크기가 서로 다를 수 있다. 앵커 박스는 위치가 고정되어 있으며 물체의 위치를 예측하기 위한 참조점 역할을 한다. 논문에서는 중심점이 동일한 앵커 박스 9개를 만들었는데, 각각 세 가지 가로세로 비율과 크기를 갖도록 했다.

[그림 7-17]은 앵커 박스를 적용한 예다. 앵커는 슬라이딩 윈도우의 중심점이다. 각 윈도우는 앵커가 중앙에 있는 k개의 앵커 박스를 가진다.

그림 7-17 앵커는 슬라이딩 윈도우 중심점이다. 중첩률을 기준으로 정답과 가장 많은 부분이 중첩되는 경계 박스가 선택된다.

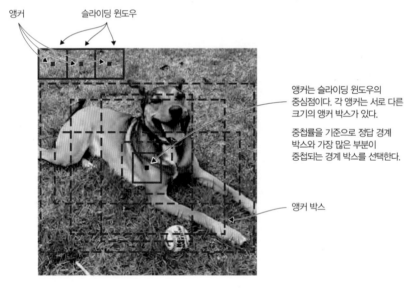

RPN 학습

RPN은 앵커 박스의 물체 존재 확신도를 출력할지 여부를 결정하고 물체 좌표값의 네 가지 요소(위치 파라미터)를 예측하도록 학습된다. 학습 데이터는 사람이 직접 레이블링한 경계 박스가 사용되는데, 이렇게 수동으로 레이블링된 경계 박스를 **정답 경계 박스**^{ground truth}라고 한다.

각각의 앵커 박스에 대해 중첩 확률 p를 계산한다. 이 확률은 이들 앵커 박스가 정답 경계 박스와 얼마나 중첩되는가를 나타낸다.

$$p = \begin{cases} 1 & \text{IoU} > 0.7 \text{ 이면} \\ -1 & \text{IoU} < 0.3 \text{ 이면} \\ 0 & \text{그 외} \end{cases}$$

앵커 박스가 정답 경계 박스와 중첩되는 부분이 많다면 앵커 박스에 물체가 포함될 확률이 높다고 볼 수 있으므로 물체 유무$^{\text{object versus no object}}$는 참으로 분류된다. 반대로 앵커 박스가 정답 경계 박스와 중첩되는 부분이 적다면 물체 유무가 거짓으로 분류된다. 학습 과정에서 물체 유무가 참과 거짓인 앵커 박스가 (각각 물체 유무와 경계 박스 오프셋을 예측하는) 2개의 전결합층에 입력된다. 한 위치에서 생성되는 앵커 박스 수가 k라고 할 때 RPN은 $2k$개의 물체 존재 확신도 점수와 $4k$개의 좌표를 출력한다. 그러므로 예를 들어 슬라이딩 윈도우당 앵커 박스 수가 9개라면 RPN은 18개의 물체 존재 확신도와 36개의 좌표를 출력한다(그림 7-18).

그림 7-18 영역 제안 모듈(RPN)

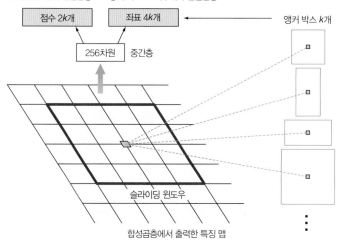

독립 애플리케이션으로서의 RPN

RPN을 독립 애플리케이션으로 볼 수도 있다. 예를 들어 물체의 클래스가 한 가지뿐이라면 물체 존재 확신도 자체를 해당 클래스의 확률로 해석할 수 있다. 이런 경우에는 전경이 (한 가지뿐인) 클래스가 되고, 배경이 클래스 아님이 된다.

RPN을 클래스가 한 가지인 사물 탐지에 사용하는 이유는 학습과 예측 모두에서 속도 향상을 기대할 수 있기 때문이다. 또한 RPN은 합성곱층으로만 구성된 간단한 신경망이므로 분류용인 기본 신경망과 비교하면 예측 속도도 더 빠르다.

전결합층

출력층에 해당하는 전결합층은 두 가지 값을 입력받는다. 하나는 합성곱층에서 출력한 특징 맵이고, 다른 하나는 RPN에서 제안한 RoI다. 출력층은 RoI를 분류하고 해당 영역에 있는 물체의 클래스와 경계 박스를 결정하는 파라미터를 출력한다. Faster R-CNN에서는 소프트맥스층이 사물 분류를 담당하며 위치 회귀층은 선형 회귀 모델이 경계 박스의 위치를 예측한다. 이들 전결합층의 파라미터 역시 다중 과업 손실 함수를 최적화하는 방법으로 학습된다.

다중 과업 손실 함수

Fast R-CNN과 마찬가지로 Faster R-CNN도 학습에 다중 과업 손실 함수를 사용한다.

$$L = L_{cls} + L_{loc}$$

$$L(\{p_i\}, \{t_i\}) = \frac{1}{N_{cls}} \sum L_{cls}(p_i, p_i^*) + \frac{\lambda}{N_{loc}} \sum p_i^* \cdot L1_{\text{smooth}}(t_i - t_i^*)$$

손실 함수 수식이 복잡해보이지만 내용은 그렇게 어렵지 않다. Faster R-CNN을 학습하고 사용하기 위해 이 손실 함수를 반드시 이해해야 할 필요는 없으므로 잘 이해가 가지 않는다면 이 절은 건너뛰어도 된다. 하지만 이 함수를 잘 이해하고 넘어간다면 모델의 최적화 과정을 한층 더 깊이 이해할 수 있다. 먼저 기호부터 정의하자. 기호 정의는 [표 7-2]와 같다.

표 7-2 다중 과업 손실 함수에 쓰이는 기호의 설명

기호	설명
p_i와 p_i^*	p_i는 앵커 박스 i에 물체가 있을 확률이며, p_i^*는 앵커 박스 i의 물체 존재 여부의 정답이다.
t_i와 t_i^*	t_i는 예측한 경계 박스를 결정하는 네 가지 파라미터고, t_i^*는 정답 파라미터다.
N_{cls}	분류 손실의 정규화항이다. 논문에서는 미니배치의 크기에 맞춰 256 이하로 설정했다.
N_{loc}	경계 박스 회귀의 정규화항이다. 논문에서는 앵커 박스 수에 맞춰 2400 이하로 설정했다.
$L_{cls}(p_i, p_i^*)$	이진 분류의 로그 손실 함수다. 다중 분류를 대상이 각 클래스에 속하는지 여부로 해석하면 다음과 같이 어렵지 않게 이진 분류로 변환할 수 있다. $$L_{cls}(p_i, p_i^*) = -p_i^* \log p_i - (1 - p_i^*) \log (1 - p_i)$$

기호	설명
$L1_{smooth}$	7.2.2절에서 설명한 바와 같이 경계 박스의 손실 함수는 예측한 경계 박스의 파라미터와 정답 경계 박스의 파라미터(t_i, t_i^*)의 차이를 L1 손실 함수로 측정한다. L1 손실 함수는 L2 손실 함수에 비해 예욋값에 민감하지 않다.
λ	조정용 파라미터다. 논문에서는 10 이하의 값으로 설정해 L_{cls}와 L_{loc}의 가중치가 비슷해진다.

이제 기호의 정의가 끝났으니 다중 과업 손실 함수의 수식을 자세히 살펴보자. 이해를 돕기 위해 잠시 정규화항과 인덱스 i는 없다고 생각하자. 정규화항과 인덱스를 제거한 단일 대상에 대한 손실 함수는 다음과 같이 정의된다.

$$\text{Loss} = L_{cls}(p,\, p^*) + p^* \cdot L1_{smooth}(t - t^*)$$

수식을 단순화시키고 보니 분류 손실과 위치 손실(경계 박스) 이 두 가지 손실 함수의 합임을 알 수 있다. 한 가지씩 좀 더 자세히 살펴보자.

- 모든 손실 함수는 정답에서 예측값을 빼는 형태로 오차를 계산한다. 분류 손실classification loss은 2장에서 설명했던 교차 엔트로피이므로 딱히 새로울 것은 없다. 교차 엔트로피는 다음과 같이 정의되는 예측 확률 p와 정답 p^*의 오차를 계산하는 로그 손실 함수다.

$$L_{cls}(p_i,\, p_i^*) = -p_i^* \log p_i - (1 - p_i^*) \log (1 - p_i)$$

- 위치 손실location loss은 경계 박스의 예측된 위치와 실제 위치(t_i, t_i^*)의 차이를 매끈한 L1 손실 함수로 측정한 것이다. 이 차이에 해당 영역의 물체 존재 여부인 p^*를 곱한다. 이 영역에 물체가 없다면 p^*는 0이 되어 전체 위치 손실도 0이 된다.

마지막으로 두 손실 함수를 합해 다중 과업 손실 함수를 만든다.

$$L = L_{cls} + L_{loc}$$

이 식에 조금 전에 생략했던 인덱스 i와 합을 구하는 기호 Σ를 다시 추가하면 완성된 손실 함수가 된다.

7.2.4 R-CNN과 그 변종 정리

[표 7-3]에 R-CNN과 그 변종이 진화해온 과정을 정리했다.

표 7-3 R-CNN부터 Faster R-CNN까지 이어지는 발전 과정

	R-CNN	Fast R-CNN	Faster R-CNN
2007년 PASCAL 사물 분류 경진대회에서 기록한 mAP	66.0%	66.9%	66.9%
특징	1 선택적 탐색 알고리즘을 사용해서 RoI(2,000개 이상)를 추출함. 2 별도의 합성곱 신경망을 사용해서 각 RoI에서 특징을 추출함. 3 경계 박스 예측과 클래스 분류를 함께 수행함.	각 이미지는 CNN에 한 번만 전달되어 특징 맵이 추출된다. 1 CNN을 사용해서 입력 이미지에서 특징 맵을 추출함. 2 특징 맵에 선택적 탐색 알고리즘을 적용함. 이런 방식으로 2,000곳 이상의 RoI를 모두 합성곱 신경망으로 처리하는 대신 전체 이미지를 한 번만 처리하면 된다.	선택적 탐색 알고리즘을 RPN으로 대체해서 속도를 개선했다. 전체 처리 과정을 처음부터 끝까지 딥러닝으로 구현했다.
단점	RoI를 하나씩 별도로 처리하므로 처리 시간이 오래 걸린다. 또한 독립된 3개의 모델을 모두 사용해야 최종 예측을 할 수 있다.	선택적 탐색 알고리즘의 느린 속도 탓에 여전히 처리 시간이 오래 걸린다.	영역 제안에서 시간 소모가 크다. 또한 여러 시스템이 순차적으로 동작하기 때문에 전체 처리 속도가 각 시스템의 처리 속도에 영향을 많이 받는다.
이미지당 처리 시간	50초	2초	0.2초
R-CNN 대비 처리 속도	1배	25배	250배

- R-CNN: 경계 박스를 선택적 탐색 알고리즘이 제안한다. 각 경계 박스의 영역 이미지에서 (AlexNet 등의) 합성곱 신경망이 특징을 추출하고, 이 특징을 통해 선형 SVM이 물체의 클래스, 선형 회귀 모델이 경계 박스의 위치를 각각 예측한다.

- Fast R-CNN: 완결된 단일 모델이 되도록 R-CNN의 설계를 단순화했다. CNN 뒤에 배치된 RoI 풀링 층이 각 경계 박스 영역의 크기를 고정 크기로 변환하는 것이 특징이다. 모델이 물체의 클래스 레이블과 RoI를 모두 직접 예측한다.

- Faster R-CNN: 전체 과정을 하나의 딥러닝 모델로 만든 사물 탐지 모델이다. 선택적 탐색 알고리즘을 영역 제안 신경망으로 대체했는데, 영역 제안 신경망은 CNN에서 추출한 전체 이미지의 특징 맵으로부터 RoI를 제안하도록 학습된다.

R-CNN의 단점

이미 눈치 챈 독자도 있겠지만 여기에서 소개한 연구 논문은 모두 R-CNN의 연구 성과를 개선해서 실시간 사물 탐지를 실현하기 위한 노력의 결과다. 이들 연구 논문의 성과는 놀라운 수준이지만 실시간 사물 탐지기를 구현하지는 못했다. R-CNN 및 그 변종에는 다음과 같은 단점이 있다.

- 학습 과정이 번잡하고 시간이 오래 걸린다.
- 학습이 여러 단계에 걸쳐 일어난다(예: 영역 제안과 분류).
- 추론 단계에서 신경망의 속도가 느리다.

다행히도 더욱 개선된 새로운 신경망 구조가 발표되면서 R-CNN의 이러한 단점을 극복하고 실시간 사물 탐지를 달성할 수 있었다. 이들 중 가장 널리 알려진 것이 싱글샷 탐지기single-shot detector, SSD, YOLOyou only look once다. 이들에 대해서는 7.3절과 7.4절에서 설명한다.

다단계 탐지기와 단일 단계 탐지기

R-CNN 및 변종 모델은 모두 영역 기반 방식이다. 탐지 과정이 두 단계로 나뉘므로 이들 탐지기를 2단계 탐지기라고 한다.

1 선택적 탐지 알고리즘이나 RPN을 통해 RoI를 추출한다. 가능한 경계 박스 수가 무한대이기 때문에 영역 제안 수는 상대적으로 희소하다.
2 분류기는 제안된 영역만 처리한다.

단일 단계 탐지기는 이와는 다른 접근 방식을 취한다. 영역 제안 추출 단계를 건너뛰고 이미지 내 가능한 모든 위치를 대상으로 직접 탐지를 시도하는 방식이다. 처리가 빠르고 간단하지만 성능이 소폭 하락하는 경향이 있다. 다음 절부터는 단일 단계 탐지기인 SSD와 YOLO를 살펴볼 것이다. 대체로 단일 단계 탐지기는 2단계 탐지기에 비해 정확도가 떨어지지만 처리 속도는 훨씬 빠르다.

7.3 싱글샷 탐지기

싱글샷 탐지기 single-shot detector, SSD 는 2016년 웨이 리우 Wei Liu 의 논문[10]에서 처음 제안되었다. PASCAL VOC와 MS COCO 데이터셋을 대상으로 59 FPS의 속도와 mAP 74%의 성능을 보이며 속도와 성능 모두 최고 기록을 경신했다.

탐지기의 속도 측정(초당 프레임, FPS)

이 장 서두에서 설명했듯이 탐지 속도를 측정하는 가장 일반적인 기준은 초당 프레임 FPS이다. 예를 들어 Faster R-CNN의 처리 속도는 7 FPS다. 탐지 처리 파이프라인의 각 단계를 개선해서 전체 속도를 향상시키려는 다양한 시도가 있었으나 현재까지는 정확도를 일부 희생하는 방법 외에는 눈에 띄는 속도 개선이 불가능했다. 이 절에서는 SSD와 같은 단일 단계 탐지기가 어떻게 실시간 탐지에 더 적합한 더 빠른 탐지를 달성했는지 살펴볼 것이다.

SSD300은 59 FPS의 속도로 mAP 74.3%를 달성했으며, SSD512는 22 FPS의 속도로 mAP 76.8%를 달성하며 7 FPS의 속도로 mAP 73.2%를 기록한 Faster R-CNN의 성능을 능가했다. SSD300은 입력 이미지 크기가 300×300, SSD512는 512×512여서 이러한 이름이 붙었다.

앞서 R-CNN 및 변종을 다단계 탐지기라고 설명했다. 다단계 탐지기는 먼저 경계 박스 내 영역의 물체 존재 확신도를 예측한 다음 이 경계 박스를 분류기로 넘겨 물체의 클래스를 예측하는 방식으로 동작한다. 반면 SSD나 YOLO (7.4절 참조) 같은 단일 단계 탐지기는 합성곱층에서 위치와 클래스를 한번에 예측한다. 그래서 이름도 그에 걸맞게 싱글샷(한방)이다. 물체 존재 확신도는 정답과 경계 박스의 중첩률을 계산해서 예측한다. 경계 박스가 정답과 완전히 일치하면 물체 존재 확신도가 1이 되고, 두 경계 박스가 전혀 겹치지 않는다면 0이 된다. 물체 존재 확신도의 임곗값은 0.5로 결정한다. 말하자면 물체 존재 확신도가 50% 이상이면 해당 영역에는 물체가 있을 확률이 높다고 보고 예측 결과를 채용하지만 50% 이하이면 예측 결과를 무시한다.

---

10 Wei Liu, Dragomir Anguelov, Dumitru Erhan, Christian Szegedy, Scott Reed, Cheng-Yang Fu, Alexander C. Berg, 「SSD: Single Shot MultiBox Detector」, 2016, http://arxiv.org/abs/1512.02325

7.3.1 SSD의 추상적 구조

SSD는 피드포워드 합성곱 신경망 구조를 가지며, 여러 개의 고정 크기 경계 박스를 생성하고 각 박스에 클래스별 물체 존재 확신도를 부여한 다음 비최대 억제 알고리즘을 통해 최적 탐지 결과를 제외한 나머지를 배제한다. SSD 모델은 크게 다음 세 가지 요소로 구성된다.

- **특징 맵을 추출하는 기본 신경망**: 고해상도 이미지 분류에 사용되는 사전 학습된 신경망에서 분류기 부분을 제거한 것이다. 논문에서는 VGG16을 사용했다. VGG19나 ResNet 등을 사용해도 마찬가지로 좋은 결과를 얻을 수 있다.
- **다중 스케일 특징층**: 기본 신경망 뒤에 배치된 일련의 합성곱 필터다. 이들 층은 점진적으로 필터 크기가 감소하며 둘 이상의 배율로 탐지를 시도한다.
- **비최대 억제**: NMS를 적용해서 중첩되는 경계 박스를 배제하고 물체별로 경계 박스를 하나만 남긴다.

[그림 7-19]에서 보면 층 5_3, 6, 7, 8_2, 9_2, 10_2, 11_2가 NMS로 직접 예측 결과를 전달한다. 이들 층의 필터 크기가 점진적으로 감소하는 이유는 7.3.3절에서 더 자세히 설명하겠다. 지금은 SSD의 전체적인 데이터 흐름을 이해하면 된다.

그림 **7-19** SSD 모델은 기본 신경망(VGG16), 물체를 탐지하는 추가 합성곱층, 최종 탐지 결과를 선정하는 비최대 억제(NMS)층으로 구성된다. 합성곱층 7, 8, 9, 10, 11의 예측 결과가 직접 NMS 층으로 전달되는 구조임에 주의하기 바란다(출처: Liu 외, 2016).

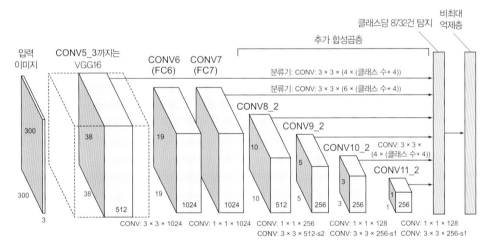

[그림 7-19]를 보면 클래스당 8,732건이 탐지되며 이를 NMS 층(비최대 억제층)에 전달해서 물체 하나에 탐지 한 건만 남기는 것을 알 수 있다. 그렇다면 8,732건은 어떻게 나온 숫자일까?

탐지 정확도를 향상시키기 위해 각 층에서 출력된 특징 맵이 3×3 합성곱층을 거치며 물체를 탐지한다. 예를 들어 CONV4_3 층은 38×38×512 크기의 특징 맵에 3×3 합성곱 연산이 적용된다. 그 결과 각각 **클래스 수 + 4**개의 출력을 갖는 4개의 경계 박스가 생긴다. 물체 클래스의 가짓수가 20+1(배경 포함)이라면 출력되는 경계 박스 수는 38×38×4 = 5,776개가 된다. 같은 방법으로 다른 층에서 출력되는 경계 박스 수를 계산하면 다음과 같다.

- CONV7 : 19×19×6 = 2,166개(각 위치마다 6개의 박스)
- CONV8_2 : 10×10×6 = 600개(각 위치마다 6개의 박스)
- CONV9_2 : 5×5×6 = 150개(각 위치마다 6개의 박스)
- CONV10_2 : 3×3×4 = 36개(각 위치마다 4개의 박스)
- CONV11_2 : 1×1×4 = 4개(각 위치마다 4개의 박스)

이들을 모두 합하면 5,776+2,166+600+36+4 = 8,732개가 된다. 이들 경계 박스를 그대로 출력하기엔 경계 박스 수가 너무 많다. 그래서 NMS를 적용해서 출력되는 경계 박스 수를 줄인다. 7.4절에서 살펴볼 YOLO는 7×7개 위치에서 위치당 2개의 박스를 출력하므로 7×7×2 = 98개의 박스를 출력한다.

예측 결과는 어떤 모양일까?

신경망은 각 특징에 대해 다음과 같은 값을 예측한다.

- 경계 박스를 결정하는 값(4개): (x, y, w, h)
- 물체 존재 확신도(1개)
- 각 클래스의 확률을 나타내는 값(C개)

예측 결과는 $5+C$개 값으로 구성된다. 분류 대상 클래스 수가 4개라면 예측 결과 벡터는 다음과 같은 모양이 될 것이다.

$$[x, y, w, h, \text{물체 존재 확신도}, C_1, C_2, C_3, C_4]$$

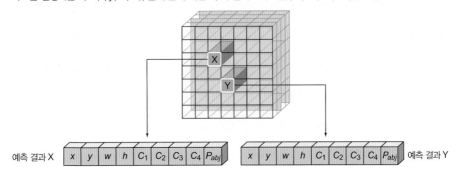

그림 7-20 분류 대상 클래스 수가 4개인 문제에 대한 예측 결과를 시각화한 그림. 합성곱층의 예측 결과는 경계 박스를 결정하는 좌표(x, y, w, h), 물체 존재 확신도, 각 클래스의 확률(C_1, C_2, C_3, C_4)을 포함한다.

지금부터 SSD의 각 구성 요소를 자세히 살펴보자.

7.3.2 기본 신경망

[그림 7-19]에서 보았듯이 SSD 신경망 구조에는 분류기에 해당하는 전결합층을 제거한 VGG16 신경망(VGG16 신경망에 대한 자세한 내용은 5장 참조)이 사용되었다. VGG16 신경망이 기본 신경망으로 채택된 이유는 고해상도 이미지 분류에서 높은 성능을 보였으며, 다양한 문제에서 전이학습으로 좋은 성과를 낸 사례가 많기 때문이다. 분류기 역할을 하는 전결합층을 제거하고 그 대신 보조 합성곱층(CONV6 이후 부분)을 추가해 다양한 배율에서 특징을 추출하고 이어지는 층에서 점진적으로 이미지 크기를 축소해 나가는 효과를 얻었다.

다음은 케라스로 구현한 SSD에서 사용되는 VGG16 신경망의 단순화된 코드다. 물론 이를 처음부터 구현할 필요는 없고 앞서 5장에서 우리가 본 VGG16 신경망과 동일하다는 것을 보여주기 위해 실었다.

```
conv1_1 = Conv2D(64, (3, 3), activation='relu', padding='same')
conv1_2 = Conv2D(64, (3, 3), activation='relu', padding='same')(conv1_1)
pool1 = MaxPooling2D(pool_size-(2, 2), strides=(2, 2), padding='same')(conv1_2)

conv2_1 = Conv2D(128, (3, 3), activation='relu', padding='same')(pool1)
conv2_2 = Conv2D(128, (3, 3), activation='relu', padding='same')(conv2_1)
pool2 = MaxPooling2D(pool_size=(2, 2), strides=(2, 2), padding='same')(conv2_2)
```

```
conv3_1 = Conv2D(256, (3, 3), activation='relu', padding='same')(pool2)
conv3_2 = Conv2D(256, (3, 3), activation='relu', padding='same')(conv3_1)
conv3_3 = Conv2D(256, (3, 3), activation='relu', padding='same')(conv3_2)
pool3 = MaxPooling2D(pool_size=(2, 2), strides=(2, 2), padding='same')(conv3_3)

conv4_1 = Conv2D(512, (3, 3), activation='relu', padding='same')(pool3)
conv4_2 = Conv2D(512, (3, 3), activation='relu', padding='same')(conv4_1)
conv4_3 = Conv2D(512, (3, 3), activation='relu', padding='same')(conv4_2)
pool4 = MaxPooling2D(pool_size=(2, 2), strides=(2, 2), padding='same')(conv4_3)

conv5_1 = Conv2D(512, (3, 3), activation='relu', padding='same')(pool4)
conv5_2 = Conv2D(512, (3, 3), activation='relu', padding='same')(conv5_1)
conv5_3 = Conv2D(512, (3, 3), activation='relu', padding='same')(conv5_2)
pool5 = MaxPooling2D(pool_size=(3, 3), strides=(1, 1), padding='same')(conv5_3)
```

5장에서 본 구현 코드와 비교했을 때 주목해야 할 점은 다음 두 가지다.

- CONV4_3 층이 이번에도 직접 예측 결과를 출력한다.
- POOL5의 출력이 이어지는 CONV6 층에 입력된다. CONV6은 새로 추가되는 다중 배열 특징층 중 첫 번째 층이다.

기본 신경망의 예측 과정

예제를 통해 기본 신경망의 예측 과정을 살펴보자. [그림 7-21]과 같은 이미지를 입력하고 이미지에 있는 모든 보트를 포함하는 경계 박스를 예측하려 한다. 예측 과정은 다음과 같다.

1. SSD에는 R-CNN의 앵커 박스와 비슷한 역할을 하는 격자가 있다. 각 격자점마다 해당 앵커를 중심점으로 하는 경계 박스를 생성한다. SSD에서는 이들 격자점을 프라이어prior라고 한다.
2. SSD에서는 각 경계 박스를 별도의 이미지로 간주한다. 경계 박스마다 '이 경계 박스 안에 보트가 있는가?', 좀 더 정확히 말하자면 '이 경계 박스 안에서 보트의 특징을 뽑았는가?'를 확인한다.
3. 보트의 특징을 포함하는 경계 박스를 발견했다면 해당 박스의 예측 좌표와 사물 분류 결과를 NMS 층으로 전달한다.
4. NMS 층은 정답과 중첩률이 가장 높은 경계 박스 하나만 남기고 다른 경계 박스는 배제한다.

그림 7-21 기본 신경망은 각각의 앵커 박스를 들여다보며 보트의 특징을 찾는다. 실선 박스는 보트의 특징을 발견한 영역이고, 점선 박스는 보트의 특징을 발견하지 못한 영역이다.

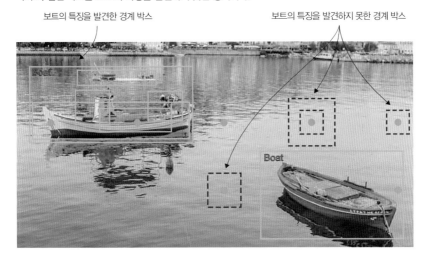

이번에는 SSD의 두 번째 주요 구성 요소인 다중 스케일 특징층을 살펴보자.

7.3.3 다중 스케일 특징층

다중 스케일 특징층은 기본 신경망 뒤로 이어지는 일련의 합성곱층이다. 합성곱 필터의 크기가 점진적으로 감소하도록 배치되어 다양한 배율로 예측 및 탐지를 수행할 수 있는 것이 특징이다.

다중 스케일 탐지

[그림 7-22]의 이미지를 예제로 다중 스케일 특징층의 동작 과정과 합성곱 필터의 크기가 점점 작아지는 이유를 살펴보겠다. 그림을 보면 배경에 포함된 말의 특징은 기본 신경망이 어렵지 않게 찾아냈지만 카메라와 가까이 있는 말은 탐지하지 못했다. 점선으로 된 경계 박스 안의 내용이 전체 이미지라고 생각하면 그 이유를 알 수 있다(그림 7-23).

그림 7-22 이미지 안에 서로 다른 크기의 말. 카메라에서 멀리 떨어진 말은 앵커 박스 안에 포함될 가능성이 높아서 탐지하기 쉽다. 반면 카메라와 가까운 말은 기본 신경망에서 탐지되지 않을 가능성이 높다. 이를 탐지하려면 큰 범위의 특징을 포착할 수 있도록 다른 스케일의 앵커 박스가 필요하다.

그림 7-23 다른 특징과 고립된 말의 특징

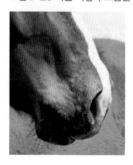

[그림 7-23]에서 말의 특징을 찾아낼 수 있겠는가? 이미지에 서로 다른 배율로 들어 있는 물체를 처리하려면 이미지를 서로 다른 크기로 전처리하고 그 결과를 합쳐서 처리할 방법이 필요하다(그림 7-24). 그러나 합성곱 필터의 크기를 달리한 여러 개의 합성곱층을 사용하면 한 신경망 안에서도 이와 같은 효과를 얻을 수 있으며 여러 배율에 해당하는 파라미터를 전체 신경망에서 공유할 수 있다. CNN은 점진적으로 이미지의 크기를 줄이므로 특징 맵의 크기도 함께 감소한다. 이렇게 줄어든 특징 맵을 큰 크기의 물체를 탐지하는 데 활용한다. 예를 들어 4×4 크기의 특징 맵을 커다란 물체를 탐지하는 데 사용한다.

그림 7-24 큰 물체는 저해상도 특징 맵(오른쪽), 작은 물체는 고해상도 특징 맵(왼쪽)을 이용해서 탐지한다.

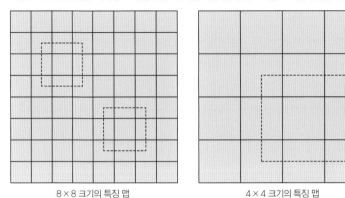

8×8 크기의 특징 맵   4×4 크기의 특징 맵

이 과정을 시각적으로 설명하면 먼저 신경망이 말의 전체 모습이 하나의 경계 박스에 들어갈 수 있을 만큼까지 이미지를 축소하고(그림 7-25), 다중 스케일 특징층이 이미지의 크기를 적절히 조절해서 경계 박스가 크게 찍힌 말의 모습 전체가 담기도록 한다. 하지만 합성곱층이 실제로 이미지의 크기를 줄이는 것은 아니며 이해를 돕기 위한 표현일 뿐이다. 실제로는 합성곱 층을 거치며 원래와는 전혀 다른 무작위로 만든 듯한 이미지가 된다. 하지만 이 이미지에 원래 이미지의 특징이 보존된다. 합성곱 연산에 대한 자세한 내용은 3장을 참조하기 바란다.

그림 7-25 다중 스케일 특징층은 입력 이미지의 크기를 축소해서 서로 다른 크기로 나타난 대상을 탐지할 수 있다. 이 이미지에서는 프라이어가 이미지를 멀리서 보게 하는 역할을 해서 가까이에 있는 물체의 특징이 탐지 가능했다.

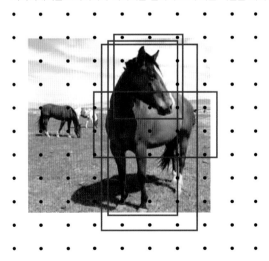

다중 스케일 특징 맵을 통해 신경망의 정확도가 크게 개선되었다. SSD를 제안한 연구진은 다중 스케일 특징 맵의 도입 효과를 알아보기 위한 실험을 진행했는데 그 결과를 [그림 7-26]에 정리했다. 다중 스케일 특징층 수가 적을 때는 정확도가 감소하는 경우도 있었으나 층수가 늘어날수록 정확도가 개선되었다.

그림 7-26 논문에 실린 다중 스케일 특징 맵의 효과를 확인한 실험 결과. 다중 스케일 특징 맵을 반영하니 정확도(mAP)가 증가했다(출처: Liu 외, 2016).

출력층에 출력을 직접 전달한 층						다중 스케일 특징 맵 사용 여부		경계 박스 수
conv4_3	conv7	conv8_2	conv9_2	conv10_2	conv11_2	예	아니오	
✔	✔	✔	✔	✔	✔	74.3	63.4	8,732
✔	✔	✔	✔	✔		**74.6**	63.1	8,764
✔	✔	✔	✔			73.8	68.4	8,942
✔	✔	✔				70.7	69.2	9,864
✔	✔					64.2	64.4	9,025
	✔					62.4	64.0	8,664

출력을 직접 전달하는 다중 스케일 특징층 수가 6개인 경우와 하나인 경우의 정확도가 각각 74.3%와 62.4%로 큰 차이를 보였다. 예측에 CONV7 층만 적용했을 경우 정확도가 가장 낮으며, 이는 여러 층에서 서로 다른 배율로 경계 박스를 만드는 것이 중요하다는 것을 방증한다.

다중 스케일 특징층의 구조

SSD의 연구진은 크기가 점차 감소하는 여섯 층의 합성곱층을 추가했는데, 이 층수를 결정하는 과정에서 많은 수의 시행착오를 거쳤다. [그림 7-19]에서 보았듯이 CONV6은 커널 크기가 3×3, CONV7은 1×1로 서로 독립된 층이다. 이와 달리 8번째부터 11번째 층은 커널 크기가 각각 1×1, 3×3인 2개의 합성곱층이 합쳐져 구성된 블록으로 이루어져 있다.

다음은 6번째 층부터 11번째 층을 케라스로 구현한 코드다(전체 코드는 다운로드한 예제 코드에서 볼 수 있다).

```
# conv6과 conv7
conv6 = Conv2D(1024, (3, 3), dilation_rate=(6, 6), activation='relu',
    padding='same')(pool5)
conv7 = Conv2D(1024, (1, 1), activation='relu', padding='same')(conv6)
```

```
# conv8 블록
conv8_1 = Conv2D(256, (1, 1), activation='relu', padding='same')(conv7)
conv8_2 = Conv2D(512, (3, 3), strides=(2, 2), activation='relu',
    padding='valid')(conv8_1)

# conv9 블록
conv9_1 = Conv2D(128, (1, 1), activation='relu', padding='same')(conv8_2)
conv9_2 = Conv2D(256, (3, 3), strides=(2, 2), activation='relu',
    padding='valid')(conv9_1)

# conv10 블록
conv10_1 = Conv2D(128, (1, 1), activation='relu', padding='same')(conv9_2)
conv10_2 = Conv2D(256, (3, 3), strides=(1, 1), activation='relu',
    padding='valid')(conv10_1)

# conv11 블록
conv11_1 = Conv2D(128, (1, 1), activation='relu', padding='same')(conv10_2)
conv11_2 = Conv2D(256, (3, 3), strides=(1, 1), activation='relu',
    padding='valid')(conv11_1)
```

앞서 언급했듯이 학계나 연구에 종사하는 사람이 아니라면 사물 탐지 시스템을 직접 구현할 필요는 없다. 대개는 오픈 소스로 구현된 소프트웨어를 내려받아 자신의 필요에 맞게 사용할 뿐이다. 이 코드 조각을 책에 실은 이유는 앞서 설명한 구조를 이해하는 데 도움을 주기 위해서다.

팽창 합성곱

팽창 합성곱dilated convolution에는 새로운 파라미터인 **팽창률**dilated rate이 도입된다. 팽창률이란 커널과 대상 이미지의 거리를 의미한다. 팽창률 2를 적용한 3×3 커널은 5×5 커널에서 9개 파라미터만 사용하는 것과 동등하다. 행과 열을 하나씩 걸러 제거한 5×5 커널을 상상하면 이해하기 쉽다. 팽창 합성곱은 같은 계산 비용으로 더 넓은 감수 영역의 효과를 볼 수 있다.

팽창 합성곱은 특히 실시간 세그먼테이션 분야에서 널리 사용된다. 합성곱 연산을 여러 번 적용하거나 큰 커널을 적용할 계산 자원의 여유가 없는 상황에서 넓은 범위의 감수 영역이 필요할 때 사용하면 좋다.

다음은 팽창률 2를 적용한 3×3 팽창 합성곱층을 케라스로 구현한 코드다.

```
Conv2D(1024, (3, 3), dilation_rate=(2, 2), activation='relu', padding='same')
```

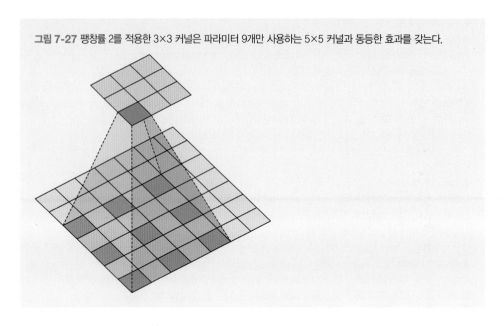

그림 7-27 팽창률 2를 적용한 3×3 커널은 파라미터 9개만 사용하는 5×5 커널과 동등한 효과를 갖는다.

마지막으로 SSD의 세 번째 주요 구성 요소인 NMS를 살펴보자.

7.3.4 비최대 억제

추론 시점에 SSD의 순방향 계산에서 생성되는 많은 수의 경계 박스는 대부분 NMS 알고리즘 (이 장 앞부분 참조)을 통해 배제된다. 확신도 손실이 부여되었거나 중첩률이 임곗값보다 낮은 경계 박스는 폐기되며, 상위 N개의 예측만 그대로 남는다(그림 7-28). 이러한 과정을 통해 가장 가능성이 높은 예측만 결과로 출력된다.

그렇다면 NMS는 어떤 방식으로 경계 박스를 배제하는 걸까? 먼저 확신도를 기준으로 경계 박스를 정렬한다. 확신도가 가장 높은 경계 박스부터 그 이전에 본 각각의 경계 박스와 중첩률을 계산한 다음 그중 현재 경계 박스와 같은 클래스로 분류되었고 일정 중첩률을 초과하는 것이 있었는지 확인한다(중첩률의 임곗값은 조정 가능하다. 논문에서는 0.45가 사용되었다). 임곗값보다 중첩률이 높은 경계 박스는 확신도가 더 높은 경계 박스와 지나치게 겹치므로 같은 물체를 가리킨다고 판단해서 폐기된다. 이런 식으로 이미지 한 장당 최대 200개의 경계 박스를 남긴다.

그림 7-28 비최대 억제 알고리즘을 이용해서 물체 하나에 경계 박스 하나만 남긴다.

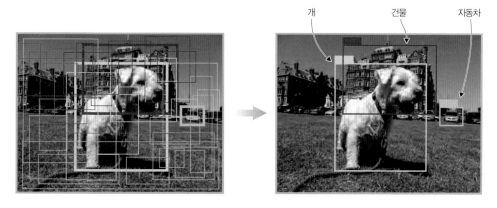

7.4 YOLO

YOLO는 2016년 조셉 레드몬Joseph Redmon이 최초로 제안한 사물 탐지 신경망으로, R-CNN 과 비슷하게 수년에 걸쳐 다음과 같이 개선된 파생 버전이 제안되었다.

- YOLOv1(2016):[11] 사물 탐지와 클래스 분류를 하나로 통합한 설계를 적용했기 때문에 '통합 실시간 사물 탐지'라고 불렸다.
- YOLOv2(YOLO9000이라고도 함, 2016):[12] 물체를 9,000가지 클래스로 분류할 수 있었기 때문에 YOLO9000이라는 이름이 붙었다. 이미지넷과 MS COCO 데이터셋을 학습했으나 정확도는 mAP 16% 정도로 좋지 않았다. 다만 추론 시 처리 속도는 매우 빨랐다.
- YOLOv3(2018):[13] 모델의 규모를 크게 키워 mAP 57.9%를 달성했다. 이 기록은 현재까지 YOLO의 변종 중 가장 뛰어난 성능이다.

YOLO 및 그 변종은 모두 전체 처리 과정이 딥러닝으로 구현된 고속 사물 탐지 모델이며, 고속 실시간 사물 탐지에 도전한 초기 시도 중 한 가지다. 현재도 사물 탐지 알고리즘 중에서 속도가 빠른 편에 속한다. 정확도는 R-CNN에 미치지 못하지만 빠른 처리 속도 덕분에 사물 탐지 분야에서는 인지도가 높으며 실시간 영상 또는 카메라 입력 처리 데모용으로 자주 사용된다.

11 Joseph Redmon, Santosh Divvala, Ross Girshick, Ali Farhadi, 「You Only Look Once: Unified, Real-Time Object Detection」, 2016, http://arxiv.org/abs/1506.02640

12 Joseph Redmon, Ali Farhadi, 「YOLO9000: Better, Faster, Stronger」, 2016, http://arxiv.org/abs/1612.08242

13 Joseph Redmon, Ali Farhadi, 「YOLOv3: An Incremental Improvement」, 2018, http://arxiv.org/abs/1804.02767

YOLO는 지금까지 설명했던 신경망과는 조금 다른 접근법을 취한다. R-CNN과 같은 영역 제안 단계가 아예 없다. 그 대신 입력을 비교적 소수의 격자 형태로 분할하고 분할된 영역을 대상으로 직접 경계 박스와 사물 분류를 수행한다. 그 결과 많은 수의 경계 박스 후보가 생성되는데 이를 다시 NMS를 사용해서 최종 예측 결과로 좁히는 방식이다(그림 7-29).

그림 7-29 YOLO의 처리 과정은 먼저 이미지를 격자 형태로 분할하고, 분할된 각 조각의 물체를 예측한 다음 NMS를 이용해서 최종 결과를 좁히는 방식이다.

 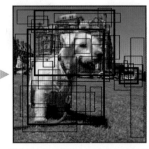 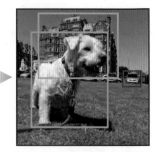

이미지를 격자 형태로 분할　　　　경계 박스를 예측하고 물체 클래스를 분류　　　　NMS를 사용해 결과 후보의 범위를 좁힘

YOLOv1에서는 일반적인 구조가 제안되었고, YOLOv2에서는 설계가 다듬어지고 경계 박스 제안에 사전 정의된 앵커 박스가 도입되었다. YOLOv3에서는 모델 구조 및 학습 과정이 더욱 더 보완되었다. 이 절에서는 YOLO의 변종 중 가장 높은 성능 기록을 가진 YOLOv3를 중심으로 YOLO의 처리 과정을 살펴보겠다.

7.4.1 YOLOv3 처리 과정

YOLO 처리 과정 중 첫 번째 단계는 이미지를 $S \times S$개의 격자 모양으로 분할하는 것이다. 정답 경계 박스의 중심이 이 중 어떤 조각에 포함된다면 해당 조각에서 물체의 존재가 탐지되어야 한다. 다음과 같은 방법으로 분할된 각 조각마다 B개의 경계 박스와 물체 존재 확신도, 물체의 클래스를 예측한다.

- B개의 경계 박스를 결정하는 좌표: 앞서 살펴본 사물 탐지 알고리즘과 마찬가지로 YOLO 역시 경계 박스를 4개의 값을 가진 튜플 (b_x, b_y, b_w, b_h)로 정의한다. 이때 x와 y는 조각 위치에 대한 오프셋이다.
- 물체 존재 확신도(p_0): 해당 이미지 조각에 물체가 포함되어 있을 확률이다. 물체 존재 확신도는 시그모이드 함수를 거쳐 0과 1 사이의 값으로 변환되어 확률로 다뤄진다. 물체 존재 확신도는 다음과 같이 계산한다.

$$P_0 = \Pr(\text{물체 포함}) \times \text{중첩률}(\text{예측}, \text{정답})$$

- 물체의 클래스 분류: 경계 박스에 물체가 포함되었다면 K개 클래스에 대해 물체가 해당 클래스에 속할 확률을 계산한다.

한 가지 중요한 내용이 있는데, YOLOv3 이전에는 클래스 분류 확률을 구하기 위해 소프트맥스 함수를 사용했다. 그러나 YOLOv3에서는 소프트맥스 대신 시그모이드 함수를 사용한다. 함수를 변경한 이유는 소프트맥스 함수를 사용하려면 경계 박스 하나가 항상 하나의 클래스에만 속한다는 가정이 필요하기 때문이다. 하지만 그렇지 않은 경우가 상당히 많다. 다시 말해 어떤 물체가 한 가지 클래스에만 속하지는 않는다. 이런 가정이 통하는 데이터셋도 있지만 사람과 여자처럼 한 물체가 둘 이상의 클래스를 갖는 데이터셋도 있다. 다중 레이블을 부여할 수 있는 모델은 정확도가 좀 더 높다.

[그림 7-30]을 보면 각 경계 박스(B)마다 [(경계 박스 좌표), (물체 존재 확신도), (분류 클래스)] 형태의 예측 결과가 부여되어 있다. 경계 박스의 좌표 4개 값에 물체 존재 확신도와 K개 클래스 각각에 대한 확률을 더한 값이다. 따라서 예측된 값의 개수는 $5B + K$개에 이미지 조각의 수 $S \times S$를 곱한 값이 된다.

$$예측된\ 값의\ 개수 = S \times S \times (5B + K)$$

배율을 달리하며 예측하기

[그림 7-30]을 자세히 보기 바란다. 예측 특징 맵이 3개의 경계 박스로 구성된 것을 알 수 있다. 왜 경계 박스가 3개나 필요한 걸까? SSD의 앵커 개념과 비슷하게 YOLOv3에는 이미지 조각마다 세 가지 다른 배율로 탐지를 시도하는 9개의 앵커가 있다. 탐지층은 스트라이드가 각각 32, 16, 8인 세 가지의 특징 맵을 대상으로 탐지를 시도한다. 예를 들어 입력 이미지의 크기가 416×416이라면 13×13, 26×26, 52×52 이렇게 세 가지 격자로 분할된 이미지를 대상으로 탐지를 시도하게 된다(그림 7-31). 13×13 격자로 분할된 이미지를 대상으로 하는 층은 비교적 큰 물체, 26×26 격자로 분할된 이미지를 대상으로 하는 층은 중간 정도 크기의 물체, 52×52 격자로 분할된 이미지를 대상으로 하는 층은 작은 크기의 물체를 탐지하는 역할을 한다.

그림 7-30 YOLOv3의 동작 과정을 나타낸 그림. 입력 이미지를 13×13의 격자를 따라 169개의 조각으로 나누었다. 각 조각마다 B개의 경계 박스와 물체 존재 확신도, 분류 클래스가 예측 결과로 나온다. 예제에서는 정답 경계 박스의 중심에 위치한 이미지 조각에서 3개의 예측 결과(B=3)를 얻었다. 하나의 예측은 경계 박스 좌표, 물체 존재 확신도, 분류 클래스로 구성된다.

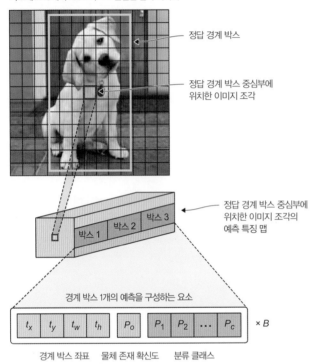

가로세로로 13개씩 169조각으로 분할된 입력 이미지

정답 경계 박스

정답 경계 박스 중심부에 위치한 이미지 조각

정답 경계 박스 중심부에 위치한 이미지 조각의 예측 특징 맵

박스 1   박스 2   박스 3

경계 박스 1개의 예측을 구성하는 요소

| t_x | t_y | t_w | t_h | P_o | P_1 | P_2 | ... | P_c | ×B |

경계 박스 좌표   물체 존재 확신도   분류 클래스

그림 7-31 서로 다른 배율의 예측 특징 맵

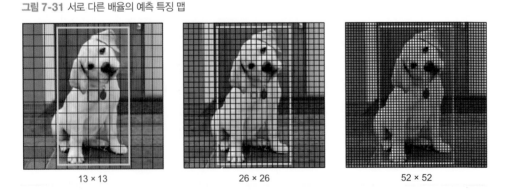

13 × 13   26 × 26   52 × 52

[그림 7-31]의 서로 다른 크기의 세 가지 특징 맵에서 각각 경계 박스를 하나씩 예측하므로 결과적으로 이미지 조각 하나당 3개의 경계 박스가 예측 결과로 나온다($B = 3$). 개를 탐지할 수 있는 경계 박스는 앵커가 정답 경계 박스와 함께 가장 높은 중첩률^{IoU}을 가지는 박스가 될 것이다.

> **NOTE_** 다양한 배율로 탐지를 시도하는 전략은 YOLOv2의 단점이었던 작은 물체를 탐지하지 못하는 문제를 해결하는 데 도움이 되었다. 업샘플링층은 신경망이 작은 물체를 탐지하는 데 중요한 정보가 되는 세밀한 특징을 보존할 수 있게 해준다.

YOLOv3는 입력 이미지를 첫 번째 탐지층에 이를 때까지 다운샘플링하는 방식으로 이를 수행한다. 첫 번째 탐지층은 스트라이드가 32인 특징 맵을 이용해서 탐지를 시도하는 층이다. 각 층은 두 배 크기로 업샘플링되며 특징 맵 크기가 동일한 이전 층의 특징 맵을 계속 연접해 나간다. 이 시점에서 스트라이드가 16인 특징 맵을 이용해서 탐지가 이뤄진다. 그리고 다시 업샘플링이 이어진 다음 스트라이드가 8인 특징 맵을 이용해서 세 번째 탐지가 수행된다.

YOLOv3가 출력하는 경계 박스

입력 이미지의 크기가 416×416일 때 YOLO는 $((52×52) + (26×26) + (13×13)) × 3 = 10{,}647$개의 경계 박스를 예측 결과로 내놓는다. 우리가 활용하기엔 너무 많은 숫자다. 조금 전에 본 개 이미지에는 물체가 하나뿐이었다. 경계 박스 역시 하나만 예측되는 것이 좋다. 10,647개나 되는 경계 박스 예측을 어떻게 해야 하나로 좁힐 수 있을까?

먼저 물체 존재 확신도가 미리 정한 임곗값을 넘는지를 기준으로 걸러내는 방법이 있다. 두 번째는 NMS를 사용해서 같은 물체를 가리키는 여러 개의 경계 박스를 제거하는 방법이다. 격자로 나눈 입력 이미지의 한 조각에서 예측한 3개의 경계 박스가 모두 하나의 상자를 탐지했는데, 인접한 조각에서도 같은 물체를 탐지했을 수도 있다.

7.4.2 YOLOv3 구조

이제 YOLO의 동작 과정을 이해했으니 구조는 어렵지 않게 이해할 수 있을 것이다. YOLO는 사물 탐지와 클래스 분류를 모두 수행하는 단일 신경망이다. 신경망의 구조는 GoogLeNet(인셉션)의 특징 추출기 부분을 참고했다. 다만 인셉션 모듈 대신 1×1 축소층과 3×3 합성곱층을 조합한 구조를 사용한다. 레드몬^{Redmon}과 파라디^{Farahdi}는 이 구조를 다크넷^{DarkNet}이라고 이름 붙였다(그림 7-32).

그림 7-32 YOLO의 추상적 구조

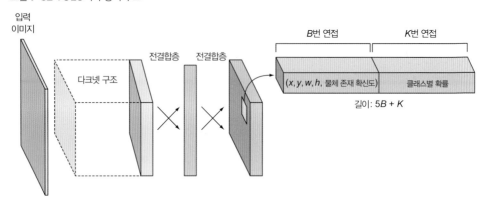

YOLOv2에는 darknet-19라는 커스터마이징된 별도의 19층 구조가 사용되었는데, 이 구조에 사물 탐지를 보조하는 11개의 층을 더해 30층 구조가 되었다. 30층이나 되는 층수 때문에 YOLOv2는 작은 물체를 탐지하는 데 어려움을 많이 겪었다. 그 이유는 입력이 층을 거치며 여러 번 다운샘플링되면서 세세한 특징을 잃어버리기 때문이다. 그러나 YOLOv2에는 현재 최고 성능을 보이는 알고리즘에 기본적으로 포함되는 주요 요소인 잔차 블록, 스킵 연결, 업샘플링 등이 적용되지 않았다. YOLOv3는 이들을 추가한 것이다.

YOLOv3는 다크넷 구조의 개선 버전인 darknet-53(그림 7-33)을 채용했다. darknet-53은 이미지넷 데이터셋을 학습한 53층 구조의 신경망이다. 여기에 사물 탐지를 보조하는 53개의 층을 덧붙여 무려 106층에 달하는 전결합 합성곱 구조가 만들어졌다. YOLOv3가 YOLOv2에 비해 처리 속도가 오래 걸리는 이유가 여기에 있다. 하지만 속도를 희생한 이상으로 정확도에서는 큰 폭의 상승이 있었다.

그림 7-33 darknet-53 특징 추출기의 구조(출처: Redmon과 Farhadi, 2018)

	층 종류	필터 수	필터 크기	출력 크기
	합성곱층	32	3 × 3	256 × 256
	합성곱층	64	3 × 3 / 2	128 × 128
1×	합성곱층	32	1 × 1	
	합성곱층	34	3 × 3	
	잔차 블록			128 × 128
	합성곱층	128	3 × 3 / 2	64 × 64
2×	합성곱층	64	1 × 1	
	합성곱층	128	3 × 3	
	잔차 블록			64 × 64
	합성곱층	256	3 × 3 / 2	32 × 32
8×	합성곱층	128	1 × 1	
	합성곱층	256	3 × 3	
	잔차 블록			32 × 32
	합성곱층	512	3 × 3 / 2	16 × 16
8×	합성곱층	256	1 × 1	
	합성곱층	512	3 × 3	
	잔차 블록			16 × 16
	합성곱층	1024	3 × 3 / 2	8 × 8
4×	합성곱층	512	1 × 1	
	합성곱층	1024	3 × 3	
	잔차 블록			8 × 8
	평균 풀링	전역		
	전결합층	1000		
	소프트맥스			

YOLOv3 전체 구조

앞서 YOLOv3는 세 가지 다른 배율로 사물 탐지를 수행한다고 설명했다. [그림 7-34]에서 YOLOv3의 구조를 보면 이를 더 분명히 알 수 있다.

입력 이미지는 darknet-53 특징 추출기를 지나며 79번 층에 이를 때까지 다운샘플링된다. 이 부분에서 신경망이 분기해 첫 번째 탐지가 수행되는 82번 층까지 다시 다운샘플링이 이어진다. 이 첫 번째 탐지는 앞서 설명했듯이 13×13 격자로 이미지를 분할하며 큰 물체의 탐지를 담당한다.

다른 쪽 분기는 79번 층의 특징 맵이 두 배로 업샘플링되어 26×26 격자로 분할된 이미지 조각을 형성한 후 61번 층의 특징 맵과 연접된다. 이 시점에서 26×26 격자로 분할된 이미지에서 중간 크기 물체의 탐지를 담당하는 두 번째 탐지가 수행된다.

마지막으로 비슷한 과정이 한 번 더 일어난다. 91번 층의 특징 맵이 몇 차례 업샘플링을 거친 후 36번 층의 특징 맵을 깊이 방향으로 연접한다. 그리고 106번 층에서 52×52 격자로 분할된 이미지를 대상으로 작은 크기 물체의 탐지를 담당하는 세 번째 탐지가 수행된다.

그림 7-34 YOLOv3 신경망의 구조. 아슈시 카투리아의 2018년 Medium지 기고문 「What's new in YOLO v3?」[14] 에 실린 도표를 참고해서 작성했다.

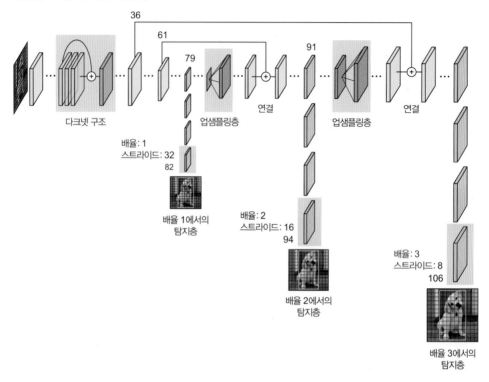

7.5 프로젝트: 자율주행차를 위한 싱글샷 탐지기 학습하기

이번 프로젝트의 구현 코드는 피에를루이지 페라리^{Pierluigi Ferrari}가 그의 깃허브 저장소[15]에 공개한 것이다. 이 책의 예제 코드와 함께 이 코드를 내려받을 수 있다.

이 프로젝트는 소규모 SSD 신경망인 SSD7을 구현하는 프로젝트다. SSD7은 SSD300의 7층 짜리 축소 버전으로, 괜찮은 성능을 내지만 최적화된 신경망 구조라고 할 수는 없다. 이 프로젝트의 목표는 개인용 컴퓨터에서도 비교적 빠르게 학습을 진행할 수 있는 간단한 신경망을 구현해보는 것이다. 이 신경망을 도로 교통 데이터셋으로 학습시키는 데 필자의 환경을 기준으로 20시간 정도 걸렸다. GPU를 사용한다면 더욱 빠른 학습이 가능할 것이다.

---

14 http://mng.bz/IGN2
15 https://github.com/pierluigiferrari/ssd_keras

이번 프로젝트에서는 유다시티^{Udacity}에서 제공하는 소규모 데이터셋을 활용한다. 유다시티의 깃허브 저장소에서 이 데이터셋에 대한 자세한 사항을 확인할 수 있다.[16] 자동차, 트럭, 보행자, 자전거, 신호등까지 다섯 가지 클래스의 레이블이 부여된 22,000장 이상의 이미지로 구성되었다. 모든 이미지는 가로 480픽셀, 세로 300픽셀의 고정 크기다. 이 책의 예제 코드와 함께 데이터셋을 내려받을 수 있다.

이 데이터셋에서 흥미로운 점은 이 이미지가 캘리포니아 마운틴 뷰 인근에서 촬영된 실시간 차량 운행 이미지라는 것이다. 촬영 시점의 날씨는 모두 맑음이었으며 별도의 이미지 처리는 하지 않았다. [그림 7-35]에 데이터셋에 포함된 이미지의 예를 실었다.

그림 7-35 유다시티 자율주행 데이터셋의 이미지 예(이미지 저작권: © 2016, 유다시티, MIT 라이선스에 따라 사용)

----

16 https://github.com/udacity/self-driving-car/tree/master/annotations

유다시티에 따르면 이 데이터셋은 크라우드AI^CrowdAI와 오티^Autti를 사용해서 태깅되었다. 데이터셋 디렉터리 내에서 3개의 CSV 파일로 배포되는 레이블을 확인할 수 있다. 세 파일은 각각 훈련 데이터, 검증 데이터, 테스트 데이터의 레이블을 담고 있다. 레이블링 포맷도 직관적이어서 어렵지 않다.

frame	xmin	xmax	ymin	ymax	class_id
1478019952686311006.jpg	237	251	143	155	1

xmin, xmax, ymin, xmax는 경계 박스의 좌표를 나타내며, class_id는 정답 레이블, frame은 이미지 파일 이름이다.

LabelImg를 이용한 데이터 태깅

직접 수집한 데이터에 태깅 작업이 필요할 때 사용할 수 있는 오픈 소스 태깅 도구 중 LabelImg[17]가 있다. 설치가 간단하고 사용 방법도 어렵지 않다.

그림 7-36 LabelImg를 이용한 데이터 태깅

----

17 https://pypi.org/project/labelImg

7.5.1 1단계: 모델 정의하기

모델 학습에 들어가기 전에 먼저 keras_ssd7.py 파일에 구현된 build_model 메서드를 살펴보겠다. 이 파일에는 SSD 신경망 구조를 가진 케라스 모델을 만드는 코드가 담겨 있다. 이 장에서 지금까지 설명했듯이 이 모델은 합성곱 특징층과 서로 다른 특징층으로부터 특징을 입력받는 합성곱 예측층으로 구성된다.

build_model 메서드의 시그너처는 다음과 같다. 메서드의 각 인수에 대한 설명은 keras_ssd7.py 파일에 포함된 주석을 참고하기 바란다.

```python
def build_model(image_size,
                mode='training',
                l2_regularization=0.0,
                min_scale=0.1,
                max_scale=0.9,
                scales=None,
                aspect_ratios_global=[0.5, 1.0, 2.0],
                aspect_ratios_per_layer=None,
                two_boxes_for_ar1=True,
                clip_boxes=False,
                variances=[1.0, 1.0, 1.0, 1.0],
                coords='centroids',
                normalize_coords=False,
                subtract_mean=None,
                divide_by_stddev=None,
                swap_channels=False,
                confidence_thresh=0.01,
                iou_threshold=0.45,
                top_k=200,
                nms_max_output_size=400,
                return_predictor_sizes=False)
```

7.5.2 2단계: 모델 설정하기

모델을 생성했으니 모델의 설정 파라미터를 지정할 차례다. 먼저 입력 이미지의 높이, 폭, 채널 수를 지정한다. 여기서 설정한 것과 크기나 채널 수가 다른 이미지를 입력해야 한다거나 이미지의 크기가 일정하지 않다면 이미지 변환(리사이징 또는 크롭)을 통해 입력할 수 있는 형태로 변환해야 한다.

```
img_height = 300        │ 입력 이미지의 높이, 폭, 채널 수를
img_width = 480         │ 지정한다.
img_channels = 3

intensity_mean = 127.5   │ 원하는 값을 설정한다(설정하지 않아도 된다). 이 설정값을
intensity_range = 127.5  │ 적용하면 픽셀값의 구간이 [-1, 1]로 변환된다.
```

클래스 수는 데이터셋에 정의된 클래스 수를 입력하면 된다. 예를 들면 PASCAL VOC 데이터셋은 20, MS COCO의 클래스 수는 80이다. 클래스 ID 0은 배경을 의미하므로 사용하지 않는다.

```
앵커 박스 격자의 이미지 내 시작 위치를
직접 설정할 경우는 권장하지 않는다.

  n_classes = 5    ◁── 데이터셋에 정의된 클래스 수
                                              앵커 박스 배율을 명시적으로 기재한 리스트.
                                              이 리스트는 min_scale과 max_scale
  scales = [0.08, 0.16, 0.32, 0.64, 0.96] ◁  인숫값을 오버라이드한다.

  aspect_ratios = [0.5, 1.0, 2.0]  ◁── 앵커 박스의 종횡비
└▷ steps = None
  offsets = None    ◁── 앵커 박스 격자의 간격을 직접 설정할
                        경우는 권장하지 않는다.

  two_boxes_for_ar1 = True ◁
                            종횡비가 1인 앵커 박스를
                            2개 생성할지 여부
▷ clip_boxes = False

  variances = [1.0, 1.0, 1.0, 1.0] ◁  인코딩된 목표 좌표의 배율을 조정할 때
                                      적용할 분산값이 기재된 리스트

  normalize_coords = True ◁
                            이미지 크기에 대한 상대 좌표
이미지 밖으로 삐져나가는     사용 여부
앵커 박스를 절단할지 여부
```

7.5.3 3단계: 모델 생성하기

이제 build_model( ) 메서드를 호출해서 모델을 실제로 생성한다.

```
model = build_model(image_size=(img_height, img_width, img_channels),
                    n_classes=n_classes,
                    mode='training',
                    l2_regularization=0.0005,
                    scales=scales,
                    aspect_ratios_global=aspect_ratios,
                    aspect_ratios_per_layer=None,
                    two_boxes_for_ar1=two_boxes_for_ar1,
                    steps=steps,
                    offsets=offsets,
                    clip_boxes=clip_boxes,
                    variances=variances,
                    normalize_coords=normalize_coords,
                    subtract_mean=intensity_mean,
                    divide_by_stddev=intensity_range)
```

이때 저장된 가중치를 함께 불러오게 된다. 가중치를 함께 읽어 들일 생각이 없다면 코드에서 다음 줄을 제외한다.

```
model.load_weights('<path/to/model.h5>', by_name=True)
```

Adam 최적화 알고리즘과 SSD 손실 함수의 객체를 생성한 다음 모델을 컴파일한다. 이번에는 케라스에서 제공하는 커스텀 함수 SSDLoss를 사용한다. 이 함수는 다중 과업 로그 손실 함수와 smooth L1 위치 특정 손실 함수를 구현한 것이다. neg_pos_ratio와 alpha는 SSD 논문에서 사용한 값을 그대로 적용한다.

```
adam = Adam(lr=0.001, beta_1=0.9, beta_2=0.999, epsilon=1e-08, decay=0.0)

ssd_loss = SSDLoss(neg_pos_ratio=3, alpha=1.0)

model.compile(optimizer=adam, loss=ssd_loss.compute_loss)
```

7.5.4 4단계: 데이터 읽어 들이기

데이터를 읽어 들이는 절차는 다음과 같다.

1 DataGenerator의 인스턴스를 2개 만든다. 이들 객체는 각각 훈련 데이터와 검증 데이터를 읽어 들이는 역할을 한다.

```python
train_dataset = DataGenerator(load_images_into_memory=False,
    hdf5_dataset_path=None)
val_dataset = DataGenerator(load_images_into_memory=False,
    hdf5_dataset_path=None)
```

2 훈련 데이터 및 검증 데이터의 이미지와 레이블을 읽어 들인다.

```python
images_dir = '데이터셋을_내려받은_경로'

train_labels_filename = '데이터셋_디렉터리/labels_train.csv'    ◁── 정답 데이터
val_labels_filename = '데이터셋_디렉터리/labels_val.csv'

train_dataset.parse_csv(images_dir=images_dir,
                        labels_filename=train_labels_filename,
                        input_format=['image_name', 'xmin', 'xmax', 'ymin',
                                      'ymax', 'class_id'],
                        include_classes='all')

val_dataset.parse_csv(images_dir=images_dir,
                      labels_filename=val_labels_filename,
                      input_format=['image_name', 'xmin', 'xmax', 'ymin',
                                    'ymax', 'class_id'],
                      include_classes='all')

train_dataset_size = train_dataset.get_dataset_size()   │ 훈련과 검증 데이터셋의
val_dataset_size = val_dataset.get_dataset_size()       │ 이미지 수 출력

print("훈련 데이터의 이미지 수:\t{:>6}".format(train_dataset_size))
print("검증 데이터의 이미지 수:\t{:>6}".format(val_dataset_size))
```

이 셀을 실행하면 훈련과 검증 데이터셋의 이미지 수가 출력된다.

```
훈련 데이터의 이미지 수:  18000
검증 데이터의 이미지 수:   4241
```

3 배치 크기를 설정한다.

```
batch_size = 16
```

4장에서도 설명했듯이 학습에 사용할 컴퓨터의 계산 자원에 여유가 있다면 배치 크기를 늘려도 좋다.

4 함께 실행할 데이터 강화를 정의한다.

```
data_augmentation_chain = DataAugmentationConstantInputSize(
                                random_brightness=(-48, 48, 0.5),
                                random_contrast=(0.5, 1.8, 0.5),
                                random_saturation=(0.5, 1.8, 0.5),
                                random_hue=(18, 0.5),
                                random_flip=0.5,
                                random_translate=((0.03,0.5),
                                                  (0.03,0.5), 0.5),
                                random_scale=(0.5, 2.0, 0.5),
                                n_trials_max=3,
                                clip_boxes=True,
                                overlap_criterion='area',
                                bounds_box_filter=(0.3, 1.0),
                                bounds_validator=(0.5, 1.0),
                                n_boxes_min=1,
                                background=(0,0,0))
```

5 정답 레이블을 SSD 손실 함수가 이해할 수 있는 포맷으로 변환하는 인코더 객체를 생성한다. 이때 생성자 메서드에 앵커 박스를 만드는 데 필요한 입력 이미지의 크기 정보를 전달해야 한다.

```
predictor_sizes = [model.get_layer('classes4').output_shape[1:3],
                   model.get_layer('classes5').output_shape[1:3],
                   model.get_layer('classes6').output_shape[1:3],
                   model.get_layer('classes7').output_shape[1:3]]

ssd_input_encoder = SSDInputEncoder(img_height=img_height,
                                    img_width=img_width,
                                    n_classes=n_classes,
```

```
                          predictor_sizes=predictor_sizes,
                          scales=scales,
                          aspect_ratios_global=aspect_ratios,
                          two_boxes_for_ar1=two_boxes_for_ar1,
                          steps=steps,
                          offsets=offsets,
                          clip_boxes=clip_boxes,
                          variances=variances,
                          matching_type='multi',
                          pos_iou_threshold=0.5,
                          neg_iou_limit=0.3,
                          normalize_coords=normalize_coords)
```

6 케라스의 `fit_generator()` 함수에 전달할 제너레이터 객체를 생성한다.

```
train_generator = train_dataset.generate(batch_size=batch_size,
                                          shuffle=True,
                                          transformations=[
                                              data_augmentation_chain],
                                          label_encoder=ssd_input_encoder,
                                          returns={'processed_images',
                                                   'encoded_labels'},
                                          keep_images_without_gt=False)

val_generator = val_dataset.generate(batch_size=batch_size,
                                     shuffle=False,
                                     transformations=[],
                                     label_encoder=ssd_input_encoder,
                                     returns={'processed_images',
                                              'encoded_labels'},
                                     keep_images_without_gt=False)
```

7.5.5 5단계: 모델 학습하기

SSD7 신경망의 학습을 진행하기 위한 모든 준비가 끝났다. 최적화 알고리즘, 학습률, 배치 크기는 이미 설정했고 나머지 학습 관련 파라미터만 설정하면 된다. 이들 중 우리가 배우지 않은 파라미터는 없다. 체크포인트, 조기 종료, 학습률 감쇠율을 추가로 지정한다.

```
model_checkpoint =
ModelCheckpoint(filepath='ssd7_epoch-{epoch:02d}_loss-{loss:.4f}_val_loss-
    {val_loss:.4f}.h5',
                              monitor='val_loss',
                              verbose=1,
                              save_best_only=True,
                              save_weights_only=False,
                              mode='auto',
                              period=1)

csv_logger = CSVLogger(filename='ssd7_training_log.csv',
                       separator=',',
                       append=True)

early_stopping = EarlyStopping(monitor='val_loss',     ◁─┐  10에포크 연속 val_loss가 개선되지
                               min_delta=0.0,             │  않으면 학습을 조기 종료한다.
                               patience=10,
                               verbose=1)

reduce_learning_rate = ReduceLROnPlateau(monitor='val_loss',  ◁─┐  val_loss의 감소 추이가
                                         factor=0.2,              │  정체하면 학습률 감쇠를
                                         patience=8,              │  적용한다.
                                         verbose=1,
                                         epsilon=0.001,
                                         cooldown=0,
                                         min_lr=0.00001)

callbacks = [model_checkpoint, csv_logger, early_stopping, reduce_learning_rate]
```

1,000번의 가중치 업데이트를 한 에포크로 설정한다. 에포크 수는 임의로 20을 설정했다. 하지만 20,000번의 가중치 업데이트 이내에 최적값에 도달할 수 있다는 뜻은 아니다. 모델, 데이터셋, 학습률 등 여러 가지 변수가 있기 때문에 가중치가 수렴할 때까지 훨씬 더 긴 시간이 필요할 수도 있다.

```
initial_epoch = 0            학습을 이어서 진행할 때는 initial_epoch와 final_epoch를
final_epoch = 20             적절히 지정한다.
steps_per_epoch = 1000

history = model.fit_generator(generator=train_generator,      ◁─┤ 학습 시작
                              steps_per_epoch=steps_per_epoch,
                              epochs=final_epoch,
```

```
            callbacks=callbacks,
            validation_data=val_generator,
            validation_steps=ceil(
                            val_dataset_size/batch_size),
            initial_epoch=initial_epoch)
```

7.5.6 6단계: 학습 중 손실 함수의 변화 추이 시각화하기

학습 중 훈련 데이터의 손실(loss)과 검증 데이터의 손실(val_loss) 추이를 살펴보며 학습이
잘되었는지 확인한다(그림 7-37).

```
plt.figure(figsize=(20,12))
plt.plot(history.history['loss'], label='loss')
plt.plot(history.history['val_loss'], label='val_loss')
plt.legend(loc='upper right', prop={'size': 24})
```

그림 7-37 SSD7 신경망 학습의 20에포크 동안 loss와 val_loss의 변화 추이를 나타낸 그래프

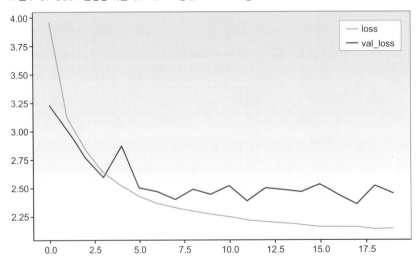

7.5.7 7단계: 모델을 이용해서 예측하기

학습이 끝난 모델을 이용해서 검증 데이터를 대상으로 예측을 수행해보자. 편의상 앞서 만들어

둔 검증 데이터의 제너레이터를 그대로 활용한다. 배치 크기는 자유롭게 변경해도 좋다.

```
predict_generator = val_dataset.generate(batch_size=1,
                                          shuffle=True,
                                          transformations=[],
                                          label_encoder=None,
                                          returns={'processed_images',
                                                   'processed_labels',
                                                   'filenames'},
                                          keep_images_without_gt=False)
```
1. 제너레이터 설정

2. 샘플 생성

```
batch_images, batch_labels, batch_filenames = next(predict_generator)

y_pred = model.predict(batch_images)     3. 예측 수행
```

```
y_pred_decoded = decode_detections(y_pred,
                                   confidence_thresh=0.5,
                                   iou_threshold=0.45,
                                   top_k=200,
                                   normalize_coords=normalize_coords,
                                   img_height=img_height,
                                   img_width=img_width)
```
4. 예측 결과로 나온 y_pred 디코딩

```
np.set_printoptions(precision=2, suppress=True, linewidth=90)
print("예측된 경계 박스:\n")
print(' class   conf   xmin     ymin     xmax     ymax')
print(y_pred_decoded[i])
```

위 코드를 실행하면 [그림 7-38]과 같이 경계 박스 및 분류 클래스의 예측 결과와 확신도가 출력된다.

그림 7-38 예측 결과로 나온 경계 박스, 확신도, 분류 클래스

```
class conf   xmin    ymin     xmax    ymax
[[ 1.  0.93   131.96  152.12   159.29   172.3 ]
 [ 1.  0.88    52.39  151.89    87.44  179.34]
 [ 1.  0.88   262.65  110.26   286.15  161.05]
 [ 1.  0.6    234.53  148.43   267.19  170.34]
 [ 1.  0.58    73.2   153.51    91.79  175.64]
 [ 1.  0.5    225.06  130.93   274.15  169.79]
 [ 2.  0.6    266.38  116.4    282.23  173.16]]
```

예측 결과로 나온 경계 박스를 이미지상에 실제로 그려보면 [그림 7-39]와 같은 결과를 얻을 수 있다. 경계 박스에는 분류 클래스와 확신도가 함께 표시된다. 비교를 위해 정답 경계 박스를 함께 표시했다.

그림 7-39 이미지상에 그린 경계 박스

7.6 마치며

- 이미지 분류는 이미지에 있는 하나의 물체 종류 또는 클래스를 예측하는 과업이다.
- 사물 탐지는 이미지 속 물체의 위치를 경계 박스를 통해 예측하고 그와 더불어 해당 물체의 클래스를 예측하는 과업이다.
- 일반적인 사물 탐지 프레임워크는 영역 제안, 특징 추출 및 예측, 비최대 억제, 평가 지표 등 네 가지 구성 요소를 갖는다.
- 사물 탐지 알고리즘의 성능을 가늠하는 지표는 크게 속도와 정확도 두 가지다. 속도는 초당 프레임^{FPS}으로 측정하고, 평균평균정밀도^{mAP}로 정확도를 측정한다.

- 사물 탐지 시스템 중 가장 널리 알려진 것은 R-CNN 및 그 변종, SSD, YOLO 및 그 변종까지 크게 세 종류다.
- R-CNN은 R-CNN, Fast R-CNN, Faster R-CNN 이렇게 세 가지 변종이 있다. R-CNN 과 Fast R-CNN은 RoI 제안에 선택적 탐지 알고리즘을 사용하지만 Faster R-CNN은 RoI 제안을 영역 제안 신경망으로 대체해 전체 처리 과정을 딥러닝으로 구현했다.
- YOLO는 YOLOv1, YOLOv2(YOLO9000), YOLOv3까지 세 가지 버전으로 나뉜다.
- R-CNN은 경계 박스의 물체 존재 확신도와 물체 클래스 분류를 두 단계에 걸쳐 수행하는 다단계 탐지기다.
- SSD와 YOLO는 물체 존재 확신도 예측 및 물체 클래스 분류를 한 번에 마치는 단일 단계 탐지기다.
- 일반적으로 단일 단계 탐지기는 다단계 탐지기에 비해 정확도가 떨어지지만 속도가 훨씬 빠른 경향을 보인다.

생성 모델과 시각 임베딩

지금까지 딥러닝 모델이 시각적 특징을 이해하고 사물 탐지와 같은 결정론적 과업을 수행하는 방법에 대해 많은 것을 익혔다. 이제 딥러닝과 컴퓨터 비전 분야의 조금 더 도전적인 분야인 생성 모델로 눈을 돌릴 차례다. 신경망으로 구현한 생성 모델은 기존에 존재하지 않았던 새로운 콘텐츠를 생성해낸다. 새로운 사람이나 사물, 새로운 현실을 만들어낸다니 정말이지 마법 같은 일이다. 생성 모델은 특정한 도메인의 데이터셋에서 학습된다. 그리고 학습한 데이터와 같은 도메인에 속하는 실제 같지만 전에는 없었던 새로운 이미지를 생성해낸다. 3부에서는 생성 모델의 학습과 이미지 생성을 다룬다. 신경망 변환과 시각 임베딩 분야의 최신 기술도 함께 살펴본다.

Part III

생성 모델과 시각 임베딩

## CHAPTER 8

생성적 적대 신경망

이 장의 내용

- GAN을 구성하는 기본 요소인 생성 모델과 판별 모델 이해
- 생성 모델 평가 방법
- GAN이 응용된 주요 분야
- GAN 모델 구축 방법

생성적 적대 신경망generative adversarial networks, GAN은 2014년에 이안 굿펠로Ian Goodfellow와 함께 요슈아 벤지오Yoshua Bengio를 비롯한 몬트리올 대학의 연구진이 제안한 새로운 유형의 신경망 구조다.[1] GAN은 페이스북 AI 연구 부서를 이끄는 얀 르쿤Yann LeCun이 '머신러닝 분야에서 최근 10년간 가장 흥미로운 발상'이라고 평가했을 만큼 많은 관심을 끌었다. GAN의 특징 중 가장 주목할 만한 점은 실제와 매우 흡사한 이미지, 영상, 음악, 텍스트를 생성한다는 것이다. 예를 들어 [그림 8-1]의 오른쪽 그림에 나온 사람의 얼굴 이미지 중 가장 오른쪽 열을 제외하면 모두 실제 존재하는 사람의 얼굴이 아닌 만들어낸 얼굴 이미지다. 왼쪽 그림에 실린 손글씨 이미지 역시 가장 오른쪽 열의 이미지 외에는 모두 만들어낸 이미지다. 이들 이미지는 이미지의 특성을 학습하고 학습한 패턴으로부터 새로운 이미지를 상상해낼 수 있는 GAN의 능력을 보여주는 좋은 예다.

---

1 Ian J. Goodfellow, Jean Pouget-Abadie, Mehdi Mirza, Bing Xu, David Warde-Farley, Sherjil Ozair, Aaron Courville, Yoshua Bengio, 「Generative Adversarial Networks」, 2014, http://arxiv.org/abs/1406.2661

그림 8-1 새로운 콘텐츠를 창조하는 GAN의 능력. MNIST 데이터셋(왼쪽)과 토론토 얼굴 데이터셋(오른쪽)을 학습한 GAN이 생성한 이미지다. 각각 가장 오른쪽에 위치한 열이 실제 학습에 사용된 데이터다. 이를 보면 기존 데이터를 암기하는 것이 아니라 새로운 데이터를 만들어낸 것임을 알 수 있다(출처: Goodfellow 외, 2014).

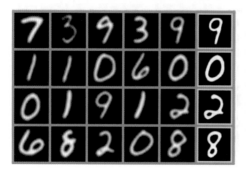 

지금까지는 딥러닝과 신경망이 이미지의 시각적 특징을 이해하고 사물 탐지와 같은 결정론적인 과업을 수행하도록 하는 방법을 배웠다. 이제부터는 컴퓨터 비전 분야에서 딥러닝을 응용하는 새로운 영역인 **생성 모델**generative model을 다룬다. 생성 모델은 기존에 존재하지 않았던 새로운 콘텐츠를 생성하는 능력을 가진 신경망 모델이다. 마치 마법과도 같이 새로운 세계, 새로운 사람, 새로운 현실을 창조해낸다. 생성 모델은 특정 도메인의 데이터셋을 입력해서 학습한다. 그리고 학습했던 데이터셋의 도메인에서 진짜 같은 새로운 이미지를 만들어낸다.

오랜 세월 동안 인간만이 상상하고 창조하는 능력을 가졌다고 여겨왔다. 컴퓨터는 회귀나 분류, 클러스터링 등의 문제에만 뛰어난 능력을 보였지만 생성 신경망이 고안되면서 사람이 만든 것보다 더욱 진짜 같은 창조물을 만들어낼 수 있게 되었다. 컴퓨터를 어떤 데이터의 분포를 그대로 흉내 내도록 학습시키면 이미지, 음악, 목소리 등 그 어떤 도메인이라도 새로운 세계를 창조해낼 수 있다. 로봇 예술가라 할 수 있는 이들의 창조물은 인상적이다. GAN을 모든 영역(그림을 그리고, 말을 하고, 시를 짓는 등의 창조적 활동까지)에서 인간과 동등한 능력을 발휘하는 인공지능인 인공 일반 지능artificial general intelligence, AGI으로 가는 첫 걸음으로 여기는 사람들도 있다.

실제 같은 새로운 콘텐츠를 창조해내는 GAN의 능력은 언뜻 보면 마법처럼 보이기도 한다. 이 장에서는 GAN이 어떤 능력을 가졌는지 간단히 알아본 후 이 모델 뒤에 숨겨진 아이디어와 함께 수리적 모델을 이해함으로써 GAN을 이론적으로 이해하고 실무에 활용할 수 있는 능력을 갖추도록 한다. 더 나아가 이론적 기반을 이해하는 데 머무르지 않고 실제 동작하는 완결된 GAN을 구현해볼 것이다. 그럼 시작하자.

8.1 GAN 구조

GAN은 **적대적 훈련**adversarial training이라는 개념을 기반으로 하는데, 이 모델은 기본적으로 서로 경쟁하는 다음 2개의 신경망으로 구성된다.

- **생성자**generator : 무작위 노이즈를 원래의 데이터셋에서 본 표본과 비슷하도록 변환하는 모델
- **판별자**discriminator : 입력된 관찰이 생성자가 만든 가짜인지 원래의 데이터셋의 일부인 진짜인지 예측하는 모델

어떤 분포를 갖는 데이터라도 흉내 낼 수 있는 능력은 이 두 모델의 경쟁으로부터 나온다. 필자는 GAN을 설명할 때 권투선수 시합에 비유(그림 8-2)하는 것을 좋아한다. 경기를 이기려면 두 모델 모두 서로의 움직임과 기술을 익혀야 한다. 처음에는 상대방에 대한 지식이 거의 없지만 학습을 통해 점차 많은 것을 알게 된다.

그림 8-2 생성자와 판별자의 싸움

생성자
학습 데이터에서 학습한
특징으로부터 이미지를
생성한다.

판별자
입력된 이미지가 진짜인지
생성자가 만든 가짜인지
판별한다.

이해를 돕는 다른 비유를 들어보겠다. 생성자를 위조지폐범, 판별자를 경찰이라고 생각하자. 위조지폐범은 더 진짜 같은 위조지폐를 만드는 방법을 익히고, 경찰은 이를 찾아내는 방법을 익힌다(그림 8-3). 상대의 기술이 향상되면서 서로의 학습 목표도 변화한다. 위조지폐범이 완벽한 위조지폐를 만들어내면 경찰은 이 위조지폐를 찾아내는 새로운 방법을 익힌다. 상대방의 기술을 깨는 방법을 끊임없이 학습하는 과정이다.

그림 8-3 GAN의 생성자와 판별자 모델의 관계는 마치 위조지폐범과 경찰의 관계와 같다.

[그림 8-4]의 구조를 보면 GAN은 다음 과정을 통해 동작한다.

1 생성자는 무작위 숫자를 입력받아 이미지를 반환한다.

2 생성된 이미지는 데이터셋에 실제 존재하는 이미지와 함께 판별자에 입력된다.

3 판별자는 실제 이미지와 만들어낸 가짜 이미지를 함께 입력받은 다음 각 이미지가 실제 존재하는 이미지일 확률을 반환한다. 0이면 가짜, 1이면 실제 이미지를 의미한다.

그림 8-4 GAN은 판별자 신경망과 생성자 신경망으로 구성된다. 판별자 신경망은 출력이 1차원이 될 때까지 합성곱층의 크기가 작아지는 일반적인 CNN이며, 생성자 신경망은 CNN의 층 배치를 반대로 바꾼 구조다. 즉, 1차원 벡터를 입력받아 합성곱층의 크기가 입력 이미지의 크기까지 점점 커진다.

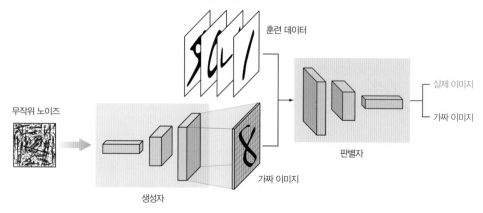

생성자 신경망과 판별자 신경망을 잘 살펴보면 생성자 신경망의 구조가 일반적인 합성곱 신경망을 뒤집은 구조(1차원 벡터부터 2차원 이미지로 이어지는)임을 알 수 있다. 이미지는 학습 데이터에 포함된 이미지와 비슷한 크기가 될 때까지 업스케일링된다. 생성자 신경망에 대해서는 나중에 더 자세히 설명할 것이니 지금은 이 정도만 이해하면 된다.

8.1.1 심층 합성곱 GAN

2014년 최초 GAN을 제안했던 논문에서는 생성자와 판별자 신경망을 만들기 위해 다층 퍼셉트론을 활용했다. 그러나 그 후 합성곱층을 사용하면 판별자 신경망의 예측 능력을 대폭 향상시킬 수 있다는 사실이 밝혀졌다. 판별자 신경망의 예측 능력 향상은 나아가 생성자 신경망과 전체 모델의 성능을 향상시킬 수 있다. 이렇게 판별자 신경망에 합성곱층을 사용한 GAN은 2016년 알렉 레드포드Alec Redford[2]가 심층 합성곱 GANdeep convolutional GAN, DCGAN이라는 이름으로 제안했다. 지금에 이르러서는 거의 모든 GAN에서 합성곱층을 사용하므로 DCGAN은 그대로 GAN이라고 이해해도 무방하다. 이 책에서도 DCGAN은 GAN과 DCGAN을 모두 가리키는 의미로 사용한다. MLP와 CNN의 차이점과 CNN이 이미지 처리에서 유리한 이유를 2장과 3장에서 자세히 설명했으니 참조하기 바란다. 이제 생성자와 판별자 신경망의 구조를 살펴보자.

8.1.2 판별자 모델

앞서 설명했듯이 판별자의 목표는 입력받은 이미지가 생성자가 생성한 가짜 이미지인지 진짜 이미지인지 예측하는 것이다. 이 문제는 전형적인 지도 학습의 분류 문제이므로 이전 장에서 우리가 배웠던 분류기 역할을 하는 신경망을 그대로 사용할 수 있다. 따라서 판별자 신경망은 일련의 합성곱층 뒤로 시그모이드 함수를 활성화 함수로 사용하는 전결합층이 이어지는 구조다. 시그모이드 함수를 사용하는 이유는 이 문제가 이진 분류 문제에 해당하기 때문이다. 출력이 0이면 이미지가 가짜라는 뜻이고, 1이면 진짜라고 판정했다는 뜻이다.

판별자 모델은 이미 잘 알려진 분류 모델이다. [그림 8-5]에서 알 수 있듯이 학습 과정 역시 직관적이다. 모델에 레이블(진짜 또는 가짜)이 부여된 이미지를 입력하는데, 진짜 이미지는 학습 데이터에서 뽑은 것이고, 가짜 이미지는 생성자 모델에서 만들어낸 것을 사용한다.

2 Alec Radford, Luke Metz, Soumith Chintala, 「Unsupervised Representation Learning with Deep Convolutional Generative Adversarial Networks」, 2016, http://arxiv.org/abs/1511.06434

그림 8-5 GAN의 판별자 모델

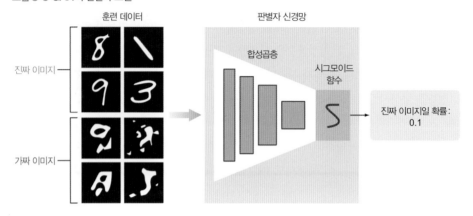

케라스를 사용해서 판별자 신경망을 구현해보자. 이 장이 끝날 무렵에는 코드 조각을 모아 전체 GAN 구조를 만들 수 있을 것이다. 먼저 discriminator_model 함수를 구현한다. 이 구현에서 입력 이미지의 크기는 28×28이다. 이미지 크기는 필요에 따라 수정할 수 있다.

```
def discriminator_model():
    discriminator = Sequential()     ◁── 순차 모델의 객체를 만들어 변수
                                          discriminator에 할당한다.
                                                              첫 번째 합성곱층을
                                                              모델에 추가한다.
    discriminator.add(Conv2D(32, kernel_size=3, strides=2,
            input_shape=(28,28,1),padding="same"))  ◁──

                                          누설 ReLU 활성화 함수를 모델에 추가한다.
    discriminator.add(LeakyReLU(alpha=0.2))  ◁──
                                                              두 번째 합성곱층을 모델에
                                                              추가한다. 이 층은 패딩을
                          드롭아웃 비율 25%를 적용한            적용하지 않았다.
    discriminator.add(Dropout(0.25))  ◁── 드롭아웃층을 모델에 추가한다.

    discriminator.add(Conv2D(64, kernel_size=3, strides=2, padding="same"))
    discriminator.add(ZeroPadding2D(padding=((0,1),(0,1))))

    discriminator.add(BatchNormalization(momentum=0.8))       학습 시간 단축 및 정확도
    discriminator.add(LeakyReLU(alpha=0.2))              ◁── 향상을 위해 배치 정규화
    discriminator.add(Dropout(0.25))                         층을 추가한다.

    discriminator.add(Conv2D(128, kernel_size=3, strides=2, padding="same"))
    discriminator.add(BatchNormalization(momentum=0.8))
    discriminator.add(LeakyReLU(alpha=0.2))
    discriminator.add(Dropout(0.25))
```

배치 정규화, 누설 ReLU, 드롭아웃을 적용한
세 번째 합성곱층을 모델에 추가한다.

```
discriminator.add(Conv2D(256, kernel_size=3, strides=1, padding="same"))
discriminator.add(BatchNormalization(momentum=0.8))
discriminator.add(LeakyReLU(alpha=0.2))
discriminator.add(Dropout(0.25))

discriminator.add(Flatten())
discriminator.add(Dense(1, activation='sigmoid'))

discriminator.summary()       ◁─┤ 모델의 개요를 출력한다.

img_shape = (28,28,1)
img = Input(shape=img_shape)

probability = discriminator(img)

return Model(img, probability)
```

마찬가지로 배치 정규화 누설 ReLU,
드롭아웃을 적용한 네 번째 합성곱층을
모델에 추가한다.

1차원 변환층과
시그모이드 활성화 함수를
사용하는 전결합층을
모델에 추가한다.

입력 이미지의 크기를
설정한다.

판별자 모델을 이용해서
이미지가 진짜일 확률을 계산한다.

이미지를 입력받아 확률을 출력하는
모델을 완성해서 반환한다.

이 코드를 실행하면 판별자 모델의 개요가 다음과 같이 출력된다(그림 8-6). 모델의 개요 역시 3, 4, 5장에서 소개한 내용과 동일하며 특별히 새로운 것은 없다. 합성곱층, 배치 정규화층, 활성화 함수층, 드롭아웃층을 모아 구성한 모델이다. 이들 층의 하이퍼파라미터는 판별자 모델을 학습시킬 때 조정할 것이다. 직접 사용할 모델이라면 필요에 따라 하이퍼파라미터를 조정하고 층을 추가 또는 제거하면 된다. CNN의 하이퍼파라미터를 조정하는 방법은 3장과 4장을 참조하라.

그림 8-6 판별자 모델의 개요

Layer (type)	Output Shape	Param #
conv2d_1 (Conv2D)	(None, 14, 14, 32)	320
leaky_re_lu_1 (LeakyReLU)	(None, 14, 14, 32)	0
dropout_1 (Dropout)	(None, 14, 14, 32)	0
conv2d_2 (Conv2D)	(None, 7, 7, 64)	18496
zero_padding2d_1 (ZeroPaddin	(None, 8, 8, 64)	0
batch_normalization_1 (Batch	(None, 8, 8, 64)	250
leaky_re_lu_2 (LeakyReLU)	(None, 8, 8, 64)	0
dropout_2 (Dropout)	(None, 8, 8, 64)	0
conv2d_3 (Conv2D)	(None, 4, 4, 128)	73856
batch_normalization_2 (Batch	(None, 4, 4, 128)	512
leaky_re_lu_3 (LeakyReLU)	(None, 4, 4, 128)	0
dropout_3 (Dropout)	(None, 4, 4, 128)	0
conv2d_4 (Conv2D)	(None, 4, 4, 256)	295168
batch_normalization_3 (Batch	(None, 4, 4, 256)	1024
leaky_re_lu_4 (LeakyReLU)	(None, 4, 4, 256)	0
dropout_4 (Dropout)	(None, 4, 4, 256)	0
flatten_1 (Flatten)	(None, 4096	0
dense_1 (Dense)	(None, 1)	4097

Total params: 393,729
Trainable params: 392,833
Non-trainable params: 896

[그림 8-6]에서 출력된 모델의 개요를 보면 출력 특징 맵의 크기는 감소하고 깊이는 증가한다. 익히 보아온 일반적인 CNN의 패턴이다. 다음 절에서 생성자 모델의 특징 맵 크기는 어떻게 변화하는지 살펴보자.

8.1.3 생성자 모델

생성자 모델은 무작위 데이터를 입력받아 훈련 데이터를 흉내 낸 가짜 이미지를 만들어낸다. 생성자 모델의 목표는 판별자 모델이 진짜라고 판정할 만큼 훈련 데이터와 완벽하게 비슷한 이미지를 만들어내는 것이다. 학습이 진행되면서 생성자 모델이 만들어내는 이미지는 점점 실제 이미지와 비슷해진다. 하지만 판별자 모델 역시 가짜 이미지를 판별하는 방법을 함께 학습하고 있으므로 더욱 더 진짜 같은 이미지를 만들어내지 않으면 안 된다.

[그림 8-7]에 나온 생성자 모델의 구조는 마치 합성곱 신경망의 층을 거꾸로 배치한 것과 같은 모양을 하고 있다. 무작위 노이즈 값이 담긴 벡터를 입력받아 이를 너비, 높이, 깊이를 가진 3차원 텐서로 변환한다. 이 텐서는 특징 맵으로 취급되고 이어지는 합성곱층에 입력해서 최종 이미지를 만들어낸다.

그림 8-7 GAN의 식별자 모델

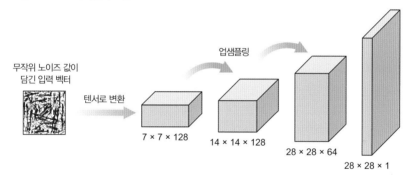

특징 맵의 크기를 키우는 업샘플링

일반적인 합성곱 신경망은 풀링층을 이용해서 입력 이미지를 다운샘플링한다. 특징 맵의 크기를 키우려면 입력 픽셀을 반복하는 형태로 늘리는 업샘플링층을 사용해야 한다.

케라스는 확대 배율(size)을 설정해서 이미지를 업샘플링하는 업샘플링층(UpSampling2D)을 제공한다.

```
keras.layers.UpSampling2D(size=(2, 2))
```

위 코드를 실행하면 인수로 지정된 배율인 (2, 2)에 맞춰 이미지 행렬의 각 값이 행 방향과 열

방향으로 두 번씩 반복된 행렬을 얻게 된다(그림 8-8). 만약 배율을 (3, 3)으로 지정했다면 [그림 8-9]와 같은 행렬을 얻게 된다.

그림 8-8 배율 (2, 2)를 적용한 업샘플링 결과의 예

```
Input =   1, 2
          3, 4

          1, 1, 2, 2
Output =  1, 1, 2, 2
          3, 3, 4, 4
          3, 3, 4, 4
```

그림 8-9 배율 (3, 3)을 적용한 업샘플링 결과의 예

```
[[1. 1. 1. 2. 2. 2.]
 [1. 1. 1. 2. 2. 2.]
 [1. 1. 1. 2. 2. 2.]
 [3. 3. 3. 4. 4. 4.]
 [3. 3. 3. 4. 4. 4.]
 [3. 3. 3. 4. 4. 4.]]
```

생성자 모델은 훈련 데이터와 비슷한 크기가 될 때까지 업샘플링을 반복하도록 구성한다. 다음 절에서 케라스로 이를 구현하는 방법을 살펴볼 것이다.

이제 생성자 신경망을 구성하는 generator_model 함수를 구현하자.

이미지 텐서의 모양을 7×7×128로 변환한다.

순차 모델 객체를 만들고 이를 변수 generator에 할당한다.

뉴런 수가 128×7×7개인 전결합층을 모델에 추가한다.

```python
def generator_model():
    generator = Sequential()
    generator.add(Dense(128 * 7 * 7, activation="relu", input_dim=100))
    generator.add(Reshape((7, 7, 128)))
    generator.add(UpSampling2D(size=(2,2)))
```

이미지 크기를 14×14로 두 배 늘리는 업샘플링층

```python
    generator.add(Conv2D(128, kernel_size=3, padding="same"))
    generator.add(BatchNormalization(momentum=0.8))
    generator.add(Activation("relu"))
    generator.add(UpSampling2D(size=(2,2)))
```

합성곱층 및 배치 정규화층

이미지 크기를 28×28로 두 배 늘리는 업샘플링층

```python
    # 합성곱층 + 배치 정규화층
    generator.add(Conv2D(64, kernel_size=3, padding="same"))
    generator.add(BatchNormalization(momentum=0.8))
    generator.add(Activation("relu"))
```

MNIST 데이터셋의 이미지와 같은 28×28까지 업샘플링되었으므로 더 이상 업샘플링하지 않는다. 하지만 필요하다면 업샘플링을 계속할 수 있다.

```
# 필터가 1개인 합성곱층
    generator.add(Conv2D(1, kernel_size=3, padding="same"))
    generator.add(Activation("tanh"))
    generator.summary()     ←── 모델의 개요를 출력한다.
                                                        길이가 100인 노이즈 벡터를 생성한
                                                        다. 간단한 규모이므로 벡터 길이를
    noise = Input(shape=(100,))                          100으로 했다.
    fake_image = generator(noise)     ←── 생성자 모델을 이용해서 가짜 이미지를 생성한다.
    return Model(noise, fake_image)  ←──
                                        노이즈 벡터를 입력받아 가짜 이미지를
                                        만드는 모델을 완성해 반환한다.
```

[그림 8-10]은 출력된 생성자 모델의 개요를 보여준다. 이 코드 조각에서 새로 등장한 요소는
Upsampling 클래스로, 입력된 픽셀값을 반복해서 이미지 크기를 두 배로 늘린다. 판별자 모델
과 비슷하게 합성곱층과 배치 정규화층으로 구성되지만 판별자 모델과 결정적으로 다른 부분
은 1차원 벡터를 입력한다는 점이다. 이 벡터를 훈련 데이터의 이미지와 비슷한 크기가 될 때
까지 업샘플링한다. 이들 층의 하이퍼파라미터는 모델을 학습시킬 때 조정할 것이다. 직접 사
용할 모델이라면 필요에 따라 하이퍼파라미터를 조정하고 층을 추가 또는 제거하면 된다.

그림 8-10 생성자 모델의 개요

Layer (type)	Output Shape	Param #
dense_2 (Dense)	(None, 6272	633472
reshape_1 (Reshape)	(None, 7, 7, 128)	0
up_sampling2d_1 (UpSampling2	(None, 14, 14, 128)	0
conv2d_5 (Conv2D)	(None, 14, 14, 128)	147584
batch_normalization_4 (Batch	(None, 14, 14, 128)	512
activation_1 (Activation)	(None, 14, 14, 128)	0
up_sampling2d_2 (UpSampling2	(None, 28, 28, 128)	0
conv2d_6 (Conv2D)	(None, 28, 28, 64)	73792
batch_normalization_5 (Batch	(None, 28, 28, 64)	256
activation_2 (Activation)	(None, 28, 28, 64)	0
conv2d_7 (Conv2D)	(None, 28, 28, 1)	577
activation_3 (Activation)	(None, 28, 28, 1)	0

```
Total params: 856,193
Trainable params: 855,809
Non-trainable params: 384
```

각 층을 지날 때마다 출력의 모양이 어떻게 변화하는지 자세히 살펴보자. 처음에는 길이 6,272의 1차원 벡터였는데, 이를 모양이 $7 \times 7 \times 128$인 텐서로 변환했다. 그리고 높이와 너비를 14에서 28이 될 때까지 업샘플링했다. 반면 깊이는 128에서 64를 지나 1로 감소했다. 깊이가 1까지 감소하는 이유는 이 모델이 회색조 이미지인 MNIST 데이터셋을 다루기 때문이다. 컬러 이미지를 다루는 생성자 모델을 만들 때는 마지막 합성곱층의 필터 수를 3으로 설정해야 한다.

8.1.4 GAN의 학습

지금까지 판별자 모델과 생성자 모델의 구조를 각각 살펴보았다. 이 두 모델을 모아 GAN을 구성하고 완성된 신경망을 학습해보겠다. 판별자 모델은 데이터셋에서 뽑은 실제 이미지와 생성자 모델이 생성한 가짜 이미지를 최대한 올바르게 분류하도록 학습을 진행한다. 경찰이 위조지폐와 진짜 지폐를 구분하는 실력을 키우는 것이라 할 수 있다. 반면 생성자 모델은 판별자 모델을 최대한 많이 속일 수 있도록 학습을 진행한다. 이런 방식으로 학습이 진행됨에 따라 두 모델은 자신의 역할에 점점 더 능숙해지게 된다.

GAN의 학습은 다음 두 가지 과정으로 구성된다.

1 **판별자 모델 학습**: 일반적인 지도 학습 모델의 학습 과정이다. 생성자 모델이 만든 가짜 이미지와 훈련 데이터에서 뽑은 진짜 이미지를 레이블과 함께 입력한다. 이미지가 진짜인지 여부를 시그모이드 함수를 통해 확률값으로 예측한다.
2 **생성자 모델 학습**: 이 부분은 조금 까다롭다. 생성자 모델은 판별자 모델처럼 단독으로 학습을 진행할 수 없다. 생성자 모델의 학습을 진행하려면 모델이 만든 가짜 이미지가 얼마나 진짜 같았는지 알려줄 판별자 모델이 필요하다. 그래서 판별자 모델과 생성자 모델을 합친 통합 신경망을 만들어 생성자 모델의 학습을 진행한다.

이 두 가지 학습 방식을 함께 병렬로 진행한다고 보면 된다. 한 갈래는 판별자 모델을 단독으로 학습시키며, 다른 한 갈래는 통합 신경망을 구성해서 생성자 모델을 학습시킨다. 이 과정을 [그림 8-11]에 정리했다.

생성자 모델의 학습 방식이 이렇게 된 이유에 대해서는 나중에 더 자세히 설명하겠다. 지금은 판별자 모델과 생성자 모델 2개의 모델을 만들되 판별자 모델은 단독 학습이 가능하지만 생성자 모델은 판별자 모델이 있어야 학습이 가능하다고 이해하면 된다.

병렬 학습의 두 갈래 모두 2장에서 설명했던 순방향 계산을 통해 예측을 수행하고, 오차를 계산해 역전파 계산으로 가중치를 수정하는 기본적인 신경망의 학습 과정을 그대로 따른다. 판별자 모델의 오차는 역전파 계산을 통해 가중치를 수정하고, 통합 신경망의 오차는 역전파 계산을 통해 생성자 모델의 가중치를 수정한다.

그림 8-11 GAN의 병렬 학습

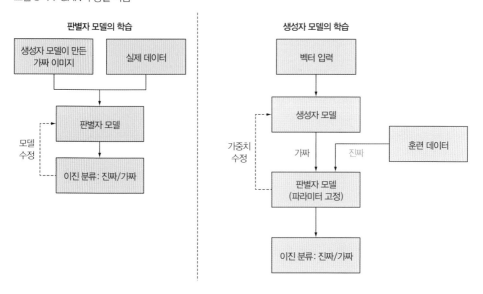

학습 중에는 다른 신경망의 학습 과정과 동일한 절차로 학습 중 신경망의 성능 추이를 관찰하며 만족할만한 성능을 달성할 때까지 하이퍼파라미터를 조절한다. 만족스러운 성능을 달성했다면 생성자 모델의 학습은 끝이다. 판별자 모델과 함께 통합 신경망을 구성하고 판별자 모델부터 실제 학습을 진행해보겠다.

판별자 모델 학습

앞서 설명했듯이 판별자 모델 학습은 일반적인 신경망의 학습 과정과 다를 바 없다. 먼저 구현해두었던 discriminator_model 메서드를 사용해서 모델을 만든다. 그리고 모델을 컴파일한다. binary_crossentropy를 손실 함수로 사용하고, 최적화 알고리즘은 원하는 것을 사용하면 된다(여기서는 Adam을 사용했다).

다음은 케라스를 사용해서 판별자 모델을 생성하고 컴파일하는 코드다. 참고로 이 코드 조각 단독으로는 실행이 불가능하다. 이 코드 조각은 이해를 돕기 위한 것으로 이 장 끝에서 실행 가능한 프로젝트의 전체 코드를 볼 수 있다.

```
discriminator = discriminator_model()
discriminator.compile(loss='binary_crossentropy',optimizer='adam',
                      metrics=['accuracy'])
```

무작위 데이터를 사용해서 학습을 진행하는 케라스의 train_on_batch 메서드를 사용하여 배치 1개를 입력해 가중치를 한 번 수정하는 코드를 살펴보자.

```
noise = np.random.normal(0, 1, (batch_size, 100))  ←┐ 노이즈 데이터
gen_imgs = generator.predict(noise)  ←┐
                                      │ 새로운 이미지를 한 배치 생성하기
# 판별자 모델의 학습(가짜 이미지: 0, 진짜 이미지: 1)
d_loss_real = discriminator.train_on_batch(imgs, valid)
d_loss_fake = discriminator.train_on_batch(gen_imgs, fake)
```

생성자 모델의 학습(통합 신경망)

GAN의 학습 과정 중 까다로운 부분은 바로 생성자 모델의 학습이다. 판별자 모델은 생성자 모델과 독립적으로 학습이 가능한데 비해 생성자 모델의 학습에는 판별자 모델이 반드시 필요하다. 이를 위해 생성자 모델과 판별자 모델을 하나로 합친 통합 신경망을 구성한다. 이 통합 신경망의 구조를 [그림 8-12]에 실었다.

그림 8-12 생성자 모델과 판별자 모델이 합쳐진 통합 신경망의 학습 과정

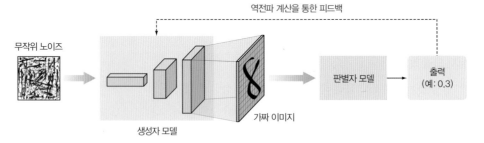

생성자 모델의 학습을 진행할 때는 판별자 모델의 가중치를 고정해야 한다. 생성자 모델과 판별자 모델의 손실 함수가 서로 다르기 때문에 가중치 수정 방향도 서로 다르기 때문이다. 판별자 모델의 가중치를 고정하지 않으면 생성자 모델의 손실 함수가 이끄는 방향으로 판별자 모델의 가중치가 수정되면서 가짜 이미지를 진짜로 판정하는 경향을 보이게 된다. 이는 제대로 된

학습 방향이 아니다. 판별자 모델의 가중치를 고정해도 앞서 학습된 판별자 모델에는 영향을 미치지 않는다. 판별자 모델이 2개 있다고 생각하면(실제로는 아니지만) 이해하기 쉽다.

통합 신경망을 다음과 같이 구현한다.

```
generator = generator_model()  ⟵┤ 생성자 모델 생성

z = Input(shape=(100,))        │ 생성자 모델은 무작위 노이즈를
image = generator(z)           │ 입력받아 이미지를 출력한다.

discriminator.trainable = False  ⟵┤ 판별자 모델의 가중치를 고정한다.

valid = discriminator(img)  ⟵┐ 판별자 모델은 생성된 이미지를 입력받아
                             └ 그 이미지가 진짜일 확률을 예측한다.

combined = Model(z, valid)  ⟵┐ (생성자 모델과 판별자 모델을 합쳐) 통합 신경망을
                            │ 구성하고 생성자 모델이 판별자 모델을 잘 속이도록
                            └ 학습을 진행한다.
```

통합 신경망을 구성했으니 기존 방법대로 학습을 진행할 수 있다. binary_crossentropy 손실 함수와 Adam 최적화 알고리즘을 사용하도록 모델을 컴파일한다.

```
combined.compile(loss='binary_crossentropy', optimizer=optimizer)
g_loss = self.combined.train_on_batch(noise, valid)  ⟵┐
                      (판별자 모델이 가짜 이미지를 진짜 이미지라고 생각하게
                       만들 수 있도록) 생성자 모델을 학습시킨다.
```

학습 에포크

이 장 끝에 프로젝트의 전체 구현 코드가 실려 있는데, 이 구현 코드 중 위 코드 조각이 반복문 블록 안에 삽입되어 에포크 수만큼 반복 실행되는 것을 볼 수 있다. 한 에포크마다 2개의 컴파일된 모델(판별자 모델과 생성자 모델)의 학습이 동시에 진행된다. 그리고 판별자 모델과 생성자 모델의 성능도 동시에 향상된다. 한 에포크(또는 일정 수의 에포크)가 끝날 때마다 이미지를 생성해서 출력해보면 모델의 성능 개선 효과를 확인할 수 있다. [그림 8-13]은 학습 과정 중 MNIST 데이터셋의 이미지를 흉내 내 생성한 이미지를 모은 것이다.

그림 8-13 학습 시작부터 9,500에포크까지 생성자 모델이 MNIST 데이터셋의 이미지를 흉내 내 생성한 이미지의 예

| 에포크: 0 | 에포크: 1,500 | 에포크: 2,500 | 에포크: 3,500 | 에포크: 5,500 | 에포크: 7,500 | 에포크: 9,500 |

에포크 0에서는 학습된 이미지의 특징이 전혀 보이지 않는 무작위 이미지가 생성되었으나 학습이 진행됨에 따라 생성된 이미지가 점점 판별자 모델을 속일 수 있을 만큼 학습 데이터와 비슷해지는 것을 볼 수 있다. 학습 중간 중간 모델의 성능을 확인하면 적정한 에포크 수를 결정하고 학습 중단 시점을 판단하는 데 도움이 된다. GAN의 성능을 측정하는 방법은 8.2절에서 설명하겠다.

8.1.5 GAN 미니맥스 함수

GAN은 최적화 문제라기보다는 오히려 제로섬 게임에 가깝다. 제로섬 게임에서는 참가자들이 총합이 정해진 점수를 나눠가지므로 어느 한 참가자의 득점이 다른 참가자의 실점이 된다. 인공지능 분야에서는 이를 **미니맥스 게임 이론**mini-max game theory이라고 한다. 미니맥스는 의사 결정 알고리즘의 한 종류로, 두 명의 참가자가 순서대로 행동하는 게임의 의사 결정에 주로 사용된다. 미니맥스 알고리즘의 목표는 이 게임에서 최적의 다음 수를 예측하는 것이다. 한 참가자(**최대화 참가자**maximizer)의 점수는 최대가 되게 하고, 다른 참가자(**최소화 참가자**minimizer)의 점수는 최대화 참가자의 수에 대응하면서 그 점수가 최소가 되게 한다.

GAN은 신경망이 다음과 같이 정의되는 함수 $V(D,G)$의 최적화를 시도하는 미니맥스 게임이다.

$$\underset{G}{\text{Min}}\ \underset{D}{\text{Max}}\ V(D,G) = E_{x \sim p_{data}}[\log D(x)] + E_{z \sim P_{z(z)}}[\log(1 - D(G(z)))]$$

실제 데이터 x에 대한
판별자 모델의 출력

생성자 모델이 생성한 가짜 데이터
G(z)에 대한 판별자 모델의 출력

판별자 모델(D)의 목표는 이미지의 레이블을 정확히 예측할 확률을 **최대가 되게** 하는 것이고, 생성자 모델(G)의 목표는 생성한 이미지의 레이블이 정확히 예측될 확률을 **최소가 되게** 하는 것이다. 따라서 D는 실제 데이터의 이미지와 G가 생성한 이미지 모두를 정확하게 분류하도록 학습시키고, 동시에 G는 $(1 - D(G(z)))$가 최소가 되도록 학습시킨다. 다시 말해 D와 G가 가치 함수 $V(D,G)$를 따르는 2인 미니맥스 게임을 하는 것과 같다.

미니맥스 게임 이론

참가자가 두 사람인 제로섬 게임에서는 한쪽이 승자가 되면 자연스럽게 다른 쪽은 패자가 된다. 이 게임에서 협동은 애초에 불가능하다. 틱-택-토, 백개몬, 맨칼라, 체스 등 다양한 게임에서 이 게임 이론이 사용되었다. 최대화 참가자는 가장 높은 점수를 얻기 위해 노력하고, 최소화 참가자는 상대방의 점수가 최소가 되도록 노력한다.

게임의 상태를 나타낼 때 최대화 참가자가 우위에 있으면 점수가 양수고, 최소화 참가자가 우위에 있으면 점수는 음수가 된다. 이 점수는 게임의 종류에 따라 계산하는 방식이 다르며 주로 간단한 휴리스틱 추정 방법을 사용한다.

수식을 보면 겁부터 나는 독자도 있겠지만, 수식을 차근차근 뜯어보면 간단하면서도 당연한 내용임을 알 수 있다. 판별자 모델과 생성자 모델이 서로 경쟁적인 목표를 가졌다는 의미다. 먼저 [표 8-1]에 정리한 기호부터 이해하자.

표 8-1 미니맥스 수식에 사용된 기호의 의미

기호	의미
G	생성자 모델
D	판별자 모델
z	생성자 모델(G)에 입력되는 무작위 노이즈
$G(z)$	생성자 모델이 무작위 노이즈 z를 입력받아 실제와 비슷한 이미지를 생성
$D(G(z))$	생성자 모델이 생성한 이미지에 대한 판별자 모델의 예측 결과
$\log D(x)$	실제 이미지에 대한 판별자 모델(D)의 예측 결과

판별자 모델이 입력받는 데이터의 출처는 다음 두 가지다.

- 생성자 모델이 만든 가짜 이미지 $G(z)$: 생성자 모델이 만든 가짜 이미지 z다. 이 이미지에 대한 판별자 모델의 예측 결과는 $D(G(z))$가 된다.
- 학습 데이터에서 뽑은 진짜 이미지 x : 실제 데이터에 대한 판별자 모델의 예측 결과는 $\log D(x)$로 나타낸다.

미니맥스 수식을 판별자 모델의 학습 함수와 생성자 모델(통합 신경망)의 학습 함수 이렇게 두 부분으로 나누어 보면 쉽게 이해할 수 있다. GAN의 학습 과정은 크게 두 갈래 흐름으로 나뉘며, 두 갈래는 다음과 같이 서로 다른 오차 함수를 사용한다.

- 판별자 모델의 단독 학습은 다음 함숫값이 가능한 한 1에 가까워지도록 해서 미니맥스 함숫값이 최대가 되게 한다.

$$E_{x \sim p_{data}} [\log D(x)]$$

- 통합 신경망을 이용한 생성자 모델의 학습은 다음 함숫값이 가능한 한 0에 가까워지도록 해서 미니맥스 함숫값이 최소가 되게 한다.

$$E_{z \sim Pz(z)} [\log(1 - D(G(z)))]$$

이제 함수를 구성하는 두 항의 의미를 알았으니 다시 전체 함수의 수식을 살펴보자.

$$\underset{G}{\text{Min}} \, \underset{D}{\text{Max}} \, V(D,G) = \underbrace{E_{x \sim p_{data}} [\log D(x)]}_{\text{판별자 모델 학습 중 오차}} + \underbrace{E_{z \sim Pz(z)} [\log(1 - D(G(z)))]}_{\text{통합 신경망 모델 학습 중 오차}}$$

미니맥스 목적 함수 $V(D,G)$의 목표는 진짜 데이터 x에 대한 $D(x)$를 최대가 되게 하고, 가짜 데이터 $G(z)$에 대한 $D(G(z))$를 최소가 되게 하는 것이다. 식에 $D(x)$의 로그 우도와 $1 - D(z)$를 사용한 것은 이 때문이다. 로그를 씌운 이유는 원하는 값과 차이가 날수록 벌점이 커지도록 하기 위해서다.

GAN 학습 초기에는 생성자 모델이 만든 이미지가 실제와 많이 다르기 때문에 학습이 얼마 진행되지 않았더라도 판별자 모델이 가짜 이미지를 높은 확신도로 정확히 판정할 수 있다. 판별자 모델은 진짜 이미지와 가짜 이미지를 최대한 정확히 판정하도록 학습시키고, 동시에 생성자 모델은 판별자 모델이 가짜 이미지를 최대한 잘못 판정하도록 학습시킨다. 판별자 모델의 목표는 진짜 데이터에 대한 예측값 $D(x)$는 1에 가깝게, 가짜 데이터에 대한 예측값 $D(G(z))$는 0에 가깝게 하는 것이다. 반대로 생성자 모델의 목표는 $D(G(z))$가 1에 가까워져서 판별자 모델이 가짜 데이터 $G(z)$가 진짜라고 믿게끔 하는 것이다. 생성자 모델이 만든 가짜 데이터에 판별자 모델이 속는 시점에 학습을 중단한다.

8.2 GAN 모델의 평가 방법

분류나 사물 탐지 문제에 사용된 딥러닝 모델은 손실 함숫값이 수렴할 때까지 학습을 계속했다. GAN의 생성자 모델의 학습은 이미지의 진짜 또는 가짜 여부를 판정하는 판별자 모델을 이용해서 이루어진다. 앞서 설명했듯이 생성자 모델과 판별자 모델은 어떤 평형을 이루도록 학습된다. 생성자 모델의 학습에는 목표로 사용되는 손실 함수가 없으며 따라서 상대적이든 절대적이든 모델의 성능을 손실을 기준으로 평가할 수도 없다. 따라서 GAN 모델의 성능은 생성자 모델이 만든 이미지의 품질을 사람이 직접 평가해야 한다.

GAN 모델의 평가 방법은 연구 논문에서 저자가 자신의 모델을 평가한 방법을 참고하면 유용하다. 팀 샐리스만Tim Salisman의 2016년 논문에서는 GAN 모델의 성능을 사람 평가자가 직접 모델이 생성한 이미지의 품질을 평가하는 방법을 사용했다.[3] 샐리스만은 모델이 생성한 이미지를 평가하기 위한 웹 인터페이스를 아마존 터크Amazon Turk 플랫폼에 구축하고 사람 평가자를 고용해서 모델이 생성한 이미지와 진짜 이미지를 구분하게끔 했다.

사람 평가자가 개입하는 평가 방법은 평가자나 평가 조건에 따라 측정값이 일정하지 않다는 단점이 있다. 그리고 사람 평가자가 연구진으로부터 피드백을 받은 후 모델이 생성한 이미지의 결함 등을 파악하면서 더욱 급격하게 측정 결과가 부정적으로 변화하는 현상도 관찰되었다.

이와 달리 사람 평가자가 개입하지 않는 평가 방법도 있다. 이들 기법에 대해서는 뒤에 더 자세히 설명하겠다. GAN 모델에 대한 일반적으로 검증된 평가 방법은 아직 없다. 이 때문에 GAN을 다루는 연구자나 실무자는 다음과 같은 어려움을 겪는다.

- 학습 중 가장 성능이 높은 생성자 모델을 선택하거나, 학습 중단 시점을 결정하기 어려움
- 생성자 모델의 성능을 가늠하기 위한 이미지를 선택하기 어려움
- 서로 다른 구조의 GAN 모델의 성능을 객관적으로 비교하기 어려움
- 모델의 성능을 비교하며 하이퍼파라미터 및 설정을 미세 조정하기 어려움

GAN 모델의 학습 진척 상황과 출력 이미지의 품질을 정량적으로 측정할 수 있는 방법도 활발하게 연구가 진행 중이다. 현재는 생성한 이미지의 품질과 다양성을 기반으로 정량적 방법과 정성적 방법을 결합한 평가 방법이 주로 사용된다. 그중 널리 쓰이는 것이 **인셉션 점수**와 **프레셰 인셉션 거리**Frechet inception distance, FID다. 이 절에서는 생성한 이미지를 기준으로 GAN 모델의 성능을 평가하는 기법을 설명한다.

---

3 Tim Salimans, Ian Goodfellow, Wojciech Zaremba, Vicki Cheung, Alec Radford, Xi Chen, 「Improved Techniques for Training GANs」, 2016, http://arxiv.org/abs/1606.03498

8.2.1 인셉션 점수

인셉션 점수는 실제 같은 이미지라면 실제 이미지를 사전 학습한 신경망(예: 이미지넷을 학습한 인셉션 신경망. **인셉션 점수**inception score라는 이름이 붙은 것도 이 때문이다)에 입력하면 제대로 분류가 될 것이라는 어찌 보면 당연한 휴리스틱에 기반한 평가 기법이다. 이 휴리스틱은 다음 두 가지 값을 평가 기준으로 삼는다.

- 생성된 이미지의 예측 점수가 높을 것: 사전 학습된 인셉션 모델에 생성된 이미지를 입력하고 그 분류 결과를 확인한다. 분류 결과가 생성한 이미지와 어긋나지 않는다면 그 확신도를 해당 이미지의 예측 점수로 삼는다.
- 생성된 이미지의 다양성이 높을 것: 생성된 이미지가 특정 클래스에 치우쳐서는 안 된다.

이미지를 여러 개 생성해서 분류 모델로 분류하고 각 클래스별 예측 확률을 계산한다. 여러 이미지의 각 클래스별 예측 확률로부터 생성된 이미지의 품질과 다양성을 평가한다. 두 가지 조건을 모두 만족하면 인셉션 점수도 높게 나온다. 따라서 인셉션 점수가 높으면 생성된 이미지의 품질도 높다고 볼 수 있다.

8.2.2 프레셰 인셉션 거리

프레셰 인셉션 거리Frechet inception distance, FID 점수는 2017년 마르틴 호이셀Martin Heusel이 인셉션 점수를 개선해서 제안한 GAN 모델의 평가 기법이다.[4]

인셉션 점수와 마찬가지로 FID 점수 역시 입력 이미지를 인셉션 모델에 입력하는 방식을 사용한다. 일련의 실제 이미지와 생성된 이미지를 분류 모델에 입력하고 그 출력을 모아 이들 값의 다변량 가우시안 분포를 구한 뒤 두 분포 사이의 프레셰 거리Frechet distance (또는 바서슈타인-2 거리Wasserstein-2 distance)를 계산한다.

FID는 비교적 많은 수의 이미지를 필요로 하는 것이 특징이다(5만 장 이상 권장). 이미지 수가 너무 적다면 FID가 실제보다 크게 나오며, 두 분포의 분산도 실제보다 커진다. FID 점수가 낮을수록 실제 이미지와 생성된 이미지의 분포가 비슷하다. 즉, 더 실제에 가까운 이미지를 생성한다.

---

4 Martin Heusel, Hubert Ramsauer, Thomas Unterthiner, Bernhard Nessler, Sepp Hochreiter, 「GANs Trained by a Two Time-Scale Update Rule Converge to a Local Nash Equilibrium」, 2017, http://arxiv.org/abs/1706.08500

8.2.3 평가 방법을 선택하는 요령

인셉션 점수와 FID는 생성된 이미지를 입력해서 점수를 측정한다. 따라서 학습 도중에 체계적으로 모델의 상태를 저장하고 측정에 사용할 이미지를 생성해두었다가 추후 모델 선택에 활용해야 한다. 인셉션 점수와 FID는 이 책의 주제를 벗어나므로 더 이상의 설명은 생략한다. 다만 아직 GAN의 평가 방법에 대해 학계나 업계에서 합의한 표준은 없다. 모델 성능의 다양한 측면을 반영하는 여러 가지 평가 기법이 나와 있으며, 한 가지 기법만으로 모델의 전반적인 성능을 평가하는 경우는 드물다. 이 절의 목표는 GAN 모델의 평가를 자동화하기 위해 최근 개발된 주요 기법을 소개하는 것이다. 하지만 사람이 개입하는 평가 기법도 여전히 널리 사용 중이다.

GAN 모델 개발 초기에는 생성된 이미지를 사람이 직접 평가해서 모델을 선택하는 것이 좋다. GAN 모델 개발은 딥러닝 숙련자에게도 쉽지 않을 정도로 복잡한 작업이기 때문이다. 모델 구현과 테스트를 위한 모델 설정까지 오랜 시간이 걸릴 수 있다.

인셉션 점수와 FID 이외에 도메인별 평가 기법을 적용하기도 한다. 예를 들어 2018년에 콘스탄틴 슈멜코프^{Konstantic Shmelkov}는 이미지 분류 기반의 두 가지 평가 지표인 GAN-train과 GAN-test를 제안했다. 이들은 각각 GAN의 재현율(다양성)과 정확도(이미지의 품질)를 평가하는 지표다.[5]

8.3 GAN 응용 분야

생성 모델 기법은 최근 5년 동안 큰 발전을 이뤘다. 이제는 사람보다 더 쉽게 창조물을 만들어 낼 수 있는 경지에 도달하여 헬스케어, 자동차, 예술 등의 산업에서 활발히 활용되고 있다. 이 절에서는 GAN의 구체적인 활용 사례와 여기에 사용된 신경망 구조를 다룬다. 여기서 소개하는 내용은 GAN 모델의 구현을 목표로 하는 것은 아니며 독자 여러분의 추후 학습을 위한 접근점을 제공한다.

---

[5] Konstantin Shmelkov, Cordelia Schmid, Karteek Alahari, 「How Good Is My GAN?」, 2018, http://arxiv.org/abs/1807.09499

8.3.1 문장으로부터 이미지 생성하기

문장에서 설명한 상황이 담긴 고품질의 이미지를 생성하는 것은 컴퓨터 비전 분야의 오랜 목표 중 하나였다. GAN 이전에 문장에서 이미지를 생성하는 모델은 문장의 의미를 대략적으로 담은 이미지는 만들 수 있었지만 고품질의 실제와 같이 생생한 이미지는 만들어내지 못했다.

이 문제에 응용된 GAN 모델은 여러 개의 GAN 모델을 쌓아(StackGAN[6]) 구성한 모델이다. StackGAN을 제안한 장한Zhang Han은 문장에 설명된 상황을 담은 256×256 크기의 실제 같은 이미지를 생성했다.

StackGAN 모델의 동작 과정은 다음 두 단계로 나뉜다(그림 8-14).

- 1단계: 주어진 문장의 내용에 따라 대략적인 형태와 색을 포함하는 저해상도 이미지를 생성한다.
- 2단계: 1단계에서 출력한 이미지와 원래 문장을 입력받아 실제와 같은 고해상도 이미지를 생성한다. 1단계에서 만든 이미지의 결함과 미처 넣지 못한 세부 사항을 채워 넣는 정제 단계다.

그림 8-14 (a) 1단계: 입력받은 문장의 내용대로 대략적인 형태와 색을 포함하는 저해상도 이미지를 생성한다. (b) 2단계: 앞서 생성한 저해상도 이미지와 원래 문장을 입력받아 실제와 같은 고해상도 이미지를 생성한다(출처: Zhang, 2016).

머리와 날개에 검은 깃, 주황색 긴 부리를 가진 흰 새

부리와 다리는 노랑색, 등은 회색, 날개와 목은 갈색, 목덜미와 얼굴은 검은색인 새

끝이 뾰족한 분홍색 꽃잎이 서로 겹쳐 있고 짧은 노란색 꽃술이 고리 모양인 꽃

(a) StackGAN 1단계
64×64 크기의 이미지

(b) StackGAN 2단계
256×256 크기의 이미지

---

6 Han Zhang, Tao Xu, Hongsheng Li, Shaoting Zhang, Xiaogang Wang, Xiaolei Huang, Dimitris Metaxas, 「StackGAN: Text to Photo-Realistic Image Synthesis with Stacked Generative Adversarial Networks」, 2016, http://arxiv.org/abs/1612.03242

8.3.2 이미지-이미지 번역

이미지-이미지 번역image-to-image translation, Pix2Pix은 충분한 수의 이미지로 학습한 어떤 장면에 대한 표현을 다른 이미지로 만드는 것이다. 마치 똑같은 의미를 여러 언어로 번역할 수 있듯이 하나의 장면도 회색조 이미지, 컬러 이미지, 의미 레이블맵, 실루엣 등으로 나타낼 수 있다는 의미로 번역이라는 표현이 사용되었다. [그림 8-15]는 회색조 이미지를 컬러 이미지로, 스케치 이미지를 실제 이미지로, 낮의 풍경 사진을 밤의 풍경 사진으로 변환한 이미지-이미지 번역의 예다.

그림 8-15 Pix2Pix 논문에 실린 이미지-이미지 번역의 예

흑백 이미지를 컬러 이미지로   스케치 이미지를 실제 이미지로

입력   출력   입력   출력

낮의 풍경을 밤의 풍경으로

입력   출력

Pix2Pix는 필립 이졸라Phillip Isola가 2016년에 제안한 일반 이미지-이미지 번역 GAN 모델이다.[7] Pix2Pix의 신경망 구조는 GAN의 개념과 비슷하다. 실제와 같은 새로운 이미지를 합성해내는 생성자 모델과 생성자 모델이 만든 이미지를 진짜와 가짜로 판별하는 판별자 모델로 구성된다. 학습 과정 역시 판별자 모델은 독립적으로 수정되며, 생성자 모델은 판별자 모델을 통해 수정되는 방식으로 GAN과 유사하다. 이 두 모델이 생성자 모델은 판별자 모델을 더 잘 속이도록, 판별자 모델은 생성자 모델의 가짜 이미지를 더 잘 간파하도록 경쟁적으로 동시에 학습된다는 것도 비슷하다.

---

7 Phillip Isola, Jun-Yan Zhu, Tinghui Zhou, Alexei A. Efros, 「Image-to-Image Translation with Conditional Adversarial Networks」, 2016, http://arxiv.org/abs/1611.07004

Pix2Pix 모델의 새로운 개선점은 과업과 데이터에 맞춰 손실 함수를 학습할 수 있어 다양한 상황에 적용할 수 있다는 것이다. Pix2Pix는 출력 이미지가 입력 이미지에 의해 결정되는 일종의 조건부 GAN^{conditional GAN, cGAN}인데, 판별자 모델이 원 이미지와 이를 바탕으로 생성된 이미지를 모두 입력받아 생성된 이미지가 원 이미지를 적절하게 변환한 것인지 판별한다.

Pix2Pix의 성과는 다양한 이미지-이미지 번역 과업에 매우 유망하다. 필립 이졸라가 제공하는 Pix2Pix의 데모 페이지[8]에서 고양이의 스케치 이미지를 사진으로 변환하는 등 직접 시연해볼 수 있다.

8.3.3 초해상도 이미징 GAN

GAN 모델을 이용해서 저해상도 이미지를 고해상도 이미지로 변환할 수도 있다. 이러한 GAN 모델을 초해상도 이미징 GAN^{super-resolution GAN, SRGAN}이라고 하며, 2016년에 크리스티안 레디히^{Christian Ledig}가 제안했다.[9] [그림 8-16]은 SRGAN을 사용해서 이미지의 해상도를 향상시킨 예다.

그림 8-16 저해상도 이미지를 고해상도 이미지로 변환하는 SRGAN (출처: Ledig, 2016)

원 이미지   SRGAN 변환 이미지

---

8 https://affinelayer.com/pixsrv

9 Christian Ledig, Lucas Theis, Ferenc Huszar, Jose Caballero, Andrew Cunningham, Alejandro Acosta, Andrew Aitken 외, 「Photo-Realistic Single Image Super-Resolution Using a Generative Adversarial Network」, 2016, http://arxiv.org/abs/1609.04802

8.3.4 실습에 들어가기 전에

GAN 모델에는 기존에 존재하지 않았던 상상을 현실로 만들어낼 수 있는 큰 잠재력이 있다. 여기서 언급한 활용 사례는 GAN 모델의 발전상을 보여주는 몇 가지 예에 지나지 않는다. 다양한 활용 사례가 지금도 한 달에 한 건 이상 발표되고 있지만 아직 시도해볼 사례가 많다. GAN 모델을 실제 구현해보는 데 관심이 있다면 케라스로 구현한 다양한 GAN 모델을 제공하는 저장소인 Keras-GAN[10]을 방문해보기 바란다. 이 저장소는 케라스로 구현된 GAN 모델 외에도 훌륭한 케라스 구현 예제를 볼 수 있다. 이 장의 예제 코드 상당 부분은 이 저장소에서 제공하는 코드에서 아이디어를 얻은 것이다.

8.4 프로젝트: GAN 모델 직접 구현해보기

이번 프로젝트는 합성곱층으로 생성자 모델과 판별자 모델을 구현해서 GAN 모델을 구성해보는 것을 목표로 한다. 이러한 GAN 모델을 심층 합성곱 GAN^{deep convolutional GAN, DCGAN}이라고 한다. DCGAN 구조는 8.1.1절에서 설명했듯이 알렉 래드포드^{Alec Radford}가 2016년에 최초로 제안했으며 이미지 생성에서 인상적인 결과를 보였다. 이번 프로젝트의 구현 코드는 주피터 노트북 형태로 제공되어 직접 실행해볼 수 있다.

이 프로젝트는 Fashion-MNIST 데이터셋[11]을 학습 데이터로 사용한다. Fashion-MNIST는 6만 장의 회색조 이미지로 구성되어 있으며 그중 테스트 데이터가 1만 장이다(그림 8-17). 각 이미지는 28×28 픽셀 크기의 회색조 이미지이며 10개 클래스의 레이블과 연관되어 있다. 애초 Fashion-MNIST는 MNIST가 맡아오던 머신러닝 벤치마크 테스트의 역할을 대체하기 위해 만들어진 데이터셋이다. 이번 프로젝트에서 회색조 이미지를 사용하는 이유는 채널 수가 적어 합성곱 신경망을 학습시키기 위한 계산 자원 부담이 가벼워서 GPU 없이 개인용 컴퓨터에서도 학습을 진행할 수 있기 때문이다.

---

10 https://github.com/eriklindernoren/Keras-GAN
11 https://github.com/zalandoresearch/fashion-mnist

그림 8-17 Fashion-MNIST 데이터셋의 이미지 예

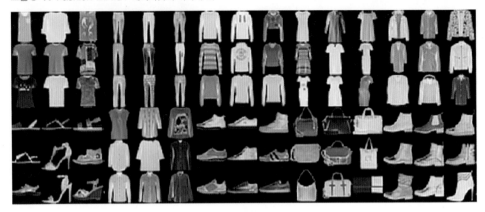

Fashion-MNIST 데이터셋의 클래스는 다음 10가지다.

레이블	설명	레이블	설명
0	티셔츠/상의	5	샌들
1	바지	6	셔츠
2	풀오버	7	운동화
3	드레스	8	가방
4	코트	9	발목부츠

1단계: 라이브러리 임포트하기

가장 먼저 프로젝트에 사용할 라이브러리를 임포트한다.

```
from __future__ import print_function, division

from keras.datasets import fashion_mnist          ◁── 케라스에서 제공하는 fashion-MNIST
                                                        데이터셋을 읽어 들임

from keras.layers import Input, Dense, Reshape, Flatten, Dropout
from keras.layers import BatchNormalization, Activation, ZeroPadding2D
from keras.layers.advanced_activations import LeakyReLU
from keras.layers.convolutional import UpSampling2D, Conv2D
from keras.models import Sequential, Model
from keras.optimizers import Adam

import numpy as np                      넘파이 및 matplotlib
import matplotlib.pyplot as plt         라이브러리 임포트
```

케라스에서 제공하는 신경망의 층 및 모델의 구현 클래스 임포트

2단계: 데이터셋 내려받기 및 이미지 확인하기

케라스를 사용하면 fashion_mnist.load_data() 명령 한 줄만으로 fashion-MNIST 데이터셋을 내려받을 수 있다. 데이터셋을 내려받은 후 학습 속도 향상을 위해 픽셀값의 범위를 −1부터 1이 되도록 조정한다(4장의 데이터 정규화 참조)

```
(training_data, _), (_, _) = fashion_mnist.load_data()  ◁── 데이터셋을 읽어 들임

X_train = training_data / 127.5 - 1.          픽셀값의 범위가 [−1, 1]이 되도록 조정
X_train = np.expand_dims(X_train, axis=3)
```

재미삼아 데이터셋의 이미지 한 장을 골라 행렬을 화면에 출력해보겠다.

```python
def visualize_input(img, ax):
    ax.imshow(img, cmap='gray')
    width, height = img.shape
    thresh = img.max()/2.5
    for x in range(width):
        for y in range(height):
            ax.annotate(str(round(img[x][y],2)), xy=(y,x),
                        horizontalalignment='center',
                        verticalalignment='center',
                        color='white' if img[x][y]<thresh else 'black')

fig = plt.figure(figsize = (12,12))
ax = fig.add_subplot(111)
visualize_input(training_data[3343], ax)
```

그림 8-18 Fashion-MNIST 데이터셋의 이미지를 화면에 출력한 예

```
       0   1   2   3   4   5   6   7   8   9  10  11  12  13  14  15  16  17  18  19  20  21  22  23  24  25  26  27
 0     0   0   0   0   0   0   0   0   0   0   0       0  70 4156 104      2   0   0   0   0   0   0   0   0   0   0   0
       0   0   0   0   0   0   0   0   0   0   1   0   5 129   0 121  33   0   3   0   0   0   0   0   0   0   0   0
       0   0   0   0   0   0   0   0   0   5   0  91  95   0  37  99   0   4   0   0   0   0   0   0   0   0   0   0
       0   0   0   0   0   0   0   0   0   0   0   6   0 118  70   0  13  99   0   0   0   0   0   0   0   0   0   0
       0   0   0   0   0   0   0   1   0   0   0 167   5   0   0 130  22   0   2   0   0   0   0   0   0   0   0   0
 5     0   0   0   0   0   0   0   4   0   0  37 186   0   1   0 145  63   0   6   0   0   0   0   0   0   0   0   0
       0   0   0   0   0   0   0   6   0   0  79 174   0   0   0 143  91   0   8   0   0   0   0   0   0   0   0   0
       0   0   0   0   0   1   1  11   0 128 145   0   4   0 115 131   0   7       0   0   0   0   0   0   0   0   0   0
       0   0   0   0   0   0   0   0   0 157 121   0   8   0  99 157       0   0   0   0   0   0   0   0   0   0   0
       0   0   0   0   0   0   0   0   0 182  77       0  31 0226   0   0       0   0   0   0   0   0   0   0   0   0   0
10     0   0   0   0   0   0 167 201 195 180 201 143   0   0   0  50 194 145 172 172 135   9   0   0   0   0   0   0
       0   0   0   0   0   0 194 224 212 215 197 200 207 207 199 221 192 212 227 197 148  23   0   0   0   0   0   0
       0   0   0   0   0   0 184 219 203 208 207 203 223 187 173 212 201 209 213 182 140  15   0   0   0   0   0   0
       0   0   0   0   0   0 174 232 201 202 221 203 214 189 159 213 206 218 207 185 169  14   0   0   0   0   0   0
       0   0   0   0   0   0 174 233 200 192 212 209 216 200 157 202 201 221 208 188 185  14   0   0   0   0   0   0
15     0   0   0   0   0   0 169 231 199 193 198 217 214 195 149 187 220 227 207 189 198  19   0   0   0   0   0   0
       0   0   0   0   0   0 167 234 198 192 190 215 226 195 163 220 234 228 215 193 208  22   0   0   0   0   0   0
       0   0   0   0   0   0 167 237 198 184 193 209 225 224 227 240 228 231 221 203 219  25   0   0   0   0   0   0
       0   0   0   0   0   0 163 238 190 180 198 210 205 212 231 225 228 225 218 203 231  32   0   0   0   0   0   0
       0   0   0   0   0   0 154 242 188 184 199 209 207 219 232 227 228 223 217 210 239  39   0   0   0   0   0   0
20     0   0   0   0   0   0 144 243 184 187 200 215 213 227 234 225 227 222 221 214 216  43   0   0   0   0   0   0
       0   0   0   0   0   0 134 245 180 187 206 224 216 228 233 223 225 223 225 218 219  50   0   0   0   0   0   0
       0   0   0   0   0   0 126 249 181 201 221 223 212 227 232 223 224 223 226 223 222  51   0   0   0   0   0   0
       0   0   0   0   0   0 111 246 195 217 224 221 208 225 230 220 224 221 223 225 223  29   0   0   0   0   0   0
       0   0   0   0   0   0  97 220 201 217 222 219 209 222 227 217 222 219 221 226 219   8   0   0   0   0   0   0
25     0   0   0   0   0   0  72 211 204 217 215 216 206 209 221 210 213 218 217 223 212   0   0   0   0   0   0   0
       0   0   0   0   0   0  27 222 226 230 231 255 250 251 255 252 250 226 226 226 210   0   0   0   0   0   0   0
       0   0   0   0   0   0   0 125 120 117 121 129 141 141 131 138 139 142 136 116  98   0   0   0   0   0   0   0
```

3단계: 생성자 모델 구성하기

먼저 생성자 모델을 구성하자. 8.1.5절에서 설명했듯이 생성자 모델은 노이즈 벡터(z)를 입력으로 받는다. 생성자 모델의 구조는 [그림 8-19]와 같다.

그림 8-19 생성자 모델의 구조

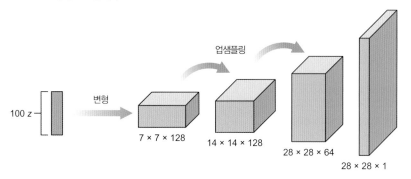

첫 번째 층은 전결합층이며, 그다음 층에서 1차원 벡터를 가로세로는 좁으나 깊이가 깊은 모양 (7×7×128, 논문에서는 4×4×1024였다)으로 변형한다. 그리고 이어지는 업샘플링 층에서 특징 맵의 크기를 7×7에서 14×14, 다시 28×28로 두 배씩 늘린다. 이번 구현 코드에서는 3 개의 합성곱층을 배치했다. 또한 배치 정규화와 ReLU 활성화 함수도 함께 배치한다. 각 층은 합성곱층 ⇒ 배치 정규화층 ⇒ ReLU의 순으로 구성된다. 28×28×1 모양이 될 때까지 이러한 구성을 반복한다.

이미지 행렬의 모양을 7×7×128로 변형

```
def build_generator():
    generator = Sequential()

    generator.add(Dense(128 * 7 * 7, activation="relu", input_dim=100))

    generator.add(Reshape((7, 7, 128)))

    generator.add(UpSampling2D())

    generator.add(Conv2D(128, kernel_size=3, padding="same",
                  activation="relu"))
    generator.add(BatchNormalization(momentum=0.8))
    generator.add(UpSampling2D())

    # 합성곱층 + 배치 정규화층
    generator.add(Conv2D(64, kernel_size=3, padding="same",
                  activation="relu"))
    generator.add(BatchNormalization(momentum=0.8))
```

순차 모델 객체를 만들어 이를 변수 generator에 할당

유닛 수가 128×7×7개인 전결합층을 모델에 추가

이미지 크기를 14×14로 가로세로 두 배씩 늘리는 업샘플링층

이미지 크기를 28×28로 가로세로 두 배씩 늘리는 업샘플링층

데이터셋의 이미지 크기와 동일한 28×28에 도달했으므로 업샘플링은 더 이상 필요 없다. 하지만 상황에 따라 적절히 업샘플링을 추가할 수노 있다.

합성곱 연산과 배치 정규화를 수행하는 합성곱층을 추가한다.

```
# 필터 수가 1인 합성곱층
generator.add(Conv2D(1, kernel_size=3, padding="same",
                     activation="relu"))

generator.summary()   ←─┤ 모델의 개요를 출력한다.

noise = Input(shape=(100,))   ←─ 길이가 100인 노이즈 벡터를 생성한다.
                                 신경망이 지나치게 복잡하지 않도록
                                 벡터의 길이를 지정했다.
fake_image = generator(noise)

return Model(inputs=noise, outputs=fake_image)   ←─ 노이즈 벡터를 입력받고 이미지를
                                                    생성해서 출력하는 모델을 반환한다.
생성자 모델을 이용해서 이미지를 생성한다.
```

4단계: 판별자 모델 구성하기

판별자 모델은 합성곱층으로 구성된 일반적인 분류 모델이다(그림 8-20). 판별자 모델의 입력은 28×1 크기의 이미지다. 몇 개의 합성곱층을 거쳐 전결합층을 출력층으로 배치한다. 이번에도 시그모이드 함숫값을 출력한다. 합성곱층의 깊이(필터 수)는 첫 번째 층의 필터 수를 32 또는 64로 설정하고 층마다 두 배씩 증가시킨다. 여기서는 64로 시작해서 128을 지나 256까지 증가시키기로 한다. 다운샘플링은 풀링층 대신 스트라이드 값을 조정한 합성곱층을 사용한다. 이는 래드포드의 구현 방식을 그대로 따른 것이다.

그림 8-20 판별자 모델의 구조

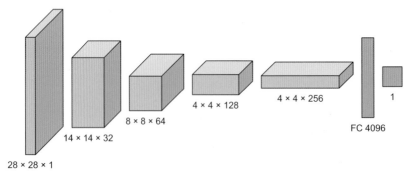

4장에서 배운 대로 더 나은 학습 결과를 위해 배치 정규화와 드롭아웃을 적용한다. 4개의 합성곱층 모두 합성곱층 ⇒ 배치 정규화 ⇒ 누설 ReLU 활성화 함수 순으로 구성한다. 이와 같이 모델을 구성하는 build_discriminator 함수 구현 코드는 다음과 같다.

```
def build_discriminator():
    discriminator = Sequential()          ◁─┤ 순차 모델 객체를 만들어 이를
                                              변수 discriminator에 할당함

    discriminator.add(Conv2D(32, kernel_size=3, strides=2,          모델에 합성곱층을
                      input_shape=(28,28,1), padding="same"))  ◁─   추가함

    discriminator.add(LeakyReLU(alpha=0.2))   ◁─┤ 누설 ReLU 활성화 함수를 추가함

    discriminator.add(Dropout(0.25))    ◁─┤ 드롭아웃 비율이 25%인
                                            드롭아웃층을 추가함
                                                            제로패딩이 적용된 두 번째
    discriminator.add(Conv2D(64, kernel_size=3, strides=2,  합성곱층을 추가함
                      padding="same"))
                                                     ◁─
                                                                이미지 크기를 7×7에서
                                                                8×8로 변형하는
    discriminator.add(ZeroPadding2D(padding=((0,1),(0,1))))  ◁─   제로패딩층을 추가함

    discriminator.add(BatchNormalization(momentum=0.8))  ◁─
                                                                배치 정규화, 누설 ReLU
    discriminator.add(LeakyReLU(alpha=0.2))      빠른 학습과 성능   활성화 함수, 드롭아웃이
    discriminator.add(Dropout(0.25))             개선을 위한 배치   적용된 세 번째 합성곱층을
                                                 정규화층을 추가함   추가함

    discriminator.add(Conv2D(128, kernel_size=3, strides=2, padding="same"))
    discriminator.add(BatchNormalization(momentum=0.8))
    discriminator.add(LeakyReLU(alpha=0.2))                                    ◁─
    discriminator.add(Dropout(0.25))

    discriminator.add(Conv2D(256, kernel_size=3, strides=1, padding="same"))
    discriminator.add(BatchNormalization(momentum=0.8))
    discriminator.add(LeakyReLU(alpha=0.2))                                    ◁─
    discriminator.add(Dropout(0.25))

                                                                배치 정규화, 누설
    discriminator.add(Flatten())                                ReLU 활성화 함수,
    discriminator.add(Dense(1, activation='sigmoid'))  ◁─       드롭아웃이 적용된
                                                                네 번째 합성곱층을
                                          1차원 변환층을 추가하고   추가함
                                          그 뒤로 시그모이드 활성화
  ▷ img = Input(shape=(28,28,1))          함수를 사용한 전결합층을
  ▷ probability = discriminator(img)      배치함

    return Model(inputs=img, outputs=probability)  ◁─
                                                          이미지를 입력받아 확률을 출력하는
  반별자 모넬을 실행하먼 확듈을 출력함                        모델늘 반환함

입력 이미지의 모양을 설정함
```

5단계: 통합 신경망 구성하기

8.1.3절에서 설명했듯이 생성자 모델을 학습시키려면 생성자 모델과 판별자 모델을 모두 포함하는 통합 신경망을 구성해야 한다(그림 8-21). 통합 신경망은 노이즈 데이터 z를 입력받아 판별자 모델의 예측 결과(진짜 또는 가짜)를 출력한다.

그림 8-21 통합 신경망의 구조

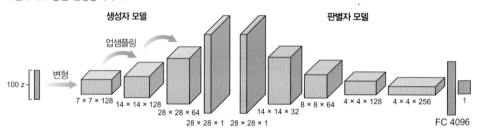

앞서 설명했듯이 통합 신경망으로 학습을 진행할 때는 판별자 모델의 가중치를 고정해두는 것을 잊지 말아야 한다. 생성자 모델 학습 중에는 판별자 모델이 필요하지만 판별자 모델의 가중치가 학습 중에 함께 수정되어서는 안 된다. 그래서 통합 신경망에는 생성자 모델과 판별자 모델이 모두 포함되지만 판별자 모델의 가중치가 고정된다.

```
optimizer = Adam(learning_rate=0.0002, beta_1=0.5)    ← 최적화 알고리즘 준비

discriminator = build_discriminator()    ← 판별자 모델을 생성하고 컴파일함
discriminator.compile(loss='binary_crossentropy', optimizer=optimizer,
    metrics=['accuracy'])
                                    생성자 모델의 학습 중 판별자 모델이 수정되지
discriminator.trainable = False    ← 않도록 판별자 모델의 가중치를 고정함

# 생성자 모델 객체를 생성                생성자 모델 생성
generator = build_generator()    ←

                                  생성자 모델에 길이가 100인 노이즈
z = Input(shape=(100,))           벡터를 입력하면 이미지가 생성됨
img = generator(z)
                                  판별자 모델이 생성된 이미지를       통합 신경망을 이용해서 판별자
                                  입력받아 진짜 이미지인지 가짜       모델을 속일 수 있도록 생성자
valid = discriminator(img)    ←   이미지인지 판정함                 모델을 학습시킴

combined = Model(inputs=z, outputs=valid)
combined.compile(loss='binary_crossentropy', optimizer=optimizer)
```

6단계: 학습 과정을 담당하는 함수 구현

GAN 모델의 학습은 판별자 모델과 통합 신경망을 함께 진행해야 한다. 이를 위해 다음과 같은 인수를 갖는 train 함수를 구현한다.

- 에포크 수
- 배치 크기
- 모델의 상태를 저장하는 간격(save_interval)

```python
def train(epochs, batch_size=128, save_interval=50):

    valid = np.ones((batch_size, 1))          ┐ 정답 데이터
    fake = np.zeros((batch_size, 1))          ┘

    for epoch in range(epochs):
        ## 판별자 모델의 학습
        idx = np.random.randint(0, X_train.shape[0], batch_size)   ← 무작위로 훈련 데이터의
        imgs = X_train[idx]                                            절반을 선택

        noise = np.random.normal(0, 1, (batch_size, 100))   ← 노이즈를 생성하고 이 노이즈
        gen_imgs = generator.predict(noise)                    데이터로 새 이미지를 일괄
                                                               생성함

        d_loss_real = discriminator.train_on_batch(imgs, valid)        판별자 모델의 학습
        d_loss_fake = discriminator.train_on_batch(gen_imgs, fake)  ← • 진짜 이미지: 1
        d_loss = 0.5 * np.add(d_loss_real, d_loss_fake)                • 가짜 이미지: 0

        ## 통합 신경망(생성자 모델)의 학습
        g_loss = combined.train_on_batch(noise, valid)   ← 생성자 모델의 학습(판별자 모델을
                                                            최대한 속이는 것이 목표)

    print("%d [D loss: %f, acc.: %.2f%%] [G loss: %f]" %
          (epoch, d_loss[0], 100*d_loss[1], g_loss))   ← 학습 진행 상황 출력

        if epoch % save_interval == 0:                    모델 상태를 저장하는 에포크에 해당하면
            plot_generated_images(epoch, generator)       이미지를 생성해서 저장함
```

train() 함수를 실행하기 전에 plot_generated_images() 함수를 먼저 구현해야 한다.

```python
def plot_generated_images(epoch, generator, examples=100, dim=(10, 10),
                          figsize=(10, 10)):
    noise = np.random.normal(0, 1, size=[examples, latent_dim])
    generated_images = generator.predict(noise)
```

```
generated_images = generated_images.reshape(examples, 28, 28)

plt.figure(figsize=figsize)
for i in range(generated_images.shape[0]):
    plt.subplot(dim[0], dim[1], i+1)
    plt.imshow(generated_images[i], interpolation='nearest',
               cmap='gray_r')
    plt.axis('off')
plt.tight_layout()
plt.savefig('gan_generated_image_epoch_%d.png' % epoch)
```

7단계: 학습 및 학습 결과 관찰

모든 구현이 끝났으니 학습을 시작할 수 있다. 다음 코드를 실행하면 모델의 학습이 시작된다.

```
train(epochs=1000, batch_size=32, save_interval=50)
```

1,000에포크 동안 학습을 진행하되, 50에포크마다 모델의 상태가 저장된다. train() 함수를 실행하면 [그림 8-22]와 같이 학습의 진행 상황이 출력된다.

그림 8-22 최초 16에포크 동안 출력된 학습 진행 상황

```
0 [D loss: 0.963556, acc.: 42.19%] [G loss: 0.726341]
1 [D loss: 0.707453, acc.: 65.62%] [G loss: 1.239887]
2 [D loss: 0.478705, acc.: 76.56%] [G loss: 1.666347]
3 [D loss: 0.721997, acc.: 60.94%] [G loss: 2.243804]
4 [D loss: 0.937356, acc.: 45.31%] [G loss: 1.459240]
5 [D loss: 0.881121, acc.: 50.00%] [G loss: 1.417385]
6 [D loss: 0.558153, acc.: 73.44%] [G loss: 1.393961]
7 [D loss: 0.404117, acc.: 78.12%] [G loss: 1.141378]
8 [D loss: 0.452483, acc.: 82.81%] [G loss: 0.802813]
9 [D loss: 0.591792, acc.: 76.56%] [G loss: 0.690274]
10 [D loss: 0.753802, acc.: 67.19%] [G loss: 0.934047]
11 [D loss: 0.957626, acc.: 50.00%] [G loss: 1.140045]
12 [D loss: 0.919308, acc.: 51.56%] [G loss: 1.311618]
13 [D loss: 0.776363, acc.: 56.25%] [G loss: 1.041264]
14 [D loss: 0.763993, acc.: 56.25%] [G loss: 1.090716]
15 [D loss: 0.754735, acc.: 56.25%] [G loss: 1.530865]
16 [D loss: 0.739731, acc.: 68.75%] [G loss: 1.887644]
```

필자의 환경에서 10,000에포크 동안 학습을 진행했다. [그림 8-23]은 각각 0에포크, 50에포크, 1,000에포크, 10,000에포크 시점에 모델이 생성한 이미지를 모아 실은 것이다.

그림 8-23 0에포크, 50에포크, 1,000에포크, 10,000에포크 시점에 모델이 생성한 이미지의 예

0에포크

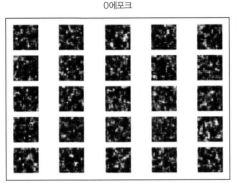

50에포크

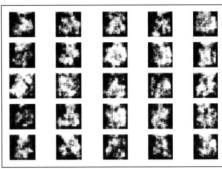

1,000에포크

10,000에포크

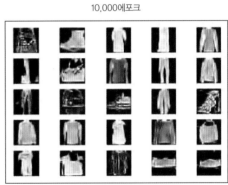

[그림 8-23]에서 0에포크 시점에 생성된 이미지를 보면 무작위 노이즈뿐 어떠한 패턴이나 의미 있는 내용을 찾아볼 수 없다. 50에포크에 이르면 이미지에 패턴이 형성되기 시작한다. 이 중에는 이미지 가운데 부분에 밝은 점이 생기고, 주변부는 어두운 상태로 남아 있는 것이 많다. 이런 이미지가 나오는 이유는 대부분의 학습 이미지에서 물체가 가운데 부분에 위치하기 때문이다. 좀 더 학습이 진행된 1,000에포크에서는 모델에 입력된 이미지가 어떤 것이었는지 유추할 수 있을 정도가 된다. 그리고 학습이 끝난 10,000에포크가 되면 훈련 데이터에는 없었던 이미지를 매우 그럴듯하게 만들어낸다. 예를 들어 10,000에포크에서 생성한 이미지를 아무 것이나 골라본다(좌상단의 드레스 이미지를 골랐다고 하자). 이 드레스는 훈련 데이터에서는 찾아볼 수 없는 완전히 새로운 이미지다. 학습을 10,000에포크 이후로 계속 이어나가거나 생성자 모델의 층수를 늘리면 훨씬 더 정교한 이미지를 볼 수 있다.

마무리

이번 프로젝트에서는 모델의 복잡도를 제한하기 위해 이미지 크기가 작고 회색조(단일 채널)로 되어 있는 Fashion-MNIST 데이터셋을 사용했다. 덕분에 GPU 없이도 개인용 컴퓨터에서 학습이 가능할 만큼 계산량을 감소시킬 수 있었다. Fashion-MNIST 데이터셋은 매우 깔끔한 데이터이기도 하다. 모든 이미지는 대상이 가운데에 들어 있으며 노이즈도 적어서 대부분의 경우 전처리를 필요로 하지 않는다. 이런 점에서 Fashion-MNIST 데이터셋은 GAN을 처음 구현해볼 때 사용하기 적합하다.

좀 더 복잡한 데이터셋을 다뤄보고 싶다면 CIFAR 데이터셋[12]이나 집필 시점 현재 세계에서 가장 규모가 큰 낙서 그림 데이터셋인 구글이 배포하는 'Quick, Draw!' 데이터셋[13]을 추천한다. 이 외에도 좀 더 진지한 데이터를 원한다면 스탠퍼드 대학교에서 배포하는 자동차 이미지 데이터셋[14]을 권한다. 이 데이터셋은 196개 클래스에 걸친 16,000장 이상의 자동차 이미지를 포함한다. 완전히 새로운 자동차 디자인을 만들어내는 GAN 모델을 학습시킬 수도 있다.

8.5 마치며

- GAN은 데이터의 패턴을 학습해서 훈련 데이터와 비슷한 분포를 지닌 새로운 이미지는 만들어낸다.
- GAN의 구조는 서로 경쟁하는 2개의 신경망으로 구성된다.
- 생성자 모델은 무작위 노이즈를 변환해서 앞서 자신이 학습한 데이터셋과 비슷한 이미지를 만든다.
- 판별자 모델은 입력된 이미지가 데이터셋에 있는 실제 이미지인지, 생성자 모델이 만들어낸 가짜 이미지인지 예측한다.
- 판별자 모델은 입력된 이미지가 실제인지 가짜인지 판별하는 일반적인 이미지 분류 신경망 모델이다.

----

12 https://www.cs.toronto.edu/~kriz/cifar.html
13 https://quickdraw.withgoogle.com
14 https://ai.stanford.edu/~jkrause/cars/car_dataset.html

- 생성자 모델의 구조는 1차원 입력을 원하는 이미지 크기가 될 때까지 업샘플링하는 구조로, 일반적인 CNN의 층을 역순으로 배치한 구조다.

- 업샘플링층은 기존 픽셀을 가로세로로 반복하는 형태로 입력 이미지의 크기를 늘린다.

- GAN의 학습 과정은 판별자 모델과 통합 신경망을 교대로 학습하는 방식이다. 통합 신경망을 학습시킬 때는 판별자 모델의 가중치는 고정하고 생성자 모델의 가중치만 수정한다.

- GAN의 성능 평가는 주로 생성자 모델이 생성한 이미지의 품질을 사람이 직접 평가하는 방식이다. 그 외 방식으로는 인셉션 점수와 프레셰 인셉션 거리[FID]가 있다.

- 새로운 이미지를 생성하는 목적 외에도 GAN을 이용한 다양한 응용 분야가 있다. 주요 응용 분야로 문장으로부터 이미지 생성하기, 이미지–이미지 번역, 초해상도 이미징 등이 있다.

딥드림과 신경 스타일 전이

예술, 특히 회화 분야에서 화풍과 피사체를 조합해서 독특한 시각적 경험을 구성하는 기술은 인간의 전유물이었다. 지금까지 이러한 기술을 구현하기 위한 알고리즘이 개발되지 못해 비슷한 능력을 가진 인공 시스템도 만들어진 바 없다. 최근 딥러닝과 신경망이 사물 탐지 및 분류 등 시각적 지각 능력을 활용한 많은 분야에서 큰 성과를 내고 있다. 그렇다면 예술 작품을 만드는 데도 딥러닝을 적용할 수 있지 않을까? 이 장은 딥러닝 기술을 기반으로 고품질의 예술적 이미지를 만드는 인공 시스템을 소개한다. 이 시스템은 신경망의 표현 학습을 통해 회화 작품에서 피사체와 화풍을 분리했다가 다시 합치고, 새로운 회화 이미지를 만들어낼 수 있다.

이 장은 신경망을 이용해서 회화 작품 이미지를 만들 수 있는 두 가지 기법인 딥드림과 신경 스타일 전이를 소개한다. 이를 위해 먼저 합성곱 신경망은 세상을 어떻게 보는지 탐구한다. 우리는 앞서 사물 탐지나 이미지 분류를 위한 특징을 추출하는 목적으로 CNN을 활용했다. 이번에는 이렇게 추출된 특징 맵을 시각화하는 방법을 배운다. 특징 맵을 시각화해보는 이유는 딥드림 알고리즘을 더 잘 이해하기 위해서다. 또한 학습 과정에서 '실제로 학습되는 것'이 무엇인지 이해하는 데도 도움이 된다. 이러한 이해를 통해 분류 문제나 사물 탐지 문제를 위한 신경망의 성능을 개선할 수도 있다.

다음에는 딥드림 알고리즘을 소개한다. 딥드림 알고리즘의 핵심 아이디어는 입력 이미지 위에 신경망의 특정 층에서 추출된 특징을 겹쳐 그리는 방법으로 마치 꿈 속 세상 같은 환상적인 이미지를 만들어내는 것이다. 마지막으로 신경 스타일 전이를 소개한다. 이 기법은 두 이미지를 입력받아 한 이미지에서는 화풍을, 다른 이미지에서는 피사체를 추출해 양자를 합친 새로운 이미지를 만드는 기법이다. 새로 만든 이미지는 피사체를 제공한 이미지의 구도에 화풍을 제공한 이미지의 질감, 색감 등을 지니게 된다.

이들 기법이 중요한 이유는 무엇일까? 이들 기법을 활용하면 어떻게 신경망이 복잡한 이미지 분류나 사물 탐지 등의 과업을 수행할 수 있는지 그리고 신경망이 무엇을 학습하는지 확인 가능해진다. 신경망의 내부를 이해할 수 있다면 다른 과업을 수행할 때도 학습 데이터에서 무엇이 부족한지 파악해서 성능을 개선하는 데 도움이 된다.

이들 기법의 성과를 보면 언젠가 예술가들도 신경망을 활용할 수 있으리라 기대를 갖게 한다. 시각적 개념을 결합하거나 일반적인 예술 활동 자체에 조금이라도 도움이 될 수 있는 새로운 수단이 생기게 될 것이다. 더 나아가 인간의 창조성과 예술적인 상상을 알고리즘적으로 이해하는 길이 열릴 지도 모를 일이다.

9.1 합성곱 신경망이 본 세계는 어떤 것일까

지금까지 딥러닝과 신경망이 가져온 놀라운 성과를 여럿 소개했다. 하지만 이 모든 성과에도 불구하고 우리는 아직 신경망이 구체적으로 어떻게 동작하는지 그리고 신경망은 세계를 어떤 식으로 인식하는지 알지 못한다. 물론 이를 규명하려는 시도가 없었던 것은 아니다. 직관적이고 수학적으로 증명된 역전파 계산을 반복하며 신경망의 가중치를 수정해서 손실 함수를 최적화하면 된다. 과학적 관점에서는 아무 문제가 없다. 하지만 합성곱 신경망은 세계를 어떤 식으로 볼까? 각 층에서 추출된 특징을 어떤 식으로 볼까?

신경망이 패턴과 대상을 인식하는 방법과 신경망 모델의 성능 비결에 대해 우리가 더 잘 이해할 수 있다면 신경망의 성능을 더욱 끌어올릴 수 있을 것이다. 비즈니스 측면에서 보면 '설명 가능한 AI' 문제를 해결할 수도 있다. 비즈니스에서 의사결정권자가 모델의 예측 결과를 신뢰하지 못하는 경우가 종종 있는데 그 이유는 그 예측 결과가 어떻게 도출되었는지 설명할 수 없기 때문이다. 이 절에서 다룰 내용이 바로 이 블랙박스를 열어 신경망이 본 세계를 들여다보고 예측 결과를 사람이 해석하는 기법이다.

컴퓨터 비전 문제라면 합성곱 신경망 안에 포함된 특징 맵을 시각화하는 방법으로 신경망이 본 세계와 어떤 특징을 통해 서로 다른 대상을 구분하는지 이해할 수 있다. 합성곱층을 시각화하자는 아이디어는 2009년에 어한[1]이 제안했다. 이 개념을 이해하고 케라스로 구현해볼 것이다.

9.1.1 신경망의 동작 원리 다시 보기

특징 맵을 시각화해보기 전에 신경망의 동작 원리를 다시 한번 정리하자. 우리는 신경망에 수백만 개의 훈련 데이터를 입력해서 학습시킨다. 데이터를 입력받으며 점진적으로 신경망의 가중치가 수정되고 우리가 원하는 분류 성능을 갖추게 된다. 신경망은 대개 10개에서 30개 사이의 뉴런으로 구성된 층을 가지며, 각 이미지는 입력층에 입력되어 각 층을 차례대로 지나 출력층에 다다른다. 이 출력층에서 신경망의 최종 예측 결과가 출력된다.

신경망의 난제 중 하나는 각 층에서 정확히 어떤 일이 일어나는지 이해하는 것이다. 학습이 끝난 신경망은 뒤에 배치된 층일수록 추상적인 특징을 추출하며, 마지막 층에서 예측 결과가 출력된다. 예를 들어 첫 번째 층은 모서리나 꼭짓점 등의 특징을 포착하고 중간에 위치한 층은 기본적인 도형의 특징, 마지막 몇몇 층은 이들 특징을 조합해서 완전한 해석을 만든다. 이런 식으로 자동차나 자전거 등 복잡한 이미지에 따라 다른 뉴런이 반응하게 된다.

학습을 통해 신경망이 실제로 배우는 것이 무엇인지 이해하려면 내부를 열어 특징 맵을 들여다봐야 한다. 추출된 특징을 시각화하는 한 가지 방법은 입력 이미지에 신경망이 본 특징을 강조해서 나타내는 것이다. 예를 들어 '새'라는 분류 결과에서 어떤 이미지가 출력될까? 무작위 노이즈 이미지를 입력하고 이 이미지에 신경망이 본 '새'의 중요한 특징을 강조해나간다(그림 9-1).

---

1 Dumitru Erhan, Yoshua Bengio, Aaron Courville, Pascal Vincent, 「Visualizing Higher-Layer Features of a Deep Network」, University of Montreal 1341 (3): 1, 2009, http://mng.bz/yyMq

그림 9-1 무작위 노이즈 이미지를 입력해서 이미지에 신경망이 생각하는 새의 중요한 특징을 강조해 나간다.

입력: 무작위 노이즈 이미지   출력: 시각화한 특징

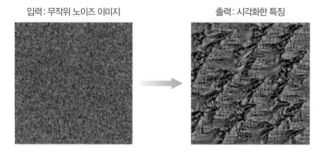

신경망이 본 새의 특징을 시각화하는 예제를 더 자세히 살펴보며 신경망의 필터를 시각화하는 방법을 설명하겠다. 이 장에서 이해해야 할 것은 신경망은 대상의 중요한 특징을 골라 다음 층에 전달할 수 있을 만큼 똑똑하다는 것이다. 중요하지 않은 특징은 출력층까지 가는 도중에 폐기된다. 간단히 요약하면 신경망은 훈련 데이터에 포함된 대상의 특징을 학습한다. 신경망에 포함된 특징 맵을 **시각화**해보면 신경망이 어떤 특징에 집중하는지 그리고 예측 결과를 도출하는 데 어떤 특징을 사용하는지 알아낼 수 있다.

NOTE_ 이러한 특징의 시각화 과정은 프랑소와 숄레의 책 『케라스 창시자에게 배우는 딥러닝』(길벗, 2017)에 '심층 신경망은 일종의 다단계 정보 추출 연산이라고 볼 수 있다. 정보가 일련의 필터를 통과하며 점차 순수하게 정제된다'고 잘 설명되어 있다.

9.1.2 CNN의 특징 시각화하기

합성곱 신경망에 의해 학습된 특징을 시각화하는 쉬운 방법 중 하나는 각 필터가 반응하는 시각적 패턴을 관찰하는 것이다. 이 과정은 입력 공간에서 **경사 상승법**gradient ascent을 통해 수행할 수 있다. 합성곱 신경망의 입력 이미지 값에 경사 상승법을 적용하면 빈 이미지에서 시작하여 특징 필터의 반응을 최대화할 수 있다. 결과 입력 이미지는 해당 필터가 가장 크게 반응하는 이미지가 된다.

경사 상승법과 경사 하강법

미리 언급하자면 경사라는 용어의 정의는 어떤 곡선을 따라가는 접선의 기울기 또는 변화율을 정의하는 함수다. 다시 말해 경사는 해당 점을 지나는 직선의 기울기라고 할 수 있다. 다음 그림은 어떤 곡선의 특정 점에서의 경사 예다.

그림 9-2 곡선의 특정 점에서의 경사 예

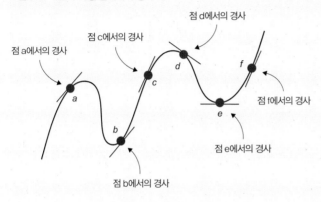

경사를 올라갈지 내려갈지는 프로젝트 성격에 따라 달라진다. 2장에서 배운 경사 하강법은 경사의 반대 방향으로 이동하며 오차 함수를 내려가 지역 극소점(오차 함수가 최소가 되는 지점)을 찾는 알고리즘이었다.

특징 맵을 시각화하려면 이들 특징을 최대화해서 출력 이미지에 이들 특징이 드러나도록 해야 한다. 손실 함수를 최대화하려면 경사 하강법을 거꾸로 적용하는 **경사 상승법 알고리즘**을 사용해야 한다. 경사 방향으로 이동하며 손실 함숫값이 최대가 되는 지역 극대점을 찾는다.

지금부터 재미있는 부분이다. VGG16 신경망의 처음, 중간, 끝부분 층의 특징 맵을 시각화한 이미지를 보게 될 것이다. 구현은 간단하며, 구현 코드도 곧 보게 될 것이다. 구현 코드를 보기 전에 먼저 시각화된 특징 맵을 간단히 살펴보자.

[그림 9-1]에 실린 VGG16 신경망의 구조에서 block1_conv1 (처음), block3_conv2 (중간), block5_conv3 (끝)의 특징 맵을 시각화해보자. [그림 9-3], [그림 9-4], [그림 9-5]는 각 층을 지나며 특징이 어떻게 변화하는지 잘 보여준다.

그림 9-3 block1_conv1 층의 특징 맵을 시각화한 결과

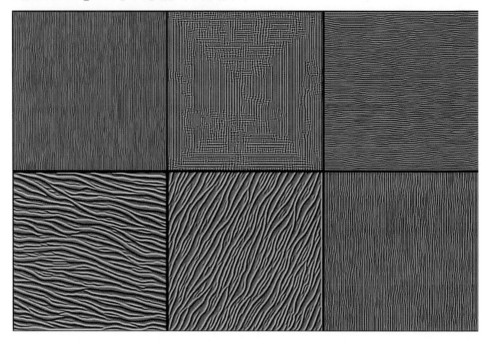

[그림 9-3]을 보면 신경망 처음 부분의 층은 방향이나 색 같은 저수준의 일반적인 특징이 부호화되어 있다. 방향이나 색 등의 특징은 이후 층에서 서로 결합해서 간단한 격자 모양이나 얼룩무늬 텍스처 등의 특징을 이룬다. 그리고 특징 간의 결합을 반복해서 좀 더 복잡한 패턴을 이룬다(그림 9-4). 이제 신경망이 기본적인 형태를 이루는 패턴을 보기 시작했다. 이들 형태는 아직 무엇인지 알아보기는 힘들지만 그래도 앞쪽 층에서 본 것보다는 훨씬 분명한 패턴이다.

그림 9-4 block3_conv1 층의 특징 맵을 시각화한 결과

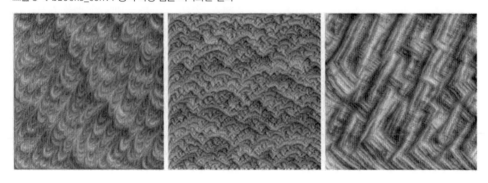

가장 흥미로운 부분이다. [그림 9-5]를 보면 신경망이 패턴의 패턴을 보기 시작한 것을 알 수 있다. 이들 특징에서는 어떤 형태를 알아볼 수 있다. 신경망이 예측을 내리려면 여러 개의 특징 맵을 사용하지만 우리는 특징 맵을 보고 이 이미지의 내용이 무엇이었는지 짐작할 수 있다. 왼쪽 이미지를 보면 부리와 눈을 알아볼 수 있다. 아마 새나 물고기의 특징일 것이다. 새나 물고기가 아니더라도 다른 대부분의 클래스(자동차, 보트, 건물, 자전거 등)를 후보에서 배제할 수 있을 정도는 된다. 가운데 이미지 역시 일종의 사슬과 같은 패턴임을 알 수 있다. 오른쪽 이미지는 음식이나 과일처럼 보인다.

그림 9-5 block5_conv3 층의 특징 맵을 시각화한 결과

이렇게 특징 맵을 시각화한 것이 어떻게 분류나 탐지 과업에 도움이 된다는 걸까? [그림 9-5]의 왼쪽 특징을 예로 들어보겠다. 눈이나 부리 같은 특징이 눈에 띈다는 것은 이 신경망은 새를 인식하기 위해 눈이나 부리 등의 특징에 의존한다는 뜻이 된다. 이러한 사실을 알고 있으면 [그림 9-6]의 새는 부리와 눈 부분이 보이므로 이 신경망에 인식될 수 있으리라 예상할 수 있다.

그림 9-6 눈과 부리가 보이는 새 이미지 예

이번에는 새의 눈과 부리가 다른 사물에 가린 좀 더 어려운 경우를 살펴보자(그림 9-7). 우리 신경망이 새를 인식하는 데 눈과 부리의 특징에 높은 가중치를 부여한다면 이 이미지는 신경망이 보는 주요 특징이 가려져 있다. 그러나 일반적인 사람은 이 이미지에서 새를 어렵지 않게 찾아낼 수 있다. 이 문제를 해결하는 방법은 이렇게 인식이 어려운 경우의 데이터를 데이터 강화를 통해 보강하는 방법으로 새의 눈과 부리보다는 형태와 색에 더 높은 가중치를 부여하도록 조정할 수 있다.

그림 9-7 눈과 부리가 다른 사물에 가려 보이지 않아 좀 더 인식이 어려운 새 이미지 예

9.1.3 특징 시각화 구현하기

특징을 시각화한 이미지를 보았으니 이제 특징 시각화를 직접 구현할 차례다. 이 절에서 살펴볼 코드는 케라스의 공식 문서에 포함된 CNN 시각화 구현 코드를 약간 수정[2]한 것이다. 선택

---

2 François Chollet, 「How convolutional neural networks see the world」, The Keras Blog, 2016, `https://blog.keras.io/category/demo.html`

한 특징 맵의 평균 활성화도가 최대가 되는 패턴을 생성해볼 것이다. 전체 코드는 케라스 공식 코드 저장소[3]에서 볼 수 있다.

> **NOTE_** 이 절에 실린 코드를 실행하면 오류가 발생한다. 이 코드는 설명을 위한 것으로 실제 동작하지는 않는다. 예제를 실행하길 원한다면 책과 함께 배포되는 전체 예제 코드를 확인하기 바란다.

먼저 케라스를 통해 VGG16 신경망 모델을 읽어 들여야 한다. 이를 위해 이미지넷 데이터셋을 사전 학습한 VGG16 클래스를 임포트하고 모델을 읽어 들인다. 이때 신경망의 분류기 부분은 포함시키지 않는다.

```
from keras.applications.vgg16 import VGG16    ◁── 케라스에서 제공하는 VGG 모델을 임포트한다.
model = VGG16(weights='imagenet', include_top=False)    ◁── 모델을 읽어 들인다.
```

VGG16 모델을 구성하는 각 층의 이름과 출력 모양을 확인하자. 이 중에서 시각화 대상이 될 필터를 고를 것이다.

```
for layer in model.layers:    ◁── 모델의 각 층에 대해 반복
    if 'conv' not in layer.name:    ◁── 현재 층이 합성곱층일 경우에만 수행한다.
        continue
    filters, biases = layer.get_weights()    ◁── 필터의 가중치에 접근
    print(layer.name, layer.output.shape)
```

이 코드가 담긴 셀을 실행하면 [그림 9-8]과 같은 내용이 출력되는 것을 볼 수 있다. 이들은 VGG16 신경망에 포함된 합성곱층의 목록이다. 층 이름만으로 이들 중 원하는 층의 출력을 바로 시각화해볼 수 있다. 이 내용은 뒤에 나올 코드에서 확인하겠다.

---

3 http://mng.bz/Md8n

그림 9-8 내려받은 VGG16 신경망 모델에 포함된 각 합성곱층의 정보

block1_conv1	(None, None, None, 64)
block1_conv2	(None, None, None, 64)
block2_conv1	(None, None, None, 128)
block2_conv2	(None, None, None, 128)
block3_conv1	(None, None, None, 256)
block3_conv2	(None, None, None, 256)
block3_conv3	(None, None, None, 256)
block4_conv1	(None, None, None, 512)
block4_conv2	(None, None, None, 512)
block4_conv3	(None, None, None, 512)
block5_conv1	(None, None, None, 512)
block5_conv2	(None, None, None, 512)
block5_conv3	(None, None, None, 512)

첫 번째 합성곱층인 block1_conv1의 필터맵을 시각화해보겠다. 이 층에는 64개의 필터가 있다. 각 필터에는 0부터 64까지 필터 인덱스(filter_index)가 부여되어 있다. 이번에는 특정 합성곱층의 특정 필터의 활성화도를 최대화하는 손실 함수를 정의하자. 경사 계산 기능을 제공하는 케라스의 백엔드 함수 gradients를 사용하고 경삿값이 지나치게 커지거나 작아지지 않고 매끄러운 경사를 타고 상승할 수 있도록 정규화한다.

이 코드에서 경사 상승법을 수행할 준비를 한다. 손실 함수를 정의하고 경사를 계산한 다음 정규화하는 과정이다.

```python
from keras import backend as K

layer_name = 'block1_conv1'
filter_index = 0

layer_dict = dict([(layer.name, layer) for layer in model.layers[1:]])

layer_output = layer_dict[layer_name].output
loss = K.mean(layer_output[:, :, :, filter_index])

grads = K.gradients(loss, input_img)[0]

grads /= (K.sqrt(K.mean(K.square(grads))) + 1e-5)

iterate = K.function([input_img], [loss, grads])
```

시각화 대상이 될 필터를 특정한다. 이 합성곱층에는 64개 필터가 있으므로 0부터 63의 값을 대입할 수 있다.

층의 문자열 이름으로 층에 접근한다(모델을 정의할 때 중복이 없는 문자열로 이름을 지어주었다).

대상 합성곱층 n번째 필터의 활성화도가 최대가 되게 하는 손실 함수를 정의한다.

입력 이미지에 대해 앞서 정의한 손실 함수의 경사를 계산한다.

경사를 정규화한다.

이 함수는 입력 이미지에 대한 손실 함수의 경사와 손실값을 반환한다.

미리 정의했던 필터 활성화도에 대해 경사 상승법을 적용하는 함수를 사용한다.

```
import numpy as np
                                            노이즈가 포함된 회색 이미지로 시작한다.

input_img_data = np.random.random((1, 3, img_width, img_height)) * 20 + 128
for i in range(20):
    loss_value, grads_value = iterate([input_img_data])    경사 상승법을 이용해서 20번
    input_img_data += grads_value * step                   이미지를 수정한다.
```

경사 상승법의 코드 구현이 끝났다. 하지만 아직 텐서를 이미지로 변환해줄 함수가 필요하다. 이 함수의 이름을 deprocess_image(x)라 하자. 함수를 호출하면 텐서를 이미지로 변환해서 디스크에 저장한다.

```
from keras.preprocessing.image import save_img

def deprocess_image(x):
    x -= x.mean()              텐서를 평균이 0, 표준편차가 0.1이
    x /= (x.std() + 1e-5)      되도록 정규화한다.
    x *= 0.1

    x += 0.5
    x = np.clip(x, 0, 1)       구간 [0, 1]로 클리핑한다.

    x *= 255
    x = x.transpose((1, 2, 0))
    x = np.clip(x, 0, 255).astype('uint8')    RGB 배열로 변환한다.
    return x

img = input_img_data[0]
img = deprocess_image(img)
imsave('%s_filter_%d.png' % (layer_name, filter_index), img)
```

코드를 실행하면 [그림 9-9]의 이미지가 파일로 출력된다.

그림 9-9 VGG16 모델 block1_conv1 층의 필터를 시각화한 이미지

훨씬 뒤에 위치한 block2나 block3에 속하는 층의 필터를 이미지로 시각화해보면 이전 층의 패턴을 조합한 훨씬 정교한 특징을 볼 수 있다. 가장 뒷층(block5_conv2, block5_conv3)에서는 눈, 깃털 등 실제 분류 대상 사물의 질감까지 관찰할 수 있다.

9.2 딥드림

딥드림DeepDream은 구글 리서치의 알렉산더 모드빈체프Alexander Mordvintsev가 2015년에 개발[4]한 것으로, 합성곱 신경망을 이용해서 몽환적인 분위기의 이미지(그림 9-10)를 만들어내는 기법이다.

비교를 위해 원본 이미지를 [그림 9-11]에 실었다. 원본 이미지는 돌고래 두 마리가 있는 바닷속 풍경이다. 딥드림은 두 돌고래를 하나로 합치고 돌고래의 얼굴을 개를 닮은 다른 생물의 얼굴로 바꿨다. 다른 물체도 예술적인 형태로 변형되었으며, 바닷속이었던 배경은 잎맥이 사방으로 뻗은 듯한 배경으로 바뀌었다.

딥드림은 발표되자마자 인터넷 상에서 큰 반향을 일으켰다. 알고리즘적인 공예품, 새의 깃털, 개의 얼굴, 눈을 연상케 하는 물체로 가득한 몽환적인 분위기의 이미지는 많은 사람의 관심을 모았다. 생성된 이미지에 나오는 물체는 딥드림 모델의 신경망이 이미지넷을 학습한 부산물로,

---

4 Alexander Mordvintsev, Christopher Olah, Mike Tyka, 「Deepdream – A Code Example for Visualizing Neural Networks」, Google AI Blog, 2015, http://mng.bz/aR0B

데이터셋의 영향을 받아 개와 새의 종류별 이미지가 특히 강조되어 있다. 만약 자동차 같은 다른 물체가 큰 부분을 차지하는 데이터셋을 학습한 신경망을 사용했다면 자동차가 자주 등장하는 이미지를 생성했을지도 모른다.

그림 9-10 딥드림으로 생성한 몽환적인 분위기의 이미지

그림 9-11 딥드림으로 생성한 이미지의 원본 이미지

딥드림 프로젝트는 CNN을 거꾸로 동작시키고 활성화 맵을 시각화해보면 어떨까 하는 아이디어에서 재미삼아 출발한 실험이었다. 활성화 맵을 시각화하는 데는 9.1절에서 배운 시각화 기법이 그대로 사용되었지만 다음과 같은 부분에 수정이 있었다.

- 입력 이미지: 필터 시각화에서는 입력 이미지가 필요 없었다. 빈 이미지 또는 노이즈 이미지로 시작해서 필터의 활성화도를 최대화시키는 방식으로 필터의 특징을 시각화했다. 그러나 딥드림은 시각화된 특징을 이미지로 끌어내는 것이 목적이므로 입력 이미지가 필요하다.
- 최대화 대상이 층의 활성화도: 필터 시각화는 이름 그대로 특정 필터에 대한 활성화도를 최대화시키는 것이다. 반면 딥드림은 층 전체의 활성화도를 최대화하는 방법으로 여러 특징을 한 번에 시각화할 수 있다.
- 옥타브 도입: 딥드림에서는 시각화된 특징의 품질을 향상시키기 위해 입력 이미지를 서로 다른 배율로 처리한다. 이를 옥타브octave라고 한다. 옥타브는 뒤에 더 자세히 설명하겠다.

9.2.1 딥드림 알고리즘의 동작 원리

필터 시각화와 마찬가지로 딥드림도 대규모 데이터셋을 사전 학습한 신경망을 사용한다. 케라스는 VGG16, VGG19, 인셉션, ResNet 등 사전 학습된 다양한 합성곱 신경망을 제공한다. 이 중 어느 것을 사용해도 딥드림을 구현할 수 있으며 직접 별도의 데이터셋을 학습시킨 신경망을 사용해도 무방하다. 직관적으로 생각했을 때 사전 학습된 신경망의 구조와 데이터셋의 선택에 따라 출력 이미지도 영향을 받는다. 데이터와 신경망 구조가 사전 학습된 특징을 결정하기 때문이다.

딥드림의 원 개발자는 출력 이미지의 품질이 높다는 이유로 인셉션 모델을 사전 학습된 신경망으로 사용했다. 여기서도 인셉션 v3 모델을 사용할 것이다. 실습 이후에 사전 학습된 신경망을 바꿔보고 결과에 어떤 차이가 나는지 비교해보아도 좋다.

딥드림의 전체적인 동작 내용은 인셉션 v3 등의 사전 학습된 신경망에 이미지를 입력하고, 특정 층에서 경사를 계산해서 해당 층의 활성화도를 최대화하도록 이미지를 수정한다. 이를 10회, 20회, 40회 정도 반복하면 해당 층의 패턴이 이미지로 드러나게 된다(그림 9-12).

그림 9-12 딥드림 알고리즘

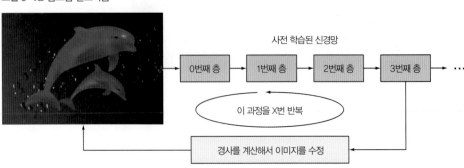

사전 학습한 데이터셋의 이미지 크기가 이미지넷처럼 상당히 작은 경우 입력 이미지가 크면(예: 1000×1000) 딥드림 알고리즘은 예술적이라기보다는 노이즈에 가까운 많은 수의 자잘한 패턴을 이미지에 인쇄한다. 이러한 문제를 해결하기 위해 딥드림 알고리즘은 입력 이미지를 옥타브라고 부르는 다양한 배율로 처리한다.

옥타브는 간격을 의미한다. 일정 간격을 두고 딥드림 알고리즘을 적용한다는 뜻이다. 먼저 이미지를 몇 차례 축소하여 다양한 배율의 이미지를 만들어둔다. 축소 횟수는 설정 가능하다. 그리고 각 배율마다 다음 절차를 수행한다.

1 세부 묘사 주입: 합성된 이미지를 만드는 과정에서 이미지를 확대하며 잃어버린 세부 묘사를 재주입한다.

2 딥드림 알고리즘 수행: 합성된 이미지를 딥드림 알고리즘에 입력한다.

3 다음 간격까지 이미지를 확대한다.

[그림 9-13]을 보면 큰 입력 이미지로 시작해서 이미지를 두 차례 축소해 옥타브 3의 이미지를 얻었다.

그림 9-13 딥드림 처리 절차: 이미지 축소 단계를 여럿 두고(옥타브), 세부 묘사를 재주입하며, 다음 옥타브로 이미지를 확대하는 과정을 반복한다.

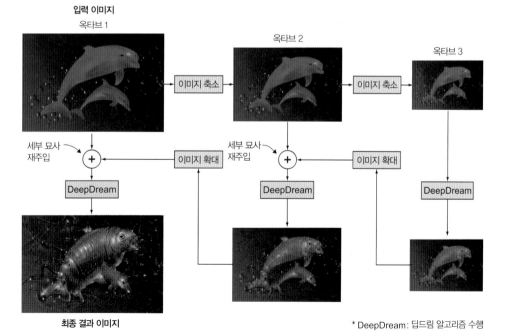

9장 딥드림과 신경 스타일 전이 **461**

딥드림 첫 번째 구간에서는 이미지를 확대한 것이 아니므로 세부 묘사를 재주입할 필요가 없다. 그대로 딥드림 알고리즘을 수행한 후 이미지를 확대한다. 이미지를 확대하면 세부 묘사를 잃어버리며 픽셀이 도드라져 보이거나 흐릿한 이미지가 된다. 이때 옥타브 2의 이미지에서 세부 묘사를 가져다 재주입한 후 딥드림 알고리즘을 다시 수행한다. 이런 식으로 이미지 확대, 세부 묘사 재주입, 딥드림 알고리즘 수행 과정을 최종 결과를 얻을 때까지 반복한다. 재귀적인 절차이므로 원하는 품질의 이미지가 나올 때까지 반복할 수 있다.

딥드림 알고리즘의 파라미터는 다음과 같다.

```
num_octave = 3        ⟵┤ 배율 수

octave_scale = 1.4    ⟵┤ 옥타브 간의 이미지 배율 차이. 큰 쪽이 작은 쪽의
                         1.4배(40% 더 큼)라는 뜻이다.

iterations = 20       ⟵┤ 반복 횟수
```

이제 딥드림 알고리즘의 동작 과정을 이해했으니 케라스로 구현해보자.

9.2.2 케라스로 구현한 딥드림

여기서 보게 될 딥드림 구현 코드는 케라스 공식 문서[5]와 프랑소와 숄레의 책 『케라스 창시자에게 배우는 딥러닝』(길벗, 2017)에서 제공하는 코드를 기반으로 한다. 이 코드를 주피터 노트북으로 옮겨 살펴보겠다.

```
import numpy as np
from keras.applications import inception_v3
from keras import backend as K
from keras.preprocessing.image import save_img

K.set_learning_phase(0)          ⟵┤ 모델을 학습하는 것이 아니므로
                                    추론 모드로 설정한다.

model = inception_v3.InceptionV3(weights='imagenet', include_top=False)  ⟵┐
                                    사전 학습된 인셉션 v3 모델(분류기
                                    부분 제외)을 내려받는다.
```

---

5 https://keras.io/examples/generative/deep_dream/

사전 학습된 신경망의 각 층에 접근하기 위한 딕셔너리를 만든다. 먼저 모델의 개요를 출력해서 각 층의 이름을 확인한다.

```
model.summary()
```

인셉션 v3는 층수가 매우 많은 모델이므로 모델의 개요를 출력하면 내용이 길다. [그림 9-14]는 그중 일부를 발췌한 것이다.

그림 9-14 인셉션 v3 모델의 개요 일부

```
Layer (type)                    Output Shape                    Param #
======================================================================

activation_20 (Activation)      (None, None, None, 60)    batch_normalization_20[0][0]

activation_22 (Activation)      (None, None, None, 60)    batch_normalization_22[0][0]

activation_25 (Activation)      (None, None, None, 90)    batch_normalization_25[0][0]

activation_26 (Activation)      (None, None, None, 60)    batch_normalization_26[0][0]

mixed2 (Concatenate)            (None, None, None, 20)    activation_20[0][0]
                                                          activation_22[0][0]
                                                          activation_25[0][0]
                                                          activation_26[0][0]
```

어떤 층을 선택했는지와 그 층이 전체 손실값에 미치는 영향력에 따라 딥드림의 결과로 출력되는 이미지는 큰 영향을 받는다. 따라서 이를 쉽게 설정할 수 있도록 해두면 편리하다. 각 층의 영향력을 딕셔너리 형태로 설정한다. 층에 설정된 가중치가 클수록 해당 층의 영향력이 커진다.

```
layer_contributions = {
                        'mixed2': 0.4,
                        'mixed3': 2.,
                        'mixed4': 1.5,
                        'mixed5': 2.3,
                      }
```

이 딕셔너리의 키는 활성화도 최대화의 대상이 되는 층의 이름이다. 이 딕셔너리에 실린 층을 변경하면 출력되는 이미지도 달라진다. 층과 층의 가중치를 바꾸어가며 다양한 시도를 해보기 바란다. 여기서는 딕셔너리에 mixed2, mixed3, mixed4, mixed5 이렇게 4개의 층을 추가하고 각각 가중치를 설정했다. 덧붙이자면 앞쪽 층은 모서리나 기하학적 패턴을 추가하는 데 사용되며 뒤쪽 층은 개, 고양이, 새 등의 일부 같은 몽환적인 패턴을 추가한다.

이번에는 손실(각 층의 활성화도에 대한 L2 노름의 가중합)을 저장할 텐서를 정의한다.

```
layer_dict = dict([(layer.name, layer) for layer in model.layers])    ◁─── 층 이름으로 층 객체에 접근하게 해주는 딕셔너리

loss = K.variable(0.)    ◁─── 각 층의 영향력을 이 스칼라 변수에 더해 손실로 사용한다.

for layer_name in layer_contributions:
    coeff = layer_contributions[layer_name]
    activation = layer_dict[layer_name].output
    scaling = K.prod(K.cast(K.shape(activation), 'float32'))    ◁─── 특징의 L2 노름을 손실에 더한다. 경계에 접하지 않은 픽셀만 손실에 포함하여 물체가 이미지 경계에 걸치는 일이 없도록 한다.

    loss = loss + coeff *
        K.sum(K.square(activation[:, 2: -2, 2: -2, :])) / scaling
```

그리고 손실을 계산한다. 이 손실은 경사 상승법에서 최대화의 대상이 되는 값이다. 필터 시각화에서는 특징 층에 포함된 특정 필터의 활성화도를 최대화시켰었는데, 이번에는 여러 층의 모든 필터의 활성화도를 동시에 최대화시켜야 한다. 특히 뒷부분에 배치된 층의 활성화도에 대한 L2 노름의 가중합을 최대화시킨다.

```
dream = model.input    ◁─── 생성된 이미지를 저장하는 텐서

grads = K.gradients(loss, dream)[0]    ◁─── 손실에 대한 생성 이미지의 경사를 계산한다.

grads /= K.maximum(K.mean(K.abs(grads)), 1e-7)    ◁─── 경사를 정규화한다.

outputs = [loss, grads]
fetch_loss_and_grads = K.function([dream], outputs)    │ 입력 이미지에 대한 손실 및 경사를 계산하는 케라스 함수를 정의한다.

def eval_loss_and_grads(x):
    outs = fetch_loss_and_grads([x])
    loss_value = outs[0]
    grad_values = outs[1]
    return loss_value, grad_values

def gradient_ascent(x, iterations, step, max_loss=None):    ◁─── 정해진 횟수만큼 경사 상승법을 수행한다.
```

```
for i in range(iterations):
    loss_value, grad_values = eval_loss_and_grads(x)
    if max_loss is not None and loss_value > max_loss:
        break
    print(i, ' 번째 반복의 손실값 :', loss_value)
    x += step * grad_values
return x
```

이제 딥드림 알고리즘을 구현할 차례다. 처리 과정은 다음과 같다.

1 입력 이미지를 읽어 들인다.

2 배율 수를 정의한다.

3 입력 이미지를 설정된 배율 중 가장 작은 크기로 축소한다.

4 가장 작은 배율로 시작해서 다음을 반복하며 한 단계씩 이미지를 확대한다.

  – 경사 상승법 수행

  – 다음 배율로 이미지 확대

  – 이미지 확대로 손실된 세부 묘사 재주입

5 이미지가 원래 크기로 돌아오면 처리를 종료한다.

먼저 알고리즘 파라미터부터 설정한다.

```
step = 0.01          ←┤ 경사 상승법의 이미지 수정 크기
num_octave = 3       ←┤ 경사 상승법을 수행할 배율 수
octave_scale = 1.4   ←┤ 배율 간의 차이
iterations = 20      ←┤ 경사 상승법의 반복 횟수
max_loss = 10.
```

이러한 하이퍼파라미터를 수정하는 것만으로도 이미지에 새로운 효과를 줄 수 있다.

입력 이미지를 정의하고 딥드림 이미지를 생성해보겠다. 이번에는 샌프란시스코의 금문교 사진을 사용한다(그림 9-15). 독자 여러분은 원하는 이미지를 사용해도 좋다. [그림 9-16]은 이 그림을 입력해서 얻은 딥드림 이미지다.

그림 9-15 입력 이미지

그림 9-16 입력 이미지로부터 생성한 딥드림 이미지

다음은 케라스 구현 코드다.

```
base_image_path = 'input.jpg'          ◁─┤ 입력 이미지의 경로 지정
img = preprocess_image(base_image_path)
original_shape = img.shape[1:3]

successive_shapes = [original_shape]

for i in range(1, num_octave):
```

```
    shape = tuple([int(dim / (octave_scale ** i)) for dim in original_shape])

    successive_shapes.append(shape)

successive_shapes = successive_shapes[::-1]

original_img = np.copy(img)

shrunk_original_img = resize_img(img, successive_shapes[0])

for shape in successive_shapes:

    print('이미지 변형 중', shape)

    img = resize_img(img, shape)
    img = gradient_ascent(img, iterations=iterations, step=step,
                          max_loss=max_loss)
    upscaled_shrunk_original_img = resize_img(shrunk_original_img, shape)
    same_size_original = resize_img(original_img, shape)
    lost_detail = same_size_original - upscaled_shrunk_original_img
    img += lost_detail
    shrunk_original_img = resize_img(original_img, shape)

    phil_img = deprocess_image(np.copy(img))
    save_img('deepdream_output/dream_at_scale_' + str(shape) + '.png', phil_img)

final_img = deprocess_image(np.copy(img))      출력된 이미지를
save_img('final_dream.png', final_img)         디스크에 저장
```

9.3 신경 스타일 전이

지금까지 신경망에서 특정 필터를 시각화하는 방법을 알아보았다. 그리고 딥드림 알고리즘을 이용해서 입력 이미지의 특징으로 몽환적인 이미지를 생성하는 방법도 배웠다. 이 절에서는 합성곱 신경망으로 이미지의 화풍을 다른 이미지로 옮기는 기술인 **신경 스타일 전이**neural style transfer 를 이용해서 예술 이미지를 만들어볼 것이다.

신경 스타일 전이 알고리즘의 목표는 어떤 이미지(스타일 이미지)의 화풍을 추출해서 다른 이미지(콘텐츠 이미지)에 적용하는 것이다. 여기서 말하는 **화풍**style이란 이미지의 질감, 색감, 시

각적 패턴을 가리키며, **콘텐츠**content는 이미지의 추상적 구조를 가리킨다. 결과 이미지는 콘텐츠 이미지의 콘텐츠와 스타일 이미지의 화풍이 합쳐진 이미지가 된다.

[그림 9-17]의 예를 보자. 콘텐츠 이미지에 담긴 대상(돌고래, 물고기, 식물)은 그대로 유지되지만 스타일 이미지의 화풍(파란색과 노란색 붓자국)이 적용되었다.

그림 9-17 신경 스타일 전이의 예

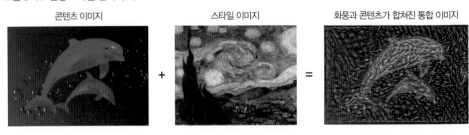

신경 스타일 전이는 2015년에 리온 개티스Leon A. Gatys가 제안한 알고리즘[6]이다. 스타일 전이의 개념은 이미지 처리 분야에서 오래 전부터 연구되어왔던 질감 생성과 관계가 깊다. 그러나 딥러닝 기술에 기반한 스타일 전이는 기존의 컴퓨터 비전 기법과는 비교도 할 수 없는 성과를 거두며 컴퓨터 비전의 창조적 응용 분야에 부흥기를 불러왔다.

예술적 이미지를 만들어내는 신경망 기법 중에서도 스타일 전이는 필자가 가장 좋아하는 기법이다. 딥드림은 몽환적인 이미지를 만들어내지만 간혹 혐오스러운 이미지를 만들기도 한다. 게다가 딥러닝 엔지니어의 시각에서 보면 딥드림을 이용해서 원하는 이미지를 만들어내기란 그리 쉬운 일이 아니다. 하지만 스타일 전이는 내가 원하는 이미지의 대상에 취향에 맞는 그림의 화풍을 입혀 상상했던 그대로의 이미지를 만들 수 있다. 공학을 배운 예술가가 다룬다면 전문 화가가 그린 그림에 맞먹는 결과물을 얻을 수 있을 정도다.

스타일 전이를 구현하는 방법은 (2장에서 배웠던) 일반적인 딥러닝 알고리즘의 구현 방법과 크게 다르지 않다. 먼저 우리가 원하는 목표를 가리키는 손실 함수를 정의하고, 이 손실 함숫값을 최적화시키면 된다. 스타일 전이에서 우리 목표는 원본 이미지의 **콘텐츠**를 보존하고 참고 이미지의 **화풍**을 적용하는 것이다. 나머지는 콘텐츠와 화풍을 수학적으로 나타내고, 손실 함수를 만들어 이를 최적화하면 된다.

....

6 Leon A. Gatys, Alexander S. Ecker, Matthias Bethge, 「A Neural Algorithm of Artistic Style」, 2015, http://arxiv.org/abs/1508.06576

손실 함수를 정의할 때 중요한 점은 한쪽 이미지에서는 콘텐츠를 보존하고 다른 이미지에서는 화풍을 보존해야 한다는 것이다.

- 콘텐츠 손실content loss : 콘텐츠 이미지와 통합 이미지 사이에 계산되는 손실. 이 손실을 최소화하면 원본 이미지의 콘텐츠가 통합 이미지에 더 많이 보존된다.
- 스타일 손실style loss : 스타일 이미지와 통합 이미지 사이에 계산되는 손실. 이 손실을 최소화하면 통합 이미지의 화풍이 스타일 이미지와 비슷해진다.
- 노이즈 손실noise loss : 총 분산 손실total variation loss이라고도 한다. 통합 이미지에 포함된 노이즈 양을 측정한 값이다. 이 손실을 최소화하면 이미지가 매끄러워진다.

총 손실은 다음과 같이 계산한다.

```
총_손실 = [ 스타일(스타일_이미지) - 스타일(통합_이미지) ] +
         [ 콘텐츠(원본_이미지) - 콘텐츠(통합_이미지) ] + 총_분산_손실
```

> **NOTE_** 전이학습에 관한 개티스의 2015년 논문에는 총 분산 손실이 언급되어 있지 않다. 실험 후 신경망에서 공간적 매끄러움을 추가해서 생성한 이미지가 더 미학적이고 보기 좋다는 사실을 발견했다.

이제 신경 스타일 전이 알고리즘의 대강의 구조를 알게 되었다. 지금부터는 각 손실 함수를 유도하고 케라스로 구현해보며 자세히 알아볼 것이다. 그러면 앞서 정의한 총 손실을 최소화하는 신경망 학습 방법을 이해할 수 있다.

9.3.1 콘텐츠 손실

콘텐츠 손실은 두 이미지가 포함된 대상과 그 위치가 서로 차이나는 정도를 측정한다. 다시 설명하면 서로 비슷한 장면을 담은 두 이미지의 콘텐츠 손실은 완전히 다른 장면을 담은 두 이미지의 콘텐츠 손실보다 작다. 돌고래, 식물, 물 등 이미지에 포함된 대상과 그 위치는 합성곱 신경망으로 추출한 고수준 표현을 사용해서 점수를 매긴다. 이러한 특징을 식별하는 것이 딥러닝과 신경망이 하는 일이다. 이 합성곱 신경망은 이미지의 내용을 추출하고 앞쪽 층에서 추출한 단순한 특징을 모아 고수준 특징을 학습한다.

콘텐츠 손실을 계산하는 방법은 다음과 같다. 먼저 콘텐츠 이미지와 통합 이미지에 대한 출력

의 평균제곱오차를 측정한 다음 이 오차가 최소화되도록 하면 통합 이미지에 대상을 더 추가해서 콘텐츠 이미지와 비슷한 이미지를 만들게 된다.

$$\text{콘텐츠 손실} = \frac{1}{2}\sum[\text{콘텐츠(원본\_이미지)} - \text{콘텐츠(통합\_이미지)}]^2$$

콘텐츠 손실이 최소가 되게 하면 원본 이미지의 콘텐츠를 통합 이미지에 보존할 수 있다.

콘텐츠 손실을 계산하려면 먼저 콘텐츠 이미지와 스타일 이미지를 사전 학습된 신경망에 입력하고 고수준 특징을 추출할 수 있는 뒤쪽 층 중 하나를 선택한다. 그다음 두 이미지 사이의 평균제곱오차를 계산하면 된다. 케라스로 구현한 콘텐츠 손실을 계산하는 코드를 살펴보자.

> NOTE_ 이 절의 예제 코드는 케라스 공식 문서의 신경 스타일 전이 예제[7]에서 차용한 것이다. 이 프로젝트를 파라미터를 수정해서 직접 실행해보고 싶다면 케라스 공식 코드 저장소[8]의 코드나 이 책의 예제 코드를 내려받아 사용하기 바란다.

먼저 콘텐츠 이미지와 스타일 이미지를 담을 2개의 변수를 선언한다. 그리고 새로 생성될 통합 이미지가 담길 텐서도 정의한다.

```
content_image_path = '/이미지_경로/content_image.jpg'    콘텐츠 이미지 및 스타일
style_image_path = '/이미지_경로/style_image.jpg'        이미지의 경로

content_image = K.variable(preprocess_image(content_image_path))
style_image = K.variable(preprocess_image(style_image_path))       이미지를 담을 텐서
combined_image = K.placeholder((1, img_nrows, img_ncols, 3))
```

이제 3개의 이미지를 연접하고 한 텐서 안에 담아 VGG19 신경망에 입력한다. VGG19 모델을 읽어 들일 때 include_top 인수를 False로 설정해서 불필요한 신경망의 분류기 부분은 제외한다. 여기서는 신경망의 특징 추출기 부분만 사용하기 때문이다.

```
input_tensor = K.concatenate([content_image, style_image,
                              combined_image], axis=0)    ← 3개의 이미지를 하나의
                                                            텐서에 담는다.
```

---

7 https://keras.io/examples/generative/neural_style_transfer
8 https://mng.bz/GVzv

```
model = vgg19.VGG19(input_tensor=input_tensor,
                    weights='imagenet', include_top=False)
```

3개의 이미지를 담은 텐서를 입력받는 VGG19
신경망을 구성한다. 이 모델에 이미지넷 데이터셋에
사전 학습된 가중치를 읽어 들인다.

9.1절에서처럼 콘텐츠 손실을 계산하는 데 사용할 신경망의 층을 선택한다. 이때 고수준 특징이 손실 계산에 잘 반영되도록 뒤쪽 층을 선택한다. 만약 신경망의 앞쪽 층(블록 1 또는 2)을 선택하면 선, 모서리, 얼룩 등의 저수준 특징이 콘텐츠 손실 계산에 반영되기 때문에 이미지 내용이 제대로 전이되지 않는다. 여기서는 블록 5의 두 번째 합성곱층(block5_conv2)을 선택했다.

```
outputs_dict = dict([(layer.name, layer.output) for layer in model.layers])
layer_features = outputs_dict['block5_conv2']
```

손실 계산에 쓰일 층(각 층에는 중복되지
않는 이름이 붙어 있다)의 출력에 대한
심벌을 확보한다.

이제 손실 계산에 사용할 층의 특징을 입력 텐서에서 추출할 수 있다.

```
content_image_features = layer_features[0, :, :, :]
combined_features = layer_features[2, :, :, :]
```

마지막으로 콘텐츠 이미지와 통합 이미지 사이의 평균제곱오차를 계산해줄 content_loss 함수를 정의한다. 콘텐츠 이미지(content_image)의 특징을 보존해서 통합 이미지(combined_image)에 전달하기 위한 보조 손실 함수도 함께 정의한다.

```
def content_loss(content_image, combined_image):
    return K.sum(K.square(combined - base))
```

콘텐츠 이미지와 통합 이미지 사이의
평균제곱오차를 계산한다.

```
content_loss = content_weight * content_loss(content_image_features,
                                             combined_features)
```

콘텐츠 손실에 가중치를 곱한다.

앞의 구현 코드를 보면 content_weight와 style_weight, total_variation_weight 등의 가중치 파라미터를 볼 수 있다. 이들 가중치는 다음과 같이 신경망에 설정된다.

```
content_weight = content_weight
total_variation_weight = tv_weight
style_weight = style_weight
```

이 가중치의 의미는 출력 이미지에 반영될 콘텐츠, 스타일, 노이즈의 중요도를 결정하는 역할을 한다. 예를 들어 style_weight = 100, content_weight = 1로 설정했다면 좀 더 예술적인 화풍을 위해 이미지의 내용을 얼마간 희생할 수 있다는 의도를 보여준다. 그리고 total_variation_weight의 값을 크게 할수록 이미지의 질감이 부드러워진다.

9.3.2 스타일 손실

앞서 설명했듯이 스타일(화풍)은 이미지의 질감, 색감, 이미지 내 시각적 패턴 등을 의미한다.

여러 층으로 스타일 특징 나타내기

스타일 손실은 콘텐츠 손실보다 정의하기 까다롭다. 콘텐츠 손실에서는 뒤쪽 층에서 추출되는 고수준 특징만 신경쓰면 됐지만(그래서 VGG19 신경망의 한 층만 선택해도 괜찮았다) 스타일 손실은 저수준, 중수준, 고수준 특징까지 여러 배율에서 화풍을 추출해야 하기 때문에 신경망의 여러 층을 선택해야 한다. 이런 방법으로 콘텐츠 이미지의 물체 배치에 대한 정보는 제외하고 스타일 이미지의 질감만 추출할 수 있다.

두 특징 맵이 함께 활성화되는 정도를 그람 행렬로 계산하기

그람 행렬gram matrix을 이용하면 두 특징 맵이 함께 활성화되는 정도를 수치적으로 측정할 수 있다. 우리 목표는 합성곱 신경망의 여러 층에서 질감과 화풍을 포착하는 손실 함수를 만드는 것이다. 이런 함수를 만들려면 합성곱 신경망 여러 층의 활성화도 간의 상관을 계산해야 한다. 이 상관은 그람 행렬과 특징 맵의 활성화도의 특징별 외적을 계산하는 방법으로 계산할 수 있다.

특징 맵의 그람 행렬을 구하려면 특징 맵을 1차원으로 변환해서 점곱을 계산하면 된다.

```python
def gram_matrix(x):
    features = K.batch_flatten(K.permute_dimensions(x, (2, 0, 1)))
    gram = K.dot(features, K.transpose(features))
    return gram
```

이제 styls_loss 함수를 정의한다. 이 함수는 스타일 이미지와 통합 이미지에 대해 지정된 여러 층의 그람 행렬을 계산한 다음 이들의 제곱오차를 계산해서 화풍의 유사도를 비교한다.

```python
def style_loss(style, combined):
    S = gram_matrix(style)
    C = gram_matrix(combined)
    channels = 3
    size = img_nrows * img_ncols
    return K.sum(K.square(S - C)) / (4.0 * (channels ** 2) * (size ** 2))
```

이 예제에서는 VGG19 신경망 각 블록의 첫 번째 합성곱층에 해당하는 5개의 층을 대상으로 스타일 손실을 계산한다(다른 층을 선택하면 전이되는 화풍이 달라진다).

```python
feature_layers = ['block1_conv1', 'block2_conv1',
                  'block3_conv1', 'block4_conv1',
                  'Block5_conv1']
```

마지막으로 feature_layers에 지정된 각 층에 대해 스타일 손실을 계산하면 된다.

```python
for layer_name in feature_layers:
    layer_features = outputs_dict[layer_name]
    style_reference_features = layer_features[1, :, :, :]
    combination_features = layer_features[2, :, :, :]
    sl = style_loss(style_reference_features, combination_features)
    style_loss += (style_weight / len(feature_layers)) * sl
```

지정된 각 층에 대해 스타일 손실을 계산하고 가중치를 적용한다.

신경망의 학습은 통합 이미지와 스타일 이미지의 스타일 손실을 최소화하도록 이루어진다. 이런 방법으로 통합 이미지에 스타일 이미지의 화풍이 전이될 수 있다.

9.3.3 총 분산 손실

총 분산 손실은 통합 이미지에 포함되는 노이즈 양을 나타낸다. 신경망은 이 손실 함숫값을 최소화해서 통합 이미지의 노이즈 양을 최소화시킨다.

이미지의 노이즈 양을 계산하는 total_variation_loss 함수를 정의하자. 노이즈 양은 다음과 같이 계산한다.

> 1 이미지를 한 픽셀씩 오른쪽으로 시프트한 다음 원본 이미지와 시프트된 이미지의 제곱오차를 계산한다.
> 2 이번에는 이미지를 한 픽셀 아래로 시프트한 다음 원본 이미지와 시프트된 이미지의 제곱오차를 계산한다.

두 제곱오차(a와 b)를 합한 값이 총 분산 손실이다.

```
def total_variation_loss(x):
    a = K.square(
        x[:, :img_nrows - 1, :img_ncols - 1, :] - x[:, 1:, :img_ncols - 1, :])
    b = K.square(
        x[:, :img_nrows - 1, :img_ncols - 1, :] - x[:, :img_nrows - 1, 1:, :])

    return K.sum(K.pow(a + b, 1.25))          총 분산 손실에도 가중치를
                                              적용한다.
tv_loss = total_variation_weight * total_variation_loss(combined_image)  ←
```

마지막으로 콘텐츠 손실과 스타일 손실, 총 분산 손실을 더해 전체 문제의 손실을 계산한다.

```
총 손실 = 콘텐츠 손실 + 스타일 손실 + 총 분산 손실
```

9.3.4 신경망의 학습

손실 함수의 정의가 끝났으니 이 손실 함숫값이 최소가 되도록 경사 하강법 알고리즘을 사용할 수 있다. 먼저 손실 함숫값과 입력 이미지에 대한 손실의 경사를 계산하는 Evaluator 클래스를 정의한다.

```
class Evaluator(object):
    def __init__(self):
        self.loss_value = None
```

```
        self.grads_values = None

    def loss(self, x):
        assert self.loss_value is None
        loss_value, grad_values = eval_loss_and_grads(x)
        self.loss_value = loss_value
        self.grad_values = grad_values
        return self.loss_value

    def grads(self, x):
        assert self.loss_value is not None
        grad_values = np.copy(self.grad_values)
        self.loss_value = None
        self.grad_values = None
        return grad_values


evaluator = Evaluator()
```

그다음에는 Evaluator 객체의 메서드를 사용해서 학습을 진행한다. 전체 손실 함숫값을 최소화하기 위해 사이파이^{SciPy}[9]에서 제공하는 최적화 메서드인 scipy.optimize.fmin_l_bfgs_b를 사용한다.

```
from scipy.optimize import fmin_l_bfgs_b

Iterations = 1000     ◁──┤ 1,000회 반복한다.
                                          첫 번째 반복에는 통합 이미지 대신
                                          콘텐츠 이미지가 입력된다.
x = preprocess_image(content_image_path)  ◁──┤

for i in range(iterations):
    x, min_val, info = fmin_l_bfgs_b(evaluator.loss, x.flatten(),
                                      fprime=evaluator.grads, maxfun=20)
    img = deprocess_image(x.copy())
    fname = result_prefix + '_at_iteration_%d.png' % i    현재 생성된 통합 이미지를
    save_img(fname, img)                                  저장한다.
```

사이파이에서 제공하는 최적화 알고리즘(L-BFGS)을 사용해서
통합 이미지의 각 픽셀에 대한 total_loss의 합을 최적화한다.

---

9 https://scipy.org/scipylib

TIP 신경 스타일 전이를 위한 신경망의 학습을 진행할 때 콘텐츠 이미지는 디테일이 상세하지 않은 편이 유리하고 통합 이미지의 느낌도 한층 예술적인 이미지가 된다. 반대로 스타일 이미지는 질감이 살아 있는 이미지가 유리하다. 질감이 밋밋한 이미지를 스타일 이미지로 사용하면 전이될 스타일 자체가 부족해서 인상적인 통합 이미지가 생성되지 않는다.

9.4 마치며

- 합성곱 신경망은 연속해서 배치된 합성곱 필터를 통해 훈련 데이터에 포함된 정보를 학습한다. 신경망의 각 층은 서로 다른 추상화 수준에서 특징을 추출한다. 따라서 추출된 특징의 복잡도는 신경망 내 층의 위치에 따라 결정된다. 앞쪽 층은 저수준 특징을 추출하며, 신경망의 뒷부분으로 갈수록 복잡하고 특정 사물로 인식 가능한 특징이 추출된다.

- 학습이 끝난 신경망을 반대 방향으로 계산하면 출력층의 원하는 뉴런(얼굴 또는 특정한 동물에 해당하는)의 활성화 강도가 높아지도록 입력 이미지에 수정을 가할 수 있다. 이러한 기법을 활용하면 신경망이 학습한 특징을 시각화할 수 있고, 딥드림 기법의 기반이 된다.

- 딥드림에서는 옥타브라 불리는 여러 배율로 나누어 입력 이미지를 처리한다. 각 옥타브마다 배율을 조정하고 이미지의 세부 묘사를 재주입한 다음 딥드림 알고리즘으로 처리한 후 다시 이미지를 업스케일하는 과정을 반복한다.

- 딥드림 알고리즘은 합성곱 필터의 시각화 기법과 관련이 깊다. 합성곱 신경망의 계산을 반대 방향으로 수행하며 신경망이 추출하는 특징을 출력 이미지에 반영한다.

- 딥드림 알고리즘과 합성곱 필터의 시각화 기법의 차이는 딥드림 알고리즘이 입력 이미지를 필요로 하며 모든 층의 필터의 활성화도를 최대화시킨다는 점이다. 반면 합성곱 필터 시각화 기법에서는 시각화를 원하는 특정 필터의 활성화도만 최대화시킨다. 이러한 차이로 딥드림 알고리즘의 출력 이미지는 다양한 특징이 한데 섞인 형태가 된다.

- 딥드림은 이미지 외에도 음성, 음악 등을 대상으로 적용할 수 있다.

- 신경 스타일 전이는 스타일 이미지의 화풍(질감, 색감, 패턴)과 콘텐츠 이미지의 콘텐츠가 합쳐진 이미지를 만들어내는 기법이다.

- 콘텐츠 손실, 스타일 손실, 총 분산 손실의 값을 최소화시키면 콘텐츠 이미지의 콘텐츠와 스타일 이미지의 화풍이 적용되고, 노이즈가 적은 이미지가 만들어진다.

- 콘텐츠 가중치, 스타일 가중치, 총 분산 가중치의 값을 어떻게 조정하느냐에 따라 다른 결과를 얻을 수 있다.

## CHAPTER 10

시각 임베딩

_라트네시 쿠마르[1]

> **이 장의 내용**
> - 손실 함수를 통한 이미지의 유사성 평가하기
> - 신경망 학습을 통해 정확도가 높은 임베딩 함수 얻기
> - 실생활에 응용된 시각 임베딩

안면 인식, 이미지 검색 등 우리 생활과 밀접한 컴퓨터 비전의 응용 분야에서는 이미지와 이미지 사이의 의미 있는 관계를 추출하는 기술이 필수적이다. 이러한 문제를 해결하려면 이미지에서 적합한 특징을 추출해서 이를 대응하는 특징과 차후에도 비교해볼 수 있어야 한다.

앞 장에서는 합성곱 신경망을 이용해서 이미지에서 의미 있는 특징을 추출하는 방법을 배웠다. 이 장에서는 이러한 합성곱 신경망의 특징을 이용해서 **시각 임베딩층**visual embedding layer을 결합 학습하는 방법을 다룬다. 이 장에서 말하는 **시각 임베딩**visual embedding은 합성곱 신경망에 덧붙여진 마지막 전결합층(손실층 바로 앞에 위치한)을 말한다. 또한 **결합 학습**joint training은 임베딩층과 합성곱 신경망의 파라미터를 함께 학습하는 것을 말한다.

이 장에서는 대규모 이미지 기반 검색 시스템에 활용하기 위한 시각 임베딩을 학습하고 사용하는 기본적인 방법을 다룬다(그림 10-1). 이를 위해서는 먼저 데이터셋의 이미지를 **벡터 공간**vector space에 사상(**임베딩**)해야 한다. 이 사상이 끝나면 임베딩 공간에 사상된 이미지 벡터의 거리를 기준으로 이미지를 비교할 수 있다. 이것이 시각 임베딩의 기본적인 아이디어다.

---

1 라트네시 쿠마르는 2014년 프랑스의 INRIA에서 박사 학위를 취득했다. 박사 과정 중에는 영상 세그먼테이션과 다중 물체 추적을 연구했다. 또한 인도의 매니팔 대학에서 학사 과정을, 플로리다 대학에서 석사 과정을 마쳤다. 이 외에 카메라 네트워크에서 물체 재식별에 시각 임베딩을 활용하는 기법에 대한 다수 논문의 공저자이기도 하다.

그림 10-1 일상생활과 밀접한 컴퓨터 비전의 응용 분야. 두 이미지를 비교하는 머신(왼쪽), 입력 이미지와 비슷한 이미지를 찾는 이미지 검색(오른쪽). 두 이미지를 비교하는 기술은 의미 있는 이미지 검색을 위해 필수적이지만 그리 쉽지 않다.

DEFINITION_ **임베딩**embedding은 일반적으로 입력 공간보다 차원이 낮으며, 벡터와 벡터 사이의 유사도가 그대로 보존되는 벡터 공간을 가리킨다. 여기서는 **벡터 공간**vector space과 **임베딩 공간**embedding space이라는 용어를 같은 의미로 사용한다. 또한 이 장에서는 학습이 끝난 합성곱 신경망의 마지막 전결합층이 이 벡터 공간이 된다. 예를 들어 128개 뉴런으로 구성된 전결합층은 128차원 벡터 공간이 된다.

이미지와 이미지를 의미 있게 비교하려면 임베딩 함수가 우리가 원하는 이미지 간의 유사도를 포착할 수 있어야 한다. 임베딩 함수를 학습하는 방법은 여러 가지가 있으나 여기서는 합성곱 신경망을 사용한다. [그림 10-2]에 합성곱 신경망을 사용해서 임베딩을 만들어내는 과정을 추상적으로 나타냈다.

그림 10-2 합성곱 신경망을 사용해서 입력 이미지의 임베딩을 생성하는 과정

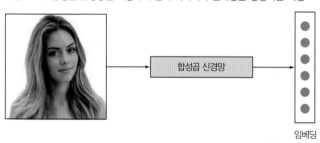

이어지는 절부터 대규모 검색 시스템을 위한 시각 임베딩의 응용 사례를 살펴볼 것이다. 그다음에는 시각 임베딩 시스템을 구성하는 손실 함수, 유용한 데이터 마이닝하기, 임베딩 신경망의 학습 및 테스트에 대해 차례대로 살펴본다. 나중에 시각 임베딩 기반 이미지 검색 시스템을 만드는 프로젝트에서 이들 개념을 활용할 것이다. 그다음에는 프로젝트에 사용된 신경망의 정확도를 더욱 개선하는 여러 가지 방법을 살펴본다. 이 장을 마치고 나면 신뢰성 있고 의미 있는 임베딩을 얻을 수 있는 합성곱 신경망을 학습하고 이 임베딩을 일상생활에서 유용한 분야에 응용할 수 있을 것이다.

10.1 시각 임베딩 응용 분야

시각 임베딩의 개념을 활용한 정보 검색 알고리즘을 몇 가지 살펴보자. 주어진 입력 이미지에 대해 유사한 이미지를 찾아내는 응용 분야로는 안면 인식, 이미지 추천, 물체 재식별 등이 있다.

10.1.1 안면 인식

안면 인식face recognition, FR은 이미지에 있는 사람이 누구인지 정확히 구별해서 인식하거나 해당 정보를 이미지에 태깅하는 기술을 말한다. 웹에 올라온 사진에서 유명인의 얼굴을 찾거나, 함께 찍은 사진에서 지인을 태깅하는 등 응용이 가능하다. 인식은 일종의 세세한 분류라고 볼 수 있다. 안면 인식 핸드북[1][2]에서는 안면 인식 시스템의 두 가지 모드인 안면 식별face identification과 안면 대조face verification를 언급한다(그림 10-3).

- **안면 식별**: 질의 얼굴 이미지를 데이터베이스에 저장된 모든 이미지와 비교해서 질의 이미지의 신원을 확인하는 일대다 대응이다. 이를테면 시 당국이 용의자 목록과 질의 이미지를 비교(일대다 매칭)하는 것이 이에 해당한다. 또한 주요 소셜 플랫폼에서 제공하는 이미지에 사용자를 태깅하는 기능도 여기에 해당한다.
- **안면 대조**: 질의 얼굴 이미지를 자신이 주장하는 신원의 얼굴 이미지와 비교하는 일대일 대응이다.

---

2 옮긴이_ [1], [2], [3] 등은 10.8절 '참고 문헌'의 번호다.

그림 10-3 안면 대조와 안면 식별 시스템. 일대일 대응을 통해 질의 이미지의 얼굴이 순다의 얼굴이 맞는지 확인하는 안면 대조 시스템(왼쪽). 일대다 대응을 통해 모든 얼굴 이미지의 신원을 확인하는 안면 식별 시스템(오른쪽). 대조와 식별이라는 목표 수준에는 차이가 있지만 두 가지 기술 모두 얼굴 간의 차이를 의미 있게 포착할 수 있는 임베딩 함수에 기반한 기술이다(그림은 [2]의 이미지를 사용했다).

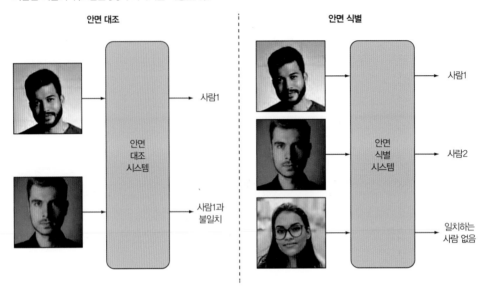

10.1.2 이미지 추천 시스템

이미지 추천 시스템은 사용자가 입력한 질의 이미지와 비슷한 이미지를 찾아주는 시스템이다. 전자 상거래 사이트에서 이전에 선택했던 상품의 이미지와 비슷한 이미지의 상품을 추천하는 등의 예를 들 수 있다. [그림 10-4]는 의류 이미지를 예로 든 사례다.

두 이미지의 유사도는 유사도를 측정한 기준이 무엇이냐에 따라 달라진다. 이미지의 임베딩 역시 임베딩을 만들 때 선택한 유사도 측정 기준에 따라 달라진다. 이러한 유사도의 예로 **색상 유사도**color similarity와 **의미 유사도**meaning similarity를 들 수 있다.

- 색상 유사도: 질의 이미지와 색상이 비슷한 이미지가 검색된다(그림 10-5). 색상이 비슷한 그림. 색이 비슷한 구두(스타일과는 다름)의 검색 등에 응용된다.
- 의미 유사도: 질의 이미지와 의미적 속성이 비슷한 이미지가 검색된다(그림 10-6). 앞에서 언급한 구두를 예로 들면 하이힐 구두의 이미지를 입력해서 마찬가지로 하이힐 구두를 검색하는 식이다. 의미적인 유사도 외에 색상 유사도를 포함해 검색 결과를 생성할 수도 있다.

그림 10-4 의류 이미지 검색 예. 각 행의 왼쪽 끝 이미지가 질의 이미지고, 다른 이미지는 검색된 유사한 상품의 이미지다(그림은 [3]의 이미지를 사용했다).

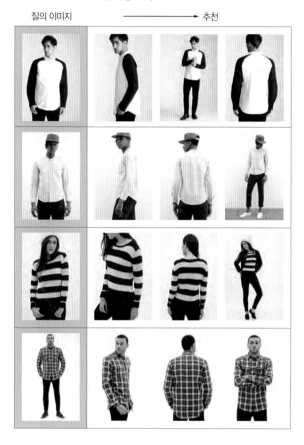

그림 10-5 색상을 기준으로 한 유사도의 예. 2차원 임베딩 공간에서 색이 비슷한 차량끼리 모여 있다.

그림 10-6 의미 유사도의 예. 2차원 임베딩 공간에 서로 비슷한 특징을 가진 차량끼리 모여 있다.

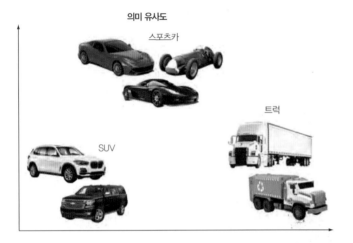

10.1.3 물체 재식별

물체 재식별의 대표적인 응용 사례는 보안 카메라 네트워크(CCTV 모니터링)를 들 수 있다(그림 10-7). 보안 관리자는 때로 특정 인원이 어느 카메라에 찍히고 있는지 확인해야 할 필요가 있다. 보안 카메라 시스템은 카메라와 카메라 사이를 오가는 물체를 재식별^{re-identify}해서 지속적인 추적을 할 수 있다.

그림 10-7 질의 대상인 사람이 여러 카메라에 차례대로 포착되는 다중 카메라 데이터셋의 예[4]

이 문제는 사람 재식별person re-identification로 널리 알려져 있다. 서로 다른 두 카메라에 찍힌 사람의 정확한 신원보다는 두 사람이 같은 사람인지 확인하는 것이 주 목적이므로 두 이미지에 찍힌 사람이 같은 사람인지 확인하는 안면 대조와 일맥상통하는 면이 있다.

이들 응용 분야의 핵심은 출력 임베딩 공간에 입력 대상의 유사성을 잘 보존해서 사상하는 신뢰성 있는 임베딩 함수다. 이후 절에서는 적합한 손실 함수를 설계하는 방법과 좋은 임베딩 함수를 학습하기 위한 가이드가 되는 유용한 데이터 점을 샘플링하는 방법을 알아볼 것이다.

하지만 임베딩 생성 기법을 들여다보기 전에 먼저 이 질문에 답을 해보기 바란다. '왜 이미지를 임베딩해야 하는가? 임베딩 대신 이미지를 그대로 사용해도 되지 않을까?' 임베딩 대신 이미지의 픽셀값을 그대로 사용했을 때 발생하는 병목에 대해 알아보자. 임베딩 차원이 1920×1080이라고(모든 이미지가 고해상도라고 간주한다)할 때 이 데이터를 컴퓨터에 배정밀도로 저장한다면 저장 공간과 처리 속도 측면에서 모두 문제가 될 것이다. 게다가 대부분의 임베딩은 비교를 위한 선험적priori 의미가 알려져 있지 않은(바로 이 지점이 실질적인 의미가 추출되는 CNN의 위력이 발휘되는 부분이다) 지도 학습 형태로 학습된다. 고차원 임베딩 공간을 학습하는 알고리즘은 모두 차원이 증가함에 따라 공간이 커지면서 데이터 수가 부족해지는 이른바 차원의 저주를 겪게 된다.

자연적인 데이터의 분포는 고르지 않으며, 저차원 구조를 연접한 형태가 되기 쉽다. 따라서 이미지 크기 자체를 데이터 차원으로 삼는 것은 계산 복잡도와 중복성은 말할 필요도 없이 지나친 낭비다. 따라서 임베딩 학습의 목표는 비교가 가능한 의미를 학습할 것, 임베딩 공간의 차원을 충분히 낮출 것 이렇게 두 가지가 된다.

10.2 임베딩 학습하기

임베딩 함수를 학습하려면 먼저 유사도를 측정할 수 있는 기준을 정의해야 한다. 이 기준은 색상이 될 수도 있고, 이미지에 찍힌 대상의 의미가 될 수도 있고, 순수한 지도 학습 형태를 위한 데이터셋인 것이 될 수도 있다. (이미지 비교를 위한) 정확한 의미를 선험적으로 정립하기는 어려우므로 지도 학습 형태가 일반적이다. 이 책에서는 유사도의 기준이 되는 특징을 사람이 직접 정의하는 대신 충분한 훈련 데이터가 있다는 가정 하에 데이터 기반 지도 학습에 초점을 맞춘다. [그림 10-8]에 합성곱 신경망을 이용한 딥러닝으로 임베딩을 학습하는 과정의 추상적 설계를 나타냈다.

그림 10-8 임베딩 학습 구조(위)와 테스트 과정(아래)

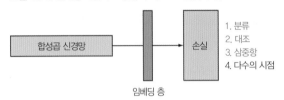

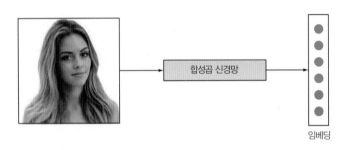

임베딩 학습 과정은 다음과 같이 직관적이다.

1 합성곱 신경망의 구조를 선택한다. 적합한 합성곱 신경망이라면 어느 구조를 사용해도 무방하다. 실무적으로는 합성곱 신경망의 마지막 전결합층이 임베딩 공간, 즉 임베딩 벡터 공간의 차원을 결정한다. 학습 데이터의 규모에 따라 필요한 경우 이미지넷 데이터셋을 사전 학습해야 할 수도 있다.

2 손실 함수를 선택한다. 주로 대조 손실과 삼중항 손실 함수가 사용된다(10.3절 참조).

3 데이터셋 샘플링 방법을 선택한다. 데이터셋의 모든 데이터를 입력하는 것은 낭비이므로 좋지 않다. 따라서 정보를 많이 포함하는 데이터 점을 샘플링하는 방법을 사용한다. 데이터 샘플링 기법은 10.4절에서 더 자세히 설명할 것이다.

4 테스트 시에는 마지막 전결합층이 해당 이미지의 임베딩 역할을 한다.

지금까지 임베딩 학습 및 추론 과정을 큰 틀에서 모두 살펴봤다. 이제 바람직한 임베딩을 학습할 수 있는 손실 함수를 정의하는 방법을 알아보자.

10.3 손실 함수

2장의 최적화 문제에서는 최적화 대상이 될 손실 함수가 필요하다고 설명했다. 임베딩 학습 역시 다른 딥러닝 문제와 크게 다르지 않다. 먼저 최적화 대상이 될 손실 함수를 정의하고, 손실 함숫값이 최소가 되도록 신경망의 가중치를 조정한다. 이 절에서는 임베딩을 위한 주요 손실 함수인 **교차 엔트로피**cross-entropy, **대조 손실**contrastive loss, **삼중항 손실**triplet loss 함수를 더 자세히 살펴본다.

먼저 문제를 형식화한 다음 각 손실 함수의 특징과 수식을 살펴보겠다.

10.3.1 문제를 형식화하기

임베딩 학습(즉, CNN 학습)을 위한 손실 함수를 이해하려면 먼저 입력이 어떤 것인지, 우리가 원하는 출력은 어떤 것인지 등 문제를 형식화해야 한다. 이렇게 문제를 형식화해두면 나중에 더 다양한 손실 함수를 간단하게 분류하고 이해하는 데 도움이 된다. 우리가 가진 데이터셋을 다음과 같이 나타내기로 하자.

$$\chi = \{(x_i, y_i)\}_{i=1}^{N}$$

여기서 N은 학습 이미지 수, x_i는 입력 이미지, y_i는 이 이미지의 레이블이다. 우리 목표는 다음을 만족하는 임베딩을 만드는 것이다.

$$f(x; \theta): \mathbb{R}^D \to \mathbb{R}^F$$

공간 $\mathbb{R}^D$에 속하는 이미지를 특징 공간 $\mathbb{R}^F$에 사상하되 원 공간에서 서로 가까운 이미지가 특징 공간에서도 서로 가깝게 사상되어야(반대로, 원 공간에서 먼 것은 특징 공간에서도 멀도록) 한다.

$$\theta^* = \arg\min_{\theta} \mathcal{L}(f(\theta; \chi))$$

여기서 θ는 학습 함수의 파라미터다.

다음 식이 이미지 x_i와 x_j의 특징 공간 안에서의 거리라고 할 때 편의상 $D(x_i, x_j)$를 간략히 D_{ij}로 표기하겠다.

$$D(x_i, x_j) : \mathbb{R}^F \, X \, \mathbb{R}^F \to \mathbb{R}$$

$y_{ij} = 1$이면 두 샘플 i와 j는 같은 클래스에 속한다는 의미고, $y_{ij} = 0$이면 다른 클래스에 속한다는 의미다.

최적화된 임베딩 신경망에서 학습된 임베딩 함수는 다음과 같은 특징을 가져야 한다.

- 임베딩은 관점, 밝기, 대상의 형태 변화에 영향을 받지 않아야 한다.
- 실용적인 응용을 위해 임베딩 계산 및 순위 선정의 계산 효율이 뛰어나야 한다. 이를 위해 임베딩은 저차원 벡터 공간이어야 한다. 임베딩 공간이 클수록 두 이미지의 비교에 필요한 계산 자원이 증가하므로 시간 복잡도가 상승한다.

임베딩 학습에 널리 사용되는 손실 함수로는 교차 엔트로피, 대조 손실, 삼중항 손실 등이 있다. 다음 절에서 이들 각각을 설명하겠다.

10.3.2 교차 엔트로피 손실

임베딩 학습을 클래스가 매우 세분화된 일종의 분류 문제로 해석할 수 있으며, 이 해석을 따라 합성곱 신경망을 교차 엔트로피 손실 함수(2장 참조)로 학습시킬 수 있다. 다음 수식은 교차 엔트로피 손실을 나타낸 것이다. $p(y_{ij}|f(x; \theta))$는 클래스 사후 확률이다. 합성곱 신경망 관련 문헌에서 소프트맥스 손실 함수라고 하면 주로 판별을 목적으로 교차 엔트로피 손실로 학습한 소프트맥스층을 가리킨다.

$$\mathcal{L}(\chi) = -\sum_{i=1}^{N}\sum_{k=1}^{C} y_{ij} \log p(y_{ij}|f(x; \theta))$$

학습 중에는 전결합층(임베딩층)이 손실층 뒤에 배치된다. 각 이미지가 별도의 클래스처럼 취급되므로 클래스 수는 훈련 데이터의 이미지 수와 같다. 분류에 적합한 손실 함수로 신경망을 학습시키고 나면 분류층을 제거한 신경망의 마지막 층에서 임베딩을 얻을 수 있다(그림 10-9).

교차 엔트로피 손실값을 최소화하면 합성곱층의 파라미터 θ는 정답 클래스에 대한 예측 확률은 1, 나머지 클래스에 대한 예측 확률은 0이 되도록 수정된다. 교차 엔트로피 손실의 목적은 특징을 사전 정의된 클래스로 분류하는 것이므로 이러한 신경망의 성능은 임베딩 공간에서의 유사도를 직접 반영한 것에 비하면 상대적으로 떨어진다. 더욱이 100만 건의 이미지를 포함하는 데이터셋을 학습해야 한다면 학습은 계산적으로 거의 불가능해진다(뉴런이 100만 개나 되는 손실층을 상상해보자). 하지만 교차 엔트로피 손실을 이용한 (상대적으로 작은 규모, 이를테면 1,000개 이미지를 가진 데이터셋의) 사전 학습을 통해 임베딩 학습의 속도 향상을 노리는 방법은 CNN의 사전 학습에서 흔히 사용하는 전략이다. 10.4절에서 정보량이 많은 데이터 점을 골라내 학습에 이용하는 기법을 살펴볼 것이다.

그림 10-9 교차 엔트로피 손실 함수를 사용해서 임베딩층(전결합층)을 학습하는 방법. 오른쪽 그림은 추론 과정을 나타낸 것으로, 임베딩 학습에서 교차 엔트로피 손실을 사용할 때 학습 과정과 추론 과정의 차이를 보여준다([5]에서 발췌).

NOTE_ 교차 엔트로피 손실의 단점 중 하나는 학습과 추론의 단절이다. 따라서 임베딩 학습 손실(대조 손실이나 삼중항 손실 등)에 비해 성능이 떨어진다. 이들 손실은 직접적으로 이미지 공간과 임베딩 공간에서 상대적 거리가 보존되는지 여부를 계산에 포함시킨다.

10.3.3 대조 손실

대조 손실은 임베딩 공간 내에서 비슷한 클래스의 인스턴스끼리는 거리가 무한히 가까워지도록, 다른 클래스의 인스턴스끼리는 서로 멀어지도록 하는 효과가 있다(여기서 무한히라는 말을 쓴 이유는 CNN을 학습해도 손실이 0이 될 수는 없기 때문이다). 앞서 형식화한 문제를 적용하면 대조 손실은 다음과 같이 정의된다.

$$l_{\text{contrastive}}(i, j) = y_{ij} D_{ij}^2 + (1 - y_{ij}) [\alpha - D_{ij}^2]_+$$

손실 함수에서 $[.]_+ = \max(0,.)$는 힌지 손실을 의미하며, α는 두 표본 i와 j가 서로 다른 클래스일 때의 최대 손실값을 결정하는 사전 결정된 임곗값(마진)이다. 기하학석으로 보면 클래스가 서로 다른 두 표본의 거리가 이 마진보다 작아지면 손실값이 증가한다는 의미가 된다. D_{ij}는 앞서 설명한대로 임베딩 공간에서 두 표본 i와 j의 거리를 나타낸다.

이 손실은 샴 손실[Siamese loss]이라고도 하는데, 파라미터를 공유하며 같은 이미지를 입력받는 2개의 신경망의 형태로 나타낼 수 있기 때문이다. 대조 손실은 쵸프라[Chopra]의 주요 연구에서 사용됐는데, [6]의 안면 대조 문제에서는 두 얼굴 이미지가 같은 사람의 얼굴인지 판정하는 데 사용되었다. 안면 인식에서 대조 손실의 활용 예를 [그림 10-10]에 정리했다.

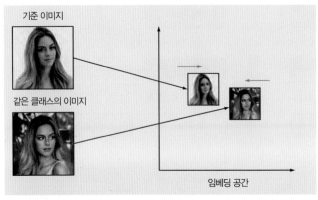

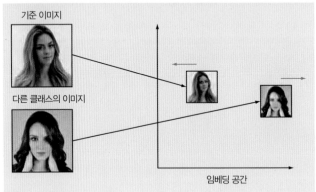

그림 10-10 대조 손실을 계산하려면 이미지 2개가 필요하다. 대조 손실은 같은 클래스의 두 이미지(양성 이미지)는 가까이 배치하려 하고, 다른 클래스의 두 이미지(음성 이미지)는 멀리 배치하려 한다.

마진 α는 모든 클래스의 쌍에 같은 값을 적용한다. 맨머사Manmatha[7]의 연구에서는 α가 미치는 영향에 대해 다음과 같이 언급했다. 'α를 모든 클래스의 쌍에 같은 값으로 적용한다는 것은 시각적으로 서로 다른 클래스 역시 시각적으로 비슷한 클래스와 같은 특징 공간에 사상된다는 뜻이다.' 다음에 설명할 삼중항 손실과 학습을 어렵게 만드는 임베딩 매니폴드 구조의 제약을 비교해보면 이러한 가정이 더 확실하게 드러난다. N개 표본을 가진 데이터셋을 한 에포크 학습하는 학습 복잡도는 $O(N^2)$인데, 대조 손실을 계산하기 위해 모든 표본 쌍을 대상으로 계산해야 하기 때문이다.

10.3.4 삼중항 손실

최근접 이웃 분류에 사용할 거리 측정에 대한 바인베르거Weinberger[8]의 연구에 영향을 받아

FaceNet(Schroff 외)[9]에서 이 거리 측정 방법을 검색 시스템에 맞게 수정한 기법인 **삼중항 손실**triplet loss을 제안했다. 삼중항 손실도 같은 클래스에 속하는 데이터 점끼리는 가깝게 모이도록, 다른 클래스에 속하는 데이터 점끼리는 멀리 떨어지도록 한다는 점에서는 대조 손실과 같지만, 여기에 하나의 점과 양성 데이터와 음성 데이터 간의 거리를 함께 고려한다는 점이 다르다. 앞서 형식화한 문제를 적용하면 삼중항 손실은 다음과 같이 정의된다.

$$l_{\text{triplet}}(a,\,p,\,n) = [D_{ap} - D_{an} + \alpha]_+$$

D_{ap}는 기준 이미지와 양성 표본의 거리고, D_{an}은 기준 이미지와 음성 표본의 거리를 가리킨다. [그림 10-11]에 기준 이미지와 양성 표본, 음성 표본의 손실항 계산 과정을 나타냈다. 학습이 잘 끝나면 클래스가 같은 데이터의 모든 쌍은 클래스가 다른 데이터의 모든 쌍보다 가까운 거리를 갖게 된다.

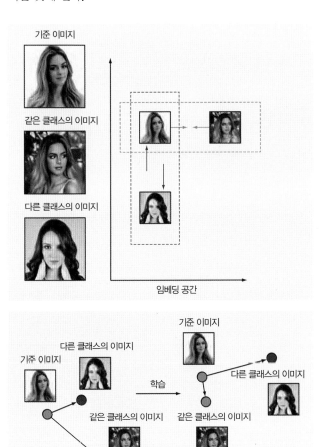

그림 10-11 삼중항 손실을 계산하려면 표본이 3개 필요하다. 학습 목표는 클래스가 같은 데이터끼리의 거리는 가깝게, 클래스가 다른 데이터끼리의 거리는 멀게 임베딩 공간에 이미지를 사상하는 것이다.

삼중항을 계산하려면 항 3개를 계산해야 한다. 따라서 학습 복잡도는 $O(N^3)$이 되므로 실질적으로 활용하기는 어렵다. 삼중항 손실과 대조 손실의 높은 학습 복잡도는 효율적인 학습을 위해 표본 샘플링 기법의 발전으로 이어졌다. 먼저 이들 손실 함수의 계산 복잡도를 간단히 살펴보자.

10.3.5 단순 구현한 손실 함수의 계산 복잡도 분석

다음과 같은 간단한 예제가 있다고 하자.

- 사람 수(N) : 100
- 한 사람당 표본 이미지 수(S) : 10

대조 손실과 삼중항 손실을 수식 그대로 구현하면(그림 10-12), 한 에포크당 학습 복잡도는 다음과 같다([그림 10-12]의 안쪽 for 문[3]).

- 교차 엔트로피 손실: 상대적으로 간단한 손실 함수다. 한 에포크에서 모든 표본을 순회하므로 복잡도는 $O(N \times S) = O(10^3)$이 된다.
- 대조 손실: 모든 표본의 쌍을 순회하며 거리를 측정하므로 계산 복잡도는 $N \times S$의 제곱에 비례하며 $O(100 \times 10 \times 100 \times 10) = O(10^6)$이 된다.
- 삼중항 손실: 모든 표본의 세 쌍을 순회하며 거리를 측정하므로 계산 복잡도는 $N \times S$의 세제곱에 비례하며 $O(10^9)$이 된다.

그림 10-12 단순 구현을 사용한 알고리즘

알고리즘 1: 임베딩 학습의 단순 구현

   결과: 원하는 크기의 임베딩을 학습한 CNN
   초기화: 데이터셋, CNN, 손실 함수, 임베딩 차원 결정
   while *numEpochs* > 0 **do**
      for 모든 표본 **do**
         표본의 가능한 조합에 대해 손실(교차 엔트로피, 대조,
         삼중항 중 하나)을 계산
      end
      numEpochs −= 1
   end

---

3 메모리 용량의 한계로 실제 구현에서는 이 단계가 2개의 for 문으로 나누어 구현된다.

교차 엔트로피 손실은 계산 복잡도가 낮지만 다른 손실 함수에 비해 성능이 떨어진다. 그 원인에 대한 직관적인 설명이 10.3.2절에 있다. 최근 연구 결과[10],[11],[13]에 의하면 적절한 표본 샘플링을 거쳤다면 대조 손실보다는 삼중항 손실이 더 높은 성능을 보인다는 보고가 있었다. 이 내용은 다음 절에서 더 자세히 설명하겠다.

> **NOTE_** 대조 손실보다 성능이 높다는 연구 결과를 따라 다음 절부터는 삼중항 손실을 손실 함수로 사용한다.

한 가지 중요한 점은 $(O(10^9)$개나 되는) 표본의 세 쌍 중 손실 함수에 큰 영향을 미치는 것은 그리 많지 않다는 것이다. 실제로 한 에포크에서 순회하는 대부분의 세 쌍은 학습에 큰 영향을 미치지 못한다. 다시 말해 현재의 신경망 파라미터로도 이들 세 쌍에 대해서는 이미 손실값이 낮으며 이들 세 쌍에 포함된 기준 이미지-양성 이미지의 (임베딩 공간 내에서의) 거리도 기준 이미지-음성 이미지의 거리보다는 훨씬 가깝다. 따라서 이들 세 쌍은 신경망의 파라미터를 수정할 수 있는 유용한 정보를 담고 있지 않으며, 다만 파라미터의 수렴을 더디게 할 뿐이다. 정보량이 높은 세 쌍은 이보다 훨씬 적으므로 이들을 잘 골라낼 필요가 있다.

가능한 모든 세 쌍을 순회하면서 나타나는 높은 계산 복잡도를 개선하려면 정보량이 높은informative 세 쌍 표본만 골라 신경망에 입력할 수단이 필요하다. 이렇게 정보량이 높은 세 쌍을 골라내는 과정을 마이닝mining이라고 한다. 정보량이 높은 데이터 점은 이 장에서 다루는 내용의 핵심이며 다음 절에서 더 자세히 다룰 것이다.

가능한 세 쌍을 모두 순회하기 위한 높은 계산 복잡도를 공략하는 방법은 다음 두 가지다.

1 데이터 로더에서 이번에 입력할 배치에 포함된 데이터만으로 세 쌍을 구성한다.
2 이렇게 구성한 세 쌍에서 정보량이 높은 것만을 골라내는 마이닝을 한다.

다음 절에서는 이 두 가지 전략을 더 자세히 다룬다.

10.4 정보량이 높은 데이터를 골라내는 마이닝

앞서 설명한 내용을 통해 삼중항 손실과 대조 손실이 실용적인 규모의 데이터셋에 대해서는 계산이 곤란하다는 것을 알았다. 이 절에서는 삼중항 손실을 사용한 CNN의 학습에서 가장 중요한 단계를 자세히 들여다보며 학습의 계산 복잡도 및 계산 속도를 개선하는 방법을 알아보겠다.

[그림 10-12]에 나온 직관적인 구현은 세 쌍을 전체 데이터셋을 대상으로 선택하기 때문에 학습 중에 선택할 수 없어 **오프라인 학습**offline training으로 분류되는 유형이다. 앞서 언급했듯이 이런 식으로 세 쌍을 생성하면 학습 효율이 떨어지는 것은 물론이고 딥러닝에 쓰이는 데이터셋의 규모를 감안하면 계산량 자체가 현실적이지 못하다.

이러한 계산 복잡도를 개선하기 위해 FaceNet[9]에서는 배치 기반 세 쌍 마이닝 기법을 활용한 온라인 학습을 적용했다. 학습 중에 배치를 구성하고 이 배치에서 세 쌍을 마이닝한 다음 선택받지 못한 세 쌍은 배치에서 제외하는 방식이다. 이런 방식으로 안면 인식에서 학습 효율 개선은 물론 최고 성능 기록까지 갱신할 수 있었다.

학습 중에 일어나는 정보의 흐름을 한번 정리해보자(그림 10-13). 학습 중 데이터셋으로부터 미니배치가 생성되고, 이어서 미니배치에서 정보량이 높은 세 쌍을 골라낸다. 이렇게 모은 정보량이 높은 세 쌍만 사용해서 손실을 계산하고, 이 과정을 모든 배치에 대해 반복하면 한 에포크가 끝난다.

그림 10-13 온라인 학습 중 정보의 흐름. 데이터로더가 훈련 데이터의 일부를 무작위로 뽑아 GPU로 보내면 여기에 포함된 세 쌍을 대상으로 손실이 계산된다.

FaceNet과 비슷하게 OpenFace[37]에서도 데이터로더가 미리 정의된 통곗값을 따르는 배치를 구성하고 이 배치로부터 GPU가 임베딩을 계산하는 학습 프로세스를 제안했다. 이후 마이닝된 세 쌍을 대상으로 CPU가 손실을 계산한다.

다음 절에서는 통곗값을 따르는 배치를 구성하고 세 쌍을 마이닝하는 데이터로더에 대해 알아본다. 그리고 학습을 개선하기 위해 정보량이 높은 세 쌍을 마이닝하는 방법도 함께 살펴본다.

10.4.1 데이터로더

삼중항 손실에서 데이터로더의 역할과 함께 데이터로더의 설정에 대해 알아보자. 데이터로더는 데이터셋의 일부를 무작위로 선택하는 역할을 한다. 정보량이 높은 세 쌍을 마이닝하기 위해 필수적인 구성 요소다. 단순히 무작위 미니배치를 생성하는 데이터로더만으로는 정보량이 높은 세 쌍을 충분히 마이닝할 수 있을 만큼 배치의 클래스 다양성을 확보하기 어렵다. 예를 들어 무작위로 생성한 배치에 한 클래스에 속하는 데이터만 들어 있다면 이 배치는 정보량이 높은 세 쌍을 갖기 어려우며 해당 반복은 의미 없는 계산이 될 것이다. 정보량이 높은 세 쌍을 많이 확보하려면 데이터로더 수준에서 배치 생성에 주의를 기울여야 한다.

> NOTE_ 데이터로더 수준에서 학습에 도움이 되려면 클래스 다양성을 확보한 배치를 생성하고 이 배치에서 [그림 10-11]의 프로세스를 따라 정보량이 높은 세 쌍을 마이닝해야 한다.

효율적으로 학습을 진행하는 일반적인 방법은 먼저 B개의 세 쌍을 마이닝한 다음 B개의 항으로 삼중항 손실을 계산하는 것이다. B개의 세 쌍을 선택했다면 이들 세 쌍이 포함하는 이미지를 쌓아 $3B$개(B개의 기준 이미지, B개의 양성 이미지, B개의 음성 이미지)의 이미지를 모아 배치를 구성한다. 그리고 $3B$개의 임베딩을 구하고 손실을 계산한다.

허만[11]의 삼중항 손실에 대한 연구에 따르면 앞선 절에서 설명한 유효한 세 쌍의 온라인 생성 기법은 선택된 세 쌍에 담긴 정보를 모두 활용하지 못한다. $3B$개의 이미지로 구성된 배치에서 $6B^2 - 4B$개의 유효한 세 쌍을 골라낼 수 있으므로 B개 밖에 사용하지 못하는 지금의 방법은 정보의 활용도가 떨어진다.

B개 세 쌍의 $3B$개 이미지로부터 얻을 수 있는 유효한 세 쌍의 수

$3B$개 이미지로 구성된 배치에서 골라낼 수 있는 유효한 세 쌍의 수를 계산하는 방법을 설명하겠다. 먼저 같은 클래스에 속하는 이미지는 한 쌍뿐이라고 가정하자. 그러면 기준 이미지와 양성 이미지의 쌍 하나 당 $3B-2$개의 음성 이미지를 고를 수 있다. 기준 이미지와 양성 이미지의 가능한 조합은 $2B$개이므로 유효한 세 쌍의 수는 $2B(3B-2)$개가 된다. 다음 그림은 이러한 조합이 한 가지 예다.

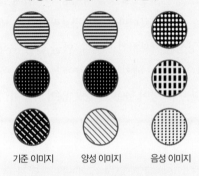

그림 10-14 B = 3인 배치의 예. 같은 패턴의 원은 같은 클래스에 속한다. 왼쪽의 두 열만 양성 이미지를 가지므로 $2B$개(6개)의 기준 이미지가 가능하다. 기준 이미지를 선택하고 나면 $3B-2$개(7개)의 음성 이미지가 남으므로 세 쌍의 수는 $2B(3B-2)$개가 된다.

기준 이미지   양성 이미지   음성 이미지

허만은 앞서 설명한 내용을 고려해서 세 쌍을 좀 더 효율적으로 골라낼 수 있도록 데이터로더 수준에서 배치 조직 방법의 개선안을 제안했다. 데이터셋 X에서 P개의 신원을 무작위로 표집한 다음 하나의 신원마다 K개의 이미지를 (무작위로) 표집한다. 그러면 PK개의 이미지를 포함하는 배치가 구성된다. 이렇게 (세 쌍 마이닝이) 개선된 데이터로더를 사용해서 허만은 사람 재인식 과업에서 최고 성능을 갱신할 수 있었다. 다음 절에서는 [11]에서 언급한 마이닝 기법을 더 살펴볼 것이다. 이러한 배치 조직 방법을 도입해 쿠마르[10],[12]는 여러 데이터셋에 걸친 차량 재인식 과업에서 최고 성능을 갱신했다.

다양한 재인식 과업에서 우수한 성능을 보인 덕택에 [11]은 인식 과업에서 중요한 연구가 되었고, 데이터로더 수준에서 배치를 구성하는 기법 역시 실무에서 표준적인 기법이 되었다. 배치의 권장 크기는 P = 18, K = 4이며 따라서 배치 크기는 42개의 표본이 된다.

유효한 세 쌍의 수 계산하기

개념을 확실히 이해할 수 있도록 배치 하나에 포함된 유효한 세 쌍의 수를 예제로 직접 계산해보자. 먼저 크기가 PK개인 배치를 무작위로 선정했다고 가정한다.

- 클래스 수: P = 10
- 클래스당 표본 수: K = 4

위 값을 적용하면 배치의 통곗값은 다음과 같다.

- 앵커 이미지 수 = 40 = (PK)
- 앵커 이미지 한 장당 양성 이미지 수 = 3 = ($K-1$)
- 앵커 이미지 한 장당 음성 이미지 수 = 9×4 = $K(P-1)$
- 유효한 세 쌍의 총 수 = 40×3×(9×4)

뒤에 설명할 유효한 세 쌍의 마이닝과 관련된 개념을 먼저 보면 기준 이미지마다 양성 이미지의 집합과 음성 이미지의 집합이 있다. 앞서 설명했듯 대부분의 세 쌍은 정보량이 높지 않으므로 정보량이 높은 세 쌍을 골라내지 않으면 안 된다. 더 정확하게 설명하면 어떤 기준 이미지에 대해 정보량이 높은 양성 이미지와 음성 이미지의 부분집합을 골라내는 기법이다.

이것으로 세 쌍을 효율적으로 마이닝하는 데이터로더를 갖게 되었으니 CNN을 학습하는 동시에 정보량이 높은 세 쌍을 하드 데이터 마이닝하는 다양한 기법을 살펴볼 차례다. 다음 절부터는 일반적인 데이터 마이닝 기법을 살펴보고 [11]에서 제안한 배치 구성 기법을 따라 온라인 학습 중 정보량이 높은 세 쌍을 생성(마이닝)하는 방법을 알아본다.

10.4.2 정보량이 높은 데이터 마이닝하기: 유효한 세 쌍 찾기

머신러닝 모델을 학습하면서 정보량이 높은 표본을 마이닝하는 기법이 여럿 제안된 바 있다. 이들 중 주요 기법을 간단히 살펴보겠다.

정보량이 높은 표본을 찾는 기법 중에서 하드 데이터 마이닝$^{hard\ data\ mining}$이 유명하다. 하드 데이터 마이닝은 사물 탐지나 액션 영역 탐지 등의 다양한 컴퓨터 비전 과업에서 활용된 바 있다. 하드 데이터 마이닝은 모델의 학습 중에 사용되는 일종의 부트스트래핑 기법이다. 각 반복마다 현재 상태의 모델로 검증 데이터셋에 대해 당시의 모델이 좋은 성능을 내지 못하는 하드 데이터$^{hard\ data}$를 골라 마이닝하는 기법이다. 이 하드 데이터만 입력해서 모델의 성능을 효율적으로 개선하는 것은 물론이고 파라미터의 수렴 속도도 향상시킨다. 하지만 반대로 모델에 (이상값 등을 포함할 수 있는) 하드 데이터만 입력된다면 정상적인 데이터와 이상값을 구분하는 모델의 능력이 저하되며 학습 상황이 정체된다. 레이블이 잘못 부여된 표본이나 품질이 낮은 이미지 등이 이러한 이상값이 될 수 있다.

삼중항 손실에서 말하는 하드 음성 표본$^{hard\ negative\ sample}$은 임베딩 공간 내에서 기준 이미지와 거리가 가까운 것(높은 손실값을 발생시킬 것이므로)을 말한다. 이와 비슷하게 **하드 양성 표본**hard positive sample은 기준 이미지와 거리가 먼 것을 가리킨다.

FaceNet[9]은 하드 데이터 샘플링 중 발생하는 이상값을 처리하기 위해 너무 낮지도 높지도 않은 중간 정도 정보량의 세 쌍을 마이닝하는 준하드 샘플링semi-hard sampling을 적용했다. 준하드 샘플링은 이를 위해 마진 파라미터를 도입했다. 음성 표본은 마진 범위 안에 들어오고, 기준 이미지의 양성 표본 중 선택된 일부와 충분한 거리가 있는 것만 선택된다(그림 10-15). 따라서 모델에 너무 쉽거나 어려운 음성 표본은 무시된다. 그러나 이 방법은 학습의 하이퍼파라미터 수를 늘린다는 단점이 있다. 배치 크기가 이미지 1,800장이고, CPU가 세 쌍의 연산을 맡는 상황에 이러한 준하드 음성 표본 기법을 적용한 바 있다. [11]에서 사용된 기본 배치 크기는 42이고, GPU를 사용하면 유효한 세 쌍을 효율적으로 처리할 수 있었다.

그림 10-15 세 쌍을 하드, 준하드, 이지의 세 단계로 구분하는 영역인 마진을 도입했다. (안면 인식 과업에서) 기준 이미지와 그에 대한 음성 표본을 나타낸 것이다. 기준 이미지에 가까운 음성 표본은 하드로 간주된다.

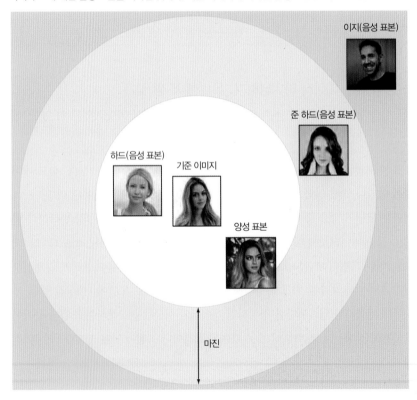

[그림 10-16]은 세 쌍의 난이도hardness를 나타낸 것이다. 신경망의 입장에서 보면 양성 표본은 기준 이미지와 임베딩 공간에서 거리가 멀어질 때 하드 표본이 된다. 마찬가지로 임베딩 공간에서 기준 이미지와 거리가 가까운 음성 표본도 하드 표본이다. 기억을 돕기 위해 삼중항 손실의 수식을 다시 한번 싣는다.

$$l_{\text{triplet}}(a,\ p,\ n) = [D_{ap} - D_{an} + \alpha]_+$$

그림 10-16 하드 양성 표본과 하드 음성 표본의 예. 위쪽 그래프는 기준 이미지와 양성 표본의 거리를 나타낸 것이고, 아래쪽 그래프는 기준 이미지와 음성 표본의 거리를 나타낸 것이다. 두 그래프에서 표본의 난도는 오른쪽으로 갈수록 높아진다.

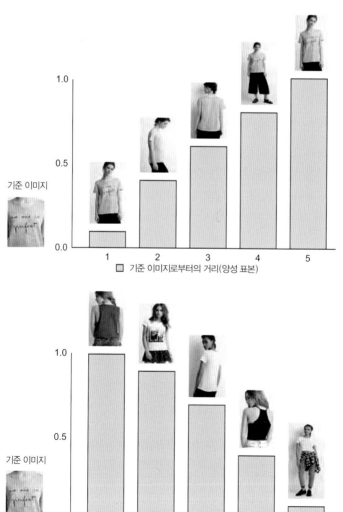

하드 데이터의 개념과 하드 데이터로 인해 발생할 수 있는 문제점을 알아보았다. 이번에는 배치에 적용할 수 있는 온라인 학습의 세 쌍 마이닝 기법을 알아보겠다. 데이터로더에서 (배치 크기가 PK인) 배치를 구성하고 나면 가능한 기준 이미지 수는 PK개다. 이들 기준 이미지에 대한 양성 표본과 음성 표본을 찾는 것이 세 쌍 마이닝의 핵심이다. 먼저 배치 올과 배치 하드를 살펴보자.

10.4.3 배치 올

배치 구성에서 말하는 배치 올batch all, BA은 조합 가능한 모든 유효한 세 쌍을 사용하는 전략이다. 따라서 세 쌍의 순위를 매기거나 선택하는 절차 자체가 없다. 구현 측면에서 보면 기준 이미지 하나에 대해 모든 유효한 세 쌍에서 손실을 계산해서 합한다. 배치 크기가 PK개의 이미지라고 하면 배치 올은 모든 세 쌍을 선택하므로 삼중항 손실의 항 수는 $PK(K-1)(K(P-1))$개가 된다.

배치 올에서는 모든 세 쌍이 동일한 중요도로 취급된다. 따라서 구현이 간단하다. 반면 평균으로 인한 정보 손실이 있을 수 있다. 일반적으로 유효한 세 쌍 대부분은 정보량이 높지 않다. 따라서 모든 세 쌍에서 계산된 손실을 동등하게 합한다면 정보량이 높은 세 쌍에서 계산된 손실이 전달되지 않을 수 있다. 허만이 사람 재인식 과업을 다룬 [11]에서 이렇게 정보량이 높은 세 쌍의 손실이 전달되지 않는 현상을 보고한 바 있다.

10.4.4 배치 하드

배치 하드batch hard, BH는 배치 올과 반대로 기준 이미지에 대해 가장 어려운hard 데이터로 배치를 구성하는 방법이다. 배치에 포함된 기준 이미지마다 가장 어려운 양성 표본과 음성 표본을 하나씩 골라 이들에 대해 손실을 계산한다. 여기서 난이도hardness는 기준 이미지에 따라 달라진다. 배치 크기가 PK개라면 배치 하드는 기준 이미지마다 하나의 양성 표본과 음성 표본만 선택하므로 삼중항 손실의 항 수는 PK(기준 이미지 수와 같다)개가 된다.

배치 하드는 정보량이 낮은 표본을 무시하므로 정보의 손실이 잘 일어나지 않는다. 그러나 상대적으로 이상값을 걸러내기 힘들다는 단점이 있다. 레이블링 오류 등의 이상값은 난도가 높은 표본과 구분하기 어렵다. 게다가 사전 학습을 거치지 않은 신경망으로 배치 하드를 적용해서 학습을 진행하면 (기준 이미지에 대한) 표본의 난이도를 신뢰하기 어렵다. 학습 중에는 이러한 정보를 얻을 방법이 없기 때문에 난도가 가장 높은 표본도 무작위 표본에 지나지 않게 되며, 학습이 정체될 수 있다. 이러한 현상이 [9]와 신경망을 처음부터 학습시킨 차량 재인식 과업을 다룬 [10]에서 보고된 바 있다.

배치 올과 배치 하드의 이해를 돕기 위해 기준 이미지와 양성 표본, 음성 표본의 거리를 나타낸 그래프를 다시 한번 살펴보자(그림 10-17). 배치 올은 모든 세 쌍을 다 동원해 최종 손실값을 계산했으며, 배치 하드는 가장 난도가 높은 데이터(나머지는 무시함)로 손실값을 계산했다. [그림 10-18]은 배치 올과 배치 하드를 사용하는 알고리즘을 보여준다.

그림 10-17 하드 표본의 예. 왼쪽 그래프는 기준 이미지와 양성 표본의 거리를 나타낸 것이고, 오른쪽 그래프는 기준 이미지와 음성 표본의 거리를 나타낸 것이다. 배치 올은 모든 표본을 사용해서 손실을 계산하고, 배치 하드는 가장 오른쪽 표본만 사용해서 손실을 계산한다.

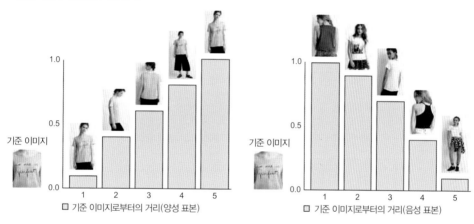

그림 10-18 배치 올 또는 배치 하드를 사용한 학습 알고리즘

알고리즘 2: 데이터 점 표집 알고리즘

    결과: 원하는 크기의 임베딩을 학습한 CNN
    초기화: 데이터셋, CNN, 손실 함수, 임베딩 차원과 배치 크기(PK)를 결정
    while 유효한 배치가 아직 남음 **do**
        numAnchors = *PK*
        while *numAnchors* > 0 **do**
            기준 이미지를 [0, ..., **PK**]에서 선택한다. 선택한 것은 되돌려 놓지 않는다.
            BA: 현재 기준 이미지에 대해 모든 세 쌍에서 손실을 계산한다.
            또는
            BH: 현재 기준 이미지에 대해 모든 어려운 세 쌍에서 손실을 계산한다.
            numAnchors --
        end
    end

삼중항 손실을 정의하는 또 다른 방법

리스타니Ristani는 다중 카메라 재인식 과업에서 사용할 특징을 다룬 [13]에서 다양한 배치 표집 기법을 하나의 식으로 통합했다. 어떤 배치에서 기준 이미지를 a라 하고, 이에 대한 양성 표본과 음성 표본을 각각 $P(a)$, $N(a)$라 할 때 a에 대한 음성 표본과 양성 표본의 부분집합을 통해 삼중합 손실 함수를 다음과 같이 나타낼 수 있다.

$$l_{triplet}(a) = [\alpha + \sum_{p \in P(a)} w_p D_{ap} - \sum_{n \in N(a)} w_n D_{an}]_+$$

기준 이미지 a에 대해 w_p는 양성 표본 p의 가중치(중요도)를 가리키며, 마찬가지로 w_n은 음성 표본 n의 가중치를 가리킨다. 한 에포크에 대한 총 손실은 다음과 같이 계산한다.

$$\mathcal{L}(\theta; \chi) = - \sum_{all\ batches} \sum_{a \in B} l_{triplet}(a)$$

이 수식에 배치 올과 배치 하드를 통합하면 다음과 같은 그래프가 된다([표 10-1] 참조). 이 그래프의 Y축은 선택 가중치다.

그림 10-19 기준 이미지에 대한 양성 표본의 선택 가중치를 나타낸 그래프. 배치 올에서는 모든 표본이 동등한 중요도를 가지는 데 비해 배치 하드에서는 가장 난도가 높은 표본만 중요도를 갖는다(나머지는 무시된다).

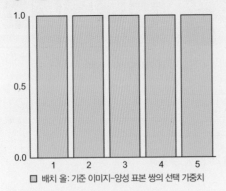
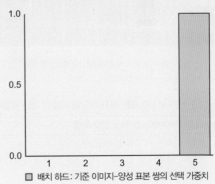

■ 배치 올: 기준 이미지-양성 표본 쌍의 선택 가중치　　■ 배치 하드: 기준 이미지-양성 표본 쌍의 선택 가중치

10.4.5 배치 웨이티드

배치 올은 모든 표본을 동일한 중요도로 다루었는데, 이런 경우 상대적으로 수가 적은 고난이도 표본의 영향력이 낮아질 수 있다. 배치 올의 이러한 문제를 해결하기 위해 리스타니는 표본

에 서로 다른 가중치를 적용한 **배치 웨이티드**batch weighted, BW 전략[13]을 제안했다. 이 가중치는 기준 이미지로부터의 거리에 따라 결정된다. 따라서 정보량(난도)이 높은 표본의 가중치가 그렇지 않은 표본의 가중치보다 높아진다. 양성 표본과 음성 표본에 대한 가중치를 [표 10-1]에 정리했다. [그림 10-20]은 이 기법을 사용해서 표본에 가중치를 적용한 예다.

표 10-1 정보량이 많은 양성 표본 x_p와 음성 표본 x_n을 마이닝하는 다양한 방법.[10] BS와 BW는 다음 절에서 예제와 함께 더 자세히 살펴볼 것이다.

마이닝 전략	양성 표본 가중치: w_p	음성 표본 가중치: w_n	비고
배치 올(BA)	1	1	모든 표본의 가중치는 동일하다.
배치 하드(BH)	$[x_p == \underset{x \in P(a)}{\arg\max} \ D_{ax}]$	$[x_n == \underset{x \in N(a)}{\arg\min} \ D_{ax}]$	가장 난도가 높은 표본을 선택한다.
배치 샘플(BS)	$[x_p == \text{multinomial} \underset{x \in P(a)}{\{ D_{ax} \}}]$	$[x_n == \text{multinomial} \underset{x \in N(a)}{\{ -D_{ax} \}}]$	다항분포로부터 한 표본을 선택한다.
배치 웨이티드(BW)	$\dfrac{e^{D_{ap}}}{\sum\limits_{x \in P(a)} e^{D_{ax}}}$	$\dfrac{e^{-D_{an}}}{\sum\limits_{x \in N(a)} e^{-D_{ax}}}$	기준 이미지와의 거리를 기반으로 가중치가 결정된다.

그림 10-20 배치 웨이티드 전략에서 기준 이미지에 대해 양성 데이터를 선택하는 과정. 예제에서는 모든 양성 표본이 사용된다(BA와 같음). 그러나 BA와는 달리 표본마다 서로 다른 가중치가 부여되는데 이 가중치는 기준 이미지로부터 해당 표본까지의 거리에 따라 결정된다. 실질적으로는 기준 이미지와 거리가 먼 양성 표본(정보량과 난도가 더 높으므로)에 더 무게를 두는 효과가 있다. 음성 표본도 같은 방식으로 선택하는데 다만 가중치가 반대로 부여된다.

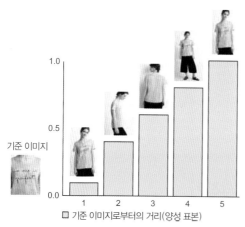

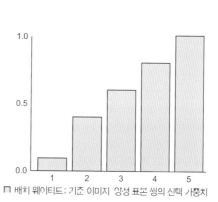

10.4.6 배치 샘플

또 다른 전략으로 배치 샘플batch sample, BS이 있다. 이 전략은 허만Hermans[11]의 연구 구현 부분과 최고 성능을 갱신한 쿠마르Kumar[10]의 차량 재인식 연구에 자세히 언급되어 있다. BS는 '기준 이미지와 표본 사이 거리'의 분포를 이용해서 표본을 마이닝한다(그림 10-21).[4] 이 기법은 BH와 비교해서 이상값이 표본에 포함되는 것을 방지할 수 있다. 또한 기준 이미지와의 거리가 먼 표본을 선택하므로 정보량이 많은 표본을 기대할 수 있다.

그림 10-21 배치 샘플 전략에서 기준 이미지의 양성 데이터를 선택하는 과정. (그래프 왼쪽) 정보량이 많으면서도 이상값이 아닌 양성 데이터를 하나 찾는 것이 목표라는 점은 배치 하드 전략과 비슷하다. 그러나 이상값을 확률이 높은 가장 어려운 데이터를 취하는 배치 하드 전략에 비해 배치 샘플 전략은 거리를 분포로 삼아 범주를 나누어 데이터를 선택한다. 이렇게 선택한 데이터는 정보량이 높으면서도 이상값을 배제할 수 있다(이 과정을 다항 확률 선택으로 볼 수 있다. 여기서는 개념 이해를 돕기 위해 세 번째 데이터를 선택했다).

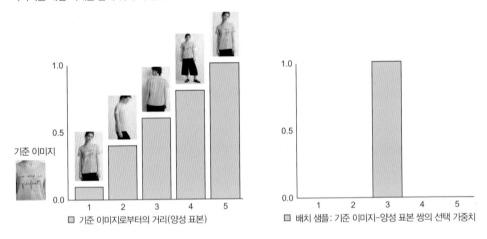

이제 이들 개념을 프로젝트에 담아 임베딩을 위한 CNN의 학습과 성능 측정에 적용해보겠다.

10.5 프로젝트: 임베딩 신경망 학습하기

이번 프로젝트에서는 이미지 기반 검색 시스템을 만들어보며 우리가 앞서 배운 개념을 실제로 적용해볼 것이다. 시각 임베딩 문헌에서 인기 있는 두 가지 문제를 골랐고, 더 나은 해결책을 찾기 위해 노력했다.

....
4 유형을 따른다. 다음 URL의 텐서플로 구현 예제를 참고하라. http://mng.bz/zjvQ

- 쇼핑 딜레마: 질의 상품과 비슷한 의류를 찾아라.
- 재인식: 데이터베이스에서 비슷한 (다른 카메라에서 다른 각도로 찍힌) 차량을 찾아라.

학습, 추론, 평가 과정은 두 가지 과업이 모두 동일하다. 임베딩 신경망을 학습하기 위해서는 다음과 같은 준비물이 필요하다.

- 훈련 데이터: 유사도 측정에 기반해 부여된 태그에 따른 지도 학습을 수행한다. 데이터셋은 각 이미지의 신원/카테고리에 따라 폴더를 나누어 구조화한다. 같은 카테고리에 속하는 이미지는 임베딩 공간에서도 가까이 위치하고, 다른 카테고리에 속하는 이미지는 임베딩 공간에서도 멀리 위치하도록 학습을 진행한다.
- 테스트 데이터: 테스트셋은 다시 질의^{query}와 갤러리^{gallery} 2개의 집합으로 나뉜다. 갤러리셋만 테스트셋이라고 부르는 문헌도 있다. 질의셋은 질의에 사용되는 이미지를 모은 것이다. 갤러리셋은 각 질의 이미지에 대한 순위가 부여된다. 임베딩을 완벽하게 학습했다면 질의에 대한 상위 결과는 모두 같은 클래스에 속한다.
- 거리 측정 기법: 임베딩 공간에서 두 이미지의 유사도를 표현하는 수단이다. 여기서는 임베딩 공간의 유클리드 거리(L_2)를 사용한다.
- 평가: 학습된 모델을 정량적으로 평가하기 위해 top-k 정확도와 평균평균정밀도^{mAP}를 사용한다(각각 4장, 7장 참조). 질의셋의 각 질의로부터 갤러리셋의 유사한 이미지를 검색 결과에 포함시키는 것이 목표다. 질의 이미지 q에 대해 $AP(q)$는 다음과 같이 정의된다.

$$AP(q) = \frac{\sum_k P(k) \times \delta_k}{N_{gt}(q)}$$

여기서 $P(k)$는 검색 결과 순위 k의 정확도를 의미하며, $N_{gt}(q)$는 질의 q의 검색 결과 중 실제 검색 결과에 포함되는 결과의 수다. δ_k는 불리언 표시 함수로, 함숫값이 1이면 질의 이미지 q에 대해 테스트 이미지가 검색 순위 k 안에 정확하게 포함되었다는 뜻이다. 정확한 검색 결과란 질의 이미지와 테스트 이미지의 레이블이 같다는 뜻이다.

그다음 평균평균정밀도는 모든 질의 이미지에 대한 평균을 계산하면 된다.

$$mAP = \frac{\sum_q AP(q)}{Q}$$

이때 Q는 질의 이미지의 총 수다. 이어지는 절에서 두 가지 과업을 자세히 살펴보겠다.

10.5.1 비슷한 상품 찾기

첫 번째 과업은 두 이미지가 같은 종류의 의류인지 판정하는 것이다. 의류나 신발 등 패션과 관련된 상품은 이미지 검색의 핵심 분야로, 구매자에게 유사 상품을 추천하는 이미지 기반 추천 엔진 등이 활발하게 산업에 응용되고 있다. 리우[Liu]는 [3]에서 쇼핑 이미지 검색 과업을 위한 큰 규모의 데이터셋을 소개했다. 이 데이터셋은 21개 상품 목록으로부터 추출한 11,735가지 상품에 대한 54,643건의 이미지를 포함한다. 25,000건의 훈련 데이터와 26,000건의 테스트 데이터로 분할되어 있으며, 각각 질의셋과 갤러리셋으로 다시 나뉜다. [그림 10-22]는 이 DeepFashion의 이미지 예다.

그림 10-22 각 행의 이미지는 특정 카테고리의 유사한 이미지를 모은 것이다. 완벽하게 학습된 임베딩은 서로 같은 행의 이미지와는 거리가 가까울 것이고, 다른 행의 이미지(다른 카테고리의 의류 이미지)와는 거리가 멀 것이다 (DeepFashion 데이터셋에서 발췌함).

10.5.2 차량 재인식

재인식[re-identification]은 같은 카메라 혹은 서로 다른 카메라에서 여러 번에 걸쳐 찍힌 대상을 하나의 대상으로 일치시키는 과업을 말한다. 주된 유스케이스는 질의 물체의 카메라 네트워크에 찍힌 모든 출현을 검색하기 원하는 사용자를 들 수 있다. 예를 들어 교통 당국이 도시 전체에 설치된 카메라 네트워크에 찍힌 특정 차량의 기록을 찾으려는 경우가 있다. 유사한 과업으로는 보안 목적이나 생물 측정학과 관련 깊은 얼굴 재인식이 있다.

차량 재인식 과업은 리우가 만든 VeRI 데이터셋[14],[36]이 유명하다. 이 데이터셋은 20대 카메라 네트워크에 걸쳐 찍힌 776대의 차량(신원)의 40,000개 경계 박스로 구성되어 있다. [그림 10-23]은 이 데이터셋의 이미지 예다. 각 차량은 다양한 각도 및 밝기 환경에서 최소 2대에서 18대까지의 카메라에서 포착되었으며, 각도도 앞이나 뒤로 제한된 것이 아닌 측면까지 포함되어 있어 난도가 높은 데이터셋이다. 태깅 정보에는 차량의 모델명, 색상, 카메라 간 정보 및 촬영 각도 정보가 포함된다.

그림 10-23 각 행은 차량의 클래스를 나타낸다. 의류 예제와 마찬가지로 과업의 목표는 같은 클래스의 이미지의 임베딩끼리 다른 클래스의 임베딩보다 가까워지도록 배치하는 것이다(출처: VeRI 데이터셋[14]).

여기서는 카테고리 수준의 태깅 정보만 사용한다. 생산 회사, 모델명, 촬영 일시 등에 대한 정보는 사용하지 않는다. 학습에 더 많은 정보를 포함시키면 정확도를 향상시킬 수 있지만 이 책의 주제를 벗어난다. 하지만 10.8절 '참고 문헌'에 다중 정보원을 활용한 임베딩 학습을 다룬 문헌이 있으니 참고하기 바란다.

10.5.3 구현하기

이번 프로젝트는 깃허브에서 제공하는 삼중항 손실 학습의 코드 베이스[11]⁵를 활용한다. 데이터셋 전처리 및 각 단계를 요약한 문서를 이 책의 예제 코드 배포 파일에서 볼 수 있다. 프로젝트 구현 코드가 포함된 주피터 노트북에서 단계별로 구현한 튜토리얼을 진행하면 된다. 텐서플로 사용자라면 올리비에 모인드롯^{Olivier Moindrot}의 블로그 포스팅 「Triplet Loss and Online Triplet Mining in TensorFlow」⁶를 읽어보기 바란다. 삼중항 손실 학습을 구현하는 다양한 방법을 이해할 수 있을 것이다.

합성곱 신경망을 활용한 딥러닝 학습은 몇 가지 핵심 하이퍼파라미터를 필요로 하는데, 여기서 이들에 대해 설명하겠다. 아래에 이번 프로젝트에서 사용할 하이퍼파라미터를 정리했다.

- 이미지넷 데이터셋을 사전 학습했다.[15]
- 입력 이미지 크기는 224 × 224다.
- 메타 구조: 5억 6,900만 회의 곱셈 누산과 단일 곱셈 누산을 필요로 하는 Mobilenet-v1[16]을 사용한다. 이 신경망 구조는 424만여 개의 파라미터를 가지며 이미지넷을 대상으로 70.9%의 top-1 정확도 기록을 보유하고 있다. 입력 이미지의 크기는 224 × 224다.
- 최적화 알고리즘: 하이퍼파라미터를 기본값으로 설정($\varepsilon = 10^{-3}$, $\beta_1 = 0.9$, $\beta_2 = 0.999$)한 Adam 알고리즘[17]을 사용한다. 초기 학습률은 0.0003으로 설정한다.
- 데이터 강화: 표준적인 이미지 반전 연산을 이용해서 온라인으로 진행한다.
- 배치 크기는 18개의 무작위 추출 신원(P), 신원당 4개(K)의 표본 등 18 × 4개의 표본을 포함한다.
- 마진: 삼중항 손실 학습 코드[11]에서는 기존에 사용했던 힌지 손실을 비슷하지만 매끄러운 함수인 소프트 플러스 함수 $In(1 + .)$으로 바꾸었다. 여기서도 소프트 플러스를 사용한다.
- 임베딩 차원: 임베딩 차원은 마지막 전결합층의 유닛 수에 해당한다. 모든 실험에서 임베딩 차원을 128로 수정했다. 계산 효율을 개선하고 싶다면 임베딩 차원 수를 낮추면 된다.

> **DEFINITION**_ 컴퓨터 과학에서 곱셈-누산 연산은 두 수를 곱하고 그 값을 누산기에 더하는 기본적인 연산을 가리킨다. 이 연산을 수행하는 하드웨어 단위를 곱셈-누산기^{multiplier-accumulator, MAC} 라고 한다. 연산 자체를 MAC 또는 MAC 연산이라고 부르기도 한다.

---

5 https://github.com/VisualComputingInstitute/triple-reid/tree/sampling
6 https://omoindrot.github.io/triplet-loss

비교에 들어가기 전에 층수가 깊은 신경망을 학습하려면 다양한 하이퍼파라미터를 튜닝해야 한다는 것을 기억하자. 다양한 알고리즘을 비교할 때 이러한 부분에서 장애가 발생하곤 한다. 예를 들어 같은 데이터셋을 사전 학습해도 어떤 접근법을 취하느냐에 따라 성능이 달라지는 경우가 이에 해당한다. 다른 비슷한 하이퍼파라미터로는 학습 알고리즘 선택(바닐라 SGD 또는 이보다 복잡한 Adam)과 앞서 이 책에서 살펴본 많은 다른 파라미터가 있다. 전체 그림을 놓치지 않으려면 알고리즘의 원리를 깊이 이해해야 한다.

10.5.4 학습한 모델 테스트하기

학습이 끝난 모델을 테스트할 차례다. 데이터셋은 질의셋과 갤러리셋 이렇게 2개의 파일로 나뉘어 있다. 이렇게 나뉜 테스트 데이터를 이용해서 앞서 설명한 평가 지표인 평균평균정밀도와 top-k 정확도를 계산할 수 있다. 평가 지표는 성능을 잘 요약해서 보여주지만 결과 자체를 직접 확인할 필요도 있다. 질의셋에서 무작위 이미지를 골라 갤러리셋의 상위 k개 검색 결과를 화면에 출력한다. 다음 절에서는 앞서 설명한 다양한 마이닝 기법을 정량적과 정성적 지표로 평가할 것이다.

과업 1: 상점 내 검색

학습된 임베딩을 이용한 검색 결과 예제를 [그림 10-24]에 실었다. 검색 결과를 직접 확인해보니 비교적 만족스럽다. 상위 검색 결과는 질의 이미지와 같은 카테고리이며, 질의 이미지의 옷을 다른 각도에서 본 이미지도 상위 검색 결과에 올라와 있다.

그림 10-24 다양한 임베딩 기법에 대해 패션 데이터셋에서 뽑은 검색 결과 예제. 각 행은 질의 이미지(왼쪽)와 top-5 검색 결과로 구성되어 있다. X는 틀린 검색 결과를 나타낸다.

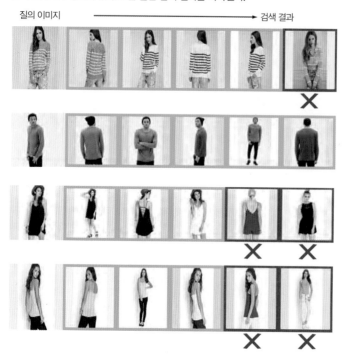

[표 10-2]에 다양한 표집 기법에 대해 삼중항 손실을 적용한 실험의 성능 차이를 정리했다. BW의 성능이 다른 기법보다 앞서는 것을 알 수 있다. top-1 정확도도 상당히 높다. 같은 클래스의 이미지를 첫 번째 검색 결과에 올려놓을 확률이 87%나 된다. $k > 1$인 경우 정확도는 더 높아진다.

표 10-2 상점 내 검색 과업에서 다양한 표집 기법의 성능을 비교한 결과

표집 기법	top-1	top-2	top-5	top-10	top-20
배치 올	83.79	89.81	94.40	96.38	97.55
배치 하드	86.40	91.22	95.43	96.85	97.83
배치 샘플	86.62	91.36	95.36	96.72	97.84
배치 웨이티드	87.70	92.26	95.77	97.22	98.09
캡슐 임베딩	33.90	–	–	75.20	84.60
ABE [18]	87.30	–	–	96.70	97.90
BIER [19]	76.90	–	–	92.80	95.20

이 비교 결과에는 현재 최고 성능을 보유한 기법을 포함했다. 어텐션 기반 앙상블attention-based ensemble, ABE[18]은 이미지의 일부를 노출시킨 다양한 앙상블을 학습했으며, BIERboosting independent embeddings robustly[19]는 CNN의 앙상블을 온라인 경사 부스팅 문제로 환원한 공유 특징 표현을 이용해서 학습했다. 주목할 점은 이들 앙상블 기법이 프레임워크에 새로운 파라미터를 도입하지 않았다는 점이다(따라서 미분 손실 함수라면 무엇이든 사용할 수 있다).

과업 2: 차량 재인식

쿠마르[12]는 삼중항 손실 함수의 최적화에 사용되는 표집 기법을 모두 모아 평가했다. 그 결과를 다른 최고 성능 기록 보유 기법과 함께 [표 10-3]에 정리했다. 주목할 점은 최고 성능 보유 기법을 시공간적 거리나 속성 등의 추가 정보 없이 평가했다는 것이다. 정성적 평가 결과를 [그림 10-25]에 실었다. 다른 각도에서 찍힌 같은 차량의 이미지가 top-5 검색 결과에 포함된 것으로 보아 시점의 변화에도 강건한 임베딩의 불변성을 확인할 수 있다.

표 10-3 VeRI 데이터셋에 대한 표집 기법의 성능 평가(*가 붙은 것은 시공간적 추가 정보를 사용한 실험 결과다)

표집 기법	mAP	top-1	top-5
배치 샘플	67.55	90.23	96.42
배치 하드	65.10	87.25	94.76
배치 올	66.91	90.11	96.01
배치 웨이티드	67.02	89.99	96.54
GSTE [20]	59.47	96.24	98.97
VAMI [21]	50.13	77.03	90.82
VAMI+ST * [21]	61.32	85.92	91.84
Path–LSTM * [22]	58.27	83.49	90.04
PAMTRI (RS) [23]	63.76	90.70	94.40
PAMTRI (All) [23]	71.88	92.86	96.97
MSVR [24]	49.30	88.56	–
AAVER [25]	61.18	88.97	94.70

그림 10-25 다양한 임베딩 기법의 성능을 VeRI 데이터셋에 대해 평가한 결과. 각 행은 질의 이미지(왼쪽)와 상위 5개 검색 결과로 구성된다. X는 틀린 검색 결과를 나타낸다.

문헌에서 언급한 다양한 접근법의 장단점을 판단하기 위해 먼저 차량 재인식 과업에서 사용되는 접근법을 간단히 훑어보자.

- 카나시Kanaci는 모델 레이블에 따른 분류 손실을 적용해서 세세한 종류까지 차량 분류가 가능한 신경망을 학습하는 CLVRcross-level vehicle re-identification[26]을 제안했다(그림 10-26). 10.3.2절과 [그림 10-9]에서 이와 비슷한 것을 소개했었다. 논문 저자는 VeRI를 대상으로 성능을 측정하지 않았다. VeRI 외의 데이터셋에 대한 차량 재인식 성능에 관심이 있다면 이 논문을 참고하기 바란다.

그림 10-26 CLVR의 신경망 구조([24]에서 발췌)

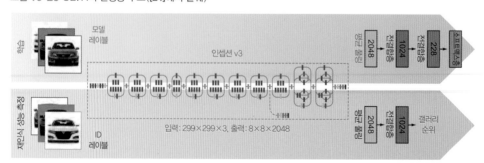

- GSTE[group-sensitive triplet embedding][20]는 바이[Bai]가 제안했다. K-Means를 사용해서 클래스 내부 변이를 클러스터링하는 새로운 학습 프로세스를 제안한다. K-Means 클러스터링 파라미터를 추가하는 대가로 학습을 좀 더 원하는 방향으로 이끌 수 있다.

- PAMTRI[pose aware multi-task learning][23]는 쩡[Zheng]이 제안했다. 키포인트 태깅과 합성 데이터를 사용하는 다중 과업 중심의 임베딩 신경망을 학습한다(따라서 키포인트 태깅을 해결해야 한다). PAMTRI(All)은 해당 데이터셋에서 최고 성능을 기록했다. PAMTRI(RS)는 실제 데이터와 합성 데이터를 함께 사용해서 임베딩을 학습했다. PAMTRI(All)은 여기에 추가적으로 차량 키포인트와 다중 과업 프레임워크에 사용되는 속성을 사용했다.

- AAVER[adaptive attention for vehicle re-identification][35]는 코람샤히[Khorramshahi]가 제안했다. 이중 경로 신경망을 사용해서 전역적/지역적 특징을 추출하는 최신 연구다. 이들 특징을 연접해서 최종 임베딩을 만든다. 임베딩 손실의 최적화를 위해 신원과 키포인트 방향 태그를 사용한 것도 특징이다.

- VAMI[viewpoint attentive multi-view inference][21]의 학습 프로세스는 저우[Zhou]가 제안했다. GAN과 다중 뷰 어텐션 학습을 다룬다. (GAN을 사용해서) 다중 시점 뷰를 생성할 수 있을 것이라는 추측이 최종 임베딩을 개선하는 데 도움이 될 것이다.

- 쉔[Shen]이 제안한 Path-LSTM[22]에서는 시공간적 제약에 따른 경로 제안을 생성하고 이 경로 제안의 순위를 매기기 위해 LSTM을 사용한 것이 특징이다.

- 카나시[Kanaci]는 피라미드 기반 딥러닝 기법을 활용한 재인식[re-identification]을 위한 MSVR[multi-scale vehicle representation][24]을 제안했다. MSVR은 여러 분기를 가진 구조의 신경망을 사용해서 이미지 피라미드로부터 차량 재인식에 민감한 특징 표현을 학습한다. 이 신경망의 분기 경로는 동시에 최적화된다.

[표 10-4]에 각 기법의 주요 하이퍼파라미터와 학습에 사용된 레이블 정보를 정리했다.

표 10-4 각 기법의 주요 하이퍼파라미터와 학습에 사용된 레이블

기법	임베딩 차원(ED)	학습에 사용된 레이블
Ours	128	ID
GSTE [20]	1024	ID
VAMI [21]	2048	ID + A
PAMTRI(All) [23]	1024	ID + K + A
MSVR [24]	2048	ID
AAVER [25]	2048	ID + K

K: 키포인트, A: 속성

차량 번호판은 전역 유일 식별자로 활용되는 경우가 많다. 그러나 표준적으로 설치된 교통 카메라에서는 차량 번호판을 추출하기 어렵다. 따라서 차량 재인식에는 번호판 외의 시각적 특징이 필요하다. 두 대의 차량이 제조사, 모델, 색이 같다면 시각적 특징으로는 이 두 대의 차량을 구별할 수 없다(글씨나 흠집 등으로 구분할 수 있는 부분이 없다면). 이렇게 어려운 상황에서

는 시공간적 정보(GPS 좌표 등)에만 의지할 수 있다. 더 자세한 내용에 관심이 있다면 탕[Tang]의 데이터셋[27]을 알아보기 바란다.

10.6 현재 성능 더욱 끌어올리기

딥러닝은 빠르게 발전하는 분야로 하루가 다르게 새로운 학습 기법이 제안되고 있다. 이 절에서는 임베딩의 성능을 개선할 수 있는 아이디어와 합성곱 신경망의 학습에 도움이 되는 최신 연구 결과의 팁과 트릭을 소개한다.

- 순위 재선정: (질의 이미지에 대한) 갤러리 이미지의 초기 순위를 계산한 후 갤러리 이미지의 적합도를 개선하기 위해 순위를 재선정한다. 많은 정보 검색 시스템과 재인식 시스템에서 널리 쓰이는 강력한 기법이다.

  재인식 시스템에서 널리 쓰이는 방법은 종[Zhong][28]이 제안한 것이다(그림 10-27). 프로브 p와 갤러리 이미지 집합이 있을 때 각 사람마다 출현 특징(임베딩)과 k개의 상호 특징을 추출한다. 프로브 p와 각 사람의 쌍에 대해 원래 거리 d와 자카드 거리 J_d를 계산한다. 그다음 d와 J_d를 통합해서 최종 거리를 계산하고 이 거리를 기준으로 순위를 결정한다.

  AAVER[25]는 순위 재선정을 활용해 평균평균정밀도를 5% 끌어 올렸다.

그림 10-27 종이 제안한 순위 재선정 기법([28]에서 발췌)

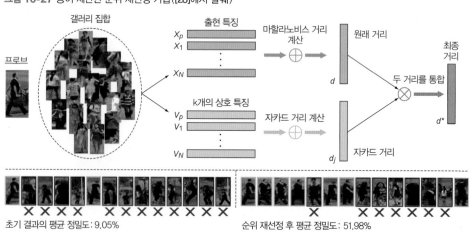

초기 결과의 평균 정밀도: 9.05%   순위 재선정 후 평균 정밀도: 51.98%

> DEFINITION 자카드 거리는 두 데이터셋에 대한 교집합의 원소 수를 합집합의 원소 수로 나눈 값이다.

- **팁과 트릭**: 루오Luo[29]는 사람 재인식 과업에서 강력한 베이스라인 성능을 보여주었다. 허만[11]과 동일한 배치 구성 기법(이 장에서 설명함)을 사용하였으며 데이터 강화, 웜업 학습률, 레이블 스무딩 등의 트릭을 적용했다. 이런 방법을 사용해서 최고 성능 기록을 가진 많은 기법과 동등한 성능을 낼 수 있었다. 인식 관련 과업에 사용할 CNN을 학습한다면 이들 기법을 적극 활용해보기 바란다.

> **DEFINITION_** 웜업 학습률warm-up learning rate은 미리 설정된 수의 초기 에포크 동안 선형적으로 학습률을 변화시키는 기법을 말한다. 레이블 스무딩label smoothing은 훈련 데이터에 대해 확신도가 지나치게 높아지지 않도록 교차 엔트로피 손실을 수정해서 일반화 성능을 개선하고 과적합을 방지하는 기법이다. 데이터셋의 규모가 작을 때 특히 유용하다.

- **어텐션**attention: 이 장에서는 전역 스타일의 임베딩 학습에 집중했다. 여기서 말하는 전역 스타일이란 신경망에 대상을 잘 구별할 수 있는 부분 같은 따로 주목할 부분에 대한 지침을 주지 않았다는 뜻이다. 어텐션을 도입한 주요 연구로는 리우Liu[30], 첸Chen[31] 등이 있다. [32]에서 볼 수 있듯이 어텐션은 여러 도메인에 걸쳐 재인식 과업의 성능을 개선하는 효과도 있다.
- **추가 정보를 통한 학습 지침**: [표 10-3]의 최고 성능 기법 간의 비교를 통해 다양한 추가 정보(신원, 속성 : 차량의 제조사 또는 모델, 시공간적 정보 : 질의 이미지 및 갤러리 이미지의 GPS 위치)를 활용한 기법의 효과를 간접적으로 엿볼 수 있다. 이상적인 조건에서는 추가 정보를 제공하면 정확도가 향상된다. 그러나 반대급부로 추가 정보를 레이블링하는 비용이 발생한다. 여러 가지 추가 정보를 학습에 효율적으로 활용하는 접근법은 다중 과업 학습multi-task learning, MTL을 들 수 있다. 이때 손실 함수가 충돌하는 경우도 종종 발생한다. 이런 경우에는 과업별로 손실 함수의 가중치를 적절히 두어야 한다(교차 검증을 활용). 손실 함수의 충돌을 해결하는 MTL 학습 프레임워크로는 세너Sener[32]의 연구를 들 수 있다.

  MTL을 적용한 연구로는 안면 인식을 다룬 란잔Ranjan[34], 사람 인식을 다룬 링Ling[35], 차량 분류를 다룬 탕Tang[23]의 연구가 있다.

10.7 마치며

- 이미지 검색 시스템을 구축하려면 시각 임베딩(벡터 공간)이 필요하다. 임의의 이미지를 시각 임베딩에 사상하고 사상된 두 벡터의 기하학적 거리를 계산할 수 있다.
- CNN을 이용해서 임베딩을 학습할 수 있는 세 가지 손실 함수로는 교차 엔트로피, 삼중항, 대조 손실 함수가 있다.
- 삼중항 손실을 그대로 구현하면 높은 계산 복잡도로 인해 실용적이지 못하다. 계산 복잡도를 낮추기 위해 배치를 기반으로 정보량이 높은 데이터를 마이닝하는 기법에는 배치 올, 배치 하드, 배치 샘플, 배치 웨이티드 등이 있다.

10.8 참고 문헌

[1] S.Z. Li and A.K. Jain. 2011. 『Handbook of Face Recognition』. Springer Science & Business Media. https://www.springer.com/gp/book/9780857299314

[2] V. Gupta and S. Mallick. 2019. 『Face Recognition: An Introduction for Beginners』. Learn OpenCV. April 16, 2019. https://learnopencv.com/face-recognition-an-introduction-for-beginners

[3] Z. Liu, P. Luo, S. Qiu, X. Wang, and X. Tang. 2016. 『Deepfashion: Powering robust clothes recognition and retrieval with rich annotations』. IEEE Conference on Computer Vision and Pattern Recognition (CVPR). http://mmlab.ie.cuhk.edu.hk/projects/DeepFashion.html

[4] T. Xiao, S. Li, B. Wang, L. Lin, and X. Wang. 2016. 『Joint Detection and Identification Feature Learning for Person Search』. http://arxiv.org/abs/1604.01850

[5] Y. Zhai, X. Guo, Y. Lu, and H. Li. 2018. 『In Defense of the Classification Loss for Person Re-Identification』. http://arxiv.org/abs/1809.05864

[6] S. Chopra, R. Hadsell, and Y. LeCun. 2005. 『Learning a Similarity Metric Discriminatively, with Application to Face Verification』. In 2005 IEEE Computer Society Conference on Computer Vision and Pattern Recognition (CVPR'05), 1: 539–46 vol. 1. https://doi.org/10.1109/CVPR.2005.202

[7] C-Y. Wu, R. Manmatha, A.J. Smola, and P. Krähenbühl. 2017. 『Sampling Matters in Deep Embedding Learning』. http://arxiv.org/abs/1706.07567

[8] Q. Weinberger and L.K. Saul. 2009. 『Distance Metric Learning for Large Margin Nearest Neighbor Classification』. The Journal of Machine Learning Research 10: 207-244. https://papers.nips.cc/paper/2795-distance-metric-learning-for-largemargin-nearest-neighbor-classification.pdf

[9] F. Schroff, D. Kalenichenko, and J. Philbin. 2015. 「FaceNet: A Unified Embedding for Face Recognition and Clustering」. In 2015 IEEE Conference on Computer Vision and Pattern Recognitiion (CVPR), 815–23. https://ieeexplore.ieee.org/document/7298682

[10] R. Kumar, E. Weill, F. Aghdasi, and P. Sriram. 2019. 「Vehicle Re-Identification: An Efficient Baseline Using Triplet Embedding」. https://arxiv.org/pdf/1901.01015.pdf

[11] A. Hermans, L. Beyer, and B. Leibe. 2017. 「In Defense of the Triplet Loss for Person Re-Identification」. http://arxiv.org/abs/1703.07737

[12] R. Kumar, E. Weill, F. Aghdasi, and P. Sriram. 2020. 「A Strong and Efficient Baseline for Vehicle Re-Identification Using Deep Triplet Embedding」. Journal of Artificial Intelligence and Soft Computing Research 10 (1): 27-45. https://content.sciendo.com/view/journals/jaiscr/10/1/article-p27.xml

[13] E. Ristani and C. Tomasi. 2018. 「Features for Multi-Target Multi–Camera Tracking and Re-Identification」. http://arxiv.org/abs/1803.10859

[14] X. Liu, W. Liu, T. Mei, and H. Ma. 2018. 「PROVID: Progressive and Multimodal Vehicle Reidentification for Large-Scale Urban Surveillance」. IEEE Transactions on Multimedia 20 (3): 645-58. https://doi.org/10.1109/TMM.2017.2751966

[15] J. Deng, W. Dong, R. Socher, L. Li, Kai Li, and Li Fei-Fei. 2009. 「ImageNet: A Large-Scale Hierarchical Image Database」. In 2009 IEEE Conference on Computer Vision and Pattern Recognition, 248-55. http://ieeexplore.ieee.org/lpdocs/epic03/wrapper.htm?arnumber=5206848

[16] A.G. Howard, M. Zhu, B. Chen, D. Kalenichenko, W. Wang, T. Weyand, M. Andreetto, and H. Adam. 2017. 「MobileNets: Efficient Convolutional Neural Networks for Mobile Vision Applications」. http://arxiv.org/abs/1704.04861

[17] D.P. Kingma and J. Ba. 2014. 「Adam: A Method for Stochastic Optimization」. http://arxiv.org/abs/1412.6980

[18] W. Kim, B. Goyal, K. Chawla, J. Lee, and K. Kwon. 2018. 「Attention-based ensemble for deep metric learning」. In 2018 IEEE Conference on Computer Vision and Pattern Recognition (CVPR), 760-777. https://arxiv.org/abs/1804.00382

[19] M. Opitz, G. Waltner, H. Possegger, and H. Bischof. 2017. 「BIER—Boosting Independent Embeddings Robustly」. In 2017 IEEE International Conference on Computer Vision (ICCV), 5199-5208. https://ieeexplore.ieee.org/document/8237817

[20] Y. Bai, Y. Lou, F. Gao, S. Wang, Y. Wu, and L. Duan. 2018. 「Group-Sensitive Triplet Embedding for Vehicle Reidentification」. IEEE Transactions on Multimedia 20(9): 2385-99. https://ieeexplore.ieee.org/document/8265213

[21] Y. Zhouy and L. Shao. 2018. 「Viewpoint—Aware Attentive Multi-View Inference for Vehicle Re-Identification」. In 2018 IEEE/CVF Conference on Computer Vision and Pattern Recognition, 6489-98. https://ieeexplore.ieee.org/document/8578777

[22] Y. Shen, T. Xiao, H. Li, S. Yi, and X. Wang. 2017. 「Learning Deep Neural Networks for Vehicle Re-ID with Visual-Spatio-Temporal Path Proposals」. In 2017 IEEE International Conference on Computer Vision (ICCV), 1918-27. https://ieeexplore.ieee.org/document/8237472

[23] Z. Tang, M. Naphade, S. Birchfield, J. Tremblay, W. Hodge, R. Kumar, S. Wang, and X. Yang. 2019. 「PAMTRI: Pose-Aware Multi-Task Learning for Vehicle Re-Identification Using Highly Randomized Synthetic Data」. In Proceedings of the IEEE International Conference on Computer Vision, 211-20. http://openaccess.thecvf.com/content_ICCV_2019/html/Tang_PAMTRI_Pose-Aware_Multi-Task_Learning_for_Vehicle_Re-Identification_Using_Highly_Randomized_ICCV_2019_paper.html

[24] A. Kanacı, X. Zhu, and S. Gong. 2017. 「Vehicle Reidentification by Fine-Grained Cross-Level Deep Learning」. In BMVC AMMDS Workshop, 2:772-88. https://arxiv.org/abs/1809.09409

[25] P. Khorramshahi, A. Kumar, N. Peri, S.S. Rambhatla, J.-C. Chen, and R. Chellappa. 2019. 「A Dual-Path Model With Adaptive Attention For Vehicle Re-Identification」. http://arxiv.org/abs/1905.03397

[26] A. Kanacı, X. Zhu, and S. Gong. 2017. 「Vehicle Reidentification by Fine-Grained Cross-Level Deep Learning」. In BMVC AMMDS Workshop, 2:772-88. https://www.eecs.qmul.ac.uk/~sgg/papers/KanaciEtAl_AMMDS2017.pdf

[27] Z. Tang, M. Naphade, M.-Y. Liu, X. Yang, S. Birchfield, S. Wang, R. Kumar, D. Anastasiu, and J.-N. Hwang. 2019. 「CityFlow: A City-Scale Benchmark for Multi-Target Multi-Camera Vehicle Tracking and Re-Identification」. In 2019 IEEE Conference on Computer Vision and Pattern Recognition (CVPR). http://arxiv.org/abs/1903.09254

[28] Z. Zhong, L. Zheng, D. Cao, and S. Li. 2017. 「Re-Ranking Person Re-Identification with K-Reciprocal Encoding」. In 2017 IEEE Conference on Computer Vision and Pattern Recognition (CVPR), 3652-3661. https://arxiv.org/abs/1701.08398

[29] H. Luo, Y. Gu, X. Liao, S. Lai, and W. Jiang. 2019. 「Bag of Tricks and A Strong Baseline for Deep Person Re-Identification」. In 2019 IEEE Conference on Computer Vision and Pattern Recognition (CVPR) Workshops. https://arxiv.org/abs/1903.07071

[30] H. Liu, J. Feng, M. Qi, J. Jiang, and S. Yan. 2016. 「End-to-End Comparative Attention Networks for Person Re-Identification」. IEEE Transactions on Image Processing 26 (7): 3492-3506. https://arxiv.org/abs/1606.04404

[31] G. Chen, C. Lin, L. Ren, J. Lu, and J. Zhou. 2019. 「Self-Critical Attention Learning for Person Re-Identification」. In Proceedings of the IEEE International Conference on Computer Vision, 9637-46. http://openaccess. thecvf.com/content_ICCV_2019/html/Chen_Self-Critical_Attention_Learning_ for_Person_Re-Identification_ICCV_2019_paper.html

[32] H. Liu, J. Cheng, S. Wang, and W. Wang. 2019. 「Attention: A Big Surprise for Cross-Domain Person Re-Identification」. http://arxiv.org/abs/1905.12830

[33] O. Sener and V. Koltun. 2018. 「Multi-Task Learning as Multi-Objective Optimization」. In Proceedings of the 32nd International Conference on Neural Information Processing Systems, 525-36. http://dl.acm.org/citation. cfm?id=3326943.3326992

[34] R. Ranjan, S. Sankaranarayanan, C. D. Castillo, and R. Chellappa. 2017. 「An All-In-One Convolutional Neural Network for Face Analysis」. In 2017 12th IEEE International Conference on Automatic Face Gesture Recognition (FG 2017), 17-24. https://arxiv.org/abs/1611.00851

[35] H. Ling, Z. Wang, P. Li, Y. Shi, J. Chen, and F. Zou. 2019. 「Improving Person Re-Identification by Multi-Task Learning」. Neurocomputing 347: 109-118. https://doi.org/10.1016/j.neucom.2019.01.027

[36] X. Liu, W. Liu, T. Mei, and H. Ma. 2016. 「A Deep Learning — Based Approach to Progressive Vehicle Re-Identification for Urban Surveillance」. In Computer Vision — ECCV 2016, 869-84. https://doi.org/10.1007/978-3-319-46475-6_53

[37] B. Amos, B. Ludwiczuk, M. Satyanarayanan, et al. 2016. 「Openface: A General-Purpose Face Recognition Library with Mobile Applications」. CMU School of Computer Science 6: 2. http://elijah.cs.cmu.edu/DOCS/CMU-CS-16-118.pdf

실습 환경 설정하기

이 책의 모든 예제 코드는 파이썬 3으로 작성되었으며 OpenCV, 케라스, 텐서플로가 사용되었다. 딥러닝 실습 환경을 설정하는 절차는 다음과 같으며 각 단계를 자세히 설명하겠다.

1 코드 저장소 내려받기
2 아나콘다 설치하기
3 딥러닝 실습 환경 설정하기: 넘파이, OpenCV, 케라스, 텐서플로 등 필요한 라이브러리를 설치한다.
4 [옵션] AWS EC2 환경 설정하기: GPU를 사용해서 신경망을 학습시키고 싶다면 이 단계를 수행해야 한다.

A.1 코드 저장소 내려받기

이 책에 나오는 모든 예제 코드는 이 책의 웹사이트[1]나 깃허브 저장소[2]에서 Git 저장소의 형태로 내려받을 수 있다. 깃허브 저장소의 예제 코드는 각 장별로 구분된 디렉터리로 정리되어 있다. Git 같은 형상 제어 도구나 깃허브 사용에 익숙하지 않다면 초보자를 위한 사용 안내 문서[3]를 먼저 읽어보고 사용법을 숙지하기 바란다.

----

1 https://www.manning.com/books/deep-learning-for-vision-systems
2 https://github.com/moelgendy/deep_learning_for_vision_systems
3 https://docs.github.com/en/get-started 또는 https://docs.github.com/en/get-started/quickstart/git-and-github-learning resources

A.2 아나콘다 설치하기

아나콘다[4]는 데이터 과학 또는 머신러닝 프로젝트에 사용되는 패키지를 배포하는 배포본이다. 아나콘다에는 패키지 및 환경 관리 도구인 콘다가 포함되어 있다. 프로젝트별로 독립된 환경을 갖추거나 특정 프로젝트에서 별도 버전의 라이브러리를 사용하려면 콘다를 사용해야 한다. 콘다는 사용자 환경에 패키지를 설치, 제거, 업데이트하는 기능을 제공한다.

아나콘다를 처음 내려받으면 파일 용량이 상당히 크다(600MB 이상). 배포본에는 머신러닝에서 필요로 하는 대부분의 라이브러리가 포함되어 있기 때문이다. 이들 패키지 중 불필요한 것이 있거나 다운로드 대역폭을 절약해야 하는 상황이라면 콘다와 파이썬만 설치된 축약 버전인 미니콘다를 사용하면 된다. 미니콘다를 사용하더라도 나중에 콘다를 이용해서 필요한 패키지를 추가로 설치할 수 있다.

아나콘다 설치 방법은 다음과 같다.

1 아나콘다는 윈도우용, macOS용, 리눅스용 버전을 제공한다. 아나콘다 웹사이트[5]에서 설치 방법 및 설치 파일을 내려받을 수 있다. 2020년 2월에 파이썬 2의 개발이 종료되었으므로 파이썬 3 버전을 내려받아야 한다. 64비트 운영체제를 사용 중이라면 64비트 설치 파일을 내려받는다.

2 설치 프로그램의 안내(그림 A-1)를 따라 설치를 진행한다.

그림 **A-1** 아나콘다 설치 프로그램(macOS 버전)

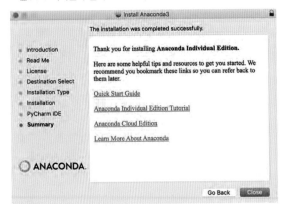

---

4 https://anaconda.org
5 https://www.anaconda.com/products/individual

3 설치가 끝나면 모든 패키지가 설치된 기본 콘다 환경이 활성화된다. 터미널에서 conda list 명령을 사용해서 현재 콘다 환경에 설치된 패키지 목록을 확인할 수 있다.

A.3 딥러닝 실습 환경 설정하기

새로운 conda 환경을 만들고 프로젝트에서 사용할 패키지를 설치할 차례다. 패키지 관리자 conda로 패키지를 설치한다. 파이썬 라이브러리의 기본 패키지 관리자인 pip를 사용해봤을 것이다. conda도 pip와 비슷하다. 다만 pip에서 제공하는 라이브러리가 일반적인 용도라면 conda에서 제공하는 라이브러리는 데이터 사이언스와 관련된 것이 많다는 점이 다르다.

conda는 virtualenv[6]나 pyenv[7]와 같이 가상 환경을 관리하는 기능도 제공한다. 그러나 conda는 pip처럼 파이썬 환경만 만들 수 있는 것이 아니고 비 파이썬 패키지도 설치할 수 있다. 아나콘다 배포본이나 conda로 설치할 수 없는 파이썬 패키지도 있다. 이러한 패키지는 pip 등을 함께 사용해 설치해야 한다.

A.3.1 개발 환경 수동으로 설정하기

다음 절차를 따르면 수동으로 이 책의 예제 코드에서 필요한 모든 라이브러리를 설치할 수 있다. 이 방법 대신 깃허브 저장소에서 제공하는 환경을 설치할 수도 있다(다음 절에서 설명한다).

1 터미널에서 deep_learning_for_vision_systems라는 이름으로 새로운 파이썬 3 콘다 환경을 생성한다.

```
conda create -n deep_learning_for_vision_systems
```

기존 콘다 환경을 삭제하려면 conda env remove -n 〈환경_이름〉 명령을 사용한다.

---

6 https://virtualenv.pypa.io/en/stable
7 https://github.com/pyenv/pyenv

2 새로 생성한 환경을 활성화한다. 패키지는 활성화된 환경에만 설치할 수 있다. 이렇게 설치된 패키지는 해당 환경에서만 사용할 수 있다.

```
conda activate deep_kearning_for_vision_systems
```

활성 상태인 환경을 비활성화하려면 conda deactivate 〈환경_이름〉 명령을 사용한다.

이제 새로 생성한 환경이 활성화되었다. 현재 환경에 설치된 패키지 목록을 확인하려면 conda list 명령을 사용한다. 다음에는 프로젝트에 사용할 패키지를 설치하겠다.

3 넘파이, 판다스, matplotlib 라이브러리를 설치한다. 이들은 머신러닝 프로젝트에서 매우 널리 쓰이는 패키지로 수학 연산, 데이터 취급, 시각화 기능을 제공한다.

```
conda install numpy pandas matplotlib
```

설치 도중 'Proceed ([y]/n)?'라는 메시지와 함께 확인 여부를 묻는 경우가 있다. 이때는 Y 또는 Enter 키를 눌러 설치를 계속 진행하면 된다.

4 주피터 노트북 패키지를 설치한다. 주피터 노트북은 개발의 편의를 위해 사용하는 도구다.

```
conda install jupyter notebook
```

5 OpenCV 패키지를 설치한다(가장 널리 쓰이는 컴퓨터 비전 라이브러리다).

```
conda install -c conda-forge opencv
```

6 케라스를 설치한다.

```
pip install keras
```

7 텐서플로를 설치한다.

```
pip install tensorflow
```

필요한 모든 라이브러리의 설치가 끝났으며 실습 준비가 완료되었다. 현재 활성화된 환경에 설치된 패키지 목록을 다음 명령으로 확인할 수 있다.

```
conda list
```

이들 패키지는 현재 환경이 활성화된 상태에서만 사용할 수 있다. 이런 방식으로 같은 라이브러리의 서로 다른 버전이 충돌하는 현상을 방지한다.

A.3.2 깃허브 저장소에 포함된 콘다 환경 정의 사용하기

1 이 책의 깃허브 저장소[8]를 복제한다. 콘다 환경 정의는 installer/application.yaml 파일에 들어 있다.

```
cd installer
```

2 이 환경 정의를 이용해서 deep_learning이라는 이름의 콘다 환경을 생성한다.

```
conda env create -f application.yaml
```

3 새로 생성한 콘다 환경을 활성화한다.

```
conda activate deep_learning
```

4 주피터 노트북을 실행한다(이때 작업 디렉터리는 저장소의 루트 디렉터리여야 한다).

```
jupyter notebook
```

이제 이 책과 관련된 노트북 파일을 실행할 수 있다.

----

8 https://github.com/moelgendy/deep_learning_for_vision_systems

A.3.3 콘다 환경 정의 저장하기/불러오기

콘다 환경 정의를 저장해두면 다른 사람도 내가 사용했던 그대로의 환경을 사용해서 내가 작성한 코드를 실행시켜 볼 수 있다. 다음 명령을 사용하면 콘다 환경 정의를 YAML 파일 포맷[9]으로 저장할 수 있다.

```
conda env export > my_environment.yaml
```

이렇게 저장된 파일을 이용하면 다른 컴퓨터에서 다음 명령을 이용해서 완전히 동일한 환경을 재현할 수 있다.

```
conda env create -f my_environment.yaml
```

환경에 설치된 패키지 목록을 텍스트 파일로 출력해서 코드에 포함시킬 수도 있다. 이 파일을 사용하면 코드를 실행할 다른 사람이 편리하게 필요한 라이브러리를 설치할 수 있다. pip가 이런 기능을 제공한다.

```
pip freeze > requirements.txt
```

예제 코드의 installer 디렉터리에 환경 정의 파일이 들어 있다. 이 파일을 이용해서 독자 여러분의 컴퓨터에서 동일한 환경을 쉽게 재현할 수 있다.

A.4 AWS EC2 환경 설정하기

신경망을 학습하고 성능을 측정하는 과정은 신경망의 층수나 데이터셋의 규모에 따라 매우 많은 계산량이 필요하다. 이 책에 포함된 모든 프로젝트는 독자 여러분의 컴퓨터에서 직접 학습과 성능 측정을 실행해볼 수 있도록 데이터셋과 신경망의 규모를 주의 깊게 선택했다. 그럼에도 컴퓨터 성능이나 학습 설정(에포크 수, 신경망 층수 등)에 따라 학습에 20시간 이상이 걸리는 프로젝트도 있다.

---

9 https://yaml.org/

대규모 병렬 계산 기능을 제공하는 GPU를 사용하면 이러한 학습 시간을 크게 줄일 수 있다. 딥러닝 학습 전용 컴퓨터를 마련할 수도 있고, 아마존 AWS EC2 환경을 갖추는 것도 한 가지 방법이다. 대부분의 클라우드 서비스에서 비슷한 기능을 제공하지만 초보자라면 EC2를 사용하는 것이 적합하다. 이 절에서는 아마존 서버에서 신경망 학습을 진행하는 방법을 알아보자.

A.4.1 AWS 계정 생성하기

다음 절차를 통해 AWS 계정을 생성한다.

1 아마존 AWS 웹사이트[10]에서 [Create an AWS Account] 버튼을 클릭한다. 요금 플랜을 함께 선택해야 하는데, 여기서는 [free Basic Plan]을 선택하면 된다. 신용카드 정보 입력을 요구하지만 이 단계까지는 비용이 청구되지 않는다.

2 EC2 인스턴스를 실행한다.

a EC2 관리 콘솔 화면[11]으로 이동해서 [Launch Instance] 버튼을 클릭한다.

b [AWS Marketplace]를 클릭한다.

c Deep Learning AMI를 검색한 다음 적당한 AMI를 선택한다. AMI(아마존 머신 이미지)에는 GPU를 구동하는 드라이버를 비롯해 cuDNN 등 이 책의 프로젝트를 실행하는 데 필요한 모든 환경 파일이 포함되어 있다. 특정 프로젝트에 필요한 추가 패키지는 해당 프로젝트 지침에 자세히 설명되어 있다.

d 인스턴스 유형을 선택한다.

- GPU가 있는 유형만 보이도록 인스턴스 목록을 필터링한다.

- p2.xlarge 인스턴스 유형을 선택한다. 이 인스턴스 유형은 이 책의 프로젝트에서 필요로 하는 충분한 연산 능력을 갖추면서도 이용 요금이 비싸지 않다. 더 강력한 인스턴스가 필요하다면 원하는 인스턴스 유형을 선택해도 무방하다.

- [Review and Launch] 버튼을 클릭한다.

e 이 인스턴스에서 포트 8888을 사용하는 주피터 노트북을 구동해야 하므로 이 포트에 접근할 수 있도록 다음과 같이 보안 그룹 security group을 수정한다.

- [Create a New Security Group] 버튼을 클릭한다.

- 새로운 보안 그룹의 이름을 Jupyter로 지정한다.

- [Add Rule]을 클릭하고 [Custom TCP Rule]을 선택한다.

- 포트 범위를 8888로 지정한다.

---

10 https://aws.amazon.com
11 https://console.aws.amazon.com/ec2/v2/home

- 요청 범위를 anywhere로 지정한다.

- [Review and Launch]를 클릭한다.

f [Launch] 버튼을 클릭해서 인스턴스를 실행한다. 이 인스턴스에 접근하려면 보안 키 페어를 지정해야 한다. 처음 인스턴스를 실행할 때 [Create a New Key Pair] 버튼을 클릭해서 키 페어를 생성한 다음 [Download Key Pair] 버튼을 클릭해 잊지 말고 키 페어를 내려받아 두기 바란다. 키 페어는 .pem 파일 형태로 내려받는데, 인스턴스에 접근하려면 이 파일이 필요하다. .pem 파일을 안전하고 잊어버리지 않을 곳에 보관한다. .pem 파일을 내려받았다면 [Launch Instance] 버튼을 클릭한다.

> CAUTION_ 이 시점부터 EC2 인스턴스 이용 요금이 부과된다. EC2 인스턴스 이용 요금에 대해서는 이용 요금 안내 페이지[12]를 참고하기 바란다. 중요한 점은 **인스턴스 사용 후에는 반드시 인스턴스를 중지시켜야 한다**는 것이다. 인스턴스를 계속 동작 상태로 두면 거액의 이용 요금이 부과될 수도 있다. AWS 이용 요금은 일차적으로 동작 중인 인스턴스를 대상으로 부과되기 때문에 인스턴스를 중지시켜 두면 된다. 다만 스토리지 이용 요금은 인스턴스를 삭제할 때까지 지속적으로 부과된다.

A.4.2 인스턴스에 원격 접속하기

EC2 인스턴스를 생성하고 EC2 대시보드에서 [그림 A-2]와 같이 해당 인스턴스를 실행한다. EC2 인스턴스 실행에는 약 1~2분 정도 걸린다. 정상적으로 인스턴스가 실행되면 'checks passed'라는 메시지가 표시된다. 그리고 EC2 대시보드의 인스턴스 정보 화면을 Description 항목까지 스크롤하면 보이는 IPv4 공용 IP 주소(X.X.X.X와 같은 형태다)를 메모해둔다. 이 주소를 사용해서 인스턴스에 원격 접속한다.

그림 A-2 인스턴스에 원격 접속하기

---

12 https://aws.amazon.com/ec2/pricing/on-demand

터미널에서 다음 명령을 실행하면 EC2 인스턴스에 원격 접속할 수 있다.

1 앞서 내려받은 .pem 파일이 위치한 경로로 이동한다.

2 다음 명령을 실행한다.

```
ssh -i <키페어_파일_이름>.pem user@X.X.X.X
```

user 이름 역시 EC2 인스턴스 정보 화면에서 확인할 수 있다.

> **TIP** 'bad permissions' 또는 'permission denied' 메시지와 함께 오류 메시지에서 .pem 파일이 언급된다면 chmod 400 <키페어_파일_이름>.pem 명령을 사용해서 .pem 파일의 권한을 조정한 다음 다시 접속을 시도한다.

A.4.3 주피터 노트북 실행하기

마지막으로 EC2 서버에서 주피터 노트북을 실행한다. 터미널에서 인스턴스에 원격 접속한 후 다음 단계를 수행한다.

1 터미널에서 다음 명령을 입력한다.

```
jupyter notebook --ip=0.0.0.0 --no-browser
```

엔터를 눌러 명령을 실행하면 [그림 A-3]에서 볼 수 있듯이 액세스 토큰이 발급된다. 이 토큰을 복사해 둔다.

그림 A-3 액세스 토큰을 복사한다.

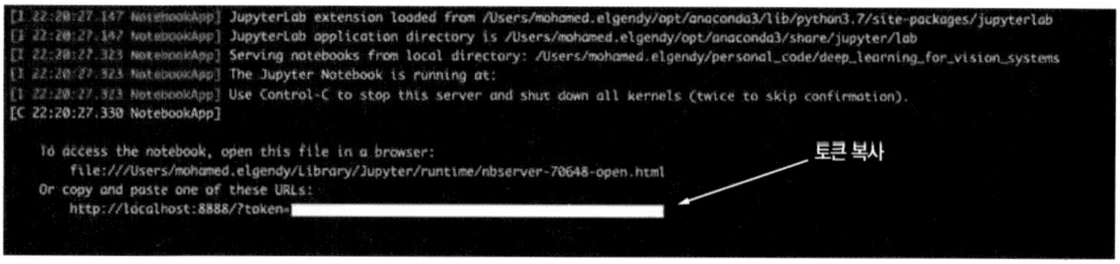

2 웹브라우저에서 http://<IPv4공용IP>:8888 URL에 접근한다. 여기서 IPv4 공용 IP는 인스턴스 정보 화면에서 본 주소를 사용하면 된다. 예를 들어 공용 IP 주소가 25.153.17.47이었다면 http://25.153.17.47:8888에 접근하면 된다.

3 앞서 복사한 액세스 토큰을 입력하고 [Log In] 버튼을 클릭한다(그림 A-4).

그림 **A-4** 주피터 노트북에 로그인하기

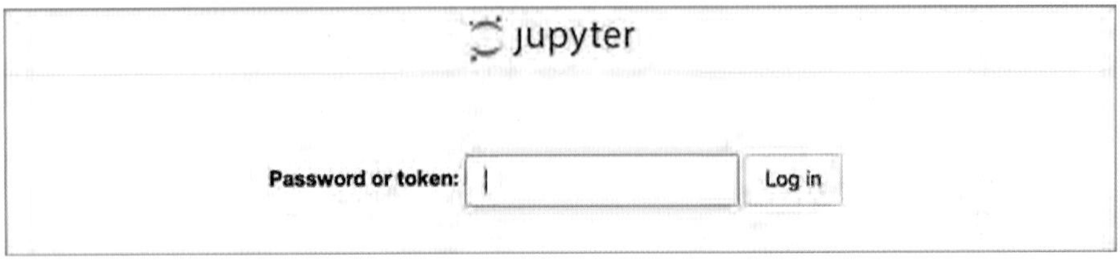

4 A.3.1절에서 설명한 방법대로 프로젝트에서 필요한 라이브러리를 설치한다. 그러나 이번에는 conda install 명령 대신 pip install 명령을 사용한다. 예를 들어 케라스를 설치한다면 pip install keras 명령을 입력하면 된다.

이것으로 코딩을 시작할 모든 준비가 끝났다.

INDEX

INDEX

INDEX